개정증보 현장 중심

유아과학교육

-3차 표준보육과정과 3-5세 누리과정 연계-

김경미 김현주 송연숙 지음

창지사

머리말

흔히들 '과학' 하면 여전히 '어렵다', '딱딱하다', '실험' 등과 같은 추상적인 단어를 먼저 떠올린다. 그러나 지금의 유아들이 자라서는 '과학' 하면 '쉽다', '재미있다', '생활 속에 늘 있는 것'이라고 떠올릴 수 있어야 한다.

유아의 주위에는 언제나 과학이 존재하고 있다. 유아들은 모든 것을 자신의 위치에서 바라볼 뿐만 아니라 자신의 관점에서 해석하기 때문에 유아를 둘러싸고 있는 주변 생활 환경에서부터 과학은 출발되어야 한다.

이러한 기본적 관점을 토대로 한 본 『개정 현장 중심 유아과학교육』은 유아교육기관에서의 과학 활동 운영에 기여할 수 있도록 구성하였다.

본서는 크게 두 부분으로 구성되어 있다. 제1부에서는 유아과학교육을 위한 이론적 기초로 유아과학교육에 대한 이해, 유아과학교육의 인지적 기초, 우리나라 유아교육과정에서의 유아과학교육, 과학교육을 위한 교수·학습 방법, 통합적 접근을 통한 유아과학교육, 유아과학교육의 포트폴리오 평가를 제시하면서 교사의 과학 활동 수업 개선을 통한 전문성 함양을 위해 특히 교수·학습 방법과 통합적 접근을 보다 구체화시켰다.

제2부는 실제편으로 생활주제 중심의 과학 활동을 제시하였다. 여기에서 생활주제 선정 이유와 전개 방안, 주제와 소주제는 교육과학기술부(2012)의 교사용 지도서에 준하였음을 밝혀 둔다. 이를 기초로 개발된 과학 활동은 생활주제와의 관련성뿐만 아니라 '과학적 탐구'와 관련된 과학 내용, 과학 개념, 과학적 탐구 능

력 등을 제시함으로써 교육 내용과 교육 방법의 일관성을 유지하면서 교육 방법에서는 과학적 과정과 결과의 균형을 이룰 수 있도록 하였다.

본서는 2002년 초판이 출판된 이후 2009년에 1차 개정되고 2013년 2차 개정 되었다. 1차는 2007 개정 유치원 교육과정에 따라, 2차는 3-5세 연령별 누리과정에 따라 개정되었다.

개정 내용 역시 3명의 저자가 초판에 집필하였던 부분을 중점적으로 개정하였으며, 크게 개정이 필요하지 않는 부분은 그냥 두었다. 김경미 교수가 제1부의 1장, 3장, 4장(1, 5, 7절)을, 김현주 교수가 2장, 4장(2, 3, 4, 6, 8절)을, 송연숙 교수가 5장, 6장을 집필하였던 부분을 다시 개정하였다.

유치원 교육과정이 계속 개정되어 이에 따라 교육과정과 관련된 부분은 개정되지만, 유아과학교육에 대한 기초 이론 부분은 말 그대로 과학교육에 있어 기초적인 부분이므로 개정된 부분뿐만 아니라 기초 이론 역시 충분히 숙지한 후 예비유아교사 및 현직교사교육에 참고해 주었다. 유아과학교육을 연구하는 저자들은 이 책에 많은 애정을 가져 주는 독자들에게 항상 감사하는 마음으로 더 나은 과학교육 연구에 매진하리라 다짐한다. 이 책이 개정되도록 독려해 주시고 기다려 주신 창지사 관계자 분들께 감사드린다.

2013년 2월
저자 일동

차 ● ● ● 례

제 1 부

유아과학교육을 위한 이론적 기초

제 1 장

유아과학교육의 이해

1. 유아와 과학

최근 대한민국의 혁신 경쟁력이 세계 5위에 올랐다는 기사가 나왔다. 미국의 대기업, 제너럴일렉트릭(GE)이 실시한 혁신주도 국가 평가에서 발표한 내용이다. 특히 중소기업의 혁신 역량에 대한 평가가 높아졌다는 점이 눈에 띈다. 많은 전문가들이 대기업 중심의 경제 시스템에 대해 우려의 목소리를 내 왔다는 점을 생각해 보면 다행스러운 결과다. 혁신에 대한 인식은 과학기술 정책의 향방과 직결된다. 실제로 설문이 아닌 객관적 지표로 조사하는 혁신지수에는 과학기술정책과 연구 인력 및 인프라에 대한 항목이 빠짐없이 포함된다. 이는 거꾸로 이야기하면 혁신을 추구하는 사회일수록 과학기술이 생활과 직결된다고 여기고 이에 대한 기대치가 높다는 뜻이기도 하다.

그러한 의미에서 2012년 12월 27일 국가과학기술위원회 제26회 본회의에서 의결된 '新과학기술 프로그램 추진전략안'은 시의적절한 내용을 담고 있다. 이번에 확정된 추진전략안은 과학기술에 기반하여 국민 행복과 직결된 사회문제를 해결하는 것을 핵심 목표로 설정했다. 과학기술이 경제성장뿐 아니라 '더 행복한 대한민국'이라는 시대적 소명에 기대해야 한다는 사회적 요구에 따른 것이다.

한국은 오랜 기간 과학기술에 집중적으로 투자해 왔으며 그 중심에는 언제나 산업 발전이 있었다. 과거에는 수출 상품을 만들거나 그 기반을 제공하여 경제적 효과를 창출할 수 있는 지식의 중요성이 컸기 때문이다. 이러한 노력 덕분에 대한민국이 현재의 발전을 이룰 수 있었지만 과학기술의 사회적 중요성이 경제적 중요성에 비해 과소평가되곤 했다. 한국의 경제적·사회적 구조가 원숙해지고 기업의 혁신역량이 높은 수준에 이른 지금, 과학기술은 기존의 성장 중심 체제로부터 사람들의 안전하고 행복한 삶을 보장하는 방향으로 패러다임이 변화해야 한다.

그간 국과위에서는 이번 프로그램의 성공적인 추진을 위해 대국민 설문, 전문가 조사, 공개 토론회, 인문사회 전문가 워크숍 등 여러 경로로 최대한 다양한 의견을 수렴하고자 노력하였다. 이를 통해 성폭력·성범죄, 암·생활습관병, 인터넷·게임 중독 등 시급히 해결해야 할 사회문제 후보군을 도출하고 연구개발 성과를 다수의 국민이 체감할 수 있도록 기술 개발, 법·제도 개선, 시장 창출 및 관련 인프라 구축 등을 종합적으로 시스템화하는 전략을 마련하였다.

사람들의 안전하고 행복한 삶을 보장하기 위해 수립된 프로그램의 핵심 목표는 과학기술뿐 아니라, 제도 개선, 인프라 구축 등을 연계하여 국민 행복과 직결된 사회문제를 해결한다는 것이다. 국가의 경제발전에 초점을 맞춘 기존의 기술 획득형 연구개발 프로그램을 경제발전과 함께 삶의 질 향상을 추구하는 인간 중심 연구개발로 전환하겠다는 것이 큰 그림이다.

이에 따라 1단계('13년~'17년)로 매년 10개 이내의 사회문제 해결 사업(HOT 10: Happiness based On Tech)을 선정, 중점 투자한다(국가과학기술위원회, 2013).

이러한 10개 사회문제 해결 사업과 관련된 여러 가지 문제 중 유아기부터 교육하여 사회문제를 사전에 예방할 수 있는 것은 학교폭력 문제, 인터넷 게임 중독, 지역·계층 간 교육 격차 문제, 교통 문제, 먹거리 안전 문제, 환경 호르몬 문제, 자연 재난 및 재해 문제, 생활습관 문제 등이다. 하지만 이러한 문제가 하루 아침

에 전면 해결될 수 없지만 유아기부터 교육하면 미연에 방지할 수 있을 뿐 아니라 그 교육적 효과 또한 높기 때문에 2013년 3월 1일부터 전면 시행되는 국가수준 유아교육과정인 3-5세 연령별 누리과정에 이와 같은 교육내용이 적용되어 시행될 예정이다.

몇 년 전만 해도 이러한 국가 과학기술정책 방향 및 구체적인 프로젝트 내용을 유아기부터 시작한다는 인식이 부족하였으나, 이제는 유아기가 아니면 이러한 사회적 문제를 미연에 방지할 수 있는 방안을 찾기가 무척 어렵다는 것을 인식하고 있기에 유아교육을 연구하고 현장에 보급하는 연구자, 일선 교육현장의 교사, 가정의 학부모가 과학기술과 관련되는 국가정책을 정확하게 이해한 후 이를 실천해야 하는 책무가 주어졌다고 본다.

그렇다면 유아기부터 사회적 문제를 해결할 수 있는 유아과학교육은 어떻게 시작해야 하는 것일까? 우선 과학을 쉽게 생각하는 것이 필요하다. 흔히들 '과학 하면 떠오르는 단어가 무엇인가?' 라고 물으면 사람들은 많은 단어들을 떠올리지만 여전히 '어렵다', '딱딱하다', '실험' 등과 같은 추상적인 단어를 먼저 떠올린다. 그러나 지금의 유아들은 미래에 '과학 하면 떠오르는 단어'를 '쉽다', '재미있다', '생활 속에 늘 있는 것'이라고 떠올릴 수 있어야 한다.

그렇다면 '과연 어린 유아들에게 어려운 과학을 어떻게 소개하여야 하는가?' 라는 의구심을 가지게 될 것이다. 유아를 위한 과학은 그렇게 추상적이어서 어렵거나 실생활과 동떨어진 내용을 다루는 것이 아니다. 유아의 생활 주변에서 일어나는 모든 자연현상, 사건, 사물, 사람에 관한 내용이 유아를 위한 과학교육의 범주에 속한다. 우리는 일상생활에서 늘 어떤 현상에 대해 의문을 가진다.

왜 물은 한 번 끓게 되면 아무리 온도를 올려도 더 이상 온도가 올라가지 않는 것일까? 사이다 병뚜껑을 열어 놓으면 왜 김이 새어 버릴까? 얼음은 왜 물에 뜰까? 자석은 왜 물건을 잡아당길까? 냉장고의 음식들은 왜 수분이 마를까? 얼음에 소금을 넣으면 왜 더 차가워질까? 설탕과자에 소다를 넣으면 왜 부풀어 오를까? 감은 왜 오래 두면 말랑말랑해질까? 물과 기름은 섞어도 왜 섞이지 않는 걸까? 왜 메추리알보다 계란은 삶는 시간이 오래 걸릴까? 왜 달팽이는 색깔 있는 변을 볼까? 테이프를 붙였다 떼면 끈적끈적한데 포스트잇 종이는 왜 끈적끈적하지 않을까? 유아들은 이런 현상에 대해 끊임없는 궁금증을 가지고, 그 궁금증을 해결하기 위해 끝없이 질문한다.

유아의 주위에는 언제나 과학이 존재하고 있다. 유아들은 모든 것을 자신의 위치에서 바라볼 뿐만 아니라, 자신의 관점에서 해석하기 때문에 유아를 둘러싸고 있는 주변 환경에서부터 과학은 출발되어야 한다.

과학은 반드시 실험 도구가 있어야 하고, 연기 나는 어떤 현상을 만들어야만 하는 것이 아니라, 일상생활에서 볼 수 있는 다양한 물체들을 모은 후 감각을 이용하여 탐색해 보게 하거나, 과학적인 원리를 쉽게 알 수 있는 재미있는 요리 활동을 해 보거나, 물과 모래, 거울, 공이나 널빤지, 물감, 빛 등을 이용한 놀이를 생활 속에서 즐기도록 하며, 풍선으로 로켓을 만들거나 종이와 빨대로 고리비행기를 만들어 날려 보고, 깡통을 이용하여 소리를 내어 보는 등의 간단한 실험을 해 보거나, 우유팩, 종이컵, 휴지 속대, 빈 페트병, 쇼핑백 등의 폐품을 이용한 과학 놀이 교구를 만들어 활동해 볼 수도 있다. 또한 슈퍼마켓에 가서도 과학을 경험할 수 있으며, 다양한 정보가 가득한 책을 통해서도, 이제는 생활 속에 깊숙이 자리 잡고 있는 컴퓨터를 통해서도 과학을 경험할 수 있다.

유아를 도와줄 수 있는 몇 가지 방법

❶ 유아들이 과학 공책을 갖게 해 주세요.

많은 부모님들이 아이들이 글을 쓰기 시작하면 일기장은 마련해 주지만 과학 공책을 권하는 부모님이나 교사는 그리 흔치 않다. 주변에서 본 것을 그림으로 또 글로 기록할 수 있도록 도와주세요.

❷ 과학에 흥미가 없는 유아라면 처음부터 과학이라는 말은 사용하지 않는 것이 좋습니다.

유아들은 실제로 과학이라는 것을 인식하지 않으면 과학을 더욱 좋아합니다. 예를 들어 과학을 싫어하는 유아들도 야구에서 타자가 던지는 커브 볼의 과학적 원리는 재미있어 할 것입니다. 혹독한 환경에서 살아남을 수 있는 옷을 디자인하거나 우주인을 상상하는 것은 좋아할 것입니다. 또 과학은 싫어해도 만화경을 만들거나 연, 비행기를 만드는 것은 좋아할 것입니다. 동물의 서식지를 만들어 보고 그 안에 살아 있는 생물을 키우는 것도 좋아할 것입니다. 단지 과학을 싫어하는 유아에게 이런 것이 모두 과학의 한 부분이라고 말하지 마세요.

❸ 부엌에서 과학을 찾아보세요.

혼합물과 에멀션에 대해 설명을 해 주고, 샐러드 드레싱, 묵 등 먹을 수 있는 것을 예로 들어 주세요. 햇볕으로 먹을 수 있는 결정을 만들 수도 있고 맛있는 차를 만들 수도 있습니다.

❹ 예술적인 과학 · 창조적인 과학에 대해 강조해 주세요.

호기심 많고 창의력이 풍부한 유아들은 태양계의 행성들을 그리거나 주름이 잡힌 멋진 종이로 열대 우림을 꾸미는 것을 매우 좋아할 것입니다. 물론 여러 가지 모양의 돌멩이로 예쁜 정원을 꾸미거나 색팽이를 만드는 것도 마찬가지로 좋아할 것입니다. 환경을 보호하는 유아라면 재활용품을 이용해 멋진 작품을 만들 수도 있습니다. 신문지를 모아 회반죽과 과일 등을 담는 멋진 그릇을 만들 수 있도록 도와주세요. 감광지에 햇볕으로 완성한 멋진 미술 작품을 만들 수도 있습니다.

❺ 약간의 경쟁심을 유도해 주세요.

친구들을 함께 모아 집에서 직접 만든 배로 배 띄우기 시합을 열어 보세요. 아니면 여러 친구에게 다른 방법으로 식물을 기르도록 하여 누구의 것이 제일 좋은가 품평회를 열어도 좋습니다. 또 밤에 나가 달이 변화하면 은빛의 초생달 찾기 대회를 열어 주세요.

❻ 유아에게 내재되어 있는 호기심을 자연스럽게 유도해 주세요.

유아들에게 해결할 문제를 제공해 주세요. 유아들은 녹말에 대하여 시험해 보거나 산과 염기에 대해 알아보는 것을 매우 좋아합니다(특히 녹말로 쓴 보이지 않는 글씨와 요오드 용액의 마술은 유아의 호기심을 자연스럽게 이끌어 낼 수 있습니다).

❼ 시간을 잘 이용할 수 있도록 해 주세요.

겨울에는 창에 맺힌 눈의 결정을 돋보기로 관찰하여 그리도록 해 주세요. 여름 방학이 끝나고 나면 잎으로 번식하는 식물로 예쁜 꽃을 키워 다음 해의 어버이날이나 스승의 날에 선물을 할 수 있도록 해 주세요.

❽ 휴가 중에도 과학을 항상 염두에 두세요.

바닷가에 놀러 가면 함께 조석에 대해 이야기를 나누어 보기도 하고 또 병에 소식을 실어 바닷가에 띄워 보낼 수도 있습니다. 역사적인 지역을 방문한다면 오래된 건축 양식이나 정원을 현재의 것과 비교해 보도록 해 주세요. 돌이나 화석, 조개껍데기, 해변가의 모래, 해초, 예쁜 잎들을 수집해 보세요. 또 밤이면 밖으로 나가 깜깜한 밤하늘에 빛나고 있는 행성이나 인공위성, 별똥별을 함께 찾아보세요.

❾ 여유를 가지세요.

하던 일을 멈추고 잠시라도 여유를 갖고 주변을 돌아다본다면 우리 주변에서 일어나고 있는 과학적인 현상들을 많이 관찰할 수 있습니다.

❿ 안전하게 그리고 즐겁게 과학을 경험할 수 있도록 해 주세요.

과학은 우리의 생활과 동떨어진 것이 아닙니다. 과학은 우리의 생활과 아주 밀접하게 연관되어 있으며 매일매일의 생활에서 발견할 수 있는 것입니다. 유아에게 발견의 기쁨을 느낄 수 있도록 해 주세요. 그러면 자연히 과학적인 사고를 하는 유아, 과학적인 기술을 함양한 유아, 창의적인 탐구를 하는 유아로 성장하게 될 것입니다.

(Kenda & Williams, 1995)

2. 유아과학의 개념

과학은 행함으로써 배운다는 데는 많은 사람들이 동의한다. 유아들은 단순히 책에 있는 것을 읽고서가 아니라 문제를 해결하면서 문제의 해결 능력을 키워 나간다. 과학적으로 사고하는 법, 과학적인 기술을 함양하는 것, 창의적으로 탐구하는 것 등은 배워야 하는 것들이다.

어릴 때부터 산더미 같은 무미건조한 지식을 무조건 암기하는 것은 과학에 대한 흥미를 잃어버리게 할 뿐이다. 어떤 면에서는 예전의 방식이 과학을 배우는 더 좋은 방법일 수도 있다. 그때는 과학이라는 이름으로 부르지는 않았지만 하루 종일 자연을 벗 삼아 뛰어놀며 산과 들에서 과학을 배웠다. 달이 차는 것과 기우는 것을 알았고 폭풍이 올 때를 미리 알기도 하고 곤충 잡는 법을 알고 있었다. 유아들은 여름 내내 밖에 나가 잠자리나 개똥벌레를 잡거나 연을 날리고, 모래성을 쌓고, 자라는 올챙이를 지켜보며 지냈다.

예전의 유아들은 아주 오래된 마술을 보거나 거리의 장사들이 하는 신기한 묘기를 보며 과학을 배우곤 하였다. 옛날을 한번 기억해 보면, 아주 초보적인 소리파의 진동을 이해하기 시작할 무렵 깡통에 실을 꿰어 담장 너머 친구와 이야기하던 때도 있었다. 그런 면에서 지금의 부모와 교사는 유아들이 주변에 있는 여러 가지 것들을 돌아보면서 많은 것에 호기심과 관심을 가지고 손과 머리로 직접 경험하면서 배울 수 있는 기회를 제공해 주어야 하는데, 교육기관에서 다루어야 할 과학교육은 어떠한 기준들이 포함되어야 하는지 알아보면 다음과 같다(최양미, 2001; Martin, 1999; NRC, 2000).

첫째, 과학은 모든 유아들을 위한 것이어야 한다. 이것은 과학교육의 평등성에 관한 원리로서, 나이와 성별, 문화적 배경, 신체 장애, 과학에 대한 포부나 관심, 동기에 관계없이 높은 수준의 과학적 소양을 성취할 수 있는 기회가 모든 유아들에게 제공되어야 한다. 또한 과학교육의 수월성 원리에는 유아들이 이해해야 할 내용과 할 수 있어야 하는 것들을 기술할 뿐, 결과를 성취할 수 있는 방법을 말해 주지는 않는다. 자연 세계에 대한 의문에 답해 나가는 과정에서 유아들은 서로 다른 방식과 깊이로 이해하며, 결과에 도달하는 속도 역시 유아 서로 간에 다를 것이다. 이러한 차이를 인정하되, 모든 유아들이 다양한 경험을 통해 과학을 이해할 수 있어야 한다.

둘째, 유아의 주변 세계 및 일상생활을 과학교육에서 강조한다.

이 관점에서 유아과학교육은 과학적 지식에 근거한 생활 중심의 과학교육을 강조한다. 유아과학교육이 생활 중심이 되기 위해서는 먼저 유아의 타고난 호기심을 자극하고, 이러한 호기심을 유지하도록 도와주는 것이어야 한다. 이러한 유아의 호기심은 과학적 근거상에서 사물과 현상을 의미 있게 이해하고 조절하는 실증적 · 논리적 · 과학적 사고를 통해 이루어진다. 따라서 유아과학교육은 유아가 자신이 살고 있는 세계에 대해 배울 수 있는 기회를 가능한 한 많이 제공해 주어야 한다. 즉, 이 관점에서의 과학교육은 유아에게 어떤 과학적 개념이나 지식은 유아가 주변 세계에 대해 호기심과 탐구하려는 태도를 가지고 생활 속에서 과학과 관련된 문제를 인식하여 해결하고, 새로운 것을 창조하려는 과정을 통해서 자연스럽게 습득하는 데 중점을 둔다. 이러한 유아의 생활을 강조하는 과학교육은 과학의 내용을 유아들의 친숙한 생활 주변에서 찾으며, 과학적 사실이나 중요한 법칙도 유아의 상상력의 범위 내에서 경험과 조직이 가능한 것으로 제한하여야 할 것이다. 또 과학 내용의 조직에서는 가까운 것에서 먼 것으로, 쉬운 것에서 어려운 것으로, 또는 흥미로운 것을 중심으로 조직되어야 할 것이다.

셋째, 과학 학습은 유아가 스스로 생각하고 활동하는 능동적 과정에 역점을 두어야 한다.

이 관점에서는 두 가지를 강조한다. 하나는 유아가 과학적 지식을 스스로 구성해 가는 능동적 존재이며 탐구적 존재라는 것이고, 또 하나는 유아의 과학적 지식과 개념의 형성을 위한 과학적 방법에 관한 것이다. 전자의 경우, 유아에게 과학 학습을 격려하기 위해서는 유아의 흥미에 기초하여 그들이 직접적 · 능동적 · 즉각적으로 참여하도록 도와주는 것을 강조한다. 즉, 이 관점에서는 유아가 스스로 직접적인 과학 경험에 참여하여 그것을 활동으로 이끌어 가는 과학 학습을 통해서 과학적 지식을 구성해 가야 할 것이다. 즉, 과학 학습은 유아 스스로 하는 것이지, 누군가가 해 주는 것이 아니다. 과학 활동을 하면서 유아들은 사물과 사건을 기술하고, 의문을 제기하고, 지식을 습득하고, 자연현상에 대한 설명을 구성하고, 여러 가지 다양한 방법으로 그러한 설명들을 테스트하고, 다른 사람들과 서로 아이디어를 교환한다. 후자의 경우, 유아에게 제공되는 과학 경험은 유아의 관심을 끄는 주변의 모든 현상과 사건들을 직접적인 과학 활동으로 연결시킬 때 가장 잘 학습된다는 것이다. 여기에서 과학을 활동으로 연결시킬 경우에는 과학의 과정과 태도, 그리고 내용을 중심으로 총체적 과학으로서의 활동을 구성하여야 한다. 이러한 능동적 과정(active process)이라는 용어에는 손으로 하는 활동(hands-on activity)과 정신적 경험(minds-on experience)이 모두 포함되어야 함은 중요하다.

넷째, 유아들은 방대한 양의 과학 지식을 배우는 것이 아니라, 과학을 어떻게 할 것인가(how to do science)를 배워야 한다. 유아들은 어떻게 관찰하고, 어떻게 창안하고, 어떻게 새로운 생각을 구상해 낼 것인지를 배워야 한다. 유아들은 자신의 개념을 그들 스스로 구성할 수 있어야 한다. 이는 기존의 지식이 기초로서 필요하지만, 기존의 지식을 기억 속으로 받아들인다고 해서 새로운 지식이 습득되는 것이 아님을 말한다. 새로운 지식은 다른 사람들이 관찰하지 않은 것을 관찰함으로써, 다른 사람들이 질문하지 않았던 것을 질문함으로써, 다른 사람들이 추론해 내지 못한 것을 추론해 냄으로써, 정답이 아니라 의미 있는 대답에 더 초점을 둠으로써 얻어지게 된다. 이러한 과학하는 방법은 탐구를 통해서 가능하다. 탐구란 관찰, 문제 제기, 책이나 다른 정보원을 통해 이미 알려진 지식의 확인, 탐구의 설계, 실험적 증거에 따른 기존 지식에 대한 재고, 도구를 사용한 자료의 수집과 분석 및 해석, 해답의 제안, 설명, 예측, 결과에 대한 의사소통과 같은 다양한 활동들을 수반하고 있는 다면적인 활동을 말한다.

다섯째, 유아과학교육에서는 사회적 상호 작용을 중요시하여야 한다.

유아가 자신의 주변 세계 및 일상생활과 유기적으로 관련된 과학적 지식을 습득하기 위해서는 사회적 상호 작용 속에서 과학교육이 이루어져야 할 것이다. 유아의 사회적 상호 작용이 중요한 이유는 그것이 유아 생활의 일부이기 때문일 뿐 아니라 유아들의 지식 형성에도 크게 기여하기 때문이다. 이는 유아가 인지구조의 특성상 타인의 입장을 고려하는 데는 미흡할지라도, 자신의 주변 세계에 대해 자기 나름대로 학습할 뿐 아니라 사회적 세계에 대한 이해를 구성하고 또한 타인과 상호 작용하는 사회적 존재임을 강조하는 것이다. 특히 과학 활동에서 유아들은 다른 유아들과 상호 작용하면서 자신과는 서로 다른 관점 및 문제 해결 방법, 여러 가지 질문에 대한 답 등의 다양한 경험에 대한 기회를 가지게 된다. 이러한 사회적 상호 작용으로 인해 유아들은 다양한 생각과 관점을 접하게 됨으로써 다른 사람의 관점과 자신의 관점을 조화하는 데 도움이 되는 기회를 가지게 된다. 이와 같이 유아의 사회적 상호 작용을 중시하는 과학교육은 환경에서의 사회적 맥락을 고려하여 협동 학습을 권장한다. 유아는 협동을 통하여 함께 작업하고, 서로의 생각에 관심을 가지고, 다른 유아들의 생각을 고려하여 새로운 생각을 만들어 나는 것을 학습하게 된다. 따라서 유아의 사회적 상호 작용을 강조하는 관점에서의 유아과학교육은 사회적 맥락 속에서 과학 활동을 통해 협동할 기회와 자기 주도적인 탐구의 기회를 함께 제공하는 것을 지지한다.

여섯째, 유아의 통합성은 모든 지도에 반영되어야 한다.

이 관점에서의 강조점은 통합적 · 전인적 존재로서의 유아 특성을 고려하여 과학교육을 통합적 접근으로 시도하려는 데 있다. 즉, 전인적 존재로서의 유아의 특성과 과학의 통합적 접근 둘 다를 동시에 강조하는 관점이다. 유아는 발달 특성상 아직 미분화 상태에 있으며 전인적인 인격을 지닌 통합적 존재이기에, 유아가 주변 환경과의 자발적 · 능동적 상호 작용을 통해 전인적으로 성장 · 발달해 가도록 유아의 모든 학습을 통합적으로 접근하는 것을 기본 관점으로 한다. 유아과학교육을 통합적으로 접근하는 것은 유아들이 타 영역에서 하는 활동을 과학 중심으로 하거나, 과학 활동을 주제나 단원에 통합하여 계획하는 것을 의미한다. 유아는 발달 특성상 통합적 존재이기에 특정 영역에서 과학 활동을 진행하기보다는 여러 활동 영역, 예를 들면 문학, 수학, 미술 등의 활동 영역과 연결하여 주제 중심의 통합적 접근으로 심화 · 확대해 나가는 것이 더욱 효과적이다. 그리고 통합적 유아과학교육에서 활동을 가능하게 하는 것은 자료이므로, 과학 활동을 여러 활동 영역과 연결하여 적절한 자료를 선정 및 배열하는 것 또한 중요하다. 이러한 유아과학교육의 통합적 접근은 간학문적, 프로젝트 중심의 접근법을 강조하는 STS 과학교육에서도 강조하고 있다. 과학-기술-사회를 강조하는 유아과학교육은 유아들의 일상생활에 유용한 과학 개념과 탐구 과정에 초점을 둘 뿐 아니라 유아가 속해 있는 사회적인 문제, 즉 자연 보호, 건강, 환경, 에너지 등과 관련된 지역의 모든 문제를 확인하고 해결하는 것까지 포함하고 있다. 따라서 이 관점에서 유아과학교육은 유아의 통합성에 근거하여 다른 영역의 활동과 관련지어 통합 과학 활동으로 이루어져야 하며, 유아의 일상생활과 관련된 과학 및 주변의 사회적 문제를 함께 다루는 통합 과학교육의 방향으로 나아가야 할 것이다.

일곱째, 기관에서 다루어지는 과학은 현대 과학 활동을 특징짓는 지적 · 문화적 전통을 반영하여야 한다. 과학과 자연 세계에 대한 풍부한 지식을 얻기 위해서는 과학적 탐구 방법, 증거에 관한 규칙, 질문을 형성하는 방법, 설명을 제안하는 방식에 익숙해져야 하며, 과학이 어떻게 문화에 공헌하는가에 대해서도 이해하여야 한다. 그러므로 교사는 유아가 과학적 소양, 과학의 본성, 과학이라는 진취적이며 모험적인 활동, 사회와 개인의 삶에 있어서의 과학의 역할, 다양한 문화 속에서 발전되어 온 과학, 과학의 전통에 대해 공헌한 사람 등에 대해 이해할 수 있도록 과학교육을 계획 · 실천하여야 한다.

3. 유아과학교육의 중요성

"왜 유아에게 과학을 가르치는가?" 이 질문에서 "왜?"라는 말은 짧은 단어이지만 '존재의 이유'로서 대단히 강력한 말이다. 왜 우리가 유아들에게 과학을 가르쳐야 하는가에는 적어도 다음 두 가지의 중요한 이유가 있다(Abruscato, 1996; Lind, 1996).

1) 과학은 유아의 발달을 돕는다

유아기의 과학적 경험은 유아의 발달에 지대한 영향을 미치는데, 구체적으로 살펴보면 다음과 같다(최인숙, 2000).

첫째, 과학 활동은 유아의 신체 발달을 돕는다.

유아들은 그들의 환경을 다룰 수 있도록 신체를 작동시키는 능력을 발달시킬 필요가 있다. 특히 유아기에는 대근육 운동 능력과 소근육 운동 능력을 모두 발달시켜야 한다. 대근육 운동 기술은 조립하기, 지레 사용하기, 도르래 움직이기, 원의 채소밭을 괭이질하고 갈퀴로 긁어내기 등과 같은 과학 활동 과정을 통해서 발달될 수 있다. 또한 소근육 운동 기술은 가위로 자르기, 연필과 자로 선 긋기, 특징에 따라 씨앗 분류하기, 밀가루 반죽이나 찰흙으로 만들기 등의 과학 활동 과정을 통해서 발달될 수 있다. 이와 같이 유아는 과학 활동 시 눈과 손을 협응해 보고 오감각을 사용하는 등 과학의 과정에서 자신의 감각과 신체적 기능을 정교하게 발달시키는 기회를 가질 수 있다.

둘째, 과학 활동은 유아의 사회적 발달을 돕는다.

유아는 과학 활동을 하는 과정에서 자신과 관계를 맺고 있는 유아, 교사 그리고 사건에 관심을 가짐으로써 사회 적응성 및 대인 관계의 원만성이 길러진다. 즉, 유아들이 서로 협동하고 규칙을 지키며 과학 활동에 참여하면 안전한 가운데 궁금했던 문제를 해결할 수 있지만, 서로 싸우고, 질서를 지키지 않고 규칙을 무시하는 행동을 하면 특히 안전에 있어서 위험을 초래하며 문제를 해결하는 데도 도움이 되지 않는다는 것을 경험함으로써 긍정적으로 사회성을 발달시키게 된다. 과학 활동 시간에는 가스레인지, 불, 화학약품 그리고 흉기가 될 수 있는 물건이나 위험한 도구들을 사용하기 때문에 특히 안전을 위한 질서와 협동을 포함한 규칙이 잘 지켜지도록 지도하는 것이 중요하다.

셋째, 과학 활동은 유아의 정서 발달을 돕는다.

과학적 경험은 유아가 정서적 안정감을 가질 수 있도록 해준다. 예를 들어, 유아가 쥐에 대하여 두려움을 갖는 경우, 쥐의 생태에 대한 책이나 다른 매체를 통해 정보를 얻음으로써 두려움을 완화시킬 수 있다. 또한 하나의 모충을 가볍고 연약하나 아름다운 날개를 가진 나비로 키워 가는 과학적 경험을 통하여 몰랐고 궁금했던 문제를 하나하나 해결해 가면서 성취감, 만족감 그리고 기적과 같은 생명의 신비함을 느낌으로써 긍정적인 자신감을 키워 나가게 된다.

넷째, 과학 활동은 유아의 언어 발달을 돕는다.

유아는 과학적 경험을 할 때마다 새로운 어휘를 배우고, 의사소통 기술을 발달시키는 등 언어 능력이 향상된다. 예를 들어, 동물원에 가면 각종 동물의 이름을 배우게 되고, 식물을 키워 보면서 식물의 이름, 꽃 이름, 식물의 구성 요소인 잎, 줄기, 뿌리 그리고 식물을 키우는 데 필요한 햇빛, 산소, 물, 비료 및 도구 등의 이름을 배우게 된다. 또한 식물을 키우면서 느끼고 알게 된 사실들을 친구들과 교사에게 전달하면서 의사소통 기술을 발달시킨다.

다섯째, 과학 활동은 유아의 인지발달을 돕는다.

유아는 과학 활동을 통하여 사물의 이해력 즉 사물의 속성, 특징, 유사점, 차이점 등을 이해하는 능력이 증진된다. 유아는 사물이나 사람과 갖는 상호 작용적인 경험을 통하여 사물에 대한 이해력이 점점 확장된다. 예를 들어, 유아가 소나무 숲속을 걸어갈 때 소나무의 모양을 바라보고, 소나무 껍질을 만져 보고, 송진의 냄새를 맡아 봄으로써 소나무의 생김새나 특징을 알게 된다. 만일 소나무를 그림으로만 경험한 유아는 소나무 모양 외에는 다른 개념이 없을 수 있다.

유아는 과학 활동을 통하여 사고 능력 및 문제 해결력이 증진된다. 유아는 과학 활동을 할 때 그들 나름대로 과학적인 방법을 사용하면서 논리적인 사고와 문제 해결 능력을 발전시킨다. 예를 들어, 개미들이 움직이는 것을 보면서 "개미는 무엇을 먹고 사는가?"에 의문을 가지고 관찰하며, "개미는 집을 지을 것이다."라고 가설을 세우고 그 문제를 해결하기 위해서 관찰하고 실험한다. 또한 나뭇잎과 돌을 종류별로 분류하고, 나무 블록을 어떻게 쌓아야 높아질 수 있는지 추리하고 실제로 실수하고 반복하면서 쌓아 본 후에 바닥이 편평하고 넓은 나무 블록을 가장 밑바닥에 놓고 점차 작은 나무 블록의 순으로 쌓을 때 가장 높게 쌓을 수 있다는 결론을 얻기도 한다. 이와 같이 과학 활동은 유아의 인지 능력 특히 사물의 이해

력 · 논리적 사고력 · 문제 해결력을 발달시킨다.

2) 과학은 사회의 발달을 돕고 급변하는 세계에 보조를 잘 맞추도록 돕는다

Lind(1996)는 이 시대를 '지식의 폭발' 시대라고 하였다. 1900년에서 1950년 사이에 만들어진 과학 정보의 양은 역사가 기록되기 시작한 이후부터 1900년까지 학습된 양과 같으며, 1950년 이후 과학 정보의 생산율은 훨씬 더 증가하여서 이제는 과학 정보량이 2년에서 5년마다 두 배씩 증가한다고 한다. 뿐만 아니라 급진적으로 변화하는 사회에서 폭발하는 지식과 기술의 증가가 시대에 따라 역시 급진적으로 노후화되는 현상을 야기시켰는데, 1970년대는 매 5년마다, 1980년대는 매 3년마다, 1990년대는 매 2년마다 지식이 노후화되어 쓸모 없게 되어 버렸다(김경미, 1998). 만일 모든 과학 정보들을 유아기부터 성인기에 이르기까지 계속 가르쳐야만 한다면 어떻게 될까? 급진적으로 폐기 지식이 되어 가는 모든 과학적 지식을 계속 가르칠 필요는 없으며, 더욱이 유아가 모든 지식을 배워서 안다는 것은 더욱 불가능하다.

우리는 어떤 지식이 21세기를 살아갈 유아들에게 가장 중요한 것인지 예견하기 어렵다. 그러나 분명히 알 수 있는 것은 21세기에 사람들이 풀어야 할 새로운 문제에 끊임없이 직면하게 될 것이다. 인간의 삶은 문제의 연속이기 때문이다. 미래에 가장 성공하는 사람은 자신들이 접하게 되는 문제를 잘 해결할 수 있는 능력을 갖춘 사람들이 될 것이다.

따라서 과학이 지식의 체계라기보다는 사고하고 행동하는 방법이며, 사물의 본질을 발견하기 위하여 시도하는 방법이라고 볼 때, 과학에 대한 개방적인 태도와 발전적인 생각, 문제 해결력을 강조하는 과학교육, 즉 과학적 소양을 갖춘 사회를

만드는 것이다(송연숙, 2004a; 최인숙, 2000). 과학적인 소양이 왜 중요한가? 첫째, 과학에 대한 이해는 개인적인 성취감과 즐거움을 가져다 주기 때문이다. 이것은 모든 사람들이 함께 누려야 할 혜택이다. 둘째, 합리적인 의사 결정을 내리기 위하여 과학적인 정보와 사고방식을 필요로 하는 문제들이 점점 늘어나고 있기 때문이다. 공기, 물, 산림과 같은 공유 자원을 어떻게 이용하고 관리할 것인가를 결정하기 위해서는 국민 개개인의 판단이 모아져야 한다. 과학적 이해와 능력은 모든 유아들이 장차 의미 있고 생산적인 직업에 종사할 수 있는 자질을 향상시켜 준다. 기업체들은 계속적으로 학습하고, 합리적으로 사고하고, 창의적으로 생각하고, 스스로 의사를 결정하며, 문제를 해결하는 능력을 갖춘 인재를 원하고 있다. 더욱이 세계경제가 무한 경쟁으로 치닫고 있는 상황에서 세계 각국과 어깨를 나란히 하게 할 수 있는 과학의 중요성이 더욱 강조되고 있는 실정이다(NRC, 2000).

4. 유아 교실에서 과학 수업이 어려운 이유

과학교육이 유아들의 발달 및 성장에 지대한 영향을 미친다는 사실은 인정하면서도 실제로 유아 교실에서의 과학교육은 언어 · 미술 등의 다른 영역에 비해 많은 관심을 받지 못하고 있는 실정이다. 그 이유는 첫째, 교사의 과학 지식의 부족, 둘째, 교사의 과학 교수 방법론에 대한 이해 부족, 셋째, 교사의 과학에 대한 부정적인 태도를 들 수 있다(곽향림, 1984; 권영례, 1993; 김경미 · 강성빈, 2001; 김선희, 1990; 송연숙, 2001, 2004a · b, 2006a · b; 송연숙 · 황해익, 2004; 조형숙, 1998; 전경원, 1999).

1) 교사의 과학 지식 부족

Vitale와 Romance(1992)에 의하면, 교사의 과학 지식은 과학교육을 효과적으로 진행하는 데 가장 중요한 요소라고 보고 있다. 우선 교사가 과학에 대한 전문 지식이 있어야 유아에게 가르칠 적절한 과학적 개념과 사실을 선정할 수 있다. 세상에 쏟아지는 많은 과학 지식과 정보 중에서 어떤 내용을 유아들에게 가르쳐야 하는가를 교사는 결정해야 한다. 한편 유아들은 호기심이 왕성하고 사고의 특성상 주저 없이 질문을 한다. "선생님, 병에 걸쳐 있던 달걀이 병 속으로 들어갈 때 왜 펑 하고 소리가 났어요?", "선생님, 사각형으로 비누 거품을 만들었는데 왜 둥근 모양이에요?" 유아들과 과학 활동을 하다 보면 유아들은 이러한 질문을 셀 수 없이 많이 한다. 어떤 일이 일어나는지 조작이나 실험을 통하여 현상이나 결과를 보는 것도 중요하지만 교사는 그 결과를 해석할 수 있는 지식도 있어야 한다. 이와 같은 유아들의 질문이 있을 때마다 매번 "선생님도 잘 모르겠는데, 우리 같이 알아볼까?"라고 하는 것도 교사로서 쉽지는 않은 일이다. 교사들은 과학을 잘 가르치기 위하여 광범위한 과학적 지식을 알아야 할 필요는 없지만 적어도 유아기에 다루어질 과학 내용과 관련된 지식 및 정보는 풍부할수록 좋다.

교사의 기초 과학 개념 예

흔히 유아들이 교사에게 "선생님, 어떤 것이 물에 가라앉고 어떤 것이 물에 뜨나요?"라고 물으면, 대개 교사들은 가벼운 것은 뜨고, 무거운 것은 가라앉는다고 대답한다. 그러면 유아가 이내, "그런데 무거운 큰 배는 왜 뜨나요?"라고 다시 물으면, 딱히 할 말이 없어진다. 과연 아주 작은 물체가 물에 가라앉는데 배와 같이 크고 무거운 물체가 물에 뜬다. 왜 그럴까? 그것은 물체가 얼마만큼 물을 밀어내는가(이것을 '배수한다'라고 한다)에 따라 정해진다. 어떤 물체가 물을 많이 밀어내면, 물은 그만큼 힘차게 그 물체를 밀어 올린다. 그래서 이 밀어내는 힘 때문에 그 물체는 물 위에 떠 있게 된다. 구슬과 구슬 모양의 점토가 가라앉는 이유는 점토나 구슬이 물을 많이 밀어내지 못하고, 물도 점토나 구슬을 위로 밀어 주는 힘이 약하기 때문이다. 반면에 배 모양의 점토는 구슬 모양보다 크기 때문에 물을 더 많이 밀어내며, 물도 밑에서 위로 밀어 주는 힘이 그만큼 더 강하기 때문이다. 큰 배는 물을 굉장히 많이 밀어내기 때문에 바다도 위로 밀어 올리는 힘이 아주 크다.

2) 교사의 과학 교수 방법론에 대한 이해 부족

교사의 과학 지식 부족은 과학 교수·학습 방법에 대한 이해의 부족으로 연결된다. 유아를 대상으로 하는 과학교육은 과학 지식만을 주입하는 것은 효과가 없기 때문에 과학 개념이나 과학적 사실을 효율적으로 전달할 수 있는 교수법을 이해하는 일이 중요하다.

바람직한 과학 교수 방법으로는 교사의 지도 하에 유아들이 직접 탐구하고, 실험하고, 발견하는 발견적 탐구 학습(inquiry-based approach)에 기초한 과학 활동에 참여하면서 개념 지도(concept mapping)의 구성과 소그룹 토의 등의 방법을 통해 반성적 사고(reflective thinking)의 기회를 갖게 하는 것을 제안하고 있다(송연숙, 2001, 2006a · b; 조형숙, 1998). 그러나 현실적으로 유치원의 과학 활동은 이런 교수 방법으로 실시되지 않고 있다(방인옥 외, 1998). 그 이유는 교사들이 과학적 소재·과학 수준·과학 방법에 대해 잘 알지 못한 채 과학을 주변 생활과 동떨어진 어려운 영역으로 여기는 경향(김선희, 1990)이 있으며, 과학 활동의 특성에 따른 과학적 탐구 과정 및 방법 적용에 대한 인식이 부족할 뿐 아니라 과학적 탐구 능력을 길러 줄 수 있는 교사의 발문 기술이 부족하기 때문이다(김경미 · 강성빈, 2001; 황해익 · 송연숙 · 조영기, 2004).

임상 장학을 통한 교사의 수업 개선 장면 (사전협의회)

장학자▷ 선생님 오늘 수업할 내용을 보니까 활동명이 "깨끗한 물 만들기"예요. 활동 내용이 무엇인지 설명해 주십시오.

교 사▷ 우리가 사용하는 물은 한 번 사용하고 난 뒤 다시 우리 가정으로 돌아와야 하기 때문에 오염이 많은 세제를 사용하면 그 물을 사용할 수 없고 다시 우리에게 돌아올 물도 없어서 언젠가는 물로 인해 많은 고통이 있지 않겠습니까? 그래서 우리가 사용한 물은 다시 우리에게 돌아온다는 것을 알아야 될 것 같고, 물을 많이 오염시키는 그런 종류가 뭔지, 환경을 많이 오염시키는 것들이 있고 그렇지 않은 것들이 있다는 것을 유아들에게 알리고자 합니다.

장학자▷ 선생님 말씀은 지금 하나의 활동으로 모든 개념을 심어 주려고 하는데요, 그것이 유아들에게 좀 어렵지 않겠습니까? 너무 포괄적이라는 생각이 들지 않습니까? 좀 간단하게 하나의 목표를 설정한 후 그 목표에 도달할 수 있는 활동을 전개하였으면 합니다. 지금 선생님의 내용은 '정화'잖아요. 그런데 활동의 목표는 '물의 순환'인데 선생님은 그것과 다르게 과정과 원인과 어떤 태도를 가져야 된다는 것까지 나와 있으니 유아들이 한 가지 활동을 통해 물의 오염에 관한 모든 내용 및 지식을 알기에는 힘들지 않겠나 하는 생각이 듭니다.

교 사▷ 그러면 정화하는 부분에만 초점을 맞춰서 수업하면 유아들이 좀 더 이해하기 쉽게 활동이 전개되어 나가겠군요.

3) 교사의 과학에 대한 부정적 태도

유치원 및 초등학교 교사들의 과학 교수에 대한 태도의 경향을 분석한 결과, 많은 교사들은 과학 교수에 대해 부정적인 태도를 갖고 있었다(권주영, 2001; 송연숙, 2001, 2004b; 이경자, 2000; 전경원, 1999; Pederwen & McCurdy, 1992).

과학에 대한 교사의 부정적인 태도는 다음과 같다.

- 과학에 대한 불안과 두려움
- 과학은 어렵다는 고정관념
- 과학에 대한 수동적인 태도(유아에게 적합한 프로그램 개발보다는 상품화된 과학 프로그램을 활용하려고 함)
- 과학에 대한 교사의 흥미 부족
- 실험의 위험성(실험 도구가 유리로 되어 있고, 알코올만 사용해도 위험하다고 생각)
- 과학교육에 대한 자신감 부족
- 과학교육에 대한 교사의 자기 효능감 부족

연구자들은 아무리 좋은 과학교육과정과 교구를 제공하더라도 교사들이 과학을 긍정적으로 인식하고 유아들과 함께 탐색하는 과정에 즐겁게 참여하려는 내적 흥미가 없다면, 교실에서의 과학교육의 활성화는 기대할 수 없다는 결론을 내리고 있다. 그러나 교사가 지니고 있는 과학 교수에 대한 태도는 개개인의 지속적인 경험과 사고 과정에 의해서 형성되지만, 새로운 경험에 의해서 변화될 수 있는 가변적인 성향을 가지고 있다(Shrigley, 1990). Gauthier(1994)는 대학에서 교사 교육을 받고 있는 학생들을 대상으로 과학 교수에 대한 태도와 관련 변인들을 조사하였는데, 과학에 관련된 개인적 경험과 학교에서의 과학 수업, 그리고 교사 교육과정에서 얻은 형식적 지식 등이 그 태도 형성에 영향을 주는 요인들임을 밝혀 내었다. 권주영(2001), 송연숙(2003)은 유아 교사의 과학 교수 효능감 수준에 따라 과학교육에 대한 태도, 과학 경험, 과학 활동 실제가 어떻게 나타나는지를 알아보았는데, 교사의 과학에 대한 태도는 과학과 관련된 경험에 의해 형성되는 것으로서, 성장기 자연환경에서의 경험과 학령기 및 직전 교육, 연수를 담당한 교사들에 의해 많은 영향을 받는다고 하였다. 과학 및 과학 교수에 대해 교사가 긍정적인 태도를 갖게 하려면 교수 방법론에 대한 이해뿐 아니라 과학적 지식을 갖출 수 있도록 돕는 것이 필요하다.

이상에서 살펴본 유아 교실에서 과학 수업을 어렵게 하는 이유들은 따로따로 분리하여 생각할 수 없는 요인들이다. 교사가 과학에 대한 지식이 부족하면 자연히 유아에게 맞는 과학 교수 방법을 찾지 못할 것이고, 과학에 대한 지식과 교수법을 이해하지 못하는데 과학에 대하여 긍정적인 태도를 가질 리 없기 때문이다. 따라서 우리나라 유아과학교육이 현장에서 보다 적극적으로 이루어지기 위해서는 교사의 과학 교수에 대한 준비가 우선 되어야 한다. 다시 말하면 예비 유아 교사들과 현직 유아 교사들이 '어떻게 하면 폭넓은 과학 개념(지식)을 쌓고, 효율적인 과학 교수 능력을 향상시키고, 과학에 대하여 긍정적인 태도를 가질 수 있는가'(송연숙, 2004a; 최인숙, 2000)에 대해 끊임없이 연구 · 실천되어야 한다.

제 2 장

과학교육을 위한 인지적 기초

1. 구성주의와 비구성주의

"유아는 어떻게 지식을 얻게 되는가?"

"이전에 알지 못하던 것을 어떻게 알게 되며, 기존에 알고 있던 지식은 무엇에 의해 변화하게 되는가?"

이러한 의문은 인식론의 주요 연구 문제이지만, 이에 대한 해답은 곧 과학교육의 방법을 결정해 주는 역할을 한다. 따라서 과학교육의 방법에 대한 논의는 이러한 인식론에서 출발해야 할 것이다.

근대 철학의 산물인 인식론(epistemology)은 인간의 앎의 기원 · 본질 · 한계를 연구하는 학문으로 철학과 심리학의 주요 연구 과제이다. 인식론 연구자들은 주로 인식은 어떻게 해서 성립하고 발달하는지, 또 인식의 대상은 무엇인지에 관심이 있다. 즉, 우리가 어떤 대상(object)을 지각하고 실재(reality)를 이해하는 개념화 방식의 근원이 무엇이냐에 그 핵심을 두고 있다.

전통적인 인식론은 실재에 대한 객관적 견해를 고수해 왔다. 즉 실재는 개인의 외부에 존재하는 것으로, 언어나 다른 표상에 의해 학습자에게 발견되고 전달된다는 것이다. 이와 반대되는 관점에서는 개인이 그들 자신의 주관적인 실재를 구성한다고 본다. 즉 실재는 개인의 관찰, 반성적 사고, 논리적 사고 등에 의해 구성된다는 것이다. 결국 실재는 개인 자신에 의해 구성된다는 것이다(Martin, 1997). 이와 같이 인식론적 관점에서의 교육 패러다임은 크게 객관주의(objectivism)와 주관주의(subjectivism) 혹은 비구성주의(non-constructivism)와 구성주의(constructivism)로 대별될 수 있다.

객관주의 인식론에서는 실재란 인식 주체자의 외부에 있는 것이며, 우리의 정신이 실재로부터 받아들이는 처리자 역할을 행하는 것으로 본다. 따라서 의미는 실재의 구조로부터 나오는 것이며 마음이 실재의 상징적 표상을 처리한다고 본다. 객관주의 인식론 입장의 교육 패러다임은 행동주의와 인지주의를 들 수 있다. 이들 패러다임은 지식이란 독립적으로 존재하는 고정된 실체라고 보고, 교육이란 모든 상황에 적용할 수 있는 보편타당한 절대적 진리와 지식을 추구하는 것을 최종 목표로 본다. 따라서 행동주의에서는 학습자를 외부의 환경적 자극에 따라 반응하는 수동적인 존재로 보고, 교사가 설정한 수업 목표의 달성을 위한 수업 내용의 계열화, 외적 보상을 통한 강화, 피드백 등을 강조한다. 한편 인지주의는 행동주의보다는 학습자를 능동적인 존재로 보지만 지식을 외부에 독립적으로 존재하는 것으로 보고, 이를 학습자의 내적 정보 처리 과정을 통해 전이시키는 데 초점을 두고 있다는 점에서는 행동주의와 동일한 입장을 취하고 있다.

반면 주관주의 인식론에서는 실재란 인식 주체자의 경험에 의해 결정되며, 마음은 인식 주체자의 실재를 표상하는 상징의 구성자로 본다(Cooper, 1993). 주관주의 인식론 입장의 대표적 교육 패러다임은 구성주의이다. 구성주의에서는 우리가 경험하는 세계는 존재하나 그 의미는 우리 인간에 의해 부여되고 구성되는 것이라고 주장한다. 따라서 세계를 이해하고 조직하는 방식은 다양할 수 있으며 하나의 옳은 의미, 객관적 실체는 존재하지 않는다고 본다. 지식이란 독립적으로 존재하는 실체가 아니라 문화와 전통을 통해 형성되는 의미 구성의 산물인 것이다.

구성주의에서는 학습자를 외부 세계에 대한 의미를 스스로 구성해 나가는 능동적인 존재로 본다. 그리고 학습은 능동적인 구성 과정이며, 인지적 · 사회적 · 문화적 과정이라고 본다. 학습자는 자신이 이미 가지고 있는 현재 지식과 경험, 개념에 의미 있게 연결되는 학습에 의해, 즉 스스로의 사고 과정과 조직화에 의해 자신의 의미를 구성해 간다고 봄으로, 교사의 가장 중요한 임무는 유아가 자신에게 독특한 의미로 내면화될 수 있는 연결을 하도록 도와주는 것이다.

객관주의 인식론의 비구성주의와 주관주의 인식론의 구성주의의 교육적 견해 차이는 〈표 2-1〉과 같이 비교된다(라정숙, 2001; 황윤환, 1995).

〈표 2-1〉 비구성주의와 구성주의 교육의 비교

특성/관점	비구성주의 (객관주의)	구성주의 (주관주의)
학습자	• 지식의 수동적 수용자	• 생각, 아이디어의 능동적 창조자 • 지식의 능동적 구성자
교사의 역할	• 지식 전달자 • 재촉자 • 교육과정 실행자	• 학습자의 생각, 아이디어를 듣는 자 • 촉진자, 안내자, 조력자, 용기 부여자, 지지자 • 교육과정 재구성자, 학습자가 의미를 구성하도록 경험 제공
학습 지식 형성	• 백지 상태의 학습자에게 지식이 전수됨 • 외부 조건에 의해 결정	• 학습자가 기존의 개념을 바꾸거나 수정하는 과정 • 각 개인의 내적 작용에 의해 지식이 형성됨
학습에 영향을 미치는 요인	• 외부적 학습 상황 (교사, 교실, 교재, 실험)	• 외부적 학습 상황 • 학습자의 기존 개념과 선행 경험
교육과정	• 의도적 교육과정	• 창조적, 실용적, 아이디어 중심
교육 방법	• 강의, 암송, 반복, 일제 수업	• 협동 수업, 소집단 활동, 문제 해결 학습, 고등 사고 학습, 비판적 사고
평 가	• 양적 평가 • 학습자 서열을 정하는 데 쓰임	• 질적 평가 • 교사 자신의 교육 방법 평가로 이용
특 색	• 지식 전달 교육 • 듣는 것을 강조 • 이기적 · 경쟁주의적 교육 • 역인간교육	• 자기 학습 능력 신장 • 듣는 것보다 말하는 것을 강조 • 협동주의 교육 • 인간교육

그동안 교육 패러다임은 행동주의에서 인지주의로, 그리고 구성주의로 변천되어 왔다. 이들 패러다임들을 인식론적 관점에서 보면 외부적 관점에서 내부적 관점으로, 즉 객관주의에서 주관주의로 변화해 왔음을 알 수 있다. 현재로서는 구성주의 패러다임이 지배적이므로 본서에서는 구성주의를 중심으로 이론적 기초를 살펴볼 것이다.

철학 분야에 있어 구성주의적 인식론에 대한 최초의 논의는 18세기 이탈리아 철학자 Giambattista Vico에 의해 시작되었으며, 인지심리학에 있어 구성주의적 전환은 100여 년 전 같은 해에 출생한 Piaget와 Vygotsky의 이론에 기초하고 있다. Piaget는 인지심리학을 개인적 구성주의 입장에서 이론을 전개한 반면, Vygotsky는 인지심리학과 Marx와 Engels의 지식사회학을 접목하여 사회문화주의에 기초한 구성주의 이론의 기초를 마련하였다. 이후 구성주의는 다양하게 확산되어 1990년대 이후 구성주의는 급진적 구성주의, 사회적 구성주의, 인지적 구성주의, 물리적 구성주의, 진화적 구성주의, 사회 문화적 구성주의, 포스트모던 구성주의 등 여러 유형으로 발전되었지만(이명숙, 1999), 크게는 Piaget와 Vygotsky의 이론에 각각 근간을 두고 있는 인지적 구성주의(cognitive constructivism)와 사회적 구성주의(social constuctivism)로 대별된다. 교수 · 학습 분야에서는 이들 두 가지 관점에 기초한 수업 방법 연구가 활발하게 진행되고 있으며, 심리 치료 분야에서도 다양한 치료 방법으로 적용되고 있다.

구성주의의 두 관점 모두 학습에 대한 주관적 실재에 근거를 두고 있으며, 개인은 자신만의 지식을 구축하고 자신의 경험과 사고로부터 지식을 표상한다고 본다. 그러나 인지적 구성주의는 개인의 인지적 구성 과정에 초점을 두는 데 반해 사회적 구성주의는 학습에 미치는 사회 문화적 영향력을 중요시한다는 차이를 보이고 있다. 두 이론에 대한 구체적 고찰은 다음 절에서 설명될 것이다.

2. 인지적 구성주의

인지적 구성주의의 대표적인 학자는 Piaget이다. 인지발달 이론을 제시하여 발달심리학자들의 관심을 끌었던 Piaget 이론은 유아 사고의 질적 발달이 성인의 사고 발달과 어떻게 다른지를 잘 설명해 주고 있다. 그의 이론은 교수 이론은 아니지만 1960년대 이후 과학교육에 많이 적용되어 왔다. 특히 1970년대에는 미국의 유아교육과정과 초등교육과정에 그의 인지발달 이론에 기초한 교수 · 학습 방법이 반영되었고 이러한 경향은 1980년대 이후 우리나라에도 영향을 미치게 되었다.

Piaget의 인지심리학은 Glasersfeld, Collins, Cobb 등에 의해 급진적 구성주의로 발달된다. 급진적 구성주의의 선두주자인 Glasersfeld는 지식이란 수동적으로 받아들이는 것이 아니라 주체에 의해 능동적으로 구축되는 것이며, 동화와 조절이라는 인지 기능을 통해 경험 세계를 조직하게 된다고 주장하였다. 즉, 급진적 구성주의자들도 인지심리학에 대한 근거는 Piaget에 기초하고 있으므로 여기서는 Piaget 이론을 중심으로 인지적 구성주의를 설명하고자 한다.

Jean Piaget(1896~1980)

>> 출생 및 성장 환경

- 1896년 스위스의 Neuchâtel에서 출생
- 아버지는 매우 학구적인 중세 역사학자, 어머니는 매우 감성적인 여성
- 어려서부터 과학적 소질을 보여 10대 때부터 생물학 관련 논문 발표

>> 연구 활동

1) 전 공
- Neuchâtel 대학에서 '연체동물학' 전공
- 자연과학 박사학위 취득(21세)

2) 초기 연구
- 'Rousseau 연구소', 'Binet 연구소'에 재직하면서 아동심리 연구
- 자신의 자녀인 Jacqueline, Lucienne, Laurrent의 행동을 관찰하여 아동의 인지적 행동 연구
- 초기엔 주로 아동의 언어, 판단과 추리, 세계관, 인과관계에 대한 추론, 도덕관 등에 있어서의 자기중심적 사고 연구

3) 중기 연구
- 감각 운동적 지능, 수 및 과학적 개념의 형성 과정 연구

4) 말기 연구
- 발생학적 인식론 탄생-아동심리에 대한 연구 결과들을 지식의 근원에 대한 철학적 문제의 해결에 사용하고자 시도함

>> 교수 역임

- Neuchâtel 대학 철학 교수
- Geneva 대학 심리학 교수
- Lausanne 대학 심리학 교수

>> 주요 저서

1923. 『아동의 언어와 사고』
1924. 『아동의 판단과 추론』
1932. 『아동의 도덕적 판단』
1936. 『아동 지능의 기원』
1946. 『아동기의 놀이, 꿈과 모방』
1947. 『지능 심리학』
1969. 『교육 과학과 아동심리학』

1) 인지발달이란?

Piaget는 인지발달을 설명함에 있어 구조주의(structuralist)와 구성주의(constructivist)에 기초하고 있다(DeVries, 1978). Piaget 이론이 구조주의적임은 사고의 구조가 일련의 단계로 이루어짐을 강조한 데서 알 수 있다. 즉, 〈표 2-2〉와 같이 인지발달은 감각운동기, 전조작기, 구체적 조작기, 형식적 조작기의 4단계를 거쳐 발달하며 이들 각 단계는 서로 다른 논리수학적 사고 구조를 가지고 있다는 것이다. 따라서 구조주의적인 측면에서 보면 각 단계에서 다음 단계로 이행하는 것이 곧 인지발달이다.

〈표 2-2〉 Piaget의 인지발달 단계

단 계	특 징
감각운동기 (출생~24개월)	• 빨기, 쥐기 등 몸 전체 행동의 감각-운동 체계를 사용하여 도식을 형성한다. • 대상 영속성이 발달하며 물리적 세계에 대한 추론 능력이 생긴다. • 구체적인 표상에 의존한다. • 지연 모방이 가능해진다. • '지금' '여기'의 것에만 관심이 있다.
전조작기 (2~7세)	• 언어 발달이 가속화된다. • 상징적 기능이 증가하며 사상이 내면화된다. • 지적 표상이 향상되며, 가장 놀이가 발달된다. • 사고와 행위가 자기중심적이다. • 모든 것은 이유와 목적을 가지고 있다고 생각한다. • 사물이나 현상의 다양한 측면을 고려하지 못하는 중심화를 보인다. • 물활론적 사고를 한다.
구체적 조작기 (7~12세)	• 사고 과정의 가역성, 보존 능력이 생긴다. • 사물의 외적인 것에 덜 의존하게 된다. • 자기중심성과 중심화에서 벗어난다. • 시간과 장소를 구조화하게 된다. • 수를 이해하고 논리적 사고가 시작된다.
형식적 조작기 (12세 이후)	• 언어적, 가설적, 과학적, 상징적, 논리적 사고가 가능해진다.

Piaget의 초기 이론에서는 인지구조를 지나치게 강조한다는 비판을 받았으나, 후에 인지구조만이 아니라 인지의 기능적 활동인 동화와 조절의 중요성을 강조하고 동화와 조절은 상호 보완적이면서도 통합적으로 활동한다는 것으로 자신의 이론을 다소 수정하였다.

또 지식 형성에 대한 Piaget의 발생학적 인식론은 구성주의의 이론적 기초를 제공한 것으로 평가받고 있으므로 그의 인지발달에 대한 개념은 구성주의적 입장에 있다고 할 수 있다. Piaget는 후기 연구에서 주로 지식의 구성 과정에 초점을 두고 있었는데, 이경우 등(1999)은 Piaget의 많은 연구 중 그가 죽기 10년 내지 15년 사이에 수행한 지식 구성의 기제에 관한 연구들이 바로 구성주의의 심리학적 기초가 된 것으로 본다.

그에 의하면 지식이란 개인이 환경과의 부단한 상호 작용에 의해 이미 가지고 있던 선수 지식(prior knowledge)을 보다 정교하게 다듬어 가는 과정을 통해 점차 발달하게 된다. 즉, 상호 작용을 하는 가운데 대상(object)에 대한 다양한 행위 요소를 통합하는 반성적 추상과 대상의 특성이나 행위로 인한 변화를 관찰하는 경험적 추상을 통해 지식이 습득된다. 따라서 구성주의적 입장에서 보면 인지발달이란 지식이 새로이 구성되어 가는 과정이라고 할 수 있다.

따라서 Piaget의 인지발달 개념에서는 인간이란 천성적으로 능동적인 개체임을 전제로 하고 있으며(Inagaki, 1992), 인지발달이란 인지가 구조적으로 발달하는 것인 동시에 개체 내부에서 지식이 스스로 구성 및 재구성되는 과정을 통해 이루어지는 것이라고 할 수 있다. 이러한 입장은 지식이란 개인의 외부에 있던 것이 내부로 오는 것으로 보는 경험론과는 아주 대조적인 것이다.

2) 인지발달은 무엇에 의해 이루어지는가?

인지발달을 가능하게 하는 발달 기제가 무엇인지를 최초로 체계화한 학자는 Piaget이다. 인지발달 기제에 대한 연구는 그의 후기 연구 주제인 발생적 인식론 연구에서 얻어진 것들이다. Piaget(1983)와 그의 제자들은 지식의 새로운 구성 과정을 설명하고자 노력한 결과, 지식의 구성 즉 인지적 발달은 성숙, 물리적 환경과의 경험, 사회적 상호 작용, 평형화의 네 가지 요인에 의해 이루어진다고 보았다.

(1) 성숙(hereditary program)

발달심리학자들이 인간 발달의 주요 기제로 최초로 제안한 것은 성숙이다. Piaget도 전통적으로 발달을 결정하는 주요 요인으로 강조되어 온 유전적 성숙 기제를 인지발달의 주요 기제 중 하나로 인정하고 있다.

그러나 성숙 요인 개별적으로는 발달적 변화를 일으키는 데 충분하지 못하다고 본다. 다만 성숙은 환경으로부터 얻은 새로운 정보를 동화하고 구조화하는 잠재력이 되어 인지발달에 영향을 주게 된다(변창진 · 송명자, 1995; 이경우 외, 1999).

(2) 물리적 경험(physical experience)

Piaget에 의하면 물리적 지식과 논리수학적 지식은 사물에 대한 물리적 경험을 통해서 구성된다. 물리적 지식은 유기체 외부에 있는 대상(혹은 사물)에 관한 지식이므로 대상에 대한 물리적 경험, 즉 외적인 관찰에 의해서 알 수 있는 지식이다. Piaget는 어떤 대상이나 대상에 대한 행동으로부터 지식을 추출하는 작용을 추상(abstraction)이라고 하며, 관찰이나 환경 내의 대상과의 직접적인 작용 즉 물리적 경험을 통해 외적 요소로부터 지식과 정보를 추출하는 과정을 경험적 추상(empirical abstraction)이라고 하였다(Kamii & DeVries, 1978). 따라서 유아는 사물에 대한 경험적 추상에 의해 사물을 인식하게 된다고 할 수 있다.

그런데 유아는 경험적 추상을 할 때 사물이 가지고 있는 여러 속성 중 특정 측면에만 집중하게 되며 그 외의 다른 측면은 무시하는 경향이 있다(Kamii & DeVries, 1978). 예를 들어, 공이 둥글다는 것을 인식할 때 유아는 공의 둥근 속성에만 집중하고 공의 무게나 색깔과 같은 특성에는 관심이 없다. 또 공을 떨어트려 공이 튀는 것을 관찰할 경우엔 공의 튀는 특성은 관찰하지만 공이 튄다는 사실에만 집중하고 다른 특성은 인지하지 못한다. 따라서 공에 대한 물리적 지식은 공에 대한 물리적 경험을 다양하게 할수록 공에 대한 보다 정확한 지식을 구성할 수 있다.

한편 논리수학적 지식은 유목-포함 관계나 보존 개념에서와 같이 주체자가 사물과 사물 간의 관계성을 조직함으로써 구성된다. 따라서 논리수학적 지식의 근원은 주체자에 있다고 할 수 있다. 물리적 지식이 유아의 경험을 통해 습득되는 지식이라면 논리수학적 지식은 사물과 관계되는 유아의 행위를 통해 습득되는 것이다. 물리적 지식이 경험적 추상에 의해 구성되는 데 반해 논리수학적 지식은 내성적 추상, 즉 반성적 추상(reflexive abstraction)에 의해 구성된다. 경험적 추상은 사물 그 자체로부터 얻어질 수 있지만, 내성적 추상은 사물들 간의 관계를 생기게 하는 주체자의 행위로부터 얻어질 수 있다. 즉, 반성적 추상은 유아가 외적 대상을 관찰한 내용을 종합하고 관계 지으며 대상에 대한 행동으로부터 의미를 연역하여 대상을 재구성함으로써 외적 경험 내용을 초월하는 이론적 법칙을 형성하는 기제를 의미한다. 따라서 대상의 의미는 유아의 행동을 통해 추출된 내용에 의하여 끊임없이 수정, 변용, 보완될 수 있다(변창진 · 송명자, 1995).

물리적 지식과 논리수학적 지식의 근원은 다르지만 두 지식은 별개의 것으로 분리될 수 없다. 두 지식은 분리되어 구성되는 것이 아니라 서로 연결되어 있기 때문이다. 논리수학적 경험의 조직 없이는 물리적 경험이 있을 수 없으며, 사물을 관계 짓지 않고는 논리수학적 경험을 구성할 수 없다. 그리고 유아가 구성하는 물리적 경험이 누적될수록 논리수학적 구조를 보다 잘 구성하도록 도와주게 되며, 논리수학적 구조가 잘 구성되면 될수록 유아는 보다 정확하고 풍부한 사실을 인식하게 된다(Kamii & DeVries, 1978). 이와 같이 유아는 사물과의 행위를 통해서 자신의 물리적 지식 및 논리수학적 지식을 구성해 가는 것이다.

(3) 사회적 상호 작용(social influence)

Piaget는 교육과 언어를 통한 사회적 상호 작용도 인지발달의 기제로 본다. 즉, 성인이나 또래와의 사회적 상호 작용은 사회적 지식의 근원이 된다는 것이다. 사회적 지식은 외부 세계로부터의 정보를 통해 유아가 습득할 수 있는데 이러한 정보는 사회적 상호 작용을 통해 얻을 수 있기 때문이다. 예를 들어, 공을 '공'이라고 부를 수 있고, '남의 물건을 훔쳐서는 안 된다'는 것이나 '신호등의 불이 빨간불일 때는 갈 수 없다'는 지식들은 사회적 상호 작용을 통해 습득할 수 있다.

그러나 사회적 지식의 습득은 유아가 사회적 경험 내용을 자신의 인지구조에 동화하고 통합하는 내적인 지적 활동이 있어야만 인지발달이 촉진될 수 있다고 보아 Piaget는 사회적 상호 작용을 유아의 내적 사고 작용 내에서의 인지적 구성만큼 강조하지는 않았다. 유아가 자신의 사회적 경험 및 언어적 경험을 유아 자신의 인지구조에 동화하거나 통합할 때 인지발달이 이루어지게 되고, 그렇지 않을 경우에는 인지발달이 촉진될 수 없다고 믿기 때문이다. 즉, 유아 자신의 주도적인 지적 활동이 있을 경우에만 사회적 영향이 인지발달을 촉진할 수 있다는 것이다.

Piaget가 사회적 영향력을 과소평가한다는 비판을 받고 있지만, 1965년 출간된 *Etudes sciologiques*에서 대인(對人) 간 상호 작용의 가치 및 대인 간 의사소통의 수준이 개인의 인지발달에 미치는 영향을 강조함으로써 사회적 상호 작용의 중요성을 충분히 인식하고 있음을 알 수 있다(변창진 · 송명자, 1995).

(4) 평형화(자기 조정, equilibration)

Piaget는 인지구조가 감각운동 구조에서 전조작적인 표상적 구조, 구체적 조작 구조, 형식적 조작 구조로 보다 고도의 평형 상태 구조를 향해 단계적으로 이행한다고 보았으며, 이러한 이행은 평형화 기제에 의해 이루어진다고 보았다. 따라서 Piaget는 평형화를 인지발달의 핵심적 기제로 간주했다.

평형화는 세 단계의 과정을 거쳐서 일어난다(변창진 · 송명자, 1995). 처음엔 저차원의 수준에서 평형이 유지되다가(1단계) 기존의 도식으로 동화할 수 없는 문제 상황이나 사건을 접하면서 인지적 불균형이나 갈등을 경험하게 된다(2단계). 그리고 이러한 갈등 사태를 해결하는 방식으로 인지구조를 재구성함으로써 보다 높은 수준의 인지적 평형 상태를 성취하게 되는 것이다(3단계).

예를 들어 유아가 자신의 인지구조에 기초하여 새로운 과제를 해결하다가 실패하게 되면 자신이 가지고 있던 기존의 인지구조에 대한 신념과 문제 해결 행동 또는 그 결과 간에 불일치가 일어나게 된다. 이러한 불일치는 기존의 인지구조가 평형 상태를 유지하고 있던 것을 파괴하게 되고 유아는 인지 갈등을 경험하게 된다. 그리고 유아는 새로운 방법으로 인지적 활동을 하게 되고 그 결과 새로운 과제 해결에 적합한 인지구조가 새롭게 형성된다. 새로 형성된 인지구조는 이전보다 높은 수준의 평형 상태가 되며 따라서 인지의 발달이 이루어지게 된다. 이렇게 평형화 기제는 여러 복합적인 요소들을 통합하여 단일 체계의 보다 상위 수준의 통합 구조를 형성해 주는 기제이므로 인지발달의 기본 기제라 할 수 있다. 그러나 평형화 기제 역시 유기체 자신의 적극적인 조기 조정 작용이 없다면 불가능하다.

3) 유아과학교육에 적용하려면?

첫째, 과학교육은 사고 구조의 발달을 주요 목적으로 강조해야 한다.

Piaget 이론에 기초한다면 유아과학교육은 사고 구조의 발달을 목적으로 해야 한다. 예를 들어, 전조작기 유아에게는 구체적 조작기로 발달해 가는 것이 목적이어야 한다.

둘째, 개인차를 고려해야 한다.

유아의 인지발달 단계는 보편적이며 예측 가능하기는 하지만 같은 연령이라 할지라도 인지발달 단계나 발달 속도에는 개인차가 있다. 또한 한 단계에서 다음 발달 단계로의 전이에 있어서도 개체 간의 발달 차이가 있을 수 있다. 따라서 교사는 개별 유아의 사고 구조 발달에 관심을 가지고 개인차에 따른 개별화 수업이 될 수 있도록 준비해야 한다. 특히 새로운 지식의 구성은 유아의 현재 지식에서 출발하므로 유아 개개인의 사전 경험 · 사전 지식 · 사전 개념을 파악하고 이에 기초한 활동을 구성해야 한다.

셋째, 내용보다 과정 중심의 활동이어야 한다.

과학교육은 과학의 내용보다는 과정에 비중을 두어야 한다. 특정 분야에 대한 지식의 습득보다는 유아가 직접 관찰 · 분류 · 비교 · 측정 · 예측 · 의사소통 · 실험 등의 과정 기능을 활용할 수 있는 과학 활동이어야 한다.

넷째, 유아가 주도적 · 능동적 · 적극적으로 참여하도록 한다.

과학 활동에서 유아가 주도적 · 능동적 · 적극적으로 참여한다는 것은 유아의 흥미와 아이디어를 반영할 수 있고 또한 자신의 사전 지식과 경험에 기초하여 지식을 재구성해 갈 수 있음을 의미한다. 따라서 과학 활동의 계획 및 준비 단계에서부터 유아가 참여하도록 해야 한다. 또 활동 진행 중에는 교사의 설명이나 지시적 활동보다 유아가 자신의 아이디어를 반영하고 자유롭게 탐색하고 조작할 수 있는 탐구 활동으로 진행될 수 있도록 한다.

다섯째, 지식을 구성하기 위해서는 행위가 선행되어야 한다.

지식은 유아 스스로에 의해 구성되는 것이며, 특히 물리적 지식은 개개인이 구체적 사물과 직접적인 상호 작용을 함으로써 사물의 특성을 이해하게 되고, 자신의 행동에 의해 직접 만들어지는 물리적 현상을 통해 지식을 구성하게 된다. 이와 같이 물리적 지식 구성에 있어서는 행위가 매우 중요하다. 따라서 올바른 개념이나 단편적 지식을 전달하는 교사 주도적 방법에서 벗어나 유아들이 직접 물체를 조작해 보고 오감각을 통해 관찰하면서 질문하고 결과를 예견하고 비교해 볼 수 있도록 다양하고 풍부한 활동 자료들을 제공해야 한다. 그리고 유아가 사물을 조작하고 적극적으로 참여할 수 있는 지지적 분위기를 만드는 일도 중요하다.

여섯째, 인지적 평형화를 유도해야 한다.

Piaget가 제시한 인지발달 기제를 교육적으로 적용한다는 것은 결국 평형화를 유도하는 전략이라고 할 수 있다. 왜냐하면 앞에서 살펴본 바와 같이 평형화 기제야말로 인지발달을 한 단계 진보시켜 주는 가장 기본적인 발달 기제이기 때문이다. 따라서 유아의 인지발달을 일어나게 하려면 기존에 가지고 있는 인지구조의 평형을 깰 수 있도록 인지 갈등을 유발해야 하며 또한 유아의 내적 자기 조정 작용인 반성적 추상(reflective abstraction)을 적용해야 할 것이다.

❶ 인지 갈등을 유발해야 한다.

평형화를 유도한다는 것은 곧 인지 갈등을 유발함을 의미한다. 왜냐하면 인지 갈등을 통해 인지구조의 평형이 파괴된 후 다시 재평형을 이룰 때까지의 기간이 학습이 일어날 수 있는 최적의 학습 시기이기 때문이다. 이 기간은 인지구조가 하나의 안정된 구조로 확립되기까지 상당한 동요를 보이는 시기이며, 훈련이나 학습의 효과가 가장 큰 시기이다.

교사가 유아의 선행 경험과 지식에 기초하여 활동을 준비한다면 새로운 과학 개념에 대한 실험을 수행하고 그 결과를 관찰하는 가운데 유아는 자신의 예측과 비교하면서 자연스럽게 인지 갈등을 경험하게 된다. 즉, 자신의 기존 지식과 다른 결과에 대한 원인 분석을 시도함으로써 새로운 지식의 기초를 마련하게 된다.

❷ 반성적 추상의 기회를 준다.

경험적 추상은 대상에 대한 직접적인 작용을 통해 지식 및 정보를 추출하는 데 반해 반성적 추상은 어떤 대상이나 그 행동으로부터 지식을 추출하는 과정, 즉 유기체가 환경과의 상호 작용 과정에서 이루어지는 자기 조정 작용이다. 인지구조의 통합은 반성적 추상 기제에 의한 것이지 환경과의 직접적 경험인 경험적 추상에 의해 이루어지는 것이 아니다. 따라서 일차적으로 물리적 학습을 한 후엔 자신의 경험을 표상 형태로 조직하고 일반화하는 반성적 추상의 기회가 반드시 뒤따라야 한다. 실험이나 관찰 결과를 유아 스스로 정리하는 가운데 새로운 개념으로 확장될 수 있는 것이다. 예를 들어 유치원 현장에서 과학 활동 후에 탐구 보고서(과학 활동지) 쓰기, 레지오 에밀리아 프로그램에서 활용하는 여러 가지 매체를 통한 다상징화 과정, 경험에 대한 토의하기 등은 반성적 추상 작용을 촉진하는 좋은 활동이다. 이러한 반성적 추상이야말로 학습의 원동력이 될 수 있다.

3. 사회 문화적 구성주의

Piaget의 인지심리학에서 급진적 구성주의로 발전되어 오던 인지적 구성주의는 사회적 상호 작용을 고려하지 않았다는 비판을 받게 된다. 이러한 비판을 제기했던 Wertsch, Cole, Cobb 등은 Vygotsky의 사회 문화적 이론에 기초하여 사회 문화적 구성주의를 발전시키게 된다. 특히 이들은 지식 구성의 인식론적 입장을 제안하고 이에 기초한 구성주의 교수 · 학습 이론을 제시함으로써 교육 현장에 구성주의를 반영할 수 있는 계기를 제공하였다.

사회 문화적 구성주의에 기초한 교수 · 학습 모형으로는 Rogoff의 인지적 도제 학습, Wertsch의 대화 학습, 레지오 에밀리아 프로그램을 주도한 Malaguzzi의 프로젝트 학습 등이 대표적이다(이종일, 1999). 이들 사회 문화적 구성주의자들과 프로그램들의 이론적 근간은 Vygotsky 이론이므로 여기에서는 그의 이론을 중심으로 살펴보고자 한다.

Lev Semenovich Vygotsky (1896~1934)

≫ 출생 및 성장 환경

- 1896년 북부 Byelorussia(백러시아)의 Orsha 도시에서 출생
- 중산층 유태인 가정(父-은행 지점장, 母-교사 자격 가진 주부), 8남매 중 둘째
- 1897년 남부 Gomel로 이주
- 1934년 결핵으로 사망

≫ 연구 활동

1) 전공

- 1917년 모스크바 대학 법학부와 시야냐프스키 대학 역사철학과를 동시에 졸업
- 1925년 '예술심리학'으로 박사학위 취득

2) 주요 연구

- 1925~1934년 모스크바에서 심리학 연구소 개설
- 심리학 이론(Koffca, Piaget, Gesell, Freud 등) 번역
- A. R. Luria, A. N. Leont'ev 등과 공동 연구 활동(사회 문화적 이론의 기원이 됨)

>> 교수 역임

- 1917~1924년 Gomel 사범대학 등에서 문학, 역사, 철학, 심리학, 교육학 등 강의

>> 주요 저서

(180여 편의 논문과 저서 집필했으나 대부분 출판이 금지되다가 1953년 스탈린 사망 이후 출판되었으며, 1960년대 이후 미국과 서구 사회에 번역됨)

1931. 『고등정신기능의 발달사』, 『장애 아동의 발달과 교육 진단』

1932. 『심리학 강의』

1934. 『학령기의 인지발달과 교수 문제』, 『정신분열증 환자의 사고』, 『사고와 언어』

1) 인지발달이란?

Vygotsky에 의하면 유아는 두 가지 맥락에서 발달한다. 즉, 유아는 생물학적 성장과 신체 구조 및 정신 구조의 성숙과 같은 자연적 발달을 하는 동시에 사회 문화적 활동에 참여함으로써 이루어지는 사회 문화적 발달을 하게 된다. 그리고 전자의 발달을 통해서는 저차원적 정신 기능을 습득하는 반면, 후자의 발달을 통해서는 인간에게만 나타나는 고차원적 정신 기능의 발달이 이루어진다고 본다. Vygotsky 이론은 저차원적 수준의 주의 · 지각 · 기억 · 사고와 같은 정신 기능들이 나중에 어떻게 고차원적 정신 기능으로 발달되는가를 잘 설명해 주고 있다. 여기서 고차원적 정신 기능이란 의도적이고 반성적인 활동에 참여할 수 있는 인간의 능력에 기여하는 모든 요소들, 즉 자발적 주의 집중 · 논리적인 기억 · 문제 해결 · 상상력 · 추상 등을 의미한다.

Vygotsky를 비롯한 사회 문화적 구성주의자들은 한 문화의 가치, 신념, 관습 등의 문화가 어떻게 여러 세대를 거쳐 전달되는지에 주요 관심이 있으며, 인간만이 가지고 있는 이러한 고등 정신 기능의 발달은 사회 문화적 요인에 의해 결정된다고 본다. 이들에 의하면 개인의 정신은 다른 사람들의 정신과 분리되지 않고 결합되어 있어 사회 문화적 지식은 사회 구성원들 간에 공유되고 있으며, 개인의 인지발달은 사회 문화적 상황을 통해 이러한 공유된 지식을 내면화함으로써 이루어진다. 즉, 고등 정신 기능의 발달은 유아가 다른 사람들과 사회 문화적 상황에서 상호 작용하는 과정과 나중에 개인적으로 내면화하는 과정이라는 두 가지 국면에서 이루어진다는 것이다.

여기에서 사회 문화적 상황이란 사회적 상호 작용과 문화적 실제라는 두 가지를 내포한다. 즉, 이전 세대로부터 전수된 문화적 활동이나 현재와 미래의 필요에 맞게 변형된 문화적 활동을 협력적 방식에 의해 개체들이 공동으로 문제를 해결하는 상황을 말한다(Berk & Winsler, 1995; Rogoff, 1993).

개인은 사회적 경험을 통해 자신이 접하는 세계에 대해 사고하고 해석하는 방법을 형성하게 된다. 또 이렇게 형성된 인지적 기술은 늘 사회적 영향을 받으며, 또 사회적 활동을 통해 사고는 변화하게 된다. 그런데 사회 문화적 맥락은 사회와 문화에 따라 달라지게 된다. 각 문화마다 강조하는 활동과 사용하는 도구들이 서로 다르기 때문에 인간의 고등 정신 기능은 문화에 따라 다양할 수밖에 없다. 따라서 개인의 발달은 그가 경험하는 사회 문화적 맥락에서 이해해야 하며, 교육은 그 사회의 독특한 사회 문화적 맥락에서 이루어져야 함을 강조한다. 예를 들어, 우리가 유아의 지식과 기술을 올바르게 이해하기 위해서는 유아가 일상생활에서 경험하는 사회적 상호 작용을 파악해야 한다. 학교나 검사 시에 사용하는 교수적 질문들을 자주 사용하는 가정에서 자란 유아들은 수업이나 검사에서 의사소통이 수월하지만, 이러한 경험이 없는 유아들은 이러한 질문을 이해하지 못한다. 이렇게 사회 문화적 환경에 따라서 상호 작용이 다르고, 서로 다른 상호 작용 경험은 유아의 인지적 기술에 영향을 주게 되어 사회 문화에 따라 결국 고등 정신 기능, 즉 인지발달이 달라지게 되는 것이다.

사회적 상호 작용을 통해 사회적 또는 개인 간 수준에서 먼저 일어난 인지발달은 그 후에 개인적, 심리적 수준에서 일어나는 과정으로 이어진다. 즉, 모든 고등 정신 기능은 사회적 기원을 가지고 있으며, 이것이 궁극적으로 내면화되는 것으로 본다. 그리고 내면화에 있어 사회적 경험을 심리적으로 표현하는 주요 방법은 언어이므로, Vygotsky 이론에 있어 언어는 유아의 인지발달에 있어 중요한 역할을 하는 것으로 본다.

2) 인지발달은 무엇에 의해 이루어지는가?

(1) 사회 문화적 맥락(socio-cultural context)에서의 상호 작용

인지발달은 사회 문화적 상황에서 공동으로 문제를 해결하는 과정을 통해서 이루어진다는 것을 전제로 한다. 따라서 유아의 지식과 기술을 올바르게 이해하기 위해서는 유아가 일상생활에서 경험하는 사회적 상호 작용을 이해해야 하며, 수업 또한 이러한 사회 문화적 상황에 기초해야 한다. 사회 문화적 구성주의에 기초한 수업 모델들은 수업이 협력적이고 직접적인 체험의 사회 문화적 상황에서 이루어져야 함을 강조한다(Brown et al., 1989; Collins et al., 1990).

그런데 이러한 사회적 상호 작용은 사회 문화적 환경에 따라 다르므로 결국 사회 문화적 환경이 유아의 인지발달에 영향을 주게 된다는 것이다. 예를 들어 공평함을 중요하게 생각하는 서구 사회의 유아들은 자료의 동등한 분배가 생활화되어 있어 보존 개념이 보다 일찍 발달되지만, 이러한 경험을 하지 못한 문화권의 유아들은 보존 개념의 발달이 늦어질 수밖에 없다.

(2) 근접발달지대(ZPD; The Zone of Proximal Development) 내에서의 학습

인지발달의 사회적 지원에 대한 Vygotsky의 견해는 근접발달지대 개념을 낳게 되었다. 그는 사회의 지적 기능이나 지적 도구에 보다 정통한 사회 구성원과의 상호 작용을 통해 개인은 그 기능이나 도구에 접근하게 된다고 본다. 그리고 유아가 혼자서 수행하는 능력보다 다른 사람의 도움을 받으면서 수행할 수 있는 능력이 곧 개인의 지적 발달 수준을 나타내는 것이라고 본다. 그러므로 유아의 발달 수준을 이해하기 위해서는 실제적 발달 수준과 잠재적 발달 수준을 모두 고려해야 한다고 주장하면서, 이들 두 수준 간의 격차를 설명하기 위해 근접발달지대 개념을 사용하였다.

근접발달지대란 유아가 혼자 수행하는 능력과 다른 사람의 도움을 받으면서 수행할 수 있는 능력 간의 격차를 말하는 것으로, 유아가 이미 성취한 발달 수준과 도움을 받는 상호 작용에 의해 새로이 나타나는 능력 간의 간격을 의미한다. 그리고 근접발달지대는 학습과 인지발달이 일어나는 역동적인 민감성 지대이다. 따라서 교육이란 유아가 독립적으로 문제를 해결할 수 없는 경우 안내 받을 수 있는 영역인 근접발달지대 내에서 문제를 해결하도록 도와주는 작용이어야 한다(Rogoff, 1993). 유아가 독자적으로는 수행할 수 없는 그러나 다른 사람들의 도움을 받아 수행할 수 있는 과제들은, 유아가 이미 성취한 기능보다는 현재 발달 과정에 있는 정신적 기능들, 즉 역동적인 민감성 지대인 근접발달지대를 자극함으로써 발달시킬 수 있기 때문이다. 결국 Vygotsky에 의하면 교육이 발달을 주도할 수 있으며, 학습은 발달에 앞서 전개될 때 유익함을 의미한다.

(3) 스캐폴딩(scaffolding)

스캐폴딩이란 원래 건물을 건축하거나 수리할 때 인부들이 재료를 운반하며 오르내릴 수 있도록 건물 주변에 장대와 두꺼운 판자 또는 볼트로 죄어 맞춘 금속판으로 된 발판을 세우는 것을 말한다. 사회 문화적 구성주의에서는 Wood 등(1975)이 처음으로 이 용어를 사용하였으며, 보다 유능한 협력자가 과제에 대한 상대방의 수행 능력에 따라 도움을 조절해 가는 과정을 설명하기 위해 이 개념을 빌려왔다. 즉, 스캐폴딩이란 유아보다 유능한 수준의 교사나 부모 또는 또래의 안내 및 도움이 유아의 학습을 도와주어 인지적 향상을 가능하게 해 주는 발판 역할을 만들어 주는 것을 말한다(Wood, 1975). 이러한 의미에서 Rogoff(1990)는 '안내 받는 참여' 라는 용어를 사용한다. 이러한 스캐폴딩은 Vygotsky의 근접발달지대에 기초한 개념으로 사회 문화적 구성주의에 기초한 교수·학습에서는 매우 중요한 요소이다. 스캐폴딩의 효과는 유아의 과정 기능이나 학습 전략 학습에 매우 효과적인 것으로 밝혀지고 있다(김현주, 1996).

유아보다 유능한 조력자가 도움을 줄 때 유아의 요구에 맞게 민감하게 조절해 가는 것이 중요하다. 따라서 교수를 하는 동안 도움의 질은 계속 변화하게 된다. 교사는 과제가 학습자에게 새로운 것일 때는 보다 많은 도움을 주지만 점차 학습자가 과제에 대해 보다 많은 책임을 지게 함으로써 학습자의 학습에 대한 자율성, 독립성, 책임감을 길러 주게 된다. 이는 학습이란 지속적인 자기 구성의 과정이므로 무엇을, 언제, 어떻게 학습할 것인지를 스스로 결정할 수 있는 능력을 길러 줄 필요가 있기 때문이다.

예를 들어, 인지 도제적 접근에서는 조력자의 모델링을 통해 수행 과정을 관찰하게 한 다음 학습자가 직접 수행하도록 하는데, 이 수행 과정에서 조력자의 안내적 학습 기회가 주어진다. 이때 조력자의 참여 및 책임이 점차 학습자에게 양도되게 함으로써 초보자가 과제 수행 행동을 점차 내면화하도록 돕는다. 즉, 성인이 유아에게 학습에 필요한 도움을 주는 과정에서 유아의 기술이 증가함에 따라 좀 더 많은 책임을 가지도록 자극하면서, 유아가 보여주는 능력에 따라 제공하는 대화의 내용을 조절하도록 하는 것이다.

(4) 언어에 의한 내면화(internalization)

개인은 사회적 경험을 통해 자신이 접하고 있는 세계에 대해 사고하고 해석하는 방식들을 구성하게 되는데, 이때 사회적 경험을 심리적으로 표현하는 주요 방법은 언어이다(Berk & Winsler, 1995). 언어는 유아의 인지발달에 있어 매우 중요한 역할을 한다. 유아는 언어를 통해 다른 사람들과 의사소통 및 사회적 · 정신적 접촉을 하게 되는데, 이는 언어가 사람들 간의 의사소통을 위한 매개체 역할을 하는 것이라고 볼 수 있다. 또 언어를 통해 자신의 생각과 행동을 능동적으로 조절하게 되는데, 이는 자신과의 대화 수단으로 언어가 사용됨을 의미한다. Vygotsky는 자기 조절 과정에서 나타나는 혼잣말이 인지발달의 결정적 역할을 한다고 본다(Berk & Winsler, 1995).

유아들의 혼잣말은 목표 지시적인 활동, 문제 해결 활동, 학구적 활동, 혼자놀이에서 많이 나타난다. 또 쉬운 과제보다는 어려운 과제일수록, 그리고 사회적 상호작용의 기회가 많아진 후에 더 많이 나타난다. 이는 혼잣말이 의사소통이 아니라 자기 조절을 위한 것임을 말해 준다. 즉, 자신의 사고 과정과 행동을 주도하기 위해 자기 자신과 의사소통을 하는 것이다. 이러한 혼잣말은 3~5세에서 특히 많이 나타나며 초등학교 시기에는 점차 축약되고 내면화되어 타인이 알아들을 수 없게 된다.

교사가 유아의 혼잣말에 귀를 기울이면 유아가 무엇을 목표로 어떤 계획을 하는지, 또 어려움이 무엇인지 파악할 수 있다. 그리고 이에 따라 적절한 도움과 안내를 해 줌으로써 인지발달을 도와줄 수 있다. 뿐만 아니라 유아가 활동하는 동안 적극적으로 언어적 표현을 할 수 있는 허용적 분위기를 만들어 주어야 할 것이다.

(5) 도구와 상징에 의한 학습의 촉진

학습은 도구와 상징에 의해 촉진될 수 있다. 유아의 경험은 여러 가지 매체를 사용하여 다양한 방법으로 상징화함으로써 개념이 정립되고 학습이 누적된다.

3) 유아과학교육에 적용하려면?

첫째, 과학교육은 사고력 증진을 위한 교수 · 학습이어야 한다.

과학교육은 개념 축적보다는 유아 자신의 이론을 재구성하는 사고력 증진에 목적을 두어야 하며, 이에 대한 교수 · 학습 방법이 고안되어야 할 것이다(김미숙, 1999). 특히 유아들 간의 언어적 상호 작용을 확장시켜 줄 수 있는 교수 · 학습 방법을 개발하고 과학교육의 환경, 교수 · 학습 전략, 매체 등에서 언어적 상호 작용을 극대화해야 유아들의 사고력 발달을 도와줄 수 있다. 왜냐하면 유아들은 또래와의 언어적 상호 작용에서 그들 자신의 이론과 다른 관점을 접하여 사회 인지 갈등을 일으키게 될 뿐만 아니라 언어적 상호 작용을 통해 자신의 이론을 재고찰하게 되어 다른 관점과의 협응 혹은 협상하는 지식의 공동 구성을 할 수 있기 때문이다.

둘째, 일상적 경험을 과학적 개념 체계로 확장해야 한다.

일상적 개념이 다루어지는 내용에 대해서는 일찍부터 과학교육을 시작할 수 있다. 유아가 경험한 것, 즉 사전 경험 및 사전 개념에 기초하여 과학 활동을 경험한다면 유아에게 유의미한 학습이 될 수 있기 때문이다. 따라서 교사는 유아들의 일상적 경험을 과학 활동으로 확장해 주어야 하는데, 이때 지시적인 방법은 비효과적이므로 유아로 하여금 물리적 세계에 대한 실험에 참여하게 한 후 사전 경험 및 사전 개념을 정교화시킬 수 있도록 하는 것이 바람직하다(Inagaki, 1992). 또 교사는 유아들에게 가능한 한 과학적으로 올바른 설명과 피드백을 해 주어야 한다.

셋째, 관심 있는 주제에 대해 깊이 있는 탐구를 하도록 한다.

사회 문화적 구성주의는 논리수학적 구조만을 강조하지 않고 특정 영역의 세부 지식을 중요시한다(Inagaki, 1992). Piaget는 모든 영역에 적용될 수 있는 영역인 일반적 사고 구조를 강조한 반면, Vygotsky는 특정 영역의 관련 지식을 심화해 나갈 것을 강조하는 영역인 특정적 내용을 강조한다. 유아들이 관심 있는 분야의 세부 지식을 축적해 가면 그 분야의 학습을 쉽게 할 수 있고, 이것이 또 학습의 구속력으로 작용할 수 있기 때문이다. 따라서 교사는 유아들이 관심을 가지는 과학 영역이나 주제를 선정하여 관심 있는 세부 영역에 대한 지식을 심도 있게 쌓아 갈 수 있도록 도와주어야 한다. 이러한 접근을 유아교육에서 실천하고자 한 대표적 방법은 레지오 에밀리아 프로그램의 프로젝트 중심 접근이다.

넷째, 사회 문화적 구속력을 활용한다.

각 문화마다 강조하는 활동과 사용하는 도구들이 서로 다르고 결국 고등 정신 기능도 문화에 따라 다양할 수밖에 없다. 따라서 문화에 따른 고등 정신 기능을 먼저 습득한 성인의 적극적인 역할이 중요하다. 특히 교사는 유아의 지식 구성 과정을 도와주기 위해 사회 문화적 구속력을 적극적으로 활용해야 한다(Inagaki, 1992). 교사는 유아의 학습에서 보다 적극적으로 활동에 참여해야 하며, 활동 중에 힌트 · 단서 · 안내 · 시범 · 언어적 중재 · 질문 · 제안 · 지시 등을 통해 유아를 안내하고 학습을 촉진해야 한다. 또 과학 학습을 이끌 수 있는 문화 시설이나 도구를 활용하고 문화적으로 구조화된 과제를 제공함으로써 사회 문화적 환경에서 과학 활동이 이루어지도록 한다.

다섯째, 협동적 소집단 활동으로 진행한다.

협동 학습으로 이루어지는 소집단 활동은 유아 개개인의 능동적 참여가 가능하면서도 유아들 간의 사회적 상호 작용이 가장 활발한 학습 형태이며, 학습의 효율성 면에서도 아주 우수한 활동 형태이다. 유아가 성인 또는 좀 더 유능한 또래들과의 협동 학습을 하는 가운데 다양한 의사소통과 아이디어 교류가 활발해짐으로써 학습이 촉진된다. 특히 혼합 연령으로 구성된 집단은 보다 유능한 유아에게는 자기 조절 능력 발달에 도움이 되고, 어린 유아는 유능한 유아와의 상호 작용을 통해 학습을 안내 받을 수 있어 매우 바람직한 집단 구성이다.

협동 활동에서는 문제 해결과 토론의 기회를 확장해 주어야 하는데, Berk와 Winsler(1995)가 제안한 아래의 방법들이 도움이 될 것이다.

❶ 학습은 근접발달지대 내에서 이루어져야 한다.

개별 유아의 근접발달지대에 따른 세심한 개입이 없을 경우, 유아들은 학습을 위한 최적의 속도보다 느릴 수밖에 없다. 교사들이 학습 내용을 미리 상세하게 구상하기보다는 유아에게서 보여지는 흥미나 능력에 근거해서 계획을 세우는 발현적 교육과정은 유아의 자발성과 교사의 신중하면서도 융통성 있는 지도를 통합한 것으로 Vygotsky 이론과 상당히 일치한다.

❷ 문해(literacy) 활동을 강조한다.

문해 활동은 정신 기능의 발달과 통제에 있어 주 역할을 담당하기 때문에 유아교육에 있어 중요한 부분이다. 특히 사회적 상황에서 의미의 이해와 의사소통으로서의 문해가 중요하다. 최근의 총체적 언어 교육은 Vygotsky 이론의 이러한 면을 적용한 예이다.

❸ 의견 나누기를 강조한다.

유아의 근접발달지대 내에서 스캐폴딩을 제공하는 활동과 상상놀이 기회를 많이 제공함으로써 의견 나누기 활동을 활성화할 수 있다. 상상놀이는 유아 내면에 근접발달지대를 만들고 실제 나이보다 더 성숙된 행동을 하도록 하며, 주변의 성인과 또래들이 스캐폴딩을 제공하여 상상적 전환과 이에 대한 표현을 길러 주게 된다. 또 자신의 의사를 전달하기 위해 신호들을 사용하는 행위가 한 차원 높은 인지적 발달을 촉진하게 되며, 놀이에서 사회적 규칙을 따르기 위해 충동적 행동을 자제할 수 있는 기회가 많음으로써 인지발달의 주요 기제인 자기 조절력을 발달시키게 된다. 특히 사회 극적 놀이는 사회 문화적 맥락에서의 놀이로 진행되고 상호 주관성을 많이 요구하므로 유아들이 공통된 활동에 참여하는 가운데 같은 이해 수준에 이르게 되고 의사소통의 기회가 많아 인지발달이 촉진된다.

여섯째, 다양한 표현 양식을 활용한다.

유아가 경험한 것을 표현해 보는 것은 개념 발달에 도움이 된다. 그리고 한 가지 방법으로 표상하는 것보다는 다양한 매체를 사용하여 다각적으로 상징화하는 것이 바람직하다. 왜냐하면 한 가지 방법으로 표상할 때 발견되지 않던 개념이 다른 매체를 사용하여 표상할 때는 발견될 수 있으므로 유아의 지식 · 개념을 보다 심화시킬 수 있기 때문이다. 유아는 표상 방법을 바꿀 때마다 자신의 개념을 재수정하게 되어 다각적인 면에서 학습 효과가 축적될 수 있으므로 결국 보다 효율적인 학습이 될 수 있다. 사회 문화적 구성주의에 기초하고 있는 레지오 에밀리아 프로그램에서는 언어 · 그리기 · 만들기 등을 활용하여 표상하도록 하고 있다.

4. 구성주의의 교육적 적용

1) 구성주의에 기초한 학습 원리

Fosnot, Duffy, Savery 등은 다음과 같이 구성주의의 학습 원리를 제시하고 있다(조영남, 1999).

- 학습은 발달의 결과가 아니라 학습이 곧 발달이다.
- 인지적 불균형이 학습을 촉진한다.

- 반성적 추상이 학습의 원동력이다.
- 학습은 사회적 · 대화적 활동이다. 즉, 공동체 구성원들 간의 대화가 깊이 있는 사고를 촉진시킨다.
- 학습은 구조의 발전을 지향한다.
- 학습은 상황에 기초하여 일어난다.
- 학습은 구성적 · 능동적 과정이다.
- 학습은 도구와 상징을 통해 촉진된다.
- 궁극적인 성취는 앎의 방법을 아는 것이다.

2) 구성주의에 기초한 교수 원리

구성주의에 기초한 교수 원리는 다음과 같다(조영남, 1999; 강인애, 1997; Duffy & Savery, 1996).

- 학습에 대한 책임감, 주인 의식 및 자율성을 강화하라. 학습은 지속적인 자기 구성의 과정이므로 무엇을, 언제, 어떻게 학습할 것인지를 스스로 결정할 수 있는 능력을 길러 주어야 한다.
- 참과제를 설계하여 유의미한 맥락 속에서 학습이 이루어질 수 있도록 한다.
- 고등 수준의 지식 구성에 역동적으로 참여하도록 하라.
- 협동 학습을 통해 사회적 상호 작용을 촉진하라.
- 비위협적이고 안전한 학습 환경을 제공하라.
- 학습 내용과 학습의 과정 및 성과에 대해 스스로 반성하도록 고무하라.
- 다양한 관점들을 경험하고 평가할 수 있는 기회를 제공하라.
- 다양한 표현 양식을 활용하도록 고무하라.
- 실제 수업의 맥락에서 학생들의 학습을 평가하라.

3) 구성주의 교사의 역할

조영남(1999)은 구성주의에 기초한 교사의 역할을 다음과 같이 제시하고 있다.

- 유아의 자율성과 솔선수범을 격려하고 수용한다.

- 조작적 · 상호 작용적 · 물리적 자료와 더불어 원자료와 일차적인 자료를 활용한다.
- 과제를 체계화할 때 인지적 전문 용어를 사용한다(분류하다, 분석하다, 예측하다, 창조하다 등).
- 유아들의 반응을 수용하여 수업을 진행하며, 수업 내용과 전략을 다양하게 한다.
- 개념을 일방적으로 전달하지 않고, 유아들의 이해 여부를 탐구한다.
- 교사와 유아 간 그리고 유아들 상호 간의 대화를 고무한다.
- 사려 깊고 개방적인 발문을 하고, 유아들이 서로 질문을 하도록 자극함으로써 탐구를 촉진시킨다.
- 유아들의 초기 반응을 정교화하도록 한다.
- 제시된 가설에 반박할 수 있도록 토의를 촉진시킨다.
- 질문을 제기한 뒤, 유아들이 대답할 시간적 여유를 준다.
- 유아 스스로 관계를 구성하고, 비유를 할 수 있는 시간적 여유를 준다.
- 학습 과정에서 자기 조절의 역할을 강조하는 학습 주기 모델(발견–개념 소개–개념 적용)을 자주 활용하여 호기심을 고취시킨다.

4) 과학 활동에서의 구성주의 적용

- 과학 활동은 선행 경험과 지식에서 출발
- 학습할 개념에 대한 실험과 예측을 통해 인지 갈등 유발
- 예측한 것과 얻어진 결과의 차이에 대한 원인 분석
- 실험 및 관찰 결과에 대한 소집단 토론을 통해 개념 재구성
- 구성된 개념을 문제 해결에 응용

첫째, Piaget와 Vygotsky 이론에서 지식은 개인의 활동을 통해 발달된다고 본다. 개인이 자기 조절적인 정신 활동을 통해 경험을 구조화하는 능동적 과정에서 지식이 획득되고 의미를 구성하게 된다는 것이다. 다만 이러한 인지적 활동에 있어 Piaget는 개인의 인지적 구성을 강조하고, Vygotsky는 지식의 사회적 구성을 강조한다는 점에서 차이를 보인다. 따라서 이들 두 입장을 통합하면 개인의 지식 구성은 능동적인 인지적 활동이지만, 이러한 인지적 활동은 사회적 상호 작용을

하는 가운데 활발하게 일어난다고 할 수 있다.

둘째, Piaget에 의하면 지식이란 유아와 대상 간 그리고 유아와 다른 사람 간의 심리적 상호 작용을 통해 유아 스스로 구성해 가는 것이다. 반면 Vygotsky는 지식이란 한 사회 집단에 누적된 역사적 · 문화적 형태로 이미 존재하고 있으며, 이 지식을 이미 획득한 다른 사람들과의 사회적 상호 작용을 통해 유아가 내적으로 재구성해 가는 과정으로 본다.

셋째, 두 이론 모두 지식의 구성에 있어 외적 차원에 대한 의미를 만드는 내면화 과정을 강조하면서 개인 내적 심리적 차원과 개인 간 심리적 차원의 결합을 강조한다.

넷째, Piaget는 인지의 조작적 특성인 동화와 조절에 의한 평형화를 강조하고, Vygotsky는 언어나 상징에 의한 내면화 과정을 강조한다.

다섯째, Piaget는 유아와 대상 간의 심리적 차원에서의 상호 작용이 지식 구성의 기초가 된다고 보는 반면 Vygotsky는 사회적 차원에서의 사회적 상호 작용이 기초를 이룬다고 본다.

여섯째, Piaget는 인간의 행동이란 자연적 환경에서 일어나는 자연적 사건이라고 본다. 그러나 Vygotsky에게 있어 개인의 행동은 역사와 사회에 의해서 구성된 풍부하고 의미 있는 행동이다.

제 3 장

우리나라 유아교육과정에서의 유아과학교육

1. 유아과학교육의 목표

1) 유치원 교육과정 변천과 과학교육

유치원 과학교육 내용이 포함된 교육과정 영역의 변천은 다음과 같다.

시행 연도	교육과정 영역	과학교육 목표
1969년 제1차 교육과정	자연생활 영역	• 자연현상 관찰 • 과학적 사고력
1979년 제2차 교육과정	인지발달 영역	• 자연현상에 대해 흥미를 갖고 표현하기 • 탐구력, 적응력
1981년 제3차 교육과정	인지발달 영역	• 자연현상에 대한 기초력 • 문제 해결 능력
1987년 제4차 교육과정	인지발달 영역	• 자연현상에 관한 기본 개념 • 놀이를 통한 상상력, 창의력, 문제 해결력
1995년 제5차 교육과정	탐구생활 영역	• 과학적 사고 • 창의적 사고
2000년 제6차 교육과정	탐구생활 영역	• 과학적 탐구 • 창의적 탐구

시행 연도	교육과정 영역	과학교육 목표
2009년 2007년 개정 유치원 교육과정	탐구생활 영역	• 탐구하는 태도 기르기 • 과학적 기초 능력 기르기
2012년 5세 누리과정	자연탐구 영역	• 탐구하는 태도 기르기 • 과학적 탐구하기
2013년 3–5세 연령별 누리과정	자연탐구 영역	• 탐구하는 태도 기르기 • 과학적 탐구하기

유치원 교육과정의 제정 및 개정에 따른 과학교육의 내용 변화를 살펴보면 제1차 유치원 교육과정(1969년도)에서는 자연생활 영역에서 자연현상을 관찰하고 과학적 사고력을 기르는 것으로 국한되어 있으며, 이에 관한 구체적인 내용을 제시하지 않았다.

제2차 유치원 교육과정(1979년도)에서는 발달 영역으로 나누어 인지 발달 영역 중 과학교육 내용은 자연현상에 대해 흥미를 갖고 표현하기와 탐구력 및 적응력 배양에 중점을 두었다.

제3차 유치원 교육과정(1981년도)에서는 인지 발달 영역 중 처음으로 과학교육의 구체적인 내용을 제시하여 강조하였는데, 그 내용으로는 우리 몸 각 부분의 이름과 기능 알기, 동식물의 이름과 특징 알기, 생물과 무생물 구별하기, 주변의 여러 가지 물체의 이름 알기, 빛과 그림자 알기, 낮과 밤 구별하기, 계절과 날씨 알기, 해 · 달 · 별 알기, 들 · 산 · 강 · 바다 알기의 자연현상에 관한 내용들로 구성되었으며, 자연현상에 대한 기초력과 문제 해결 능력을 신장시키고자 했다.

제4차 유치원 교육과정(1987년도)에서는 인지 발달 영역에서 과학교육의 목표로 자연현상에 관한 기본 개념과 놀이를 통한 상상력, 창의력, 문제 해결력을 기르기 위해 과학교육 내용으로 우리 몸 각 부분의 기능 알기, 동식물의 특징과 생활 알기, 주변의 여러 가지 물체의 성질 알기, 자연현상을 관찰하고 변화 알기로 구성하였다. 3, 4차에서는 과학의 개념을 이해하고 인지하는 부분에 중점을 두었다.

제5차 유치원 교육과정(1995년도)에서는 심리적 영역이 생활 영역으로 바뀌게 됨으로써 과학교육 내용은 탐구생활 영역 중 과학적 사고와 창의적 사고 육성에 중점을 두고 교육 내용으로는 물체의 성질 탐색하기, 물질의 변화 과정 관찰하기,

우리 몸과 생물에 대해 관심 가지기, 주변 환경에 대해 관심 가지기, 자연현상 관찰하기, 특이한 상황에 관심 가지기, 다양하게 사고하기, 독특하게 사고하기로 구성하였다. 이전 교육과정과 달리 탐구 영역에서 창의성을 다루게 됨으로써 '창의성' 이 인지 영역의 한 영역으로 자리매김을 하게 되었음을 유치원 교육과정의 변천 과정을 통해 알 수 있다.

제6차 유치원 교육과정(2000년도)에서는 제5차의 사고 중심의 과학교육 내용이 탐구 중심으로 바뀌어, 과학적 탐구, 수학적 탐구, 창의적 탐구의 세 영역으로 구성되었다.

2007년 개정 유치원 교육과정(2009년도)에서는 자연을 소중하게 여기며 창의적으로 탐구하고 논리적으로 문제를 해결하기 위한 기초 소양을 기르는 것에 중점을 두어 탐구하는 태도 기르기, 과학적 기초 능력 기르기, 수학적 기초 능력 기르기 세 영역으로 구성하였다. 특히 탐구하는 태도와 과정 중시, 자연 존중에 대한 가치 반영, 자연현상의 변화와 규칙성 이해 강조, 과학의 이로움 및 폐해에 대한 관심 부각, 초등학교 교육과정과의 연계성이 고려되었다.

5세 누리과정(2012년도)에서는 인간이 자연과 더불어 조화로운 삶을 살아갈 수 있도록 유아기부터 자연을 존중하는 마음을 바탕으로 창의적으로 사고하고 탐구하며, 일상의 여러 문제를 논리적으로 해결할 수 있는 수학적·과학적 기초 소양을 기르기 것에 중점을 두어 탐구하는 태도 기르기, 수학적 탐구하기, 과학적 탐구하기 세 영역으로 구성하였다.

3-5세 연령별 누리과정(2013년도)에서는 유아가 자신을 둘러싸고 있는 주변 세계에 대해 호기심을 가지고 궁금한 것을 해소하기 위해 탐구하며, 일상생활에서 부딪히는 현상이나 문제해결을 통해 수학적·과학적으로 생각하는 기초 능력과 태도를 기르기 것에 중점을 두어, 탐구하는 태도 기르기, 수학적 탐구하기, 과학적 탐구하기 세 영역으로 구성하였다. 특히 일상생활의 문제를 해결을 위한 다양한 탐구기술 활용, 범국가적 관심사인 녹색성장교육, 날씨와 기후변화 등의 자연현상, 변화하는 새로운 도구와 기계에 관심을 갖고 장단점을 이해하기 등이 강조되었다.

2) 3-5세 연령별 누리과정에 제시된 과학교육(교육과학기술부 · 보건복지부, 2013a)

(1) 성 격

자연탐구 영역은 유아가 자신을 둘러싸고 있는 주변 세계에 대해 호기심을 가지고 궁금한 것을 해소하기 위해 탐구하며, 일상생활에서 부딪치는 현상이나 문제해결을 통해 수학적 · 과학적으로 생각하는 기초 능력과 태도를 기르기 위한 영역이다. 유아기는 무엇이든 알고 싶어 하는 지적 호기심과 탐구심이 왕성한 시기이다. 의문을 가지고 관찰하고 실험하면서 새로운 것을 알아 가는 탐구활동은 유아가 세상을 이해하는 방법이 된다. 궁금한 것을 적극적으로 탐구하는 태도는 유아기부터 시작하여 평생 동안 지속되어야 할 중요한 삶의 태도이다. 유아는 일상 속의 의문과 경험에서 많은 수학적 · 과학적 탐구의 기회를 갖게 되며, 이를 통해 수학적 · 과학적 기초 지식과 탐구과정을 익히게 된다. 수학적 · 과학적으로 탐구하는 과정은 유아의 논리적 · 합리적 사고력을 육성하는 데 중요하며, 이는 궁극적으로 일상의 문제를 논리적이며 합리적으로 해결하는 능력의 토대가 된다.

자연탐구 영역은 '탐구하는 태도 기르기', '수학적 탐구하기', '과학적 탐구하기'의 세 가지 내용 범주로 구성된다. 수학적 · 과학적 탐구하기는 '무엇을 탐구하는가', 즉 탐구의 내용을 제시하고 있다면, 탐구하는 태도는 '어떻게 탐구하는가', 즉 탐구과정에 중점을 두고 있다. 따라서 탐구의 내용과 탐구의 과정은 서로 분리되는 것이 아니라 연결된다는 점에 유념하여 지도해야 한다.

자연탐구 영역에서는 다양한 실물자료와 자연체험의 기회를 유아에게 풍부하게 제공하여 교사의 개입 없이 이뤄지는 자발적 학습, 우연히 발생하는 학습 기회를 포착하여 가르치는 비형식적 학습, 그리고 교사가 계획하고 의도한 형식적 학습이 모두 가능하게 한다. 또한 유아가 생활 속에서 자발적으로 문제를 발견하고 해결하기 위해 탐구하는 과정에 적극적으로 참여함으로써 탐구를 즐기도록 한다. 유아가 일상생활 경험에서 구성한 지식을 바탕으로 다양한 시도를 해 보고 추론하는 활동을 통해 수학적 · 과학적 기초 능력을 의미 있게 확장해 나갈 수 있게 한다. 탐구하고 발견해 가는 과정에서 유아가 자신의 생각을 말, 글, 그림, 그래프, 표, 구체물 등을 사용하여 나타내고 다른 사람과 공유하게 한다.

(2) 목 표

호기심을 가지고 주변 세계를 탐구하며, 일상생활에서 수학적 · 과학적으로 생각하는 능력과 태도를 기른다.

탐구하는 태도 기르기	주변의 사물과 자연 세계에 대해 알고자 하는 호기심을 가지고 탐구하는 태도를 기른다.
수학적 탐구하기	생활 속의 여러 상황과 문제를 논리·수학적으로 이해하고 해결하기 위한 기초 능력을 기른다.
과학적 탐구하기	주변의 관심 있는 사물과 생명체 및 자연현상을 탐구하기 위한 기초 능력을 기른다.

2. 유아과학교육의 내용

1) 유아과학교육의 내용 구성

자연탐구 영역의 내용 범주는 '탐구하는 태도 기르기', '수학적 탐구하기', '과학적 탐구하기'로 이루어져 있으며, 이에 따라 내용 및 세부 내용이 구성되어 있다.

(1) 내용 범주

자연탐구 영역에서는 유아가 지적 호기심을 충족하기 위한 탐구과정을 즐겁게 경험하면서 탐구기술을 활용하고 수학적·과학적 탐구에 관심과 흥미를 갖도록 한다.

'탐구하는 태도 기르기'는 호기심을 바탕으로 주변의 사물과 자연세계에 대해 탐구하는 성향을 키우기 위한 내용으로써 호기심을 유지하고 확장하기, 탐구과정 즐기기, 탐구기술 활용하기로 구성된다. 이를 통해 유아가 탐구과정을 즐겁게 경험하면서 자신과 환경에 대한 지식을 바르게 추구하는 태도를 기를 수 있도록 한다.

'수학적 탐구하기'는 유아가 일상생활에서 접하는 문제를 수학적 사고와 추론에 의해 논리적으로 해결하는 능력을 기르는 데 중점을 두는 내용이다. 이를 위해 수와 연산의 기초 개념 알아보기, 공간과 도형의 기초 개념 알아보기, 기초적인 측정하기, 규칙성 이해하기, 기초적인 자료 수집과 결과 나타내기의 다섯 가지 내용으로 구성된다.

'과학적 탐구하기'는 유아가 생활 속에서 사물과 자연환경을 지속적으로 탐구하는 기회를 통하여 자연의 소중함과 과학의 의미를 경험하는 데 중점을 두는 내용이다. 자연의 가치를 인식하고 인간과 자연의 관계에 관심을 가질 수 있도록 물체와 물질 알아보기, 생명체와 자연환경 알아보기, 자연현상 알아보기를 내용으로 구성한다. 또한 간단한 기계와 도구 활용하기를 내용에 포함하여 유아기부터 과학기술의 편리성과 그 역기능에 관심을 가질 수 있도록 한다.

내용범주	내 용
탐구하는 태도 기르기	• 호기심을 유지하고 확장하기 • 탐구과정 즐기기 • 탐구기술 활용하기
수학적 탐구하기	• 수와 연산의 기초개념 알아보기 • 공간과 도형의 기초개념 알아보기 • 기초적인 측정하기 • 규칙성 이해하기 • 기초적인 자료 수집과 결과 나타내기
과학적 탐구하기	• 물체와 물질 알아보기 • 생명체와 자연환경 알아보기 • 자연현상 알아보기 • 간단한 도구와 기계 활용하기

(2) 내용 및 세부 내용

자연탐구 영역의 3가지 내용범주인 탐구하는 태도 기르기, 수학적 탐구하기, 과학적 탐구하기 중 내용 및 세부 내용은 유아과학교육과 관련된 탐구하는 태도 기르기와 과학적 탐구하기만 제시한다.

① 탐구하는 태도 기르기

- 주변 환경과 자연세계에 대하여 지속적으로 호기심을 가지고 알아보는 과정을 통해 탐구하는 태도를 갖는 것에 중점을 둔다.
- 유아가 관심이 있는 사물이나 현상에 대해 다양한 탐구기술을 활용해 봄으로써 탐구능력과 사고 기술의 기초를 형성하는 데 주안점을 둔다.

① 호기심을 유지하고 확장하기

'호기심을 유지하고 확장하기'는 유아가 탐구하는 태도를 기르는 데 필요한 가장 기초적인 성향을 갖추도록 하는 내용이다. 자신이 경험한 사물이나 현상에 대하여 단순히 호기심을 갖는 것에서 시작하여 끊임없이 궁금한 것을 찾아내고 지속적으로 호기심을 유지하면서 자신의 궁금증을 해결하기 위해 구체적으로 알고자 하는 태도를 갖는 것이다. 유아가 자신과 주변세계에 대하여 호기심을 나타내고 유지하고 확장하는 것은 탐구하는 태도 형성의 중요한 부분이다.

3세	4세	5세
주변 사물과 자연세계에 대해 호기심을 갖는다.	주변 사물과 자연세계에 대해 지속적으로 호기심을 갖는다.	주변 사물과 자연세계에 대해 지속적으로 호기심을 갖고 알고자 한다.

'주변 사물과 자연세계에 대해 호기심을 갖는다.'는 유아가 일상생활에서 경험하는 주변의 사물과 자연세계에 대해 새롭고 신기하게 느끼거나 호기심을 갖도록 하는 내용이다. 만 3세 유아가 호기심을 갖는다는 것은 무엇에 대해 관심과 흥미를 갖는 것이며, 이는 탐구활동의 시작이자 탐구하는 태도를 기르기 위한 가장 기초적인 성향을 갖추도록 하는 것이다.

'주변 사물과 자연세계에 대해 지속적으로 호기심을 갖는다.'는 유아가 주변 사물과 자연세계에 대하여 일시적으로 호기심을 갖는 것에 그치지 않고 지속적으로 호기심을 가지고 사물이나 현상에 대해 끊임없이 궁금한 것을 찾아내는 내용이다. 만 4세 유아의 호기심이 지속적으로 유지되려면 관심 있는 사물이나 현상에 대하여 구체적으로 궁금한 점과 알고 싶은 것이 정확히 무엇인지를 생각하도록 격려해 주는 것이 필요하다. 유아가 무엇에 관심이 있는지를 경청하고, 주의 깊게 관찰하며, 적절한 환경을 구성해 줌으로써 지속적이고 흥미로운 탐색이 일어나는 상황으로 유도할 수 있다.

'주변 사물과 자연세계에 대해 지속적으로 호기심을 갖고 알고자 한다.'는 유아가 주변 사물과 자연세계에 대해 지속적으로 호기심을 갖고 주변의 또래나 교사에게 물어보거나, 자신이 스스로 탐색해 알고자 하는 내용이다. 만 5세 유아는 어떤 사물이나 현상에 대해 호기심이 생기면 궁금한 문제를 해결하기 위해 주어진 환경에서 다양한 방법으로 탐색하고, 조사하고, 관련된 활동을 경험하면서 자신의 호기심을 유지, 확장시켜 나갈 수 있다.

✤ **지도 지침 및 유의점**(교육과학기술부 · 보건복지부, 2013b)

- 교사는 유아를 주의 깊게 관찰하고, 유아의 말에 귀를 기울려 유아가 관심을 갖는 사물이나 현상을 탐구할 수 있도록 한다.
- 유아가 호기심을 갖는 사물이나 현상에 대해 적극적으로 관찰하고, 조사하고, 실험해 볼 수 있도록 다양한 크기의 확대경과 실험도구들을 포함한 물리적 환경을 구성해 준다.
- 유아가 궁금해하는 내용을 스스로 탐색할 시간을 충분히 주어야 하며, 단순히 지식을 알려주는 목적으로 언어적 상호작용을 하지 않도록 유의한다.

② 탐구과정 즐기기

'탐구과정 즐기기'는 유아가 호기심을 느끼거나 궁금한 점을 알아보기 위해 탐색하고 탐구하여 발견해 가는 과정을 즐기도록 하는 내용이다. 유아는 또래 및 교사와 함께 여러 가지 방법을 사용하여 탐구하는 과정에 관심을 가지고 참여한다. 유아는 탐구하는 과정을 즐기면서 서로 다른 생각에 관심을 가지고 자신이 관찰한 사건이나 상황에 대해 점차 깊이 있게 받아들이고, 이를 올바르게 인식할 수 있는 능력과 태도를 갖게 된다.

3세	4세	5세
궁금한 점을 알아보는 과정에 흥미를 갖는다.	궁금한 점을 알아보는 탐구과정에 관심을 가지고 참여한다.	궁금한 점을 알아보는 탐구과정에 참여하고 즐긴다.
		탐구과정에서 서로 다른 생각에 관심을 갖는다.

'궁금한 점을 알아보는 과정에 흥미를 갖는다.'는 유아가 관심을 가진 사항에 대해 호기심을 느끼거나 의문점을 가질 때 탐색하고 발견해 가는 과정에 흥미를 갖는 내용이다. 자신이 궁금한 것을 어떻게 하면 알 수 있을지 탐색하고 흥미를 갖는 것은 탐구과정에서 매우 중요하다. 만 3세는 수학적 · 과학적 지식을 아는 것보다 유아 스스로 궁금한 점을 알아 가는 과정에 흥미를 가지는 것이 필요하므로 유

아가 제기하는 질문과 생각에 관심을 갖고 반응해 준다.

'궁금한 점을 알아보는 탐구과정에 관심을 가지고 참여한다.' 는 유아가 궁금한 점을 알아보기 위해 관찰, 분류, 예측, 실험 등과 같은 탐구과정에 관심을 가지고 능동적으로 참여하는 내용이다. 이를 위해 유아로 하여금 흥미로운 특성에 대해 관심을 갖고 관찰하거나 여러 사물의 속성에 대해 서로 같은 점이나 다른 점을 비교해 보도록 격려할 수 있다. 만 4세 유아가 궁금한 점을 알아 가기 위해 적극적으로 탐색하거나 관찰하고 실험해 보는 탐구과정에 참여하도록 격려함으로써 탐구하는 태도를 길러 줄 수 있다.

'궁금한 점을 알아보는 탐구과정에 참여하고 즐긴다.' 는 유아가 탐구과정에 능동적으로 참여함으로써 스스로 답을 찾고 이를 적용해 보면서 즐거움을 느끼는 내용이다. 만 5세 유아는 또래와 함께 다양한 방법으로 탐구하는 것을 좋아하므로 관찰하고, 비교하고, 실험하는 기본적인 탐구과정에서 더 나아가 또래 또는 교사와 함께 의사소통하고 토의하는 과정에 적극적으로 참여하도록 한다. 이와 같은 과정은 유아로 하여금 탐구과정을 더욱 즐기도록 한다.

'탐구과정에서 서로 다른 생각에 관심을 갖는다.' 는 탐구과정에서 유아 자신의 생각과 다른 사람의 생각이 다를 수 있음을 경험하고, 교사나 또래와 함께 문제를 해결하기 위한 방안을 토의하면서 서로 다른 생각에 관심을 갖는 내용이다. 만 5세 유아는 서로 다른 생각을 가진 또래와 토의를 하면서 서로 간에 공유된 이해에 도달하게 되고 이 과정에서 객관성이나 협동성, 개방성 등과 같은 탐구하는 태도를 기를 수 있다. 그러므로 탐구과정에서 또래 유아의 의견에 관심을 갖고 이야기를 나누고 토의하는 기회를 제공해 줄 필요가 있다.

✠ 지도 지침 및 유의점

- 유아가 궁금한 점을 알아볼 수 있는 방법에 대해 생각하도록 격려하고 자신이 고안한 방법으로 탐구하는 것을 즐길 수 있도록 충분한 시간을 제공한다.
- 유아가 고안한 방법에 오류가 있다 하더라도 교사는 직접적인 답을 주지 않고 유아가 오류를 변경할 수 있는 시간을 주도록 한다.
- 유아가 탐구하는 과정에서 처음 예측한 것과 실제 나타난 결과를 비교해 보도록 하여 자신이 생각한 가설과 결과가 다를 수 있음을 알 수 있도록 한다.
- 유아는 일상생활에서 일어나는 문제해결 과정에서 자신의 생각이 다른 사람과 다를 수 있음을 알고 논의를 통해 새로운 방법을 계획하고 실행해 보도록

한다.

- 교사는 유아가 토의하는 과정에서 자신의 생각만 주장하지 않고, 다른 사람의 생각도 존중해 주도록 안내하고, 교사도 유아와 함께 탐구 과정을 즐기려는 태도를 갖도록 한다.

③ 탐구기술 활용하기

'탐구기술 활용하기'는 유아로 하여금 주변의 사물과 자연환경을 지각하고 반복적으로 탐색하는 과정을 통해 문제를 탐구하는 방법을 익힐 수 있도록 하는 내용이다. 유아는 일상생활에서 접하는 문제해결 과정에서 처음에는 탐색, 관찰, 비교 등의 기본적인 탐구기술을 활용하여 궁금한 것을 알아간다. 연령이 증가하면서 점차적으로 궁금한 문제를 해결하기 위해 기본적인 탐구기술뿐만 아니라 예측, 실험, 의사소통 등의 좀 더 복잡한 탐구기술을 활용해 보는 내용을 다룰 수 있다.

3세	4세	5세
	일상생활의 문제를 해결하는 과정에서 탐색, 관찰 등의 방법을 활용해 본다.	일상생활의 문제를 해결하는 과정에서 탐색, 관찰, 비교, 예측 등의 탐구기술을 활용해 본다.

'일상생활의 문제를 해결하는 과정에서 탐색, 관찰 등의 방법을 활용해 본다.'는 유아가 우리 주변의 일상생활에서 일어나는 현상에 대해 관심을 가지고 궁금한 문제를 해결하는 과정에서 반복적으로 탐색하거나 관찰하는 등의 탐구기술을 활용해 보는 내용이다. 만 4세 유아는 궁금한 것을 알아 가기 위해서 탐색이나 관찰 등 기초적인 탐구기술을 활용하는 것이 필요하다. 그러므로 유아가 일상생활에서 다양한 문제를 해결하는 과정에서 나타나는 현상과 사물들을 구체적으로 탐색하고 주의 깊게 관찰하도록 돕는 환경을 구성해 주고, 시각뿐만 아니라 청각, 후각, 미각, 촉각을 활용하여 탐색하도록 격려한다.

'일상생활의 문제를 해결하는 과정에서 탐색, 관찰, 비교, 예측 등의 탐구기술을 활용해 본다.'는 유아가 문제를 해결하기 위해 탐색, 관찰, 비교, 분류, 측정, 예견 및 추론, 실험 등 여러 가지 탐구기술을 활용해 보는 내용이다. 만 5세 유아는 관심 갖는 문제를 해결하기 위해 좀 더 다양하고 복잡한 탐구기술을 활용할 수 있다. 따라서 유아가 다양한 탐구기술을 사용할 수 있도록 환경을 구성해 주는 것뿐만 아니라 비교하고, 분류하고, 예측하고, 실험하고, 토의할 수 있도록 돕는 질문 전략을 사용하여 탐구과정을 지원해 준다.

✠ 지도 지침 및 유의점

- 교사는 교실에서 일어나는 여러 가지 문제 상황에 유아가 관심을 갖도록 상호작용하고, 문제를 해결하는 과정에서 탐색하고 관찰한 내용을 다양한 방법으로 표현해 보도록 한다.
- 교사는 유아가 탐구과정에서 얻은 결과를 기초로 유사한 문제나 상황에서 해결방법을 예측하고 추론하도록 한다. 이미 알고 있는 지식을 이용하거나 새로 얻은 지식에 기초하여 앞으로 일어날 일을 미리 예측해 보게 한다.
- 교사는 유아가 고안해 낸 방법으로 탐구할 수 있도록 하고, 객관적 사실보다 감정적이거나 비과학적인 결과로 결론이 나지 않도록 유의한다.

2 과학적 탐구하기

- 주변 환경에 호기심을 가지고 탐색할 수 있도록 환경을 구성해 주고, 관련된 다양한 자료를 제공해 주어 유아가 자발적으로 실험하고 탐구하도록 격려하는 것에 중점을 둔다.
- 유아를 주의 깊게 관찰하여 유아의 생각을 알아내고, 적절한 질문을 통해 능동적으로 탐구하도록 안내하는 것에 주안점을 둔다.

① 물체와 물질 알아보기

'물체와 물질 알아보기'는 유아가 일상생활 속에서 접하는 친숙한 물체와 물질에 관심을 가지고 기본적인 특성을 알아보며, 점차 여러 가지 방법으로 물체와 물질을 변화시켜 보는 것에 대한 내용이다. 유아가 주변의 물체와 물질에 관심을 갖고 오감을 통해 그 특성을 알아보는 것을 다루며, 여러 가지 방법으로 물체를 움직여 보고 물질을 변화시켜 기본적 속성을 적극적으로 알아 가는 내용을 포함하고 있다.

3세	4세	5세
친숙한 물체와 물질의 특성에 관심을 갖는다.	친숙한 물체와 물질의 특성을 알아본다.	주변의 여러 가지 물체와 물질의 기본 특성을 알아본다.
	물체와 물질을 여러 가지 방법으로 변화시켜 본다.	

'친숙한 물체와 물질의 특성에 관심을 갖는다.'는 유아가 주변에서 쉽게 발견할 수 있는 친숙한 물체나 물질의 크기, 모양, 색, 냄새, 소리, 질감과 같은 기본적 특성에 관심을 가지고 자연스럽게 탐색해 보도록 하는 내용이다. 만 3세 유아는 생활 속에서 사용되는 물체와 물질에 대해 탐색하는 것을 즐긴다. 그러므로 유아에게 익숙한 여러 가지 물체나 물질을 제공해 주어 특성에 관심을 갖도록 한다. 예를 들면, 크기와 색, 질감이 다른 다양한 공을 제공해 주면 공을 탐색하면서 공의 특성에 관심을 갖게 된다.

'친숙한 물체와 물질의 특성을 알아본다.'는 유아가 친숙한 물체나 물질에 대해 지속적으로 관심을 갖고 경험하면서 자연스럽게 물체나 물질의 특성을 알아보는 것에 대한 내용이다. 만 4세 유아는 물체나 물질에 관심을 갖는 것에서 더 나아가 물체나 물질의 크기, 색, 모양, 질감 등과 같은 특성을 구체적으로 알고자 한다. 그러므로 주변에서 익숙하게 볼 수 있는 자석이나 구슬과 같은 물체나 밀가루 반죽과 같은 물질 등을 가지고 놀이하면서 물체나 물질이 가지고 있는 기본적인 특성을 알아볼 수 있다.

'주변의 여러 가지 물체와 물질의 기본 특성을 알아본다.'는 유아가 관심 영역을 주변의 다양한 물체와 물질로 확대하여 기본적인 특성을 구체적으로 알아보는 내용이다. 만 5세 유아는 만 4세 시기에 탐색한 물체와 물질의 범위를 더 넓혀 다양한 방법으로 기본적 특성을 알아 가게 된다. 유아는 주변에서 새롭게 접한 물체와 물질에 대해서도 궁금해하며 세부적인 특성을 알아볼 수 있다. 예를 들면, 밀가루 반죽을 만들 때 밀가루의 기본적인 특성을 아는 것과 더불어 물을 넣어 밀가루 반죽으로 변화되는 과정에서 밀가루 반죽의 끈적거리는 것과 같은 세부적인 특성도 알아볼 수 있다.

'물체와 물질을 여러 가지 방법으로 변화시켜 본다.'는 유아가 자신에게 친숙해진 물체나 물질을 여러 가지 방법으로 변화시켜 봄으로써 물체와 물질의 기본 속성을 보다 적극적으로 탐색하도록 하는 내용이다. 만 4, 5세 유아는 관심을 가진 물체나 물질을 발견하면 어떻게 움직이고 변화시킬 수 있을지를 탐구하고 실험한다. 물체나 물질을 움직여 보거나 잘라 보고 또는 다른 것과 섞거나 분리해 내는 등 여러 가지 방법으로 변화시켜 봄으로써 물체와 물질의 크기, 모양, 색, 질감 등의 속성에서 변화되는 특성은 무엇이고, 변화에도 불구하고 변치 않는 속성은 무엇인지에 대해 알아보게 된다.

✠ 지도 지침 및 유의점

- 유아가 물체의 움직임이나 물질의 크기, 모양, 색 등의 특성에 관심을 가질 수 있도록 적절한 환경을 구성한다. 만 3, 4세에는 유아에게 친숙한 공, 장난감 자동차, 원기둥형 실패와 같이 움직이는 물체들과 물감, 밀가루, 모래 등의 물질을 제공하고, 만 5세는 구슬, 팽이, 바퀴, 여러 종류의 흙과 분말과 같은 좀 더 다양한 사물을 제공하여 오감각을 통해 그 특성을 알아보도록 한다.
- 유아가 물체의 움직임을 시도해 볼 수 있으면서 즉각적으로 물체의 반응을 경험할 수 있는 활동을 통해 물체의 움직임을 알아보도록 한다.
- 유아가 물체나 물질을 변화시켜 보기 위해 열을 가하거나 힘의 강도를 다르게 하는 등의 여러 가지 방법을 사용해 보도록 격려하고, 변화 과정을 적극적으로 탐색해 볼 수 있게 한다.
- 교사는 유아가 실내외 환경에서 다양한 물체와 물질을 경험할 수 있도록 환경을 미리 계획하여 구성해 준다. 그러나 한 번에 여러 종류의 물체와 물질을 제공해 주어 지나친 자극이 되지 않도록 주의한다.

② 생명체와 자연환경 알아보기

'생명체와 자연환경 알아보기'는 유아가 자신의 출생과 성장 과정뿐만 아니라 주변의 동식물에 관심을 갖고, 생명체에 직접적인 영향을 미치는 자연 환경을 알아봄으로써 생명체와 자연환경을 존중하고, 녹색환경을 소중히 여기도록 하는 내용이다. 유아가 자신의 신체와 주변에 있는 동식물에 관심을 가지며, 자신의 출생과 성장뿐만 아니라 궁금한 동식물의 특성을 구체적으로 알아 가는 내용을 담고 있다. 또한 유아가 인간과 동식물, 자연환경 간의 밀접한 연관성을 이해하고, 인간과 동식물이 함께 살기 좋은 녹색환경과 생태계를 파괴할 수 있는 온실가스와 환경오염을 줄이는 방법에 대해 알아보는 내용도 다룬다.

3세	4세	5세
나의 출생과 성장에 대해 관심을 갖는다.		나와 다른 사람의 출생과 성장에 대해 알아본다.
주변의 동식물에 관심을 가진다.	관심 있는 동식물의 특성을 알아본다.	관심 있는 동식물의 특성과 성장 과정을 알아본다.
생명체를 소중히 여기는 마음을 갖는다.		
	생명체가 살기 좋은 환경에 대해 관심을 갖는다.	생명체가 살기 좋은 환경과 녹색환경에 대해 알아본다.

'나의 출생과 성장에 대해 관심을 갖는다.'는 유아가 자신의 몸에 대해 흥미를 가지면서 출생과 성장 과정에 궁금증을 갖고 알아보는 것을 돕는 내용이다. 만 3, 4세 유아는 자신의 몸을 탐색하면서 신체의 이름과 위치, 기능에 관심을 갖게 되고, 점차적으로 출생과 성장에 대해서도 알고 싶어 한다. 특히 자신이나 친구의 동생이 태어났을 때 자연스럽게 출생과 성장에 대해 관심을 갖게 되므로 출생해서 성장하는 과정에 대한 사진이나 동영상 자료 등을 통해 출생과 성장에 대한 관심을 확장시킬 수 있다.

'나와 다른 사람의 출생과 성장에 대해 알아본다.'는 유아가 자신과 다른 사람이 어떻게 출생하여 성장해 가는지를 알아보고, 과거와 현재를 비교하며, 미래를 예측해 보도록 하는 내용이다. 만 5세 유아는 현재 자신의 신체 조건을 출생 시와 비교하면서 성장의 의미를 이해하고, 변화의 개념을 알아간다. 그러므로 출생 시의 몸무게와 키에 대한 여러 가지 자료를 통해 현재 자신의 신체 조건과 비교해 보고, 앞으로 더 성장하는 데 필요한 기본 조건인 음식과도 관련지어 보는 내용을 포함할 수 있다. 더불어 다른 사람의 신체 조건 및 성장 과정과도 비교해 볼 수 있다.

'주변의 동식물에 관심을 가진다.'는 유아가 주변에 있는 여러 가지 동식물에 관심을 갖고 탐색하는 것을 돕는 내용이다. 만 3세 유아는 주변의 동식물에 관심을 가지게 되면 만져 보거나 상호작용하기를 원한다. 따라서 유아가 동식물에 대해 관심을 가질 때 단편적인 지식을 알려주기보다는 직접 먹이 주기, 자세히 관찰하기와 같은 방법을 통해 계속 관심을 가지고 돌보는 과정을 다룬다.

'관심 있는 동식물의 특성을 알아본다.'는 유아가 관심을 가지고 있는 동식물을 직접 길러 보거나 관찰하면서 동식물의 이름과 생김새, 습성, 사는 곳 등의 특성을 알아 가도록 돕는 내용이다. 만 4세 유아는 자신이 관심을 갖는 동식물의 특성에 대해 적극적으로 조사하고 탐색하고 싶어 한다. 그러므로 동·식물원의 견학, 동식물 전문가와 이야기 나누기, 인터넷 검색 등의 직·간접적인 경험을 통해 유아들이 궁금했던 특성과 정보를 알아보는 내용을 다룰 수 있다.

'관심 있는 동식물의 특성과 성장 과정을 알아본다.'는 유아가 관심을 가지고 있는 동식물을 관찰하고 기르면서 동식물의 특성과 성장하는 과정을 알아 가는 것에 중점을 두는 내용이다. 만 5세 유아는 관심 있는 동식물의 특성뿐만 아니라 성장 과정에 대해서도 궁금해하며 알아보고자 한다. 여러 가지 동식물의 특성과 성장 과정을 알아보는 것은 교사가 다양한 동식물에 대한 구체적인 지식을 제공해 주는 것이 아니라 유아가 관심 있는 동식물을 주변 환경에서 직접적으로 경험하고, 길러 보며, 계속 성장하는 과정을 알아보는 내용을 다룬다.

'생명체를 소중히 여기는 마음을 갖는다.'는 유아가 다양한 생명체의 종류가 있음을 알고 모든 생명체는 서로 영향을 주고받는 존재라는 것을 인식하며, 생명을 존중하고 돌보는 마음을 가질 수 있도록 하는 내용이다. 만 3, 4, 5세 유아는 생명체에 대하여 자연스러운 친근감과 흥미를 가지고 있기 때문에 유아기부터 생명체에 대한 올바른 인식을 가지고, 단순한 지적 호기심의 충족을 넘어서서 함께 공존하고 존중할 수 있는 마음을 길러 주는 것이 필요하다. 유아가 동식물의 관점을 잘 표현해 낸 그림책을 읽거나 동식물의 입장이 되어 보는 극놀이를 하면서 생명체의 관점을 이해하고 소중히 여기는 마음을 가질 수 있게 하는 내용도 다룰 수 있다.

'생명체가 살기 좋은 환경에 대해 관심을 갖는다.'는 생명체가 살아가기에 적절한 환경에 대한 이해를 도모하는 내용으로 모든 생명체는 환경과 밀접한 관계를 가지고 있음을 인식하는 것을 포함한다. 유아가 생명체에 대해 소중히 여기는 마음을 가지게 되면 자연스럽게 생명체가 살기 좋은 환경에 대해서도 관심을 가지게 된다. 그러나 주변의 환경은 생물체가 살기 좋은 환경과 동시에 생명체에게 해로운 오염된 환경의 모습도 가지고 있다. 만 4세 유아가 생물체가 살기 좋은 환경의 중요성을 깨닫고, 주변의 환경에 관심을 가지고 탐색할 수 있는 내용을 중점적으로 다루도록 한다.

'생명체가 살기 좋은 환경과 녹색환경에 대해 알아본다.'는 유아가 환경의 중요성을 인식하고, 생명체가 살기 좋은 환경과 녹색환경에 대해 구체적으로 알아보는 내용이다. 만 5세 유아는 환경 친화적 태도를 형성할 수 있는 중요한 시기로 인간이 생물체에게 이롭거나 해로운 방식으로 환경을 변화시킬 수 있음을 알 수 있다. 그러므로 유아가 온실가스 배출로 인해 생긴 지구 온난화 문제에 대해 관심을 갖고, 오염된 환경을 깨끗한 녹색환경으로 변화시키기 위한 다양한 방법에 대해 알아보도록 한다. 예를 들면, 자동차에서 나오는 배기가스나 더러운 폐수를 관찰하고 이야기 나누기, 물 아껴 쓰기, 쓰레기 분리수거하기, 음식물 쓰레기 줄이기 방법 등을 통해 녹색환경 만들기 내용을 다룰 수 있다.

✠ 지도 지침 및 유의점

- 유아가 출생 후 성장하는 과정에서 변화된 부분에 대해 관심을 가질 수 있도록 유아의 성장 과정에 대한 사진이나 동영상 자료를 활용하도록 한다.
- 교실 안에 동식물을 두고 길러 보게 하여 유아가 생명체에 관심을 갖도록 한다. 유아가 생명체를 주의 깊게 관찰하고 궁금한 점을 알아볼 수 있도록 확대경, 물뿌리개, 동식물에 대한 사진과 포스터, 책과 미디어 자료를 제공해 준다.
- 교사는 생물체에 대해 관심을 기울이고 존중해 주는 모델이 되도록 한다. 또한 생명체와 자연세계를 담고 있는 좋은 서적과 지역사회 자원을 조사하여 필요할 때 적절하게 활용할 수 있도록 한다.
- 생명체가 살아가기에 좋은 환경에 대해서 생각해 보도록 하고 실제 생활에서 실천할 수 있는 다양한 방법을 알아보도록 한다.
- 우리가 살고 있는 환경의 문제점에 대해 함께 이야기를 나누고, 오염된 환경을 깨끗한 녹색 환경으로 변화시키기 위해 할 수 있는 일들을 조사해 보도록 한다.
- 교사는 일반적인 동식물보다는 유아가 관심을 가지고 있는 동식물을 선택하여 자세히 탐색할 수 있도록 안내해야 한다.
- 교사가 녹색환경에 관한 내용을 계획할 때 이산화탄소 배출로 인한 지구 온난화와 관련된 내용을 설명하게 되면 너무 추상적일 수 있으므로 유아가 생활 속에서 직접 실천할 수 있는 활동으로 계획한다.

③ 자연현상 알아보기

'자연현상 알아보기'는 유아가 생활 속에서 쉽게 접할 수 있는 자연물이나 자연현상에 대해 관심을 갖고 탐 과정을 통하여 '변화와 규칙성'이라는 자연의 본질에 대한 이해를 도모하는 내용이다.

3세	4세	5세
돌, 물, 흙 등 자연물에 관심을 갖는다.	돌, 물, 흙 등 자연물의 특성과 변화를 알아본다.	
		낮과 밤, 계절의 변화와 규칙성을 알아본다.
날씨에 관심을 갖는다.	날씨와 기후변화에 관심을 갖는다.	날씨와 기후변화 등 자연현상에 대해 관심을 갖는다.

'돌, 물, 흙 등 자연물에 관심을 갖는다.' 는 유아 주변에 있는 돌이나 물, 흙과 같은 자연물에 관심을 가지고 오감을 통해 탐색하는 내용이다. 유아가 살고 있는 세계에는 돌, 물, 흙 등의 여러 가지 자연물이 있으며, 유아는 본성적으로 자연물을 탐구하고자 하는 성향을 가지고 태어난다. 따라서 만 3세 유아가 주변에 있는 돌, 물, 흙과 같은 자연물에 관심을 가지고 놀이할 수 있도록 다양한 경험을 제공하고, 자연물과 자연에 대해 관심을 유지하고 확장시킬 수 있도록 한다.

'돌, 물, 흙 등 자연물의 특성과 변화를 알아본다.' 는 유아가 주변에서 경험하게 되는 돌, 물, 흙과 같은 자연물의 모양, 냄새, 소리, 질감 등의 특성을 파악해 보도록 하고, 계절이나 시간의 경과에 따라 자연물들의 상태가 어떻게 변화하는지를 알아보는 내용이다. 만 4, 5세 유아는 자연물을 직접 관찰하고 탐색할 수 있는 충분한 시간을 가지는 것이 필요하다. 유아는 주변의 여러 장소에 있는 물과 흙, 돌을 비교해 보면서 자연물이 시간이나 장소에 따라 변화할 수 있다는 것을 능동적으로 알아볼 수 있다.

'낮과 밤, 계절의 변화와 규칙성을 알아본다.' 는 유아가 낮과 밤, 계절이 순환적으로 변화하는 자연현상을 경험하고 일련의 규칙성을 알아보는 내용이다. 만 5세 유아에게 낮과 밤의 변화는 일상생활에서 매일 경험하는 현상이므로 낮과 밤에 사람들이 하는 일, 낮과 밤의 하늘이나 주변 환경의 변화를 정기적으로 관찰함으로써 변화의 순서를 확인하고, 변화 속에서 일정한 패턴을 찾는 것에 중점을 둔다. 만약 지속적인 탐색 과정에서 유아가 낮과 밤, 계절이 변화하는 원인에 관심을 갖게 된다면 인터넷이나 동영상 자료 등을 활용하여 구체적으로 알아볼 수 있다.

'날씨에 관심을 갖는다.' 는 유아가 일상적으로 경험하는 다양한 날씨에 관심을 가지고 탐색하는 내용이다. 날씨는 매일 변하기도 하고, 계절에 따라 달라지기도

하여 만 3세 유아들이 호기심을 가지고 관찰할 수 있는 유용한 경험이 될 수 있으므로 감각을 통해 직접 다양한 날씨를 경험할 수 있도록 한다. 유아가 맑은 날, 바람이 부는 날, 비가 오는 날, 눈 오는 날의 날씨에 맞는 옷과 용품을 선택한 후 바깥으로 나가서 직접 경험하고, 이야기를 나누며 날씨에 관심을 가지도록 하는 내용을 포함할 수 있다.

'날씨와 기후변화에 관심을 갖는다.'는 유아가 날씨뿐만 아니라 계절에 따라 달라지는 기후에도 관심을 가지고 탐색하는 내용이다. 만 4세 유아는 생활 속에서 직접적으로 느끼는 매일의 날씨 변화와 계절별로 나타나는 특징적인 기후를 인식하고 관심을 갖는다. 계절에 따른 기온의 변화, 일교차가 큰 봄과 가을, 습하고 더우며 비가 많은 여름, 춥고 건조하며 눈이 내리는 겨울과 같이 계절별로 달라지는 기후에 대해 유아가 지속적으로 관심을 가지도록 하는 것에 중점을 둔다.

'날씨와 기후변화 등 자연현상에 대해 관심을 갖는다.'는 유아가 매일의 날씨, 계절의 변화에 따른 기후 및 이와 관련된 다양한 자연현상에도 관심을 가질 수 있도록 하는 내용이다. 만 5세 유아는 날씨와 계절별 기후의 변화를 경험하면서 황사, 가뭄과 홍수, 태풍, 한파, 폭설과 같은 자연현상에 대해 관심을 가지게 된다. 또한 최근의 지구 온난화에 따른 기후변화와 같은 자연현상에도 관심을 확장할 수 있게 된다.

✠ 지도 지침 및 유의점

- 유아가 주변에 있는 돌과 물, 흙과 같은 자연물을 가지고 놀이해 보는 경험을 제공한다. 초기에는 흙놀이, 물놀이를 통해 자연스럽게 자연물에 관심을 갖도록 유도하고, 점차 주변에 있는 크고 작은 돌과 암석 등을 찾아서 모양이나 색, 크기, 질감 등에 대해 알아보도록 한다.
- 장소나 시간의 경과에 따라 자연물의 상태(예: 모양, 색, 재질 등)가 변할 수 있음을 알아보도록 한다.
- 유아가 낮과 밤, 계절의 변화를 지속적으로 관찰해 봄으로써 변화의 규칙성을 이해하게 한다. 또한 계절의 변화에 따라 주변 환경과 동식물, 유아의 생활이 어떻게 변화하는지를 이해하도록 돕는 활동을 제공한다.
- 특정한 장소의 자연물(예: 나무)을 정해 놓고 계절의 변화에 따라 정기적으로 방문하여 변화 과정을 탐색해 본다.
- 매일 아침 유아와 함께 날씨에 대해 이야기를 나누는 시간을 갖는다. 특히, 만 4세와 만 5세 유아는 계절에 따라 봄에 나타나는 황사 현상, 여름의 태풍

과 장마 현상, 가을철의 맑고 높은 하늘, 겨울의 눈 오는 현상에 대해 지속적으로 관심을 가지도록 환경을 구성해 주고 함께 알아보도록 한다.

- 교사는 유아가 생활 주변에서 경험할 수 있는 돌, 흙, 물 등의 자연물을 중심으로 활동을 계획하고 환경을 구성한다.
- 교사는 유아가 낮과 밤, 계절의 변화와 규칙성을 이해하기 위해 인과적 수준의 문제해결보다 유아의 생활과 주변 환경이 어떻게 변화했는지를 중심으로 활동을 계획한다.

④ 간단한 도구와 기계 활용하기

'간단한 도구와 기계 활용하기'는 유아가 생활 속에서 사용하는 다양한 도구와 기계에 관심을 가지고 활용하면서 도구와 기계의 발전으로 인한 편리성뿐 아니라 역기능에 대해서도 관심을 가지게 하는 내용이다. 유아가 일상생활에서 쉽게 접하는 도구와 기계에 홍미를 가지고 탐색하는 내용과 반복적으로 활용하면서 도구와 기계의 종류와 기능을 알고 바르게 활용할 수 있도록 하는 내용을 다룬다. 또한 우리 생활에 변화를 가져다주는 새로운 도구와 기계에도 관심을 갖고 장단점을 알아보는 내용으로 구성되어 있다.

<table>
<tr><th>3세</th><th>4세</th><th>5세</th></tr>
<tr><td>생활 속에서 간단한 도구와
기계에 관심을 갖는다.</td><td colspan="2">생활 속에서 간단한 도구와 기계를 활용한다.</td></tr>
<tr><td colspan="2">도구와 기계의 편리함에 관심을 갖는다.</td><td>변화하는 새로운 도구와
기계에 관심을 갖고
장단점을 안다.</td></tr>
</table>

'생활 속에서 간단한 도구와 기계에 관심을 갖는다.'는 유아가 주변에서 쉽게 볼 수 있는 간단한 도구나 기계에 관심을 가지도록 하는 내용이다. 유아는 일상생활 속에서 요리도구나 청소기, 세탁기, 컴퓨터와 같은 기계들이 사용되는 것을 쉽게 접하고 있다. 그러나 이와 같은 도구나 기계는 만 3세 유아가 직접 사용하여 경험한 것은 아니므로 유아가 매일 다루는 지퍼나 단추, 가위와 같은 아주 간단한 도구에 대한 관심부터 이끌어 내고, 점차적으로 생활 속에서 사용되는 다양한 도구와 기계에 대해 관심을 갖도록 한다.

'생활 속에서 간단한 도구와 기계를 활용한다.' 는 유아가 간단한 도구와 기계를 직접 사용해 보는 경험을 통해 도구와 기계를 활용하는 능력을 기르게 하는 내용이다. 만 4, 5세 유아는 주변에서 자주 볼 수 있는 여러 가지 도구와 기계를 직접적으로 사용하고 싶어 하므로 요리활동에서 간단한 요리도구를 다루어 보거나 미용실 놀이를 통해 미용가위나 빗 같은 도구를 사용해 볼 수 있다. 또한 카메라를 사용하여 직접 사진을 찍어 보거나 컴퓨터를 사용하여 궁금한 내용을 조사하는 등 생활 속에서 필요한 도구와 기계를 활용하는 능력을 기를 수 있다. 이와 함께 이 시기 유아는 매우 간단한 도구나 놀잇감을 여러 가지 방법으로 만들어 사용하는 경험을 통해 도구를 수동적으로 사용하는 것뿐 아니라 도구 개발의 주체가 되는 경험을 할 수 있다.

'도구와 기계의 편리함에 관심을 갖는다.' 는 유아가 주변에서 쉽게 접하게 되는 도구와 기계를 직접 활용하면서 도구와 기계의 편리함에 관심을 가지게 하게 내용이다. 만 3, 4세 유아는 도구와 기계가 우리의 생활에 어떠한 도움을 주고 있는지 직접 사용해 보면서 인식할 수 있다. 예를 들어, 가위를 사용하여 물건을 쉽게 자르는 경험이나 녹음기로 소리를 녹음하고 필요할 때마다 재생하거나 또는 엘리베이터를 이용하여 높은 층으로 쉽게 이동하는 경험 등을 통해 도구와 기계의 편리함에 관심을 가질 수 있다.

'변화하는 새로운 도구와 기계에 관심을 갖고 장단점을 안다.' 는 첨단 과학기술의 발달로 새로운 도구와 기계가 계속 등장하게 됨으로 유아가 새롭게 개발되는 도구나 기계에 관심을 가지고 장단점을 알아 가도록 하는 내용이다. 만 5세 유아는 생활에 많은 도움을 주고 있는 컴퓨터나 스마트 폰, 로봇과 같은 새로운 도구와 기계에 많은 관심을 가지고 있으므로 직접 작동 과정을 탐색하고 활용해 보면서 편리함을 인식할 수 있다. 동시에 도구와 기계를 올바르게 사용하지 못하면 오히려 해가 될 수 있음을 아는 것도 필요하다. 예를 들면, 현재 우리 생활에 지대한 영향을 주는 컴퓨터는 적절히 사용한다면 다양한 정보를 빠르게 제공해 주는 장점이 있으나, 잘못 사용하거나 장시간 지속적으로 사용하게 되면 몸에 해를 미칠 수 있다는 내용을 함께 다룬다.

✠ 지도 지침 및 유의점

- 유아가 직접 탐색하고 활용해 볼 수 있는 간단한 도구나 기계를 제공하고 관련된 책 등의 자료를 준비한다.

- 교사는 생활도구와 기계의 어떤 점이 생활 속에서 편리함을 주는지 구체적으로 알아보도록 안내한다.
- 교사는 유아가 생활 속에서 도구와 기계를 올바르게 활용하고, 지렛대나 도르래 등과 같은 간단한 도구를 다양한 문제 해결을 위해 사용하는 방법을 알아보도록 격려한다.
- 교사는 컴퓨터와 스마트폰과 같은 새로운 첨단 기계가 지속적으로 개발되어 생활의 편리함을 제공해 주지만, 잘못 활용할 경우 여러 가지 부작용과 피해를 줄 수 있다는 것도 알려주는 활동을 계획하여 제공한다.
- 유아가 도구와 기계의 변화 과정을 개념적 원리보다는 여러 가지 특성(크기, 모양, 작동 방법 등)과 관련지어 이해하도록 한다.

2) 2009 초등교육과정에서 제시된 슬기로운 생활(교육과학기술부, 2011)

(1) 목 표

① 통합교과의 성격

'바른 생활' 과, '슬기로운 생활' 과, '즐거운 생활' 과는 가정, 학교, 지역 사회에서의 생활과 직접적인 관련이 있는 교과다. 구체적으로 말하면, 이들 세 교과의 교육과정은 초등학교 1, 2학년 학생의 경험 세계의 내용을 생활의 관점에서 접근한다. 교과 교육과정은 전통적으로 해당 교과의 지식 구조와 탐구 방식을 기초로 개발한다. 이에 비해서 통합교과 교육과정은 학생의 일상적인 생활 모습에 충실한 내용과 방식으로 학생이 교과 지식을 일상적으로 경험할 수 있는 형태로 통합·조직한다.

이에 개정 통합교과 교육과정에서는 통합교과의 이런 생활의 관점과 통합적 조직 원리에 따라 세 교과의 교육과정 대주제는 통일하고, 활동 주제는 교과의 특성이 드러나도록 차별화하였다. 즉, 대주제를 중심으로 세 통합교과를 상호 연계하며, 동일한 대주제를 상이한 관점에서 구현한 활동 주제를 중심으로 각 교과의 특성을 반영하여 구성하였다. 이런 통합교과 교육을 통해서 분절된 학교 학습들을 지속적으로 연결하여 학생들이 학습에 보다 집중할 수 있도록 돕는다. 나아가 학교 학습, 가정 학습, 사회 학습 등 학생이 참여하는 모든 학습 상황을 유기적으로 연계시키고자 한다.

2 '슬기로운 생활' 과의 성격

'슬기로운 생활' 과는 초등학교 1, 2학년 학생들의 일상생활 주변에 대한 이해를 도모하는 탐구 활동 중심의 교과이다. 이를 위해서 '슬기로운 생활' 과 교육과정은 주변 이해에 필요한 지식, '주변의 모습', '주변의 변화', '주변의 관계' 를 기초 탐구 활동을 통해서 습득하도록 개발하였다. 구체적으로 '슬기로운 생활' 과 교육과정에서는 '학교와 나', '봄', '가족', '여름', '이웃', '가을', '우리나라', '겨울' 8개의 대주제를 선정하였다. 이는 초등학교 1, 2학년 학생들이 생활하는 장소(공간적 기준)와 시간(시간적 기준)에 따라 배열한 것으로 '바른 생활' 과와 '즐거운 생활' 과와의 연계 및 통합을 고려한 것이다. 여기에는 최근 국가·사회적으로 요청되는 창의·인성 교육, 국가 정체성 교육, 녹색성장 교육, 그리고 미래 지향적인 핵심 역량, 아동 권리 교육 등의 내용을 전반적으로 반영하였다.

3 '슬기로운 생활' 과의 목표

'슬기로운 생활' 과의 목표는 초등학교 1, 2학년 학생이 자신의 일상생활 주변에 대해 지속적으로 관심을 갖고 이해를 넓히는 데 있다.

① 자신을 둘러싼 주변을 대상으로 기초적인 탐구 활동을 수행한다.

② 자신의 주변에서 일어나는 여러 가지 변화와 다양한 관계를 체험한다.

③ 탐구활동을 하는 과정에서 기초적인 탐구기능을 익힌다.

'슬기로운 생활' 과가 지향하는 '주변에 대한 관심을 가지고 이해하는 사람' 은 학생이 생활 주변을 대상으로 기초적인 탐구 활동을 하는 중에 자연스럽게 성취된다.

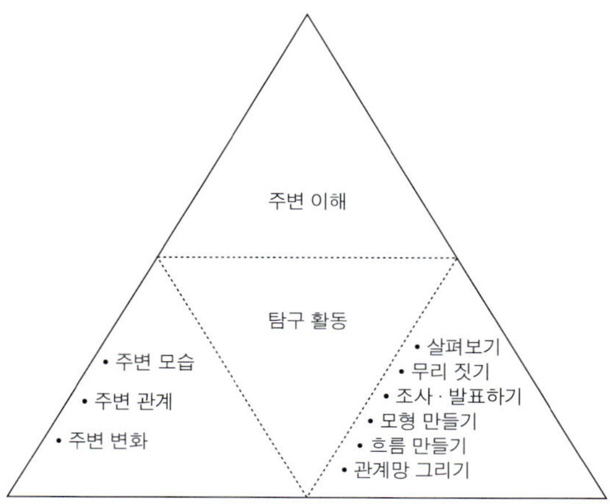

즉, '슬기로운 생활' 과에서 학생이 알아야 하는 것은 주변의 모습, 변화, 관계이고, 학생이 할 수 있어야 하는 것은 살펴보기, 무리 짓기, 조사 · 발표하기, 모형 만들기, 흐름 만들기, 관계망 그리기이다. '슬기로운 생활' 과에서 알아야 하는 것과 할 수 있어야 하는 것은 구체적인 탐구활동 과정에서 동시에 다뤄지며, 이 과정에서 자연스럽게 주변에 관심을 두거나 이해하게 된다.

(2) 주제의 영역과 기준

① 주제 체계

대주제	소주제	교과별 활동 주제		
		바른 생활	슬기로운 생활	즐거운 생활
학교와 나	• 학교생활 • 나와 친구 • 몸 • 나의 꿈	• 안전하게 등·하교하기 • 친구와 서로 도우며 공부하기 • 몸 소중히 다루기 • 나의 꿈 가꾸기	• 학교 둘러보기 • 친구에게 관심 갖기 • 몸 살펴보기 • 나의 꿈 찾아보기	• 학교 놀이하기 • 친구와 놀이하기 • 몸 표현하기 • 나의 꿈 표현하기
봄	• 봄맞이 • 새싹 • 봄 날씨와 생활 • 봄나들이	• 봄맞이 청소하기 • 새싹 보호하기 • 봄철 건강관리하기 • 자연환경 보호하기	• 봄의 모습 찾아보기 • 싹 틔우기 • 봄 날씨와 생활 알아보기 • 봄나들이 계획하기	• 봄 교실 꾸미기 • 새싹 표현하기 • 봄 날씨를 주제로 놀이하기 • 봄나들이 가기
가족	• 집 • 가족 • 친척 • 다양한 가족	• 집에서 스스로 공부하기 • 가족 간의 예절 지키기 • 가족이나 친척의 소중함 알기 • 다양한 가족 존중하기	• 우리 집 살펴보기 • 집안일 조사하기 • 가족과 친척 알아보기 • 다양한 가족 이해하기	• 우리 집 표현하기 • 가족과 함께 하기 • 가족 소개하기 • 다양한 가족 문화 표현하기
여름	• 여름 풍경 • 곤충 • 여름 날씨와 생활 • 여름 방학	• 건강한 여름나기 • 안전한 여름나기 • 에너지를 절약하는 생활하기 • 여름 방학 생활 스스로 준비하기	• 여름 풍경 찾기 • 곤충이나 식물 조사하기 • 여름 날씨와 생활 살펴보기 • 여름 방학 생활 계획하기	• 여름 느끼기 • 곤충과 식물 표현하기 • 여름 축제 열기 • 물놀이하기

대주제	소주제	교과별 활동 주제		
		바른 생활	슬기로운 생활	즐거운 생활
이웃	• 이웃 • 가게 • 우리 마을 • 직업	• 이웃과 인사하기 • 물건 소중히 하기 • 공공시설과 물건 아끼기 • 일의 소중함 알기	• 나의 이웃 살펴보기 • 생활에 필요한 물건 알아보기 • 우리 마을 둘러보기 • 마을 사람들이 하는 일 조사하기	• 이웃 생활 표현하기 • 가게 놀이하기 • 우리 마을 자랑하기 • 직업 놀이하기
가울	• 추석 • 낙엽과 열매 • 가을 날씨와 생활 • 가을 행사	• 조상에게 감사하는 마음 갖기 • 자연에 감사하는 생활하기 • 서로 돕는 생활하기 • 질서 지키기	• 추석 알아보기 • 가을 낙엽과 열매 관찰하기 • 가을 날씨와 생활 살펴보기 • 가을행사 조사하기	• 민속놀이 하기 • 낙엽과 열매로 표현하기 • 가을 풍경 표현하기 • 가을 행사에 참여하기
우리나라	• 우리나라의 상징 • 전통문화 • 이웃나라 • 남북통일	• 우리나라의 상징 알기 • 전통문화 소중히 여기기 • 외국인을 대하는 바른 태도 갖기 • 통일을 위한 노력 알아보기	• 우리나라 소개하기 • 전통문화 살펴보기 • 이웃나라 조사 · 발표하기 • 남북한에 대해 알아보기	• 우리나라 상징 표현하기 • 전통문화 체험하기 • 문화 알리미 놀이하기 • 통일 전시회 열기
겨울	• 겨울맞이 • 동물 • 겨울 날씨와 생활 • 겨울 방학 • 한 해를 보내며	• 나누는 생활 실천하기 • 동물 보호하기 • 겨울철 건강하고 안전하게 생활하기 • 겨울 방학 생활 스스로 준비하기 • 한 해 생활 반성하기	• 나누는 생활 찾아보기 • 동물의 세계 탐구하기 • 겨울 날씨와 생활 살펴보기 • 겨울 방학 생활 계획기 • 내년 생활 준비하기	• 따뜻한 겨울 보내기 • 동물 표현하기 • 겨울 풍경 표현하기 • 겨울 놀이하기 • 나의 한 해 표현하기

2 주제의 성취 기준

대주제	슬기로운 생활 교과별 활동 주제	성취 기준
학교와 나	• 학교 둘러보기 • 친구에게 관심 갖기 • 몸 살펴보기 • 나의 꿈 찾아보기	• 학교 안, 밖, 교실을 둘러보면서 위치, 사물, 생활 모습 등을 알아본다. • 친구 소개하기, 친구 관계 지도 그리기 등의 다양한 활동을 하면서 친구에 대해 관심을 갖는다. • 우리의 몸을 살펴보고 몸의 여러 가지 특징을 이해한다. • 나의 재능을 살펴보고 나에게 맞는 꿈을 찾는다.
봄	• 봄의 모습 찾아보기 • 싹 틔우기 • 봄 날씨와 생활 알아보기 • 봄나들이 계획하기	• 학교 주변을 살펴보면서 봄이 되어 볼 수 있는 것이나 겨울에서 봄으로 바뀐 것을 찾아본다. • 씨앗을 심어 싹을 틔워 보면서 식물이 자라는 모습을 관찰한다. • 봄철 날씨와 생활의 특징을 조사하고, 날씨에 따른 생활 모습을 알아본다. • 여러 가지 자료나 친구, 주변 사람들의 의견을 바탕으로 봄나들이 갈 만한 곳을 찾아본다.
가족	• 우리 집 살펴보기 • 집안일 조사하기 • 가족과 친척 알아보기 • 다양한 가족 이해하기	• 우리 집의 모습, 특징, 우리 집에서 키우는 동물과 식물, 우리 집 주변의 모습 등을 살펴본다. • 집에서 하는 일의 종류를 알아보고 가족들의 의견을 조사해 봄으로써 집안일에 대한 참여와 이해를 높인다. • 가족 및 친척에 대해 알아봄으로써 가족의 변화나 가족 간의 관계에 대한 이해를 확대한다. • 주변에서 볼 수 있는 여러 모습의 가족을 살펴보면서 다양한 형태의 가족과 다양한 가족의 문화가 있음을 알고, 나아가서 다문화 가족과 함께 어울려 산다는 것을 깨닫게 한다.
여름	• 여름 풍경 찾기 • 곤충이나 식물 조사하기 • 여름 날씨와 생활 살펴보기 • 여름 방학 생활 계획하기	• 학교 주변을 살펴보면서 여름에 볼 수 있는 것이나 봄에서 여름으로 바뀐 것을 찾아본다. • 여름철에 주변에서 볼 수 있는 곤충이나 채소 및 과일, 식물 등을 조사해 본다. • 여름철 날씨와 생활 모습을 살펴보고, 날씨와 생활의 관계를 알아본다. • 여름 방학 동안 하고 싶은 것을 고려하여 여름 방학 생활을 미리 준비한다.
이웃	• 나의 이웃 살펴보기 • 생활에 필요한 물건 알아보기 • 우리 마을 둘러보기 • 마을 사람들이 하는 일 조사하기	• 이웃과 이웃들의 생활 모습을 살펴본다. • 주변의 가게에서 생활에 필요한 물건들을 찾아본다. • 우리 마을을 둘러보고 다양한 방법으로 소개한다. • 마을의 일터를 둘러보면서 마을 사람들이 하는 일을 조사하여 발표한다.

대주제	슬기로운 생활 교과별 활동 주제	성취 기준
가을	• 추석 알아보기 • 가을 낙엽과 열매 관찰하기 • 가을 날씨와 생활 살펴보기 • 가을행사 조사하기	• 추석에 대해 알아보고 우리 집의 추석 모습을 발표해 본다. • 가을 산과 들의 단풍든 풍경 및 가을 열매의 모양과 특징을 관찰한다. • 가을철 날씨와 생활 모습을 살펴보고, 날씨와 생활의 관계를 이해한다. • 여러 가지 자료나 친구, 주변 사람들의 의견을 바탕으로 가을에 할 만한 행사를 조사한다.
우리 나라	• 우리나라 소개하기 • 전통문화 살펴보기 • 이웃나라 조사 · 발표하기 • 남북한에 대해 알아보기	• 우리나라를 알릴 수 있는 것, 나타내는 것, 자랑스러운 것들을 알아보고, 이들 내용을 중심으로 우리나라를 소개한다. • 주변의 일상생활 속에서 우리의 전통문화를 찾아본다. • 이웃 나라와 알고 싶은 나라에 대해 조사하면서 우리의 주변국에 대해 관심을 갖는다. • 남북한의 공통점과 차이점을 알아보면서 통일에 대해 관심을 갖는다.
겨울	• 나누는 생활 찾아보기 • 동물의 세계 탐구하기 • 겨울 날씨와 생활 살펴보기 • 겨울 방학 생활 계획하기 • 내년 생활 준비하기	• 주변에서 봉사하고, 기부하고, 나누는 사람들이나 사례를 찾아본다. • 여러 동물들의 겨울나기 모습을 알아보고, 좋아하는 동물을 정해서 탐구하는 활동을 한다. • 겨울철 날씨와 생활 모습을 살펴보고, 날씨와 생활의 관계를 이해한다. • 겨울 방학 동안 하고 싶은 것을 고려하여 겨울 방학 생활 계획을 세운다. • 지난 한 해의 생활을 되돌아보고, 다음해 생활을 계획한다.

3 교수 · 학습 지도

① 주변에 늘 있지만 보지 못하거나 무심코 지나치는 일상생활의 여러 모습, 관계, 변화를 대상으로 주변에 대한 자신의 상식 수준을 넘어서는 구체적인 이해하도록 지도한다.

② 학생에게 친숙한 일상적인 주변을 대상으로 여러 가지 가능한 기초 탐구활동을 수행할 수 있도록 지도한다.

③ '슬기로운 생활' 과가 탐구의 대상으로 하는 주변은 다음과 같다.

- 주변의 모습은 우리가 사는 곳, 함께 사는 사람들, 더불어 사는 동물과 식물, 자연, 자연물과 인공물 등에 대해 학생이 현재 알고 있는 것보다 더 알 수 있

도록 지도한다.

- 주변의 변화는 시간이 지나면서 바뀌는 것을 이해하도록 지도하는 것이다. 변화 및 성장 과정에서의 어느 시점을 사진, 그림 장면을 이용하여 구체적으로 재현 및 표현하는 간단한 흐름도 만들기 같은 활동을 통해서 변화나 성장에 대한 이해를 갖도록 지도한다.
- 주변의 관계는 일상생활에서 접하는 구체적인 실물이나 현상들을 서로 관련지어 이해할 수 있도록 지도하는 것이다. 가령, 인간과 인간의 관계, 인간과 동·식물의 관계, 환경과 생활의 관계, 기타 일상적인 여러 사회적 현상, 자연현상을 일상생활에서 찾아 볼 수 있는 실제 사례를 기반으로 서로 관련지어 이해할 수 있도록 지도한다.

④ '슬기로운 생활' 과의 기초 탐구 활동을 하면서 주변을 탐색 및 탐구하는 데 필요한 살펴보기, 무리 짓기, 조사·발표하기, 모형 만들기, 간단한 그림지도 활용하기, 흐름도 만들기, 관계망 그리기와 같은 기초 탐구 기능을 익히도록 지도한다.

⑤ 일반적으로 교수·학습 지도는 주제 학습 모형 및 절차를 활용한다. 주제 학습의 주제는 일반적으로 교육과정으로 보면 소주제이고, 교과서로 보면 단원 학습 주제이다. 주제 학습은 주제 학습 시작하기 – 주제 학습 실행하기 – 주제 학습 마무리하기 3단계로 진행한다.

- 주제 학습 시작하기: 학생들이 학습할 주제를 다양한 방식으로 공유하도록 하고, 교사와 학생은 함께 학습목표, 활동, 순서 등을 계획한다.
- 주제 학습 실행하기: 계획한 것을 하나씩 실행하며, 실행과정에서 물리적·심리적 돌발 상황에 융통성 있게 대처·조정하면서 실행한다.
- 주제 학습 마무리하기: 일정 시간 동안의 주제를 중심으로 진행해 온 학습을 한 단락 매듭짓는다. 통합의 날을 운영하거나 다양한 종합적인 활동으로 통합학습을 최고조로 만드는 마무리활동, 학습 한 것 요약·정리하기, 학습결과와 과정 평가하기 등을 한다.

3. 과학적 탐구 능력과 탐구 태도

탐구란 주위 환경을 의미 있게 이해해 나가는 과정이라고 할 수 있다. 그렇기 때문에 탐구 과정이란 어떤 만병통치약과 같은 방법이 있을 수는 없는 것이다. 탐구의 대상과 탐구하는 사람에 따라 그 탐구 방법이란 다양할 수밖에 없으며, 어느 방법이 어느 방법보다 꼭 옳다거나 이 방법을 사용하는 것이 나쁘다거나 할 수 없는 것이다. 따라서 유아들이 각자에 익숙한 탐구 방법을 사용하도록 격려해야 할 것이다. 과학을 탐구하는 데에 왕도가 없음은 당연한 일이긴 하지만, 아무렇게나 하면 모두 좋은 탐구인 것은 아니다.

1) 탐구 능력

과학적 탐구 능력은 '광범위하게 전이가 가능한 능력으로서 많은 과학 분야에 적절하며 과학자의 행동을 반영한 것이다.' 유아들은 과학자들이 탐구할 때 과학자가 생각하고 연구하는 방법과 유사한 방법으로 과학의 과정적 기능들을 사용하여 자신의 의문을 탐구한다. 유아들은 과정적 기능을 사용하여 지식을 구성하는 데 의문을 가지고, 관찰하고, 측정하고, 자료를 수집하고, 자료를 조직하고 해석하며, 다른 변인을 통제하면서 하나의 변인을 조작하여 결과를 예상하고, 가설을 설정하고, 검증하며, 실험을 수행하고, 그들이 관찰한 것에 대한 추론을 하고, 자신의 모형을 다른 사람과 의사소통한다. 이런 활동이 '유아들을 과학자가 이미 확립해 놓은 사실, 원리, 법칙, 일반화 등으로 이끈다' (Renner & Marek, 1990). 과학을 한다는 것은 과학의 과정, 즉 탐구 능력을 적용하는 것을 의미한다. 과정적 기능은 탐구 지향적이고 조작적인 탐구 중심, 능동적인 활동 중심으로서, 과학 학습에서 핵심적인 것이다. 과정적 탐구 능력을 적용하려면 유아는 먼저 각 과정을 숙달해야 한다(Martin, 1999).

(1) 관찰하기

관찰은 주의 집중을 하여 세밀하게 보는 활동을 의미한다. 주의 집중이란 사물이나 물리적 특성을 관찰할 때 몰두하는 것을 말한다. 주의 깊게 사물을 관찰하는 것은 과학적 탐구에 있어서 매우 중요하다. 즉, 관찰이란 단순히 지각적 자료를 수집 · 정리하기 위해 주의를 집중하여 사물의 여러 측면을 세밀하게 보는 활동을 의미한다. 현대 인식론자들에 따르면 과학적 관찰에는 적어도 세 가지 특징이 있다(조희형 · 박승재, 1994). 첫째, 과학적 관찰은 능동적인 활동이다. 관찰자는 보이는 대로 관찰하는 것이 아니라 어떤 의도와 기대감을 갖고 관찰한다는 의미이다. 둘째, 과학적 관찰은 분류화의 활동이다. 관찰자는 이미 구성하고 있는 지식 체계와 분류 체계에 따라 관찰한 결과를 구분하고 조직한다. 셋째, 과학적 관찰은 일련의 추론 과정을 나타낸다. 관찰자는 선행 지식에 따라 관찰의 결과를 해석하고 의미를 부여하고 그것을 언어로 표현한다. 과학적 관찰은 과학적 이론이 생성되는 첫 단계로서 모든 경험적 과학 지식의 확고한 근거이자 유용한 방법이다.

(2) 분류하기

분류란 자연현상이나 사물을 어느 계통 혹은 계절에 따라 쉽게 이해할 수 있도록 하기 위해 고안해 낸 수단으로서, 사물의 유사점이나 상호 관계를 알 수 있도록 하는 과학적 활동이다. 분류의 일반적인 방법은 가장 두드러진 특징으로 물건을 가려내는 것이다. 즉, 분류란 관찰을 통해 수집한 자료와 정보를 특성과 속성에 따라 관계시켜 유사성을 기초로 장소 · 사물 · 개념 · 사건들을 유목화하는 것이다(이경우 외, 1999).

(3) 의사소통하기

의사소통은 자신의 생각을 다른 사람에게 알리는 모든 방법이다. 유아는 관찰과 분류 활동에서도 의사소통의 기능을 이용하는데 어떤 것을 관찰하거나 분류하였을 때 의사소통을 통하여 자기들이 발견한 것을 다른 사람에게 알려준다. 사실 교사가 유아들이 정보를 이해하였는가를 확인할 수 있는 유일한 방법은 그것에 관해 질문을 하고 나서 유아들이 말하는 것을 듣는 것이다.

의사소통은 언어적 행위뿐만 아니라 비언어적인 행동도 포함된다. 사람은 말을 하고, 몸 동작을 취하고, 글을 쓰고, 그림을 그리고, 이야기를 하고, 입으로 표현을 하고, 연기를 하고, 판토마임을 하고, 노래를 부르며, 인형극을 하는 등으로 의사소통을 한다(Martin, 1997).

(4) 측정하기

측정은 자연현상을 정량적으로 관찰하는 일이라고 볼 수 있다. 주로 수교육에서 길이와 시간 측정을 다루게 되나, 과학교육에서는 크기 비교, 길이나 크기의 순서 정하기 등과 같은 정량적인 측정은 다루지 않는다(김경미, 1995). 측정하기는 표준화 측정과 비표준화 측정으로 나눌 수 있는데 유아 과학교육에서는 비표준화 측정 활동을 하면서 표준화 측정의 필요성을 느낄 때 표준화 측정 활동을 실시하는 것이 바람직하다.

(5) 예견하기

예견이란 이미 알고 있는 지식을 이용하여 앞으로 일어날 일을 예상하는 것이다. 관찰이 시지각을 통해서 얻는 자극이라면, 예견은 관찰하여 습득한 지식에서 유발되는 사고 활동의 결과라고 할 수 있다. 예견은 과거 경험에 의해서 결정되는 의견이며, 이 의견은 관찰이나 실험을 통하여 그 옳고 그름이 결정된다. 그러나 이때 단순히 어떤 일이 일어나게 될지 생각나는 대로 미리 말해 보는 것은 '과학적인 예견' 이라고 할 수 없다. 그러므로 유아들에게 여러 가지 활동을 우선 해 보게 하고 활동을 통해 얻어진 기억과 경험을 통해서 예견해 보도록 하는 것이 효과적이다(이경우 외, 1999).

(6) 추론하기

예견이 아직 일어나지 않은 일의 예상이라면, 추론은 이미 일어난 어떤 현상의 원인에 대한 가능한 하나의 설명이라고 볼 수 있다. 예견은 대부분의 경우 '예' '아니오' 와 같은 단순한 대답이 가능하고 그 진위가 쉽게 판명이 나는 반면 추론은 그렇게 단순하지가 않다.

대부분의 경우, 추론은 매우 추상적인 사고를 요하게 된다. 해가 동쪽에서 떠서 서쪽으로 지는 현상을 보고 지구가 자전한다고 추론할 수 있다. 그러나 그 추론에 대한 진위는 수백 년의 시간이 걸려서야 판명날 수 있었다. 그렇기 때문에 추론에 대한 진위의 판단은 상당히 어려우며 어떤 경우에는 불가능하기도 하다. 추론 행위가 이와 같이 복잡하고 추상적이라고 해서 유아기에 무시해 버려서는 안 된다. 그 추론의 옳고 그름을 떠나서 자기 나름대로 추리해 보고 그 근거를 제시해 보는 활동은 바람직하다(김경미, 1995).

2) 탐구 태도

탐구 태도는 과학을 하는 원동력이다. 태도는 사람 · 사물 · 주제 · 사상 등에 대한 지적 성향이다. 과학에서 태도는 ❶ 유아의 태도는 지적 상태의 준비도를 구동한다 ❷ 태도는 선천적인 것이 아니다 ❸ 태도는 유아가 새로운 경험 세계로 들어갈 때 지시적 요인으로 작용하는 경험들의 역동적 결과이다라는 세 가지 주요인 때문에 중요하다(Martin, 1984).

과학과 관련된 태도는 크게 감성적 태도와 지적 태도로 나누어질 수 있으나, 엄밀하게 말하면 명확하게 분리될 수 있는 것이 아니다. 그러나 유아들의 태도는 지적이기보다는 더 감성적인 것처럼 보인다. 감성적인 태도의 자연적인 출발점인 호기심에는 인내력, 실패에 대한 긍정적 접근 혹은 항상 한 가지 방식만을 고수하지 않는 자세, 새로운 경험이나 다른 사람의 관점에 대한 개방성이 수반된다. 특히 Carin과 Sund(1989)는 호기심 · 겸손 · 의심해 보기 · 개방성 · 비독선 · 실패에 대한 긍정적 자세 · 객관성 등 7가지를 과학적 탐구에 있어서 탐구자가 가져야 할 태도라고 규정하고 있으나 이에 합리성 · 판단 유보 · 정확성 · 정직성 · 협동성을 덧붙이고자 한다. 이들이 곧 근본적인 태도이며 성공에 필요한 다른 구체적인 과학적 태도들을 구축하고 태도–능력–지식 사이의 과학 순환(science cycle)을 지속하는 데 유용하다(김경미, 1995).

(1) 호기심

과학자들의 활동은 세계에 대하여 알고 이해하고자 하는 충동이라고 할 수 있는 호기심에 의하여 구동된다. 긍정적인 학습 환경에서 유아에게 알고자 하는 의욕을 적절하게 북돋아 준다면 유아는 항상 호기심을 가지고, 끊임없이 지식을 추구하며, 항상 탐구하는 지각 있는 학습자가 될 수 있다. 호기심은 상황에 따라 교실 안에서 길러질 수도 있고 좌절될 수도 있다. 유아가 제기한 문제나 의문에 대하여 직접적인 해답을 주기보다는 스스로 해결하게 해야 호기심이 더 잘 자극될 수 있다. 교사는 유아에게 지속적으로 탐구할 수 있는 활동을 제공해야 하며, 유아 자신이 문제를 제기하고 해결하도록 격려해 주어야 한다.

(2) 합리성

과학에서는 관찰된 현상에 대한 일차적 설명으로서 초자연적 설명들을 배격하고 결론과 주장을 지지하는 증거를 중시한다. 증거를 중시한다는 것은 아이디어를 엄격하게 검증하고 그렇게 해서 얻어지는 사실을 중시한다는 의미이다.

마법, 미신, 점성술, 초감각적 지각, 식물의 감정, 생체 리듬 등과 같은 경우가 이러한 예들인데, 이러한 신념들은 '사이비 과학(pseudoscience)'이라고 지칭되는 경우가 많다. 그 이유는 이를 지지하는 체계적인 관찰 데이터가 결여되어 있고, 그릇된 추론이나 빈약한 과학적 방법론을 통해 도출된 경우가 많기 때문이다. 바람직한 문제 해결 방법을 찾아낼 때에는 미신적인 설명에 좌우되어서는 안 된다. 유아들이 자연현상·사물을 탐구할 때에도 자신들의 결정이 개인적인 기호, 두려움, 노여움, 혹은 무지에 의해 영향을 받아서는 안 된다.

(3) 객관성

유아는 특정인의 개인적인 감정에 좌우되어서는 안 되며, 데이터를 수집·해석하여 결론을 내리는 과정이 다른 사람의 비논리적인 판단에 간섭을 받아서는 안 된다.

(4) 판단 유보

유아는 불충분한 증거에 근거를 두고 일반화한 것에 이의를 제기할 수 있어야 한다. 즉, 반드시 충분한 증거를 가지고 판단해야 한다. 가설은 일시적이고 잠정적인 것이며, 지식은 끊임없이 수정되고 있기 때문이다. 교사는 유아들로 하여금 다양한 데이터와 증거에 근거를 두고 판단을 내리거나 의사 결정할 수 있는 기회를 제공해야 한다.

(5) 비판적인 마음

비판적인 마음을 가진 유아는 흔히 다른 사람이 진술한 내용에 대한 증거를 요구한다. 이렇게 하는 것은 그 유아가 단순히 결과적인 지식을 습득하려는 시도가 아니고 지식의 근원과 신뢰도를 밝히려는 것이다. 유아는 어떤 지식이나 정보를 비판적으로 대할 수 있어야 하며, 교사 역시 이러한 성향을 촉진시킬 수 있는 방향으로 지도해야 한다.

(6) 개방성

과학자들은 자연 세계에는 항상 어느 정도의 불확실성이 있게 마련이라고 받아들인다. 과학자는 자기 자신의 결론과 다른 사람의 결론에 대하여 회의적이어야 한다. 증거에 비추어 볼 때 어떤 사물이나 사상에 대하여 다른 설명이 필요하다면, 과학자들은 기꺼이 자기 자신의 원래 설명조차도 변경해야 한다. 역시 유아들도 새로이 밝혀진 근거에 따라서 자기 주장을 변경할 수 있어야 한다. 교실에서 유아들의 개방적인 자세를 길러 주려면, 교사는 무엇보다도 유아들이 가설을 설정하고 이를 검증할 수 있는 고유한 실험 절차를 고안하는 기회를 제공해야 한다.

(7) 정직성

유아들은 '진실'을 존중해야 한다. 즉, 그들이 관찰한 모든 것을 진실되고 양심적으로 보고할 수 있어야 한다. 유아의 생각이 옳든지 틀리든지 간에 자기가 생각하고 있는 것을 표현하도록 지도해야 한다. '개방적' 실험이나 조사에서 충분히 있을 수 있는 유아들의 잘못된 절차나 표상에 대해 꾸중하거나 비난하는 것은 유아의 정직성을 함양하는 데 저해 요인이 된다.

(8) 겸손과 회의

진정한 과학자는 자기의 이론만이 옳다거나 자기의 주장만이 정당하다고 생각하지 않는다. 그렇다고 항상 다른 사람의 말에만 귀를 기울인 나머지 자기의 의견을 무시하지도 않는다. 즉, 유아들도 다른 유아의 주장이 타당성 있으면 겸손하게 받아들여야 하며 아무리 권위 있는 사람의 이론이나 설명이라 하더라도 납득하기 어려운 점이 있으면 일단 회의를 가질 수 있도록 하여야 한다.

(9) 협동심

과학적 탐구는 사람에 의해 이루어진다. 즉, 과학은 인간의 활동인 것이다. 수많은 남녀가 창의적인 활동을 통하여 미지의 세계와 사물·현상을 탐구하기 위하여 그들의 재능과 노력을 합친다. 협동은 새로운 아이디어를 창출하고, 문제를 해결하며, 사람들이 서로로부터 아주 효과적으로 배울 수 있으므로 세계적인 선진국들은 제조 공정에서 협동적인 집단 절차를 채택하고 있다. 협동을 가장 쉽게 배우고 익힐 수 있는 교육기관이 바로 유치원이다.

(10) 정확성

정확성은 사물을 정확하게 보고 판단하거나, 사상이나 사건을 정확하게 표상하는 것을 말한다. 과학에서 정확성이 결여될 때 야기되는 결과는 엄청나게 큰 것일 수 있으므로, 특히 실험의 과정에서 정확성이 길러질 수 있도록 지도하여야 한다.

(11) 실패의 긍정적 수용

오류와 헛수고는 미지의 것을 탐구할 때 발생하는 자연스런 결과이다. 유아와 교사는 실패를 긍정적으로 수용하고 좌절은 일시적인 것에 불과하다고 여겨야 한다. 즉, 과학에서 실패란 종착점이 아니라 새로운 출발점인 것이다. 에디슨은 전구를 만들기 위하여 10,000번 이상이나 실험에 실패하고도, "나는 결코 실패하지 않았다. 단지 작용하지 않는 1만 가지 방식을 발견한 것뿐이다."라고 말하였다.

위에서 제시한 바람직한 탐구 태도들은 각기 독립적인 것이 아니라 서로 깊게 관련되어 있어서, 어느 하나는 되어 있는데 어느 하나는 결손되는 경우는 흔치 않다. 예컨대 의심해 보는 태도가 있는 사람이 호기심도 있을 수 있고 비독선적일 수 있기 때문이다. 이러한 태도의 함양은 말이나 훈계를 통하여 잘 이루어지지 않는 것이 일반적이다. 교사가 이러한 태도를 가지지 않고서는 교육이 될 수 없다는 점을 명심해야 한다.

제 4 장

유아 과학교육의 교수·학습 방법

1. 효율적인 소집단 활동

수업이란 집단으로서의 유아를 대상으로 이루어지는 것이 일반적이며, 이 집단의 성질에 따라 수업 방법은 영향을 받으며 수업 유형도 달라지고, 학습 활동의 안내자로서 교사의 역할 역시 수업 유형에 따라 달라진다. 집단의 구조에 다른 수업 유형은 크게 대집단 수업, 소집단 수업, 개별 수업으로 나누는 것이 일반적이다.

1) 소집단 활동의 목적 및 구성

대집단 수업이란 한 사람의 교사가 학급의 유아 전체를 대상으로 동일한 내용을 동일한 속도와 동일한 방법으로 일제히 수업해 나가는 것을 말한다. 대집단 수업은 교사가 일정한 질문, 과제 또는 문제를 학급 전체에 제시하여 교사의 지도 하에서 모든 유아들이 학습 활동에 참여하도록 요구한다.

이러한 대집단 수업은 교사가 학습 과제를 잘 조직하여 효과 있게 설명 제시하면 많은 유아들이 비교적 짧은 시간 내에 적은 노력으로 한꺼번에 많은 지식과 기능을 습득할 수 있다는 장점이 있다. 그러나 만일 학급에 소속된 유아들의 능력이나 흥미가 매우 이질적이라고 한다면 대집단 수업의 효과는 크게 줄어들 것이다. 또한 대집단 수업은 기본적으로 한 사람의 교사가 학습 전체의 유아를 대상으로 하는 것이므로 자연히 교사 중심의 수업이 된다. 그런데 만일 학습 과제와 그에 내포된 수업 목표가 학습자 자신의 능동적 활동을 통한 창의적 문제 해결이라고 한다면 대집단 수업의 효과는 감소된다. 즉, 이 방법은 유아의 자기 활동이 소홀히 되며 수동적이 되기 쉽고 주입식 수업이 될 가능성이 크다.

개별 수업은 학습 과제를 유아 개개인이 자주적으로 학습을 해 나가는데, 교사 또는 교사를 대신하는 매체와 유아가 1대 1의 관계에서 이루어지는 수업 형태이다.

이와 같은 개별 수업은 유아 개개인의 능력을 배양하는 데 좋은 방법이며, 교사가 개별적으로 유아와 접촉함으로써 유아의 성취도를 이해하고 학습의 지체, 사고의 오류를 발견하여 이를 도와줄 수 있는 장점을 지니고 있다.

대집단 수업이나 소집단 수업에서도 개별 지도는 필요하다. 사실 수업은 어떤 형태이든 현실적으로는 일정한 집단 과정이지만, 궁극적으로는 유아 개인의 학습 성취가 중요한 고려 사항이므로 교사의 개별 지도는 매우 중요하다.

또한 개별 수업은 수업을 개별화함으로써 유아 개개 능력의 다양성을 고려할 수 있고, 주체적 · 개성적 문제 해결력과 사고력을 기를 수 있다. 그러나 유아들의 사고 활동은 집단 속에서 대립 · 보충 · 확인 등을 통해서 질적인 향상을 가져올 수 있는 것이기 때문에 개별 수업에서 얻은 성과는 집단에서 발표되고 토의되어야 한다. 그러므로 개별 수업과 집단 수업은 서로 대립적인 것 또는 양립할 수 없는 것으로 볼 것이 아니라 상보적인 것으로 보아야 한다. 따라서 수업 유형에 따라 교사의 역할도 달라져야 할 것이다.

반면에 소집단 수업이란 특정 수업 목표의 효율적인 달성을 위하여 전체 학급을 소집단으로 나누어 수업하는 형태를 말한다. 이 소집단 수업은 대집단 수업의 비효율성과 교사 중심의 권위적인 수업에 대한 비판에서 일어난 것이다.

소집단 활동의 사전적 의미(한국유아교육학회, 1996)를 찾아보면 소집단 활동(small group activity)이란 2~8명의 학습자로 구성된 자율적 수업 운영 형태로서, 구성 인원 간의 효과적인 상호 작용 및 토론을 고취시키기 위해, 높고 낮은 수준의 능력을 가진 2~8명의 유아를 소규모의 집단으로 구성하여 실시하는 활동을 말하는 것으로서 한 반의 유아를 3~5개의 작은 집단으로 나누어 각 집단마다 다른 교사가 동일한 활동을 동시에 지도하거나 같은 교사가 서로 다른 집단의 유아를 다른 시간에 맞추어 교대로 지도하는 방법을 말한다.

소집단 수업의 목표는 개별적인 학습자의 개성을 존중하고 학습 의욕을 끌어내서 학습 성취도를 높이는 것이다. 소집단 활동의 운영 방식은 학습자의 특성, 기관의 물리적 · 환경적 구조에 따라 다양하고 융통성 있게 계획될 수 있다. 유아교육기관에서의 소집단 활동 시간에는 교사가 새로운 자료의 활동 운영 방법을 소개하거나 각 활동 영역에서의 지식 및 개념의 학습과 기술을 가르치기 위하여 주의 깊게 순서화한 학습 활동을 수행할 수 있다.

뿐만 아니라 소그룹 활동은 유아가 자신의 흥미와 요구, 발달 수준에 맞게 놀이 활동 및 작업 활동을 선택하므로 유아-유아, 유아-교사, 유아-교구 간의 상호 작용이 적극적으로 이루어질 수 있다라고 정의되어 있다.

소집단 활동은 일반적으로 구성 인원 사이의 효과적인 상호 작용 및 토론을 고취시키고자 하는 방법으로서, 유아-교사 간의 상호 작용의 질을 높일 수 있을 뿐만 아니라, 유아는 언어적인 의사소통의 기회가 증진되고, 대인 관계 기술, 문제 해결 기술, 의사 결정 기술, 비판적 사고 기술을 익히고 바람직한 태도 등을 개발할 수 있는 성과를 얻을 수 있으며, 교사는 대집단 설명 학습의 상황보다는 훨씬 덜 권위주의적이고 융통성 있는 역할을 수행할 수 있고 활동의 방향을 제시해 주는 리더의 역할 및 각 개인의 표현력을 고양시켜 집단 내의 상호 작용을 촉진시키는 조절자의 역할을 수행할 수 있어 대집단 및 개별 활동보다 훨씬 유능하다. 그러나 이와 같은 목적에 도달하기 위해서는 소집단 간의 상호 작용을 통한 집단 내 역할 관계의 전 과정(교실 상황, 좌석 배치, 집단의 크기, 교사의 역할 등)이 중요하다(전선영 외, 2000).

유치원의 수업 중 실험 및 관찰을 위주로 실시되는 과학 활동이 효율적으로 전개되기 위해서는 보다 소집단화되는 것이 바람직하다. 이는 교실에서의 교사 대 유아의 비율이 높아질수록 유아-유아 간의 상호 작용은 증가하지만, 유아-교사 간의 상호 작용은 감소하기 때문이다. 이처럼 교사당 유아 수가 많을 때는 교사의 상호 작용에서 또래 간의 상호 작용으로 바뀔 뿐만 아니라, 실제 이루어지고 있는 교사와의 상호 작용에도 질적 저하를 초래한다. 즉, 대화가 점점 짧아지며, 개별 유아와의 언어적 상호 작용 기회가 줄어들고, 교사의 말이 놀이에 관한 것보다 일상적인 틀에 박힌 것이나 금지에 관한 내용이 증가하게 된다(김경미, 1995).

과학 활동을 위해 소집단으로 구성할 때 집단 구성은 고정되는 것이 아니라 학습 상황이나 사태에 따라 가변성을 가지고 있어야 하며(이원구, 1994), 학기 초에는 교사가 유아들의 이름을 직접 부르면서 그룹핑(grouping)할 수가 있는데 이는 유아들이 친구의 이름과 얼굴을 연관짓는 기회가 될 수 있다. 그러나 이 방법은 시간이 많이 소요되고 혼란스러운 단점이 있으므로 교사는 각 유아들의 고유 표시와 3~4개의 판을 준비하여 각 표시판에 유아들이 고유 표시를 나누어 붙여서 한 학급의 유아를 3~4개의 소집단으로 나누는 방법으로 사용할 수 있다. 그러나 차츰 유아들이 서로에게 익숙해지고 자기 의사를 표현할 수 있게 되면 유아 스스로의 선택을 통해 집단에 참여하는 유아 중심의 소집단 활동을 하게 되나, 때로는 교사의 의도된 소집단 분류도 섞어 나누어 보는 방법을 사용하여야 한다(정용부 외, 2001).

2) 효율적인 소집단 활동의 특성

유아들을 소집단에서 작업하게 하는 일은 학급이 대화하는 공간으로서 유아들에게 많은 것을 공유하게 하며, 특히 언어 발달 중 주의 깊게 듣는 일에 더욱 기여한다. 이는 소집단이 제공하는 높은 수준의 친밀감과 참여의 정도가 다른 유아가 말하는 것에 반응하고 행동으로 나타낼 수 있는 기회를 더 많이 제공할 뿐만 아니라, 전체 학급의 토의보다 유아의 듣기 능력을 향상시킬 더 나은 상황을 제공하기 때문이다. 또한 소집단 활동은 학습 시간을 최상으로 이용할 수 있으며, 협동적인 학습 환경을 만들어 주며, 교사−유아를 유익한 관계로 유지시키고, 학급 조직을 융통성 있게 운영하여 개별 유아를 위한 최적의 경험을 제공할 수 있는 구체적인 이점을 가지고 있다(Reid et al, 정수경 (역), 1999).

대집단으로 구성하여 활동할 때보다 소집단으로 구성하여 활동할 때가, 보다 밀접한 개별 상호 작용을 통하여 긍정적인 인간관계를 형성하는데, 이는 집단에서의 소속감과 안정감을 가질 수 있으며, 유아 개개인을 빨리 파악하여 적합한 활동을 계획하고 실시할 수 있으며, 소집단을 진단하고 그들의 행동에 적절한 반응이 가능하며, 유아들의 주의 집중과 적극적 참여로 밀도 있는 교육이 진행될 수 있어 유아들의 행동 교정이 대집단보다 용이하게 이루어질 수 있다. 그리고 높은 수준의 학습 목표, 창조적인 사고 능력, 대화 기술 및 바람직한 태도를 형성하는 데 효과적이다.

효율적인 소집단 활동에 참여하는 유아의 특징은 다음과 같다(이원구, 1994; 정용부 외, 2001; Reid et al, 정수경 (역), 1999).

❶ 분위기가 비형식적이고 편안한 경향을 띠며, 적극적으로 참여하고 흥미로워 한다.
❷ 모든 유아들이 역할을 분담하며 왜 그것을 수행하여야 하는지 안다.
❸ 모든 구성원들은 그들이 해야 할 과제를 이해하고 있으며, 과제의 핵심에서 벗어나지 않는다.
❹ 집단 구성원은 서로에게 귀를 기울이며 생각한 것을 정직하게 말하면서 토의한다.
❺ 민주적인 방법으로 리더를 정하고 의사 결정한다.
❻ 집단 내에서 결정한 사항에 대해 따르는 경향이며, 이미 결정된 사항에 기분 나빠하지 않는다.
❼ 다른 구성원이 하는 비판의 말을 자연스럽게 받아들인다.
❽ 유아들이 활동의 진행에 방해되는 요소를 없애려는 노력을 한다.
❾ 활동의 수행 능력이 우수한 유아는 우수하지 못한 유아를 배려한다.

효율적인 소집단 활동을 운영하는 교사의 특징은 다음과 같다.

❶ 소집단 활동의 특성을 살릴 수 있는 환경(교실 구조 등)을 구성한다.
❷ 소집단으로 구성하는 방법이 시기(학기 초, 학기 말)와 활동의 특성, 유아의 특성에 적합하다.
❸ 소집단 활동을 위한 구성원의 크기가 시기(학기 초, 학기 말)와 활동의 특성, 유아의 특성에 따라 적합하다.

④ 활동에 참여하는 유아의 능동적인 참여를 위한 자료(충분한 개수)가 준비되어 있다.
⑤ 교사는 소집단 활동의 목적을 명확하게 인식하고 있다.
⑥ 소집단 활동을 전개하기 전에 활동을 위한 규칙을 정한다.
⑦ 교사는 모든 유아들과 상호 작용하며, 유아－유아 간의 상호 작용을 격려한다.
⑧ 활동의 진행에 방해되는 요소를 없애려는 노력을 한다.
⑨ 소집단 활동에 적극적으로 참여하지 못하는 유아에 대해 배려한다.
⑩ 유아의 능력을 보완하기 위한 학습 활동이 포함되어 있다.
⑪ 활동의 방향을 전환시키거나 새로운 활동 방법을 제시한다.
⑫ 소집단 활동 시 유발되는 생산적인 소음을 수용한다.
⑬ 유아들의 학습 성취도는 개별적으로 평가하며 학습을 수행한 성취도에 대한 보상은 집단으로 제공한다.
⑭ 각 소집단 활동에서 획득한 정보와 활동을 공유할 수 있는 기회를 제공한다.
⑮ 소집단 활동의 특성에 적합한 시간대로 운영한다.

2. 인지적 갈등 유발

유아가 인지적으로 갈등을 느끼게 되면 인지 구조의 평형이 깨어져 새로운 평형을 이루고자 하는 과정에서 지적 성장을 하게 될 뿐만 아니라 문제 해결 능력이 발달된다. 따라서 과학교육에 있어서 인지 갈등은 학습의 계기를 마련해 주는 주요한 역할을 한다.

인지 갈등은 유아의 일상생활 속에서 스스로의 자발적인 탐색과 발견에 의해 일어날 수 있다. Forman과 Kuschner(1991)는 유아가 '뭐야? 이상하네?' 혹은 '왜 그렇지?' 등의 의문을 가지도록 하는 것이 곧 인지적 갈등을 유발하는 교수 방법이라고 제안한다. 물론 이러한 인지 갈등이 가장 효과적인 학습 상황이긴 하지만 수업에서 모든 유아에게 이러한 인지 갈등이 일어나리라고 기대하기는 어렵다. 따라서 교사는 의도적으로 인지 갈등을 유도할 필요가 있다.

교사는 어떻게 인지적 갈등을 유발할 수 있는가? Brainard(변창진 · 송명자, 1995)와 Forman과 Kuschner(1991)가 이러한 의문을 유발할 수 있는 구체적인 방안을 제시한 것을 종합하면 다음과 같다.

첫째, 과학 활동이나 실험을 계획할 때 유아의 발달적 특성, 즉 사전 경험, 사전 지식, 흥미 등에 기초해야 유아들의 의구심을 자아낼 수 있다. 유아는 자신의 발달 수준보다 지나치게 어려운 과제를 접하면 좌절하여 포기하게 되고, 또 지나치게 쉬울 때는 과제에 대한 흥미가 없어지게 된다. 따라서 유아가 능동적으로 문제를 해결하도록 동기를 부여하기 위해서는 발달 수준을 고려해야 한다.

유아의 발달적 특성을 파악하기 위해 교사는 유아를 열심히 관찰하고 대화를 나누며 적절한 질문을 던져야 한다. 발달적 특성이 파악되면, 현재 발달 수준보다 한 단계 높은 수준의 구조화된 과제를 제시하여 인지 갈등을 경험하도록 한다. 또 제시된 과제의 결과를 미리 예측해 보게 함으로써 유아의 인지 수준을 반영하도록 하고 과제 수행에서 나타난 실제 결과와 자신의 예측이 일치하지 않는 데에서 유아는 갈등을 경험하게 된다.

둘째, 유아들이 직접 행하고 경험할 수 있는 활동일 때 인지 갈등의 기회가 많아진다. 유아가 손으로 조작하고 실험한다는 것은 유아 자신이 변화를 일으키는 주체가 되는 것이며, 이러한 과정에서 인지 갈등을 경험하게 되고 자신의 지식을 재구성하여 평형을 추구할 수 있는 것이다.

셋째, 가능한 한 개별 활동이나 소집단 활동으로 제공하고 유아들이 원할 경우 협동 학습으로 진행하도록 한다.

넷째, 유아 주도의 학습이 되도록 한다. 유아가 활동을 계획하고 능동적으로 참여하면서 다양한 과정 기능을 경험할 때 인지 갈등이 유발될 수 있기 때문이다.

다섯째, 언어적 피드백에 의해 인지 갈등을 유발할 수 있다. 언어적 피드백은 유아가 과제를 해결하면서 부적절한 반응을 보일 때 그 사실을 지적해 주거나 의문을 제기함으로써 자신의 문제 해결 신념에 대한 평형 파괴를 유도할 수 있다.

여섯째, 다른 유아의 활동을 관찰하게 함으로써 인지 갈등을 유발할 수 있다. 즉, 유아보다 다소 앞선 인지 발달 수준에 있는 모델의 과제 수행 과정을 관찰하게 함으로써 자신의 해결 과정에 대한 부적절함을 인식하고 인지 갈등이 유발되도록 도울 수 있다.

안경숙(1991)은 인지 갈등 유발 원리에 기초한 과학 활동의 과정을 다음과 같은 단계로 제시하고 있다.

단계	과정	내용
1단계	유아의 사전 경험과 흥미 관찰 / 분석	활동을 계획하기 전에 유아를 관찰하고, 그들의 질문을 분석하고, 이전의 과학적 경험을 조사한다.
2단계	사전 준비 과정	유아의 흥미와 사전 경험에 기초하여 주제를 선정하고, 활동을 계획하여, 필요한 자료와 도입 방법을 생각해 둔다.
3단계	도입 및 소개	유아의 호기심을 이용하여 활동을 소개하고 필요한 자료와 정보를 제공해 준다.
4단계	탐색 및 관찰	자료를 관찰하고 탐색할 수 있는 기회를 허용한다.
5단계	지적 갈등이나 호기심을 유발하는 문제 제시	유아의 지적 갈등이나 호기심을 불러일으킬 수 있는 질문이나 문제를 제공한다.
6단계	유아들의 아이디어 적용 및 실험	유아 자신이 생각한 아이디어를 적용해 보고 실험해 본다.
7단계	결과 중심으로 결론짓기/토의하기	실험 결과를 중심으로 서로 비교해 보고 자신의 아이디어와 결론짓기/토의하기, 실험 결과에 대해 이야기하고 다른 이야기를 들어본다.

인지적 갈등 유발 교수 · 학습 방법은 과학 학습의 효과를 높여 주는(권영례, 1992; 안경숙, 1992; Rosenshine, 1986) 것으로 보고되고 있다. 특히 지적 갈등 유발에 의한 과학교육을 받은 유아들은 과학에 대한 흥미가 높아지게 되며, 과학의 과정, 즉 관찰 · 분류 · 측정 · 예측 · 실험 등의 활동에 많이 참여하고 문제 해결 능력이 향상된다.

3. 스캐폴딩

앞의 제2장에서 살펴본 바와 같이 스캐폴딩(scaffolding)이란 유아보다 유능한 수준의 교사나 부모 또는 또래가 유아의 근접발달지대 내에서 안내와 도움을 제공하여 유아의 학습에 도움을 줌으로써 인지적 향상을 꾀하게 하는 발판 역할을 하도록 하는 체계를 말한다.

1) 스캐폴딩의 유형

다양한 학습 영역에서 스캐폴딩에 의한 단계별 지지를 응용한 결과, 유아의 인지 발달에 긍정적인 영향을 주는 것으로(Mercer & Fisher, 1992; Schetz & Stremmel, 1994; Tharp & Gaookmore, 1988) 밝혀짐에 따라 교육 현장에서 스캐폴딩에 대한 관심이 높아지고 있다.

교사나 부모, 또래는 유아에게 어떠한 형태로 스캐폴딩을 제공할 수 있는가? 과학 수업에서 스캐폴딩이 제공되는 상호 작용 유형은 교사-유아 상호 작용과 유아-유아 상호 작용으로 분류할 수 있다. 교사-유아 상호 작용의 경우에는 사회문화적으로 유능한 교사가 조력을 제공하게 되므로 스캐폴딩의 효과가 높다. 그러나 유아-유아 상호 작용의 경우에는 교사에 비해 사회 문화적으로 훨씬 미숙한 또래 유아가 조력을 제공하게 되므로 교사 스캐폴딩에 비해 효과가 낮을 수 있다. 따라서 유아들에게 스캐폴딩을 제공하는 훈련을 한 후 또래를 도와주게 함으로써 보다 효율적인 상호 작용으로 이끌 수 있다.

McNaughton과 Leyland(1990)는 스캐폴딩의 유형을 방향 유지(direction maintenance), 과제 지향(task orientation), 과제 완성(task completion)으로 분류한다. 방향 유지 스캐폴딩이란 과제에 대한 학습자의 관심을 고정시키는 것으로 해결에 대한 실마리는 주지 않고 수행 능력을 규정하는 방법이다. 과제 지향적 스캐폴딩은 비평을 하거나 어떤 제안을 해 줌으로써 학습자가 과제를 구성하도록 도와주는 방법을 말하며, 과제 완성적 스캐폴딩은 과제의 특정한 부분을 언급하여 문제를 해결하기 위한 전략을 제시하는 방법을 말한다.

Wood 등(1976)은 보다 세분화된 스캐폴딩 유형을 제안하고 있다. 이들은 유아보다 유능한 교사나 또래가 유아의 학습을 위해 제공할 수 있는 인지적 지지의 특성과 종류를 다음 〈표 4-1〉과 같이 제시하고 있다. 그리고 이러한 단계적 지지는 유아의 근접발달지대 내에서 도움이 필요할 때 도와주고 그들의 능력에 따라 도움의 종류를 조절하면서 서서히 과업에 대한 책임 정도를 증가시켜야 한다.

〈표 4-1〉 스캐폴딩의 유형

유 형	조작적 정의
관심 끌기, 흥미 유발하기 (recruitment)	과제가 요구하는 것에 학습자가 흥미를 가지도록 접근시키는 지원
과제의 크기 줄이기 (reduction on degree of freedom)	과제 해결에 필요한 하위 행위의 수를 감소시켜 과제의 크기를 줄여 주는 지원
방향 유지하기 (direction maintenance)	과제 해결에 대한 목표 의식이 약해지지 않도록 동기를 유지하고 다음 단계로 도전할 수 있도록 방향감을 지속시켜 주는 지원
과제의 주요 특성 표기하기 (marking critical features)	과제의 특성을 표시함으로써 학습자가 산출한 것이 과제의 요구에 맞는 것인지를 지적해 주는 지원
좌절감 조절하기 (frustration control)	과제 해결 중에 경험하는 좌절감을 완화시켜 주는 지원
시범 보이기 (demonstration)	과제 해결을 시범해 보이거나 모델링하는 지원

2) 스캐폴딩의 단계

Gallimore와 Tharp는 근접발달지대에서 도움을 주어 유아의 발달이 이루어지는 과정을 4단계로 설명한다(한순미, 1999).

1단계 : 보다 유능한 타인의 도움을 받아 이루어지는 수행

성인이나 유능한 또래가 지시하거나 시범을 보이는 도움을 받아 묵묵히 따라 하거나 모방하는 형태로 과제를 수행하는 단계이다. 이러한 과정에서 대화를 통해 점차 활동의 부분들이 서로 어떻게 관련되는지를 이해하게 되고 수행의 의미를 이해하게 된다.

2단계 : 자기 자신의 도움을 받는 수행

타인의 도움을 받지 않고 과제를 수행하지만 아직 완전히 발달되거나 자동화된 단계는 아니다. 타인으로부터 받던 조절이 자기 조절로 전환되는 단계로, 이때 자기 조절을 위한 혼잣말을 하게 된다.

3단계 : 내면화되고, 자동화되고, 굳혀지는 단계

자기 조절이 사라지면서 유아는 근접발달지대를 벗어나게 된다. 이제 과제 수행이 보다 원활해지고 통합적이며 자동화되어 이제 더 이상 타인의 도움을 필요로 하지 않는다. 이 단계에서는 더 이상의 발달이 일어나지 않아 화석화된 것으로 본다.

4단계 : 탈자동화와 회귀 단계

자동화 단계를 벗어나 타인의 도움으로부터 자기 자신에 의한 도움으로 그리고 새로운 발달을 위해 다시 근접발달지대로 회귀하는 단계이다.

3) 스캐폴딩 제공 전략

스캐폴딩에 의한 학습 안내가 성공하기 위해서는 다음과 같은 전략이 필요하다 (Berk & Winsler, 1995).

첫째, 공동의 문제 해결을 요구하는 활동이어야 한다.

유아와 스캐폴딩을 제공하는 사람(교사, 부모, 혹은 다른 유아)에게 흥미 있고 문화적으로 의미 있는 문제 해결 활동에 같이 참여하고, 목표를 달성하기 위해 함께 노력할 수 있는 협력적 활동이어야 한다.

둘째, 상호 주관성(intersubjectivity)을 찾아가는 과정이어야 한다.

어떤 과제를 시작할 때는 과제에 대해 서로 다르게 이해하고 있던 두 참여자가 서로 상대방의 관점에 맞추어 협의와 타협을 통해 조정해 가면서 공유된 이해에 도달하는 과정이어야 한다. 이러한 과정을 통해 유아는 자기보다 유능한 사람이 가지고 있는 지식을 공유하게 되는 것이다.

셋째, 따뜻하게 반응해 주어야 한다.

상호 작용을 하는 성인이 명랑하고 따뜻하게 반응해 주며, 언어적으로 칭찬을 하고 자신감을 북돋워 줄 때 상호 작용이 활발해지고 유아의 적극적인 참여가 이루어진다.

넷째, 유아를 근접발달지대 내에 머물게 해야 한다.

유아가 특정 내용에 대한 근접발달지대 내에서 과제를 수행할 때 보다 유능한 파트너가 도와주는 것은, 사회 문화적 유산인 고등 정신 기능이 사회 문화적 차원으로부터 개인적 차원으로 전환되는 과정이다. 즉, 개인 간 측면에서 개인 내적 측면으로 내면화하는 과정이다. 이를 위해 유아에게 제공되는 과제는 유아 혼자 해결할 수 있는 수준보다 적절한 도전적 수준이 되어야 한다. 그리고 과제를 수행해 가는 동안 유아의 현재 요구와 능력에 맞도록 성인의 개입 양을 조절해 줌으로써 유아를 근접발달지대 내에 머물게 할 수 있다.

다섯째, 자기 조절을 점차 증진시켜 간다.

유아가 독립적으로 수행할 수 있게 됨에 따라 성인의 조절과 도움을 점차 줄이고 그 대신 유아 스스로 수행할 수 있는 부분을 점차 늘려 간다. 그리고 온전히 독립적으로 수행할 수 있게 되면 도움과 조절은 중지하고 유아 스스로 의문점과 문제를 파악하도록 하며 유아가 곤경에 빠졌을 경우에만 개입하도록 한다.

유아는 스스로 과제를 해결하는 부분이 증가함에 따라 자기 조절이 점차 향상되는데 이러한 자기 조절을 하는 과정에서 혼잣말을 한다. 이 혼잣말은 자신의 사고 과정과 행동을 주도하기 위해 자기 자신과의 의사소통을 하는 것이다. 유치원 시기의 유아는 목표 지시적인 활동, 문제 해결 활동, 학구적 활동, 혼자놀이에서 특히 혼잣말이 많이 나타난다. 또 쉬운 과제보다는 어려운 과제일 때 혼잣말을 더 많이 사용한다. 그러나 이러한 혼잣말은 연령이 증가함에 따라 내면화되어 밖으로 드러나지 않는다.

교사는 유아의 혼잣말을 잘 관찰하면 그의 목표, 계획, 어려움에 관한 정보를 얻을 수 있으며, 이들 정보에 맞춰 도움과 안내를 할 수 있다. 따라서 유아가 과제를 하는 동안 언어적으로 표현할 수 있도록 허용하는 학습 환경이 필요하다.

4. 질문기법

질문은 과학적 탐구 분위기 조성과 탐구 활동의 원천이 된다. 교사의 적절한 질문은 유아로 하여금 과학적 현상에 보다 주의 집중을 하게 하고, 유아의 사고 범위를 확장시켜 줄 뿐만 아니라 사고 수준을 높여 주는 역할을 하게 된다. 이러한 특성 때문에 질문 전략은 과학교육에 있어 가장 효과적인 수업 전략의 하나로 인정받고 있다.

따라서 교사는 유아들의 활동과 사고를 촉진할 수 있는 질문을 고안할 수 있도록 자신의 능력을 훈련해야 한다. 뿐만 아니라 과학 활동에 참여하는 유아의 질문 능력도 개발해야 한다. 또 이러한 능력 개발은 일상생활에서 질문을 가치로운 것으로 여기고 자발적인 질문을 유발할 수 있는 분위기가 뒷받침될 때 보다 효율적임을 감안한다면 분위기 조성에도 힘써야 할 것이다.

1) 교사의 질문 개발과 활용

대부분의 질문 연구들은 주로 질문의 교육 방법적 가치를 높이 인정한다. 왜냐하면 교사가 질문을 얼마나 사용하느냐, 또 어떤 형태의 질문을 사용하느냐가 교수 · 학습에 지대한 영향을 미친다는 입장에서 질문을 중요한 교수 전략으로 여기기 때문이다. 심지어는 질문의 계획을 곧 교수 계획으로 생각하는 교육자들도 많다.

교육 방법적 측면에서는 주로 질문의 양, 수준, 방법 및 종류가 각종 학습 내용에서 어떤 효과를 나타내는가에 관심이 있는데, 교사의 질문이 유아의 언어 발달, 사고 발달, 창의성 발달, 만들기 능력, 표현 능력 등에 긍정적인 영향을 주고 있음이 이러한 연구들에서 밝혀지고 있다. 이는 곧 교사와 유아의 상호 작용에 있어 교사의 질문이 중요한 역할임을 말해 준다.

(1) 질문의 기능

① 평가 기능

교사의 질문을 통해 유아의 이해 수준이나 흥미, 지적 배경 등을 파악할 수 있으므로 질문은 진단 평가 및 총괄 평가의 수단이 될 수 있다.

② 수업 진행

질문은 수업의 진행과 흐름을 이어주고 수업을 이끌어 가는 주요 수단이 된다. 특히 질문은 토의로 이끌어 주는 기능을 하므로 과학 수업에서 적절히 활용해야 한다.

③ 동기 유발

질문은 학습자의 학습 의욕을 자극하고 학습 동기를 유발하는 기능을 한다.

④ 분위기 조성

교사의 질문이 유아들의 호기심을 유발하고 실험적 태도를 자극함으로써 수업 분위기를 통제하는 수단이 되기도 하며 유아들의 부주의한 행동이나 바람직하지 못한 행동을 억제하기도 한다.

⑤ 학습 촉진

질문을 통해 유아들이 배운 내용을 검토하게 하고, 이해하고 있는 것을 점검하도록 하며, 수업 내용을 요약·검토하게 함으로써 학습을 촉진시키게 된다.

⑥ 사고력 촉진

교사의 질문은 유아들의 사고를 자극하고 창의성을 촉진시킬 수 있다. 물론 활동 초기부터 사고를 촉진할 수 있는 것은 아니다. 과학 활동에 익숙해지면서 교사의 질문에 대해 자신의 생각을 자연스럽게 표현하고 자신의 행동을 자발적으로 설명하려고 하는 시점부터 교사의 질문은 유아들의 사고를 확장시키게 된다.

⑦ 지적 기능 촉진

질문은 유아로 하여금 수업 내용과 인지적 조작에 집중하게 하고 폭넓은 사고를 하게 하며 사고 수준을 높여 줌으로써 유아의 지적 기능을 촉진시키게 된다.

⑧ 상호 작용 촉진

질문은 교사와 유아, 그리고 유아와 유아 간의 상호 작용을 격려할 수 있다. 또한 상호 작용하는 가운데 서로의 사고나 관찰 결과를 교환하고 공유하도록 격려하게 된다.

9 질문의 역기능

질문이 과학 수업 과정이나 유아들의 사고 발달에 도움이 되기도 하지만 오히려 사고를 저해하는 역기능도 가지고 있다. 단편적인 대답을 요구하는 교사의 단순한 질문은 토의의 진행을 방해하게 될 뿐만 아니라 유아가 표현할 수 있는 기회마저 뺏어 버리게 된다. 또 질문은 많은 유아들의 참여보다는 일부 유아의 참여만을 조장하기도 하며, 다양한 사고를 자극하지 못할 수도 있다.

(2) 질문의 유형

교사의 질문은 분류 준거에 따라 다양한 관점에서 여러 유형으로 분류되고 있다.

1 진단적 질문과 교수적 질문

교사의 질문을 목적적인 면에서 분류하면 진단적 질문(question for evaluation)과 교수적 질문(question for teaching)으로 나눌 수 있다. 진단적 질문이란 과학 활동 프로그램의 계획을 위해 유아가 이미 알고 있는 것이 어떤 것인지, 또 유아가 할 수 있는 것이 무엇인지와 같이 유아의 개념이나 아이디어 등의 지적 배경, 흥미, 이해 수준 등을 파악할 수 있는 질문이다. 교수적 질문이란 유아가 학습 중인 과제에 대해 주의를 집중하여 과제를 수행해 나가는 과정에서 교사의 역할을 수행하기 위해 행해지는 질문이다. 교수적 질문을 보다 구체적으로 살펴보면 알려진 사실을 묻는 질문, 인과관계를 묻는 질문, 사건의 과정과 순서에 대한 질문, 대안적 절차와 그 결과에 대한 질문, 대안 및 선호도에 대한 선택을 위한 질문 등이다.

2 개방적/폐쇄적 질문(확산적/수렴적 질문)

응답자에게 기대하는 대답의 확장성 정도에 따른 분류로, Trowbridge와 Bybee(1986)는 확산적 질문(divergent question)과 수렴적 질문(convergent question)으로, Simpson과 Anderson(1981)은 개방적 질문(open question)과 폐쇄적 질문(closed question)으로 대별하고 있다. 그러나 이들 두 분류의 준거는 다르지만 범주는 유사하다.

① 개방적(확산적) 질문

질문에 대한 대답이나 행동이 한 가지로 국한되지 않고 넓은 범위로 다양하게 확장될 수 있는 질문이다. 따라서 개방적 질문에 대해 유아는 자신의 경험, 지식, 인식의 틀에 따라 다양한 답을 모색할 수 있다.

개방형 질문은 과학 활동에 대한 토의로 이끌어 주는 역할을 하며, 유아들 간의 상호 작용을 촉진시켜 준다. 뿐만 아니라 유아들의 사고를 자극하고, 새로운 가설을 찾아낼 수 있는 계기가 되며, 활동을 다각적인 면에서 접근해 보도록 해주고, 이러한 생각들을 많은 유아들이 공유할 수 있도록 도와준다. 따라서 개방적 질문은 토론 수업의 시작과 유지를 위한 효과적 전략이 될 수 있으며, 과학 수업의 개방적 분위기를 조성하는 데 효과적인 전략이다.

'여기 있는 것들을 우리는 어떻게 사용하면 좋을까? 또 다른 방법으로 쓸 수는 없을까?'

② 폐쇄적(수렴적) 질문

질문에 대한 대답을 확장시킬 수 없고 비교적 짧고 구체적이며 옳은 한마디로 된 단답을 요구하는 질문이다. 따라서 폐쇄적 질문은 주로 학습한 정보를 파지(把持)하고 있는 정도를 점검하고자 할 때 적절한 질문이다. 예를 들어 사물의 색, 사물이 가지고 있는 사실 등에 대한 질문은 정확한 대답을 요구하는 질문이다. 폐쇄형 질문은 주로 하나의 정답만을 요구하므로 유아의 비판적 사고력이나 창의성, 다중적 지능 등을 자극해 주지 못한다는 단점이 있다. 그러나 개념에 관련된 어휘 습득이나 귀납적 탐구 수업에서는 효과적인 질문 형태이다.

'여기 있는 것들은 무엇 무엇이니?'
'방금 물에 무엇을 넣었니?'
'팝콘을 만들기 위해서는 어떤 재료가 있어야 할까?'

3 유아의 반응 유형에 따른 분류

교사의 질문이 유아의 어떤 행동을 유발하는가에 따라 분류하면 다음과 같다. 이들 유형에 따라 교사가 적절한 질문 전략을 세운다면 유아로 하여금 과학 활동에 보다 적극적으로 참여하게 할 수 있을 것이다.

① 주의 집중을 요구하는 질문

유아가 새로운 사물이나 특성을 탐색하는 활동 초기에 질문을 사용함으로써 유아로 하여금 주의 집중을 하게 할 수 있다. 주의 집중을 함으로써 유아는 활동에 보다 밀착될 수 있고 세심하게 관찰할 수 있게 된다.

'지금 무엇을 하는 것이니?'
'무엇을 발견했니?'
'무엇을 보았니?'
'맛은 어떨까?'
'무엇을 알 수 있었니?'
'금붕어는 어느 곳으로 움직일까?'

② 탐색 방안을 궁리해 보게 하는 질문

교사의 질문에 따라서는 유아들의 새로운 탐색 방안을 궁리해 보고 실험 설정을 할 수 있다.

'씨앗은 흙에서만 자랄까?'
'얼음을 쉽게 녹일 수 있는 방법이 없을까?'
'어떤 것들이 얼음을 녹일 수 있을까?'

③ 측정 및 계산을 하도록 하는 질문

유아가 스스로 측정하고 계산하여 답을 확인할 수 있는 질문이다. 그리고 측정이나 계산을 하는 가운데 새로운 기술과 새로운 도구 사용법을 익힐 수 있는 기회가 된다.

'모두 몇 개이니?'
'얼마나 크니?'
'길이가 어느 정도인가?'
'얼마나 많니?'
'얼마나 무겁니?'

④ 물리적 행동을 취하게 하는 질문

교사의 질문에 대한 반응으로 유아들의 행위가 유발될 수 있다. 그리고 유아가 어떤 행동을 행함으로써 질문에 대한 답을 찾을 수 있게 된다. Kamii와 DeVries (1978)의 물리적 지식 활동에서는 이러한 질문 형태를 강조한다.

'만일 ~한다면 어떤 일이 일어날까?'
'인형을 비닐봉지에 넣어 묶은 후 물 속에 넣으면 어떻게 될까?'

'이것을 가지고 무엇을 할 수 있을까?'
'이것을 가지고 네가 할 수 있는 재미있는 일이 무엇인지 생각해 보자.'
'너는 ~을 할 수 있니?'
'네가 ~을 가지고 할 수 있는 그 밖의 다른 것을 발견할 수 있겠니?'

⑤ 사고를 촉진하는 질문

i. 비교

유아로 하여금 보다 세심하게 관찰하도록 유도할 수 있는 질문으로 비교하기, 분류하기, 수집한 자료로 표 만들기 등에 관련되는 질문이다.

'어느 것이 더 길까?'
'서로 같은 것은 어느 어느 것인가?'
'가장 작은 것은 어느 것일까?'
'생김새가 서로 같니?'
'어느 것이 더 무겁니?'
'어떻게 다를까?'
'가장 큰 것은 어느 것일까?'
'서로 다른 점은 무엇일까?'

ii. 분류

'여기 있는 것들 중에서 먹을 수 있는 것들은 어느 것들이니?'
'어떤 것들이 물에 넣었을 때 가라앉았니?'
'어떤 것들을 같이 모을 수 있을까?'
'여기 있는 것들을 어떻게 분류할 수 있을까?'

iii. 예측

결과를 미리 예측해 보도록 하는 질문을 던짐으로써 교사는 유아의 사전 경험과 사전 지식을 파악할 수 있다. 그리고 이러한 질문은 유아가 사전 지식을 새로운 상황에 적용해 보도록 촉진하게 된다.

'~하면 어떻게 될 것이라고 생각하니?'
'~하면 무슨 일이 일어날까?'

iv. 추론

유아 자신의 경험에 기초하여 스스로 생각하고 추론하도록 하는 질문이다. 유아기에는 추론형 질문을 제시함으로써 유아가 경험을 통해 관찰하고 발견한 것들에 기초하여 관련성을 지어 보고 실제적인 증거에 기초하여 결론을 내리는 귀납적 추론이나 일반화 추론으로 이끌어 주는 것이 좋다. 연역적 추론은 유아기에는 다소 어렵기 때문이다. 또 질문을 통해 인과관계를 추론하도록 할 수도 있다. 결과의 원인을 설명해 보도록 하는 질문으로 인해 유아들은 토의와 심도 있는 사고를 시작할 수 있으며, 사고와 관찰을 상호 교류할 수 있고 실험적 태도가 촉진될 수도 있다. 그러나 인과적 질문은 유아들의 사고 확장에 부정적인 영향을 미칠 수 있으므로 유의해야 한다. 과학 활동 초기에는 '왜 그럴까?' 하는 교사의 질문이 유아들에게 너무 어려울 수 있다. 물을 흡수하는 것과 흡수하지 않는 것에 대한 실험을 한 후 다음과 같은 추론 질문을 할 수 있다.

'우리가 한 실험에서 물을 흡수하는 것들은 어떤 공통점을 가지고 있을까?' (귀납적 추론)
'세수하고 난 후 닦는 수건을 어떤 것으로 만들면 좋을까?' (일반화 추론)
'우유를 쏟았을 때 닦는 걸레를 비닐로 만든다면 어떻게 될까?' (일반화 추론)
'왜 그렇게 되었을까?'
'왜 ~가 일어났지?'
'나는 ~가 왜 일어났는지 궁금하구나.'

v. 인식하기를 강조하는 질문

유아들 자신이 알고 있는 것을 보다 확실하게 알도록 해 준다.

'너는 ~을 어떻게 했니?'
'그것을 어떻게 했는지 다른 친구들에게 말해 줄 수 있니?'
'어떤 방법이 더 좋을까?' '어떤 방법이 더 쉬울까?'
'~을 하는 것이 어떻게 다르지?'

(3) 질문 전략

교사는 사전에 미리 질문을 준비해 두기도 하고 수업 진행 과정에서 즉각적으로 질문을 구성하기도 한다. 질문의 효과를 극대화하고 그 역기능을 최소화하기 위해서는 무엇보다 사전에 질문을 개발하고 그 활용에 대한 전략을 세우는 것이 바람직하며 이러한 질문 전략에 대한 훈련도 필요하다.

Carin과 Sund(1989), Trowbridge와 Bybee(1986), Wolfinger(1994) 등이 제안하는 교사의 질문 전략을 종합하면 다음과 같다.

첫째, 설명보다 질문을 많이 하도록 노력한다. 그러나 경우에 따라서는 질문보다 서술적 명제가 더 효과적일 수도 있으므로 정보나 개념 수업에서는 유의해야 한다.

둘째, 가능한 한 확산적/개방적 질문을 많이 이용한다. 이미 알고 있는 대답을 요구하는 수렴적/폐쇄적 질문은 사고 활동을 방해할 수 있기 때문이다.

셋째, 질문할 시기를 잘 선택해야 한다. 유아가 활동에 열중하고 있을 때에는 관찰하고 경청하면서 기다려 주는 것이 좋다. 또 유아가 교사에게 먼저 상호 작용을 해올 때는 재질문하지 말고 유아의 질문에 대해 반응해 주는 것이 좋다.

넷째, 한 번에 한 가지 질문만 하고, 집단 활동일 경우에는 대답할 유아를 분명하게 지적해 준다.

다섯째, 질문 후 유아가 대답할 수 있는 시간을 기다려 준다. 이 대기 시간은 유아 반응의 양과 질에 영향을 미칠 수 있다.

여섯째, 교사는 유아의 대답을 명확히 해주어 주제를 분명히 한다. 그리고 유아에게 다시 요점을 말해 보도록 하고 부연 설명을 해 준다.

일곱째, 유아의 대답과 반응에 대해 긍정적 강화를 주고, 유아의 대답을 잘 기억해 두었다가 다른 내용과 관련시킨다.

여덟째, 교사의 질문과 유아 대답의 인지적 수준과는 상관 관계가 있다. 따라서 유아의 대답을 분석하여 질문 개발에 반영하도록 한다.

아홉째, 유아가 질문에 대한 두려움을 갖지 않도록 유의한다.

2) 유아의 질문

(1) 유아의 질문 능력 개발하기

질문은 교사만이 활용하는 수업 전략은 아니다. 과학 활동 과정에서 나타나는 유아의 질문은 그들의 호기심과 의구심을 반영하는 것이며, 사고 수준과 탐색 방향을 나타내 주고 활동의 진행을 도와주게 된다. 따라서 교사는 유아를 파악할 수 있게 되는데, 유아의 질문 구성 능력도 훈련에 의해 향상될 수 있다.

첫째, '질문 목록 만들기' 활동을 통해 좋은 질문을 접해 볼 수 있는 기회를 제공한다. 유아들이 많이 접하는 그림책이나 동화책에서 질문들을 개발하여 목록으로 만들어 제공함으로써 유아들이 적절한 질문을 접할 수 있는 경험을 제공한다. 또 '금주의 질문', '오늘의 질문' 등의 활동 기회를 마련할 수 있는데, 제공된 자료에 관련된 질문을 제시함으로써 유아의 사고와 행동을 자극할 수 있다.

둘째, 유아들이 질문을 만들어 볼 수 있는 정기적 활동을 계획한다. 예를 들어, 유아교육기관의 각종 게시물이나 수집물에 대해 사고하고 탐색해 볼 수 있는 기회를 제공하고 궁금한 점이나 의문점을 제시해 보도록 할 수 있다. 앞의 '질문 목록 만들기' 활동 후 거꾸로 유아 스스로 질문들을 만들어 보도록 할 수도 있다.

셋째, 자신이 관찰한 것을 다른 유아들에게 설명하고 문제 제기를 할 수 있는 기회를 제공한다. 또 한 가지 과학 활동이 끝난 후에는 그것에 관해 유아가 더 알고 싶은 문제를 모아 질문 목록을 만들어 보도록 한다.

넷째, 유아들 스스로 다양한 질문을 제기하도록 하기 위해서는 일상 활동에서 질문을 유발할 수 있는 개방적인 분위기가 조성되어야 한다. 개방적 분위기에서 유아들은 적극적으로 탐색하고 자유롭게 사고하는 가운데 다양한 의문점이 생길 수 있기 때문이다. 또 교사가 유아들의 질문과 자유로운 표현을 긍정적으로 수용해 주고 반응해 줌으로써 유아는 성취감을 느낄 수 있고 자신감이 길러질 수 있다. 과제나 활동을 유아의 발달 수준에 적합한 것으로 제공한다면 유아들은 성취감을 느끼게 될 것이다. 또 'ㅇㅇ는 참 멋진 생각을 해냈구나', '그건 정말 궁금한 문제인 것 같구나', '선생님도 생각해 내지 못했던 것이구나' 등으로 반응해 주면 유아는 보다 적극적으로 질문을 찾아내려 할 것이다.

다섯째, 좋은 모델을 제공한다. 교사가 다양한 탐구 활동을 유발할 수 있는 질문을 사용하는 것은 유아들의 질문 개발 향상에 도움이 된다.

(2) 유아의 질문에 대한 교사의 반응 전략

① 유아기 질문의 특성

유아의 질문은 다른 어떤 언어 유형보다 지식의 발달과 밀접한 관련이 있다. 유아의 지적 갈등이 질문으로 표현되는 것이며, 이러한 질문은 지적 재적응을 위한 인지적 평형 작용이 되기 때문이다.

유아들의 질문을 질문 영역, 질문 형태, 질문 내용에 따라 분석하면 다음 〈표 4-2〉와 같다(정인숙 · 김지영, 1998). 이 표에 의하면 유아들은 주변에 있는 사물에 대해 '어떻게' '왜' 그런지에 대한 질문이 대부분임을 알 수 있다. 교사는 유아들의 이러한 탐구적 질문을 과학 활동으로 확장해 주는 역할을 해야 할 것이다.

〈표 4-2〉 유아의 질문 내용

(%)

대상		질문 영역		질문 내용	
인공물(물질 · 대상)	29	어떻게	40	현상 · 규칙 · 정서 · 생로병사	43
인간 영역	16	왜	30		
자연(물질 · 대상)	16	무엇	6	형태 · 모양 · 구조	25
동물	13	누가	4		
자연현상	8	얼마나	3	기능 · 의도 · 행위 · 기호	25
식물	5	언제	1		
미생물 · 인공 현상 상상물 · 개념(용어)	각 3~4	어디서	0.5	원료 · 본질	7

2 교사의 반응 전략

첫째, 유아의 질문에 즉각 대답하지 말고 유아가 대답을 알고 있는지 되물어봄으로써 유아의 지적 특성을 파악할 수 있다.

둘째, 유아가 들을 준비가 되어 있을 때 답해 준다.

셋째, 내용 지향적 대답은 가능한 한 하지 않도록 한다.

넷째, 적절하게 대답할 수 없을 경우에는 솔직히 모른다고 말한 후, 어디서 정보를 얻을 수 있는지 유아에게 되물어 본다.

다섯째, 탐색을 통해 질문에 대한 대답을 찾을 수 있는 경우에는 실험이나 탐구 활동으로 확장해 준다.

여섯째, 대집단 또는 소집단 활동에서 한 유아가 질문한 경우에는 집단 구성원들에게 그 질문을 주지시켜 다른 유아들도 답을 찾아볼 수 있도록 하고 충분한 시간을 준다. 답이 나오지 않을 경우에는 교사가 대답한다.

일곱째, 교사는 과학적인 대답을 하는 것이 좋다.

여덟째, 유아의 질문 의도를 파악하여 적절한 답을 해 주어야 한다. 즉, 교사의 관심을 끌기 위한 질문인지, 교사의 답을 듣기 원하는 질문인지, 자신의 흥미를 표현하는 것인지를 파악해야 한다.

5. 협동 학습

협동 학습이란 소집단을 구성하는 모든 구성원들이 주어진 학습 과제나 학습 목표를 공동으로 노력하여 달성하는 수업 방법이다. 소집단 학습의 시너지 효과를 극대화하기 위하여 대면적 상호 작용 · 긍정적 상호 의존성 · 개별 책무성 · 동시적 상호 작용 · 협동 기술 · 집단 보상 등을 기본 요소로 한다(Gunter et al, 1995).

협동 학습은 협동적인 사회적 상호 작용의 필요성을 인식하고 이에 적응하도록 함으로써 미래 사회에 대비시키는 교육에 필수적이며, 협동 학습을 통해 우수한 학습자가 우수하지 못한 학습자를 가르치면서 리더십이나 자부심, 갈등 해결 기술 등을 획득하는 장점을 가지고 있다.

전통적 소집단 학습과 달리 협동 학습은 자신뿐만 아니라 다른 구성원 모두의 성취에 관심을 갖도록 목표가 구조화되어 있으므로 구성원 사이의 긍정적 상호 의존성(목표 의존성 · 보상 의존성 · 자원 의존성 · 역할 의존성 · 과제 의존성)이 존재한다. 협동 학습의 구성원들은 학습 성취를 최대화하기 위해 구성원 간의 좋은 협력 관계를 유지해야 하지만, 전통적인 소집단 학습에서는 주로 주어진 과제를 완성하는 데에만 관심을 둔다. 협동 학습에서는 전통적인 소집단 학습과 달리 협동적으로 학습할 때 필요한 리더십 · 의사소통 기술 · 신뢰 · 갈등의 조정 등 사회적 기능들을 직접 훈련 받는다(변영계 · 김광휘, 1999).

협동 학습은 구성주의의 기본 과정 중에서도 '지식이 사회적인 협상에 의해 형성된다'는 가정을 충족시키는 데 가장 적절한 수업 방법이 된다. 요컨대, 협동 학습이 구성주의의 학습 원리를 적용하는 데 가장 적합하다고 볼 수 있는 것은 협동 학습이 실제 상황에서 과제가 수행되는 것과 일치한다는 점과 학습자들은 다양한 시각들을 접함으로써 자신이 구성한 지식의 타당성을 검증해 볼 수 있다는 점 때문이다(Cunningham, 1991; Savery & Duffy, 1995).

동료 학습자들의 상호 작용을 통해 서로 다른 시각과 관점 간의 갈등 속에서 자신의 시각을 규명해 봄으로써 자신이 가진 지식의 틀에서 벗어나 사회의 구성원들이 상호 인정하는 지식을 구성하게 되는 것이다(Lebow, 1993).

오늘날 과학교육에서 사용되는 구성주의적 견해의 두 가지 핵심 개념은, 마음은 능동적으로 지식을 구성한다는 것과 개념은 발견되는 것이 아니라 고안된다는 것이다(Drive & Oldham, 1986). 이러한 개념은 과학교육에 대한 중요한 논의점을 제기한다. 지식 구성을 오로지 개인적 과정으로만 본다면, 이는 전통적으로 발견 학습으로 언급되어 왔던 것과 유사하게 된다. 그러나 학습자에게 과학 지식 체계로의 접근이 제공되어야 한다면, 지식 구성 과정은 개인적인 경험적 탐구를 넘어서는 것임에 틀림없다. 즉, 과학적 개념 및 이론은 개인이 현상과 상호 작용함으로써 결과로 도출될 뿐 아니라 과학 공동체에 의해 타당화되기 전에 과학에 대한 주요 사회적 제도를 통해서 의사소통되고 검토되는 복잡한 과정임을 의미한다.

한 개인의 아이디어가 교실에서 타인에 의해 확인되고 공유되느냐의 여부는 지식 구성 과정 형성에 있어서 중요한 역할을 한다. 이는 개인이 다른 사람들과 토론하는 과정에서 자신의 개념을 명확히 하는 상황을 제공받으며, 다른 사람의 아이디어에 기초하여 해결점에 도달하도록 하는 기회를 제공받는다고 볼 수 있는데 유아들은 말하고 듣는 과정에서 개인이 자신의 아이디어를 재조직함으로써 과학에 대한 개념적 이해가 증대된다(Steffe et al, 1997).

이러한 사회 문화적 구성주의가 유아 과학교육에 주는 시사점은 첫째, 유아가 갖는 일상적 경험을 과학적 개념 체계로 확장시켜 주어야 하고 둘째, 교육학자들은 과학의 목적으로서 특정 내용을 선정할 수 있다. 즉, 논리수학적 구성만을 강조할 것이 아니라 지식의 축적도 중요시해야 하며 셋째, 외적인 사회 문화적 구속 능력이 지식 습득의 근원이 됨을 강조하였다.

사회 문화적 구속 능력이란 특정 집단의 구성원들이 공유하는 것들의 총체로서 학습과 발달에 도움이 되는 것을 말하는데 하나의 문제에 대하여 또래와 성인이 서로 다른 관점을 가질 때 유발하게 되는 인지적 갈등은 결국 또래와 성인과의 상호 작용을 통해 해결해 나갈 수 있음을 의미한다(이경우 외, 1999).

이는 Vygotsky 이론의 핵심적인 개념인 근접발달지대(ZPD) 안에 있는 경험을 제공하는 것이 교육의 역할이며, 교사는 유아의 근접발달지대 안에 있는 또는 그들의 독립적인 기능보다 약간 높은 수준의 과제를 지속적으로 제공하는 스캐폴딩의 역할을 해야 함을 의미한다. 스캐폴딩의 가장 본질적인 요소는 사회적 상호 작용에서 참여자들이 유아의 근접발달지대에 있는 상황에 대한 공통된 의견을 얻기 위해 협의하여 타협하는 것이다(이기숙, 2001).

이러한 '지식이 사회적인 협상에 의해 형성된다'는 가정을 충족시키는 데 가장 적절한 수업 방법인 협동 학습 모델은 과학과 자아 모두에 더욱 긍정적인 태도를 향상시켰고, 사고와 사회적 기술 향상과 또래에 대해서도 긍정적인 태도를 나타내었다(Johnson & Johnson, 1987b).

과학 학습에서는 다음과 같은 방법으로 협동적 학습을 조직할 수 있다. 예를 들면, 높고 낮은 수준의 능력을 가진 2~5명의 유아를 소규모의 이질 집단으로 구성하여 과학 과제를 협동적으로 함께 하도록 훈련 받는다(Johnson et al, 1986).

협동적 집단으로 과학교육을 할 때, 교사는 관리자나 지배자로서는 시간을 덜 소요하고, 가르치는 데 많은 시간을 보낼 수 있다. 전통적인 교실 구성은 교사가 질문자 · 과제 완수자 · 경쟁 조정자로서 학급 전체에 초점을 두고 역할을 수행하지만 협동 학습을 통해 과학 활동을 하는 동안 교사는 1대 1 상호 작용을 할 수 있고 자유롭게 주위를 돌아다닐 수 있다. 이유와 동기를 설정하고 관찰하며, 집단 내 상호 작용에 귀를 기울인다. 다음과 같은 접근 방법은 협동 학습의 장점에 대한 강력한 기초를 제공한다.

① 성 취

Johnson 등(1981)은 1924년 이래 메타 분석 연구를 수행하여 경쟁 · 협동 · 개인적 학습 경영 프로그램의 적절한 효과를 비교하였다. 그 결과 협동 학습은 모든 연령 수준에서 학교 교과, 개념 학습을 고려한 조사 자료, 언어적 · 공간적 문제 해결, 기억 · 정보의 보유 그리고 운동 수행에서 높은 성취를 촉진시켰음이 입증되었다.

박정수(1999)는 동질 집단과 이질 집단 또래 상호 작용 학습이 유아의 과제 수행 협력도 및 성취도에 미치는 효과를 분석하였다. 연구 결과에 나타난 바에 의하면 이질 집단 또래 상호 작용 학습이 동질 집단 또래 상호 작용 학습보다 유아의 과제 수행 협력도, 과제 수행 성취도, 또래 상호 작용 학습에 훨씬 더 효과적이었다. 특히 학습 수준이 낮은 유아일수록 과제 수행 성취도에서 동질 집단 또래 상호 작용보다 이질 집단 또래 상호 작용이 훨씬 더 효과적이었다.

② 고등 사고 과정

Johnson 등(1981)은 협동적 · 개인적 · 경쟁적인 학습에서 학습자들이 사용한 추론(추리) 전략을 연구하였다. 그들은 분류 전략, 도전적인 이야기 문제 해결과 공간적인 추리 과제에 협동력이 뛰어난 사람이 유리하다는 것을 발견하였다. 협동 집단의 특징대로 토의하는 과정에서 배우는 학습자들이 더 높은 질의 인지 전략에서 중요한 발달을 이루었고, 또한 상위 인지적 사고를 나타내는 경향이 있다고 결론내렸다. 이러한 결과들은 Johnson 등(1981)에 의한 후속 연구에서 확인되었다.

③ 학습 참여

Jacqueline Rhoades와 Margaret McCabe의 연구에서 인간의 의사소통 기술 중 교실 내에서는 읽기 · 쓰기를 강조하고, 교실 밖에서는 말하기와 듣기를 중요한 의사소통 기술로 여기는데 협동적인 교실에서는 말하기와 듣기의 능력이 중요한 의사소통 기술로 획득되었다고 한다(Grunder et al, 1995). 이는 학습 과정에서 자료에 대해 많은 이야기를 주고받기 때문이다. 또한 Johnson과 Ahlgren(1976)에 의하면 협동 학습에서 유아들은 자신의 생각과 또래의 견해 표현에 대한 의지 간에 높은 긍정적인 관계를 나타내고, 협동 집단의 학습자들은 경쟁 · 개인적인 환경의 학습자들마다 학습 활동에서 더 능동적으로 의미 있게 참여하는 것으로 나타났다.

④ 집단 응집력

협동 학습은 자신뿐만 아니라 다른 구성원 모두의 성취에 관심을 갖도록 목표가 구조화되어 있으므로 구성원 사이의 긍정적 상호 의존성이 존재하며(변영계 · 김광휘, 1999), 협동적 집단 구성원 서로가 상당히 강한 연계와 연결을 가지고 있다. 부가적으로 수준이 낮거나 중간인 학습들은 특히 이러한 접근에서 유리하였다. 높은 능력 유아의 성취 점수는 협동 집단에 의해 감소되지 않았다(Johnson & Johnson, 1987a).

⑤ 사회적 상호 의존과 수용

협동적인 학습은 이질 집단 또래에 의해 긍정적인 태도를 나타내었다(Gunderson & Johnson, 1980; Johnson, Johnson, & Maruyama, 1983). 장애자와 비장애자 학습자들 간에도 상호 긍정적인 감정을 나타내었다(Smith, Johnson, & Johnson, 1981).

결과적으로 협동 학습은 과학 성취 · 높은 사고 기술 · 사회적 상호 작용을 향상시켰고, 협동적 기술은 근본적이며, 학업뿐만 아니라 성공적인 결혼, 직업, 친구 관계에서도 필수적이다. 협력과 협동은 대부분 실제 상황에서 본질적이고 과학 교실에서 조직된 시간을 적절하게 보낼 수 있고, 사회에 성공적으로 참여할 수 있는 효과적인 준비를 위한 교육 방법이라 할 수 있다(권영례, 2000).

협동 학습을 통한 물길 만들기

●얘들아, 오늘은 여기 앞에 보니 어떤 것들이 있니?

–의자, 파이프관, 물통, 플라스틱 병, 블록, 우유팩

●안에 무엇이 있는지 살펴볼까?

–네. 아 저것은 사각으로 연결할 때 쓰면 되겠다. (다양한 물체를 관찰한다.)

●여기 있는 것을 이용하여 물길을 만들려고 하는데, 물길을 만들기 전에 어떻게 물길을 만들 것인지 미리 설계도를 그려 보자, 어떤 친구가 그리면 될까?

–지원이와 효원이가요.

●너희들도 그렇게 생각하니?

–네.

●어떻게 물길을 만들 건지 친구 한 명씩 이야기를 해보고 생각을 모아서 그려 보자.

–네모나게 해 가지고 이렇게 하면 되는데, 네모는 이렇게 하면 물이 다 빠지잖아. 동그란 것 있잖아. 검은 것 그것을 이용하면 되겠다. 중간에 그것을 끼우면 되겠다. (유아들이 다양한 물체를 관찰한 후이기 때문에 의견이 많았지만 합일된 의견에 도달하여 설계도를 그린다.)

●이렇게만 물길을 만들면 물이 잘 흘러갈 것 같니?

–네.

●너희들이 그린 설계도대로 물길을 만들어 보도록 하자.

–네모 모양 물길을 만들려면 파이프를 어떻게 해야 하지?

–야, 이것을 옆으로 당겨라.

–이쪽하고 이쪽을 연결해야 한다.

–아니 그렇게 많이 하면 이쪽에 파이프가 모자란다 말이야.

–이것과 이것을 연결하려면 이것(연결관)을 이용하면 되지.

–물이 흘러가게 하려면 이쪽을 높여야 해.

–아니야, 이쪽을 높여야 해.

–난 끝 쪽을 높여야지.

●물을 사용할 때 너희들이 주의해야 할 것은 무엇이니?

–젖지 않게 해야 돼요.

●어디서부터 물을 부을 거니?

–저기서(처음 시점).

●여기서 물을 부으면 물이 잘 흘러갈 것 같니?

–네.

●물이 어떻게 되었니? 물이 어디까지 와야 하니?

–이상하다. 왜 중간에 물이 고이지.

●왜 물이 계속 흐르지 못하니?

–선생님, 이렇게 하면 돼요. (고인 물을 바가지를 이용하여 억지로 다른 파이프로 민다.)

(처음에는 네모 모양 모두 평면으로, 두 번째는 각 모서리를 높인 채로, 마지막쯤에 도달하였을 때 처음을 높게 한 후 점점 높이를 낮게 함으로써 물이 흐를 수 있다는 것을 알게 되며, 수없는 시행착오를 겪는다–파이프의 높이 조절 과정에서 협동 학습을 경험한다.)

●파이프의 높이를 높일 때 어떤 것을 이용하면 좋을지 생각해 보자.

–단단한 것이요. 넓은 것이요.

●왜 계속 물이 흐르지 못하고 여기에 머무르고 있을까?

–높이를 낮춰 내리막길을 만들어야 해요.

●너희들도 그렇게 생각하니?

–네.

●그래, 그렇게 해 보자. (물길을 완성한다.)

–야 물이 끝까지 다 왔다.

●처음에 너희들이 설계한 대로 물길이 만들어졌니?

–네, 난 좋았어요.

–난 만드는 것이 좋았어요. 재미있어요.

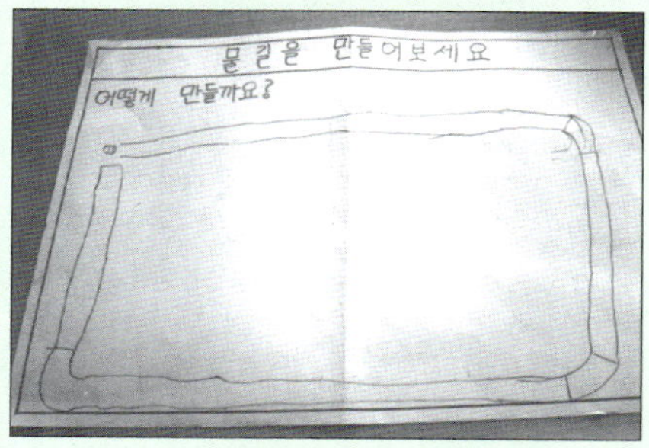

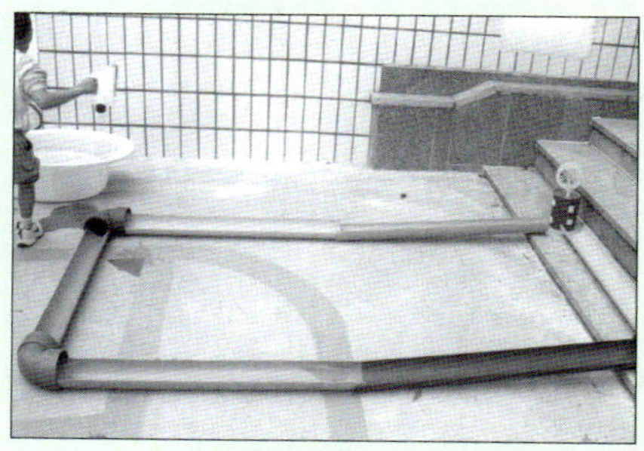

6. 발견적 접근

1) 발견적 과학교육이란?

유아들이 자연과 물리적인 환경에 대해 느끼는 호기심을 충족시키는 가장 바람직한 방법은 자유로운 발견이다. 다양한 도구와 자료를 가지고 자유롭게 놀이하면서 탐구하는 가운데 유아들은 왜, 무엇이, 어떻게 등에 대한 해답을 자신의 방법대로 해결하게 되는 것이다. 즉, 주변 세계의 신기한 사건이나 사물, 예상에서 어긋나는 현상들과 관찰 등이 자극이 되어 유아는 여러 가지 과학의 과정을 활용하여 어떤 것을 발견하게 된다. 이와 같이 유아들이 여러 가지 과학적 과정을 활용해 문제 해결을 해 보는 방법이 바로 발견적 과학교육이다.

발견적 과학교육은 탐색－고안－발견의 과정이 순환된다(김미경, 1998; 서현아, 1995).

첫째, 발견적 접근은 유아가 어떤 주제나 현상에 친숙해질 수 있도록 학습 자료를 탐색하는 단계로부터 시작된다. 발견적 과학교육에서는 유아가 스스로 의문을 던질 때까지 주제에 관계된 자료와 더불어 자유롭게 탐색하도록 하는 것이 바람직하다. 자유로운 탐색에서 의문이 야기되면서 유아는 자신의 호기심을 충족시키기 위한 동기가 유발되고 발견 학습이 가능해지기 때문이다. 따라서 발견적 접근이 효과적으로 이루어지기 위해서는 충분히 탐색할 수 있는 자료가 제공되어야 하며, 그 자료에 유아가 능동적으로 대처할 수 있는 새로운 분위기가 조성되어야 한다.

둘째, 유아가 자신의 경험을 조직화할 때 도움이 될 수 있는 생각을 하도록 하는 고안의 단계로 이어진다. 이러한 고안은 교사가 개방적 질문을 하거나 적절한 자료와 환경을 제시해 줌으로써 가능해질 수 있다.

셋째, 고안해 낸 과학적 생각이나 원리를 새로운 환경에 응용하는 발견의 단계로 발전된다. 유아는 자신이 알고 있는 여러 가지 방법을 활용하여 어떤 사실을 발견하게 된다. 그리고 발견된 사실을 새로운 환경에 적용해 볼 수 있는 기회도 함께 제시되어야 한다.

2) 발견적 과학교육의 이점

첫째, 발견적 과학교육에서는 유아들이 자율성을 가지고 능동적으로 과학 활동에 참여하게 되며, 생활과 환경에 과학적 기술과 개념을 적용할 수 있게 된다.

둘째, 주변 환경을 주의 깊게 탐구할 수 있는 과학적 탐구 방법과 문제 해결 기술이 발달된다.

셋째, 발견적 접근은 적극적인 발견을 할 수 있는 환경과 분위기를 만들어 준다.

넷째, 유아 스스로 환경과 생활에 대한 책임감을 가지고 자신과 주변 환경의 문제를 해결할 수 있는 능력을 기를 수 있다.

다섯째, 의문점과 호기심을 스스로 해결해 보려는 과학적 습관과 태도가 길러진다.

3) 발견적 과학교육을 위한 환경 구성

유아를 위한 과학은 어떠한 상황에서도 행해질 수 있다. 비록 과학은 모든 곳에서 행해질 수 있지만 보다 잘 구성되고 잘 관리된 과학 영역은 과학 프로그램을 성공적으로 이끌어 주게 된다. 따라서 놀이실 내의 과학 영역을 발견 영역으로 운영한다면 유아들의 자유로운 발견과 유아 중심 활동의 장소가 될 것이며 각종 자료를 보관하는 장소로도 쓰일 수 있다.

과학 영역의 정비된 환경과 자료는 교사에게도 큰 도움이 되며 유아의 학습이 보다 효과적으로 일어날 수 있는 조건을 마련해 주는 역할을 한다. 따라서 교사는 자료를 준비하고 흥미 영역을 꾸미는 데 노력을 기울여야 한다.

(1) 물리적 조건

① 실내 과학 영역

과학 영역은 유아가 탐구 활동에 몰두할 수 있도록 비교적 조용하고 놀이실 내의 움직임이 너무 빈번하지 않은 곳이 좋다. 그리고 활동에 따라서는 햇빛이나 그늘을 필요로 하므로 해가 잘 들면서 그늘진 곳도 있어야 한다. 또 전기나 물을 필요로 하는 활동이 많으므로 전기 콘센트와 수도가 가까운 곳이 좋으며, 도서 영역 가까이에 배치하면 자료를 그림이나 사진, 책과 비교할 수도 있다. 그리고 바닥은 쉽게 닦아 낼 수 있는 소재이어야 유아들의 활동이 자유롭게 진행될 수 있다.

2 실외 과학 영역

① 재배 영역

식물을 길러 보고 관찰할 수 있는 영역으로 이러한 활동을 하는 가운데 식물과 물, 햇빛, 사람과의 관계에 대한 학습이 자연스럽게 이루어질 수 있다. 뿐만 아니라 이들 식물로 인해 벌이나 나비 등의 곤충들도 자연스럽게 관찰하게 되므로 생태계에 대한 관심과 흥미를 유발할 수 있으며 직접적인 경험에 의한 학습을 기대할 수 있다.

- 채소밭－감자, 고구마, 옥수수, 토마토, 딸기, 배추, 무, 가지, 오이, 호박, 고추 등
- 꽃밭 영역－채송화, 봉숭아, 해바라기, 코스모스, 장미, 국화, 샐비어, 나팔꽃
- 식물 재배 도구－물뿌리개, 호스, 삽, 호미, 막대기, 철사, 울타리
- 유의점－각 식물마다 씨앗을 뿌리는 시기나 물의 양, 재배 방법이 차이가 있으므로 교사는 계획을 미리 세워 준비해야 한다. 재배 과정은 관찰하기, 기록하기, 토의 등의 활동으로 연계된다면 보다 효과적일 것이다.

② 동물 사육장

작은 동물들을 직접 키워 보는 경험은 유아에게 동물에 대한 학습 경험뿐만 아니라 생명의 고귀함을 인식시켜 주고, 책임감을 키워 주며, 상대방에 대해 배려하는 마음을 키워 줄 수 있다.

- 닭, 오리, 토끼, 비둘기, 공작, 다람쥐, 개, 물고기, 새(십자매, 잉꼬 등)
- 유의점－동물의 특성에 맞는 공간을 준비해야 한다.
  －위생적인 관리를 철저히 한다(목욕, 배설물, 소독, 예방접종 등).
  －먹이 관리를 계획한다(종류, 양, 횟수 등).
  －동물을 잡거나 다루는 방법에 대한 사전 교육이 필요하다.
  －공휴일이나 방학 동안의 관리 계획을 세운다.

③ 지역사회의 인적 · 물적 자원 활용

유치원 주변의 가까운 곳에 위치한 자연과 야외에서의 학습 기회를 만든다면 유치원에서 경험할 수 없었던 새로운 과학적 경험이 될 수 있다. 또 지역사회의 유용한 기관에 견학을 가거나 인적 자원을 활용함으로써 경험의 폭을 넓혀 줄 수도 있다.

유아의 과학교육에 대한 흥미를 증대시키고 학습 효과를 증진시키기 위해서는 가정과의 긴밀한 연계 활동이 필요하다. 가정에서도 유치원과 같은 교육 방법이 병행될 때 유아들은 혼란을 느끼지 않고 과학적 탐구 활동이 활발해질 수 있다. 따라서 부모가 질문과 문제 해결의 모델이 되고 유아와 함께 탐구 활동에 참여할 수 있도록 과학교육에 대한 부모 교육이 필요하다. 또 각 부모들이 가지고 있는 경험과 지식을 유아와 공유할 수 있도록 초청하는 활동을 계획할 수도 있으며, 각 가정에서 유아와 함께 할 수 있는 발견 활동에 대한 안내를 해줄 수도 있다.

(2) 과학 영역의 기본 시설과 자료

과학 영역을 효율적으로 운영하기 위해서는 몇 가지 기본 시설과 다양한 자료가 필요하다. 발견 센터에 제공되는 자료는 실생활에서 직접 접할 수 있는 실물 자료들로 유아의 호기심을 불러일으킬 수 있으면서도 해를 주지 않는 안전한 것이어야 한다. 이들 자료는 생활주제와 관계없이 항상 제공되어야 하는 기본 자료와 특정 생활주제에 관련되는 자료들로 나눌 수 있다. 기본 시설과 자료들을 분류해 보면 아래와 같다.

기본 시설

전시대, 책상, 게시판(유아 눈높이), 선반이나 자료장

식 물

- 곡식 : 쌀, 보리, 각종 콩, 팥, 조, 수수, 옥수수, 깨
- 채소 : 무, 배추, 감자, 고구마, 당근, 홍당무, 양파
- 씨앗 : 해바라기씨, 나팔꽃씨, 채송화씨, 코스모스씨, 물잔디씨, 은행, 잣, 밤, 깨, 대추, 땅콩, 호두 등
- 화초 : 테라리움, 나팔꽃
- 잎, 꽃잎 : 계절에 따라 수집할 수 있는 종류
- 기구 : 여러 가지 크기의 화분(종이컵, 라면 용기, 아이스크림 통 등으로 대체 가능), 상자, 물통, 모종삽, 호미, 호스, 물뿌리개, 삽, 곡괭이, 울타리 등

동 물

- 동물 : 열대어, 물고기(송사리, 미꾸라지 등), 금붕어, 달팽이, 개구리, 올챙이, 다람쥐, 토끼, 병아리, 닭, 오리, 공작, 십자매, 잉꼬, 청거북, 자라, 모르모트 등
- 각종 동물의 뼈, 알, 털, 깃털
- 기구 : 어항, 수족관, 새장, 동물 우리, 먹이와 먹이 그릇, 관찰 기록지, 망, 새 둥지 등

곤 충

- 개미, 나비, 잠자리, 메뚜기, 여치, 무당벌레, 사마귀, 매미, 귀뚜라미
- 먹이, 개미집, 곤충 채집망, 채집통, 관찰 기록지, 곤충 상자

여러 가지 물체와 물질

- 각종 암석, 돌, 모래, 흙, 자갈, 조개껍데기, 코르크, 철, 구리, 주석, 니켈, 못, 나사못, 바늘, 핀, 압정, 할핀, 클립, 고무밴드, 테이프, 비닐류, 철사, 모루, 이쑤시개, 빨대, 노끈, 랩, 호일, 종이수건, 헝겊, 요리용 재료들(설탕, 소금, 밀가루, 식용유, 전분), 단추, 고리, 모래종이, 비닐장판, 초, 스티로폼, 탈지면, 스펀지, 낚싯줄, 세제 등
- 튜브, 플라스틱 관, 상자, 종이접시, 냄비, 주전자, 수저, 병, 각종 공
- 종이, 연필, 테이프, 분필, 휴지

일반적인 도구 및 기계

- 각종 거울(손거울, 탁상용, 벽걸이용, 오목거울, 볼록거울, 자동차 백미러)
- 자석류, 확대경, 이중확대경, 프리즘, 쌍안경, 건전지, 도르래, 손전등, 악기류, 카메라, 청진기, 녹음기, 만화경, 온도계
- 망치, 톱, 송곳, 드라이버, 너트와 볼트, 열쇠와 자물쇠
- 고장난 라디오, 고장난 시계, 고장난 카메라
- 바퀴 달린 물건
- 믹서, 핀셋, 수저, 국자, 각종 용기, 계량컵, 계량스푼, 저울, 천칭

측정을 위한 도구

- 각종 저울(요리용 저울, 체중기, 양팔저울 등)
- 자(삼각자, 막대자, 줄자, 자동자)
- 비커, 깔때기, 각종 그릇, 계량스푼
- 온도계(실내외용, 수중 온도계)
- 시계(초침 있는 것), 모래시계

안전을 위한 도구

앞치마, 면장갑, 작업용 장갑, 작업복, 안전 안경

(3) 과학 영역 꾸미기

첫째, 과학 영역은 유아가 관찰하고 탐구하고 사고할 수 있도록 구성한다.

둘째, 과학 영역은 유아에게 매력적으로 느껴지도록 구성한다. 유아들의 호기심을 불러일으킬 수 있도록 꾸미고, 직접 만져 볼 수 있도록 허용해야 한다. 또한 보다 자세히 들여다볼 수 있도록 계획해야 하며, 직접 실험해 볼 수 있도록 준비해 둔다.

셋째, 과학 영역의 자료 및 교재는 다양하게 변화를 준다. 유아의 연령, 활동 수준, 시기 등에 따라 변화를 주고, 일반적인 과학 자료와 생활주제와 연관된 과학 자료를 같이 제공한다.

넷째, 작업 공간의 바닥에는 소음을 흡수할 수 있는 대처를 하는 것이 좋다.

다섯째, 안전을 고려해야 한다.

(4) 발견적 과학교육의 운영

첫째, 활동 및 자료의 선택은 자발적이어야 하며 활동 방법의 접근은 개방적이어야 한다. 같은 자료나 활동일지라도 유아에 따라서 다양한 방법으로 접근하도록 허용한다. 교사가 활동을 구체적으로 설명해 주기보다는 최소한의 설명만 해 주는 것도 유아의 다양한 접근을 촉진할 수 있는 방법이다.

둘째, 다양한 감각 사용을 강조한다. 유아가 구체적 사물을 가지고 다양한 감각을 사용하면서 직접 조작하고 적용할 때 과학적 지식이 구성될 수 있으므로 구체적 사물을 제시하고 자유롭게 감각을 사용할 수 있도록 허용해야 한다.

셋째, 실험에는 모든 유아들이 직접 참여할 수 있도록 기회와 시간을 골고루 준다. 실험은 직접 참여하는 것이 바람직하므로 한 가지 실험을 며칠씩 준비해 놓도록 한다. 또한 실험을 반복하고자 하는 유아도 있으므로 자료를 충분히 준비해 주는 것이 좋다. 유아들은 같은 활동을 반복하면서도 싫증을 내지 않으며, 반복 경험은 학습이 충분히 일어날 수 있으므로 허용하는 것이 좋다. 다만 경험의 다양성을 위해 같은 개념일지라도 다른 자료와 다른 활동을 통해서도 반복될 수 있도록 준비한다면 유아의 학습이 보다 확대될 수 있을 것이다.

넷째, 관찰을 두려워하는 유아에게는 강요하지 말고 용기를 주도록 한다. 교사의 안내나 질문을 통해 유아가 관찰에 자연스럽게 참여할 수 있도록 한다.

다섯째, 결과보다는 과정에 초점을 두도록 하며, 실수를 수용해 주고 새로운 시도를 격려해 줌으로써 탐구 의욕을 북돋워 준다.

여섯째, 설명보다는 질문 특히 개방적 질문을 많이 활용하고, 대답할 시간을 충분히 준다.

일곱째, 소그룹의 유아가 협동할 수 있도록 하고 유아들 간의 토의를 권장한다.

여덟째, 활동을 유심히 관찰하여 적절한 시기에 유아의 경험을 확장시켜 주도록 한다. 필요할 경우에는 자료를 추가해 주거나 적절한 질문을 던져서 경험을 확장시켜 줄 수 있다.

아홉째, 교사 자신이 주변 환경에 대해 항상 흥미와 관심을 보여줌으로써 탐구 모델이 되도록 한다.

7. 실험적 접근

실험은 새로운 사실을 발견하거나 이미 알려진 지식을 예증하기 위한 활동이며, 가설을 검증하기 위한 조작 활동으로서 과학적 지식에 대한 이해, 태도, 기술을 함양시키는 과학교육에서 핵심적인 과학 활동의 필수적인 과정으로 사물이나 환경 조건 등의 조작을 통하여 관심 있는 현상이 어떻게 변하는지를 알아보는 과정이다(김희진 외, 2000). 그러므로 실험은 과학 활동에 매우 유용한 전략이며, 특히 유아과학교육은 관찰 가능한 자연 사물과 현상을 주로 다루기 때문에, 직접 관찰(발견)과 실험을 효과적으로 활용해야 한다. 실험은 자연과학의 탐구 방법이자 그 기술과 기능이다(김경미, 1999).

실험은 크게 ❶ 실험하기 전에는 실험자에게 잘 알려지지 않았던 문제에 대한 해답이나 정보를 갖고(탐구적 실험), ❷ 이미 알려진 과학적 사실 · 개념 · 일반화 등을 확증하거나 예증하는 증거를 제시하는(예시적 실험) 두 가지의 기능을 가지고 있다. 즉, 교사와 유아가 토의한 것을 확인하기 위해 수행하는 실험은 예시적 실험이며, 교사가 설명하기 전에 유아가 그것을 발견하기 위해 수행하는 실험은 탐구적 실험이다. 예시적 실험이든 탐구적 실험이든 간에 실험은 변인들 사이의 관계에 관한 가설의 검증에 직접적인 목적을 두고 수행한다(김찬종 · 채동현 · 임채성, 1999).

과학의 방법 중 실험적 방법은 ❶ 과학은 구체적인 대상을 다루지 않고서는 유아들이 이해하기 어렵고, ❷ 실험 활동은 유아들이 과학적 방법과 과학의 정신을 인식하는 데 도움이 되며, ❸ 실험 경험은 다양한 상황에 일반화의 유효한 기술 개방을 촉진하며, ❹ 유아들은 대체로 실험 활동을 즐기며 그 결과 과학의 학습 동기가 유발되고 과학에 대한 흥미가 지속되며, 과학의 본질을 이해하고 과학에 대한 태도를 함양시키는 데 유용한 방법이다.

유아들은 실험을 통해 과학 지식이 어떻게 구성되며, 과학이란 근본적으로 무엇을 '안다'는 것보다 '한다'는 것임을 깨닫게 된다. 실험을 통한 활동의 목표 및 실험적 접근 방법에서 고려해야 할 사항은 다음과 같다(김경미, 2002).

1) 실험을 통한 활동의 목표

실험을 통하여 도달할 수 있는 목표는 크게 과학 지식의 획득과 이해, 과학의 본질에 대한 이해, 과학적 태도의 함양, 과학적 탐구력 배양으로 설정할 수 있으며 구체적인 목표는 〈표 4-3〉과 같다.

〈표 4-3〉 실험을 통한 활동의 목표

구 분	활동의 목표
과학 지식의 획득과 이해	과학적 사실, 개념, 법칙, 이론, 과학 지식의 특성
과학 본질에 대한 이해	과학의 목적, 가치, 방법과 과정, 과학 및 과학적 기술과 사회, 과학자의 기능과 역할
과학적 태도의 함양	과학에 대한 흥미, 호기심, 자신감, 만족감, 협동성, 개방성, 위험 부담, 책임감, 의심해 보기, 비독선, 실패에 대한 긍정적인 자세, 객관성, 정확성
과학적 탐구력 배양	과학적 사고력, 창의성, 조작적 기술, 관찰과 비교하기, 예견하기와 추론하기, 측정하기, 의사소통하기

2) 실험적 접근 방법에서 고려해야 할 사항

❶ 유아의 수준을 고려한 실험을 선택한다.

실험은 가설을 설정하여 그것을 검증해 보는 과정이다. 이러한 과정 중에서 교사가 생각해야 할 첫 번째 사항은 유아의 수준이다. 실험은 설계를 잘못하거나 유아의 수준에 맞지 않게 너무 어려운 내용을 선택하여 제공하면, 유아는 매번 실험을 할 때마다 실패할 가능성이 크므로, 과학에 흥미를 느끼기보다는 오히려 과학을 두려워하게 된다.

❷ 실험 과정 중 교사는 유아의 학습 수준에 따라 교사 참여율을 조절한다.

실험의 과정은 문제 진술 · 가설 설정 · 실험 계획 · 실험 수행 · 자료 수집 · 결론 도출의 과정으로 이루어지는데, 유아의 수준이 낮을수록 교사의 참여율을 높여 주고, 유아의 수준이 높을수록 교사의 참여율을 낮춘다.

❸ 선택된 실험은 유아에게 제공되기 전에 반드시 교사가 사전 실험한다.

실험의 선택, 실험 준비물, 실험 수행, 실험 후 나타나는 결과 등의 전 과정을 유아와 활동하기 전에 교사는 미리 실험을 해 보아야 한다. 왜냐하면 실험은 결국 성취를 통해 유아의 긍정적인 자아 개념을 형성하고, 실험에 대한 흥미를 고조시켜 과학적 탐구 능력과 태도를 기르는 것을 목표로 하기 때문에, 교사는 가능한 한 실험 시마다 성공할 수 있는 정확한 데이터를 가지고 있어야 한다. 실험의 성공 여부는 결국 교사가 얼마만큼 기초과학 개념을 형성하고 있는가, 얼마만큼 성공적인 실험 조건을 조성하는가에 달려 있다.

❹ 실험의 과정에 유아들이 능동적으로 참여할 수 있는 방안을 모색한다.

실험은 자칫 교사 중심으로 흘러가기 쉽다. 이러한 단점을 보완하기 위하여 실험 카드, 실험 일지 등과 같은 초인지 전략을 이용하여 유아로 하여금 실험의 전 과정에 능동적으로 참여할 수 있는 여건을 마련한다.

❺ 가설은 점차적으로 유아가 설정하도록 한다.

실험 일지에는 대개 가설이 설정되는데, 처음 실험을 할 경우에는 대체로 교사가 가설을 설정하고 유아가 검증하지만, 차츰 가설 설정도 유아가 하도록 한다. 가설의 내용도 쉬운 것에서부터 시작하여 단계적으로 진행하는 것이 바람직하다.

❻ 실험의 과정에서 유발될 수 있는 불의의 안전사고에 대비한다.

도구나 기계를 이용하는 실험인 경우, 각별한 유의를 하지 않으면 불의의 안전사고가 발생할 가능성이 높다. 특히 열기구를 사용하거나 물질을 사용할 때 유아들에게 안전에 대한 사전 설명을 충분히 하거나 규칙을 정하는 것이 바람직하다.

❼ 실험 시 집단의 크기를 고려한다.

유아 활동은 대개 개별 활동이 가장 효과가 있는 것으로 알고 있으나, 실험 시 개별 활동은 교사에게 의존하는 비율을 높이는 결과를 초래하므로 수준에 따라 집단의 크기를 다르게 하고, 집단 구성 시 교사는 유아의 수준을 고려하여 이질 집단으로 구성한다.

❽ 실험 도구가 유아의 신체에 적합한 크기인지, 유아의 인원에 적합한 수량인지를 고려한다.

실험 도구는 유아의 신체 발달에 적합하여야 한다. 대개 시중에 나와 있는 도구는 성인용이므로 교사는 시장조사를 통하여 유아용 실험 도구를 구입 · 제공하여야 한다. 또한 실험 도구의 수량은 실험에 참여하는 유아의 수와 일치하도록 준비한다. 다른 유아의 실험을 단순히 지켜보는 일은 능동적인 과학 활동의 저해 요인이 된다.

❾ 과학은 유아가 의문을 품는 것이다.

유아가 의문을 가진 것에 대하여 실험을 하여 도출한 결론과 그 결론에 대한 이유를 정당화하는 상호 작용은 과학 활동의 본질을 나타낸다. 유아가 직접 실험을 고안하고 수행하여 자신에게 고유한 것을 얻게 되었다면 그것은 블룸의 교육 목표 분류에서 종합이라는 수준에 해당하는 것이다(Martin, 1999). 유아들이 도출한 결론에 대해 다른 유아와 상호 작용할 때 실험 차트를 이용할 수 있으며, 실험 차트는 다른 유아와 토론할 수 있는 자료로 사용할 수 있을 뿐만 아니라, 실험에 참여하지 못한 유아에게 간접 정보를 제공하는 역할을 할 수 있다.

❿ 똑같은 실험을 모든 유아에게 경험시키려고 하지 않는다.

교사의 오류 중 하나가 한 가지 실험을 모든 유아가 경험하여야 한다는 강박관념에 사로잡혀 있는 것이다. 실험의 원리는 대개 같은 것이 많으므로, 반드시 똑같은 실험을 모든 유아가 경험할 필요는 없으며, 가능한 한 다양한 실험을 계획하여 경험하도록 한다(김경미, 1999).

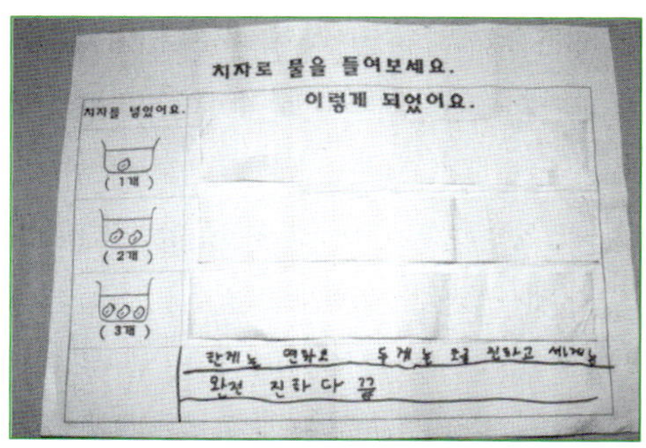

8. 교사의 역할

유아 과학교육을 운영하는 교사는 교육을 계획하고 실행하고 평가하는 과정에서 여러 가지 역할을 수행하게 된다. 과학교육을 위한 활동을 계획하고 환경을 준비하는 교육 계획자, 유아와 함께 활동에 참여하면서 유아를 안내하는 참여자 역할, 그리고 교육에 대한 평가를 하는 평가자 역할을 하게 된다.

1) 교육 계획자로서의 역할

과학교육을 계획하고 준비하는 단계에서 교사가 해야 할 역할은 다음과 같다.

(1) 유아의 발달 진단

과학 활동을 계획하는 단계에서 교사가 가장 먼저 할 일은 유아의 발달 수준, 사전 지식과 경험, 흥미, 욕구 등을 파악하는 일이다. 이러한 진단은 활동의 종류와 수준을 결정하는 잣대가 되기 때문이다. 발달 진단은 일상생활에서 유아의 행동을 면밀히 관찰하거나 유아의 질문을 분석해 보고 활동에서 상호 작용하는 가운데 파악할 수 있다.

(2) 활동 계획

유아가 관심 있어 하고 유아의 현재 수준보다 다소 높은 단계의 활동을 계획하도록 한다. 유아가 근접발달지대 내에서 활동을 수행함으로써 한 단계 발달할 수 있기 때문이다.

(3) 물리적 · 심리적 환경 제공

과학 활동에서는 유아가 직접 행할 수 있는 자료가 충분히 준비되어야 한다. 그리고 이러한 자료들을 제시할 때 유아의 흥미를 자아낼 수 있도록 구성해야 한다.

물리적 환경만이 아니라 심리적 환경도 중요하다. 교사 자신이 과학에 대해 긍정적인 태도를 가지고 적극적으로 참여할 때 과학 활동이 활성화될 수 있다. 또한 유아들이 자유롭게 탐색하고 표현할 수 있으며 다양한 방법으로 상호 작용할 수 있는 허용적인 분위기를 만드는 것도 중요하다.

(4) 교사 자신의 연마

교사는 과학교육을 하는 전문가로서의 자질 향상을 위해 꾸준히 노력해야 한다. 과학에 대한 관심을 가지고 다양한 정보와 자료를 수집하고 과학교육의 개선을 위한 연수에 참여하여 과학 계획에 반영하도록 한다.

2) 활동 참여자로서의 역할

교사는 유아와 함께 과학 활동에 참여하면서 질 높은 상호 작용을 해야 한다.

(1) 안내 및 도움 제공

유아가 과학 활동에서 탐색을 하는 동안 교사는 유아가 의미 있는 결과와 개념을 형성하도록 도와주고 안내해 주어야 한다. 앞의 **'3. 스캐폴딩'**에서 살펴본 스캐폴딩 전략이 바로 이러한 역할을 하는 하나의 방법이 될 수 있다.

(2) 정보 제공

과학교육에서는 주로 유아가 직접 활동하면서 스스로 지식을 구성하는 것을 강조하지만 경우에 따라서는 정보를 제공해 줄 필요가 있다. 특히 과학적 개념이나 사실 등과 같이 유아 스스로 발견할 수 있는 것이 아닐 경우엔 교사가 알려주어야 한다.

(3) 공동 참여

교사가 유아와 함께 활동에 참여하면서 탐구하는 태도는 유아들에게 좋은 본보기가 된다. 교사가 호기심을 가지고 관찰하고, 관찰한 것들을 유아들과 공유하는 등의 활동에 적극적으로 참여한다면 유아들도 이러한 태도를 배우게 되는 것이다. 따라서 교사는 활동에 적극적으로 참여하면서 자신의 관심이나 느낌, 사고, 아이디어 산출, 새로운 시도 등의 태도를 다양하게 표현함으로써 유아들의 참여를 활발하게 유도할 수 있다. 교사가 이렇게 참여하는 가운데 유아의 흥미나 관심, 요구, 발달적 변화 등을 보다 세밀하게 관찰할 수도 있다.

(4) 질문 제공

교사의 질문은 유아로 하여금 활동을 시작하도록 도와줄 수도 있고 관찰 등의 다양한 과학교육 방법을 보다 심도 있게 적용하도록 할 수도 있으며 활동을 확장 및 촉진시켜 주는 역할을 하게 된다. 따라서 교사는 앞의 **'4. 질문기법'** 에 제시된 다양한 질문들을 참고하여 적절한 시기에 적절한 형태로 제공함으로써 과학 활동을 성공적으로 이끌 수 있을 것이다.

3) 교육 평가자로서의 역할

(1) 유아의 활동 관찰

유아의 지적 이해 정도와 관심 및 흥미를 파악하기 위해서는 활동에 참여 중인 유아를 관찰하고 기록해 두어야 한다. 관찰 결과는 또한 유아의 특성에 맞는 교육 계획을 하는 데 도움이 될 수도 있다.

(2) 교육 활동에 대한 평가

- 유아의 반응과 생각에 기초하여 끊임없이 변화를 추구해야 한다. 수행했던 활동을 어떻게 변화시킬 것인가?
- 교육 목표 달성에 기여할 수 있는 활동인가?
- 유아의 발달에 도움이 되는 활동이었는가?
- 교사 대 유아의 비율이 높은 상황에서 소그룹 활동이나 개별 활동을 보다 효율적으로 이끌 수 있는 방법은 없을까?

(3) 교사 자신의 반성과 노력

교사는 스스로 지식을 끊임없이 재구성해 가는 구성주의자적 자세를 가지고 전문가로서의 발전을 위해 꾸준히 노력해야 한다. 동료 교사들과 서로의 교육적 경험에 대한 토의 시간을 가진다거나 교사를 위한 워크숍이나 연수 과정에 참여하고 재교육 프로그램에 참여하거나 전문가에게 장학 지도를 받는 것도 교사의 발전에 큰 도움이 될 수 있다.

현장 교사들이 자신의 과학적 개념과 활동에 대한 지식이 부족하다고 느낄 경우에는 다양한 방법으로 정보를 수집한 후, 교사 상호 간에 정보를 공유함으로써 모든 교사들이 성장을 도모하도록 하여야 할 것이다.

제 5 장

통합적 접근을 통한 유아과학교육

과학교육이라 하면 우선적으로 언급되는 것이 개념이나 법칙 등 어려운 과학적 지식을 쌓는 것이라고 생각하기 쉽다. 이러한 관념 때문에 아직도 우리나라의 초등교육기관, 심지어 학습자의 경험을 중요시하고 생활 속에서 열린교육의 선구자적 역할을 담당해 왔다고 자부하고 있는 유아교육기관에서도 과학교육이 생활과학으로 자리 잡지 못하고 있는 현실을 부인할 사람은 그리 많지 않을 것이다.

1960년대 이후부터 유치원과 초등학교에서는 과학교육의 생활화가 강조되는 탐구 학습, 발견학습, 문제 해결 학습 등 다양한 교수 · 학습 이론들을 수용, 적용하려는 일련의 노력들이 있어 왔지만 아직도 과학교육에 대한 우리의 인식은 여전히 뛰어넘기 힘든 벽을 보고 있는 듯하다.

제4장에서 소개된 과학교육의 다양한 교수 · 학습 방법들을 실제 유치원 현장에 적용하기 위해서는 다각적인 모색이 필요하다. 이러한 일련의 노력으로 사회 변화에 따라 유아과학교육에서 추구하게 되는 교수 · 학습 방법으로는 탐구 학습 모형, 활동 중심 모형, 프로젝트 접근 방식의 모형, 총체적 접근 방식의 모형 등이 있다. 이 같은 교수 방법이 개발된 배경에는 많은 요소가 작용되고 있지만 가장 근본적인 요소는 통합된 교육과정에 있다고 볼 수 있다. 통합적 교육을 모색하려는 시도는 새로운 것이 아니지만(Thomas, 1997) 통합적 교육의 실체를 현장으로 연결하게 된 계기는 NCTM(National Council of Teachers of Mathematics, 1989)과 NSTA(National Science Teachers Association) 및 AAAS(American Association for the Advancement of Science)와 같은 협회의 활동으로 볼 수 있다(김숙자, 2000).

최근에는 프로젝트, 문학이나 신문 활용, 인터넷 등을 중심으로 한 통합적 유아과학교육에 대한 일련의 노력으로 과거처럼 과학교육 접근이 모호한 것이 아니라, 일상생활의 전체적인 맥락에서 접근하게 되어 보다 쉽게 다가갈 수 있게 되었다. 통합적 접근이란 유아들이 분리된 내용 영역보다는 일상생활, 문학작품, 프로젝트, 노래 부르기, 요리하기, 신문 활용 등의 활동을 통해 전체적 맥락에서 학습하는 것이 더 효과적이라는 가정에서 출발한다(이경우, 1995). 이러한 철학은 Dewey의 사상에서 찾아볼 수 있고, Katz와 Chard는 '프로젝트'로 Vartuli는 주제에 따른 '거미줄 모형'으로 통합적 접근을 위한 교육 방법을 제안하고 있다.

통합적 접근의 중요성에 대한 인식과 더불어 유아과학교육에서도 이에 대한 논의가 이루어져 왔다. Harlan(1980, 1992)은 과학적 사건만을 다루는 과학교육은 의미가 없으며 여러 영역과 통합적으로 이루어져야 한다고 하였고, Barufaldi와 Ladd 그리고 Mose(1981)는 과학교육의 계획이 언어 발달, 읽기 준비도, 수학적 능력 및 신체적 개념과 연관되어야 한다고 보아 통합적인 과학 활동의 중요성을 강조하였다.

이 외에도 통합적인 유아과학교육의 중요성은 유아과학교육 관련 자료 및 여러 학자들에 의해 강조되어 오고 있다(교육부, 1993; 이경우, 1989; 이원영 · 김덕건, 1991; Kamii & DeVries, 1978; Lind, 1991). 이와 같이 통합적인 유아과학교육은 과학적 개념과 과정을 과학 활동에서만 분리시켜 가르치려고 하는 것이 아니라 유아들이 일상적으로 즐기고 흥미 있어 하는 노래, 이야기, 동시, 게임, 미술, 요리 등과 같은 활동과 연결시켜 전개해 가도록 하는 것이다. 즉, 유아에게 의미 있는 상황 속에서 개념을 강조할 수 있도록 활동을 통합적으로 제시해야 한다는 것이다. 따라서 통합적 방법의 주 관심은 유아가 실제 생활에서의 문제를 접하고 해결할 수 있는 교육과 유아에게 의미가 살아 있는 학습을 활성화하려는 것이다.

이렇게 볼 때 과학 영역에 있어서 다양한 통합적 활동을 포함한 접근 방법은 유아의 과학 활동에 대한 흥미 유발과 능동적인 참여에 효과적인 방안을 제시한다고 볼 수 있으며, 탐구생활 영역뿐 아니라 다양한 사회적 상호 작용이 일어나게 하며 언어적으로 표현하게 하고 사물을 탐구하며 인식하게 함으로써 교육과정 여러 영역을 내부에서 의미 있게 연관지으며 총체적인 교육과정으로 이끌어 준다.

1. 프로젝트 접근을 통한 지도

통합적 교육과정 모형에 의한 과학교육 교수 · 학습 방법 중 하나는 프로젝트 접근 방식이다. 프로젝트 접근 방식은 유아로 하여금 주변 세계에서 발생되는 모든 사건과 인간관계를 이해하도록 하고, 그 속에서 스스로가 지식을 구성해 나가게 하는 교수 전략을 이행하기에 '구성주의적 학습' 이라고도 한다(Allison, 1997).

'프로젝트' 란 유아들이 일상생활에서 발생하는 실제 관심거리를 수업 시간의 공통적인 주제로 선정하여 개인별 또는 소집단별로 탐구하는 활동으로 Dewey의 이론적 바탕 위에 Kilpatrick이 체계화한 '프로젝트법' 을 Katz와 Chard가 현대의 유아교육에 알맞게 재구조화한 방법으로 적용되고 있다.

프로젝트 접근법이 유아교육이나 초등학교 학교교육에서 새로운 개념은 아니지만, 그룹 단위로 행해지는 프로젝트 활동에 유아들을 참여하도록 하는 일에 관심을 갖는 사례들이 수년 동안에 걸쳐 점차 확대되고 있다. 이런 새로운 관심들은 유아들의 학습에 대한 최근의 연구 결과인, 교육과정의 통합과 레지오 에밀리아의 학령전 교육과정에 참여하는 유아들에 의해서 진행된 그룹 프로젝트에 대한 인상적인 보고 등에 의한 최근 경향들의 반영 등과 같은 연구들에 그 근간을 두고 있다.

프로젝트의 특징은 유아나 교사 또는 유아와 교사가 함께 어떤 주제가 제시하고 있는 문제에 대한 해답을 얻고자 탐색해 보는 과정에 있으며, 프로젝트의 목적은 교사가 단순히 제시한 문제에 대한 정답을 찾는 일이라기보다는 주어진 주제에 대하여 보다 심층적인 연구를 통하여 다양하고 폭넓은 것들을 배우도록 하는 것이다.

프로젝트에 포함될 수 있는 활동들은 그리기, 쓰기, 관찰한 것을 기록하기, 전문가와 면접하는 활동 등 다양하며, 수집된 정보들은 그래프와 차트, 다이어그램과 순서도, 주기표나 스케치와 다른 여타의 작업들과 친구들과 부모들에게 보고하는 형식 등으로 요약되고 표상될 수 있다. 이러한 프로젝트 활동은 또한 유아들이 그들이 속한 세상에서 경험할 수 있는 것들을 조사 · 탐구해 보고 싶은 자연적인 충동을 부여해 주기도 한다.

프로젝트의 진행은 유아의 흥미, 교사의 지원 및 안내에 따라 역동적으로 달라지기 때문에 정해진 활동이 정해진 시간에 이루어지는 것은 아니며, 토의 · 현장 활동 · 표현 · 조사 · 전시라는 요소를 중심으로 프로젝트 각 단계의 특성에 따라 활동이 진행된다. 따라서 프로젝트 운영 방법과 활동 시간은 유아교육기관이나 교사의 특성에 따라 융통성이 있다. 즉, 일과의 대부분을 프로젝트 활동으로 운영할 수도 있고, 한 주에 2회 정도 일과 후의 시간을 이용할 수도 있으며, 학급의 한 흥미 영역으로 설치하여 운영하거나 일과의 교육 내용으로 다룰 수도 있다.

1) 프로젝트 접근의 전개 과정

유아 과학 활동의 통합적 방법의 하나로서 프로젝트 접근의 교수 · 학습 방법의 전개 과정을 살펴보면 다음과 같다.

(1) 교사 준비 단계

실제 프로젝트에 들어가기 전에 교사가 여러 가지 계획하고 준비하는 단계로서, 이 단계에서 교사는 적합한 주제 선정, 주제망 구성, 기본 어휘 및 중심 개념 선정, 예상되는 활동/교육과정 조직망, 자원 목록을 만들고 이에 따라 필요한 자원을 준비하고, 부모에게 알리는 등 철저한 준비 작업이 필요하다.

• 주제 선정하기 • 주제망 그리기 • 교육과정 조직망 작성하기 (학습 활동/활동 예상안 작성) • 기본 어휘 및 중심 개념 선정 • 자원 목록 작성 및 필요한 자원 준비 • 환경 구성 • 부모들에게 알리기	주제를 선정하는 일은 매우 중요하다. 유아 생활과의 관련성, 필요한 자료나 장비의 유용성 및 자원에 쉽게 접근할 수 있는지의 여부, 연령이 어린 유아일수록 프로젝트 주제는 보다 구체적이고 현재에 관한 것 소규모의 것이 되는 것이 바람직하다.

(2) 시작 단계: 주제 결정하기

프로젝트 시작 단계에서는 이전 단계에서 교사가 작성한 예비 주제망에 대해 유아들의 생각과 관심을 통합하여 교사와 유아의 공동 주제망을 작성하고, 주제에 대해 유아들의 사전 경험이나 이해의 정도, 잘못 알고 있는 개념, 궁금한 점 등이 무엇인지를 파악한다. 이렇게 함으로써 유아들의 과거 경험 및 현재 가지고 있는 지식과의 밀접한 관련 속에서 다음 단계의 활동을 진행하게 된다.

• 이전 경험 표현 • 교사와 유아의 공동 주제망 구성 (생각 모으기, 친구 찾기, 친구 손 잡아 주기) • 질문거리 및 해결 방안 탐색 (궁금이 상자)	제안된 주제에 대한 개념도나 하위 주제들에 대한 개념도를 표상해 보는 것은 프로젝트가 진행되는 동안에 계속적으로 진행되는 토의들을 간략하게 단순화할 수 있게 하며 주제의 전개 흐름을 보여주는 역할을 한다.

(3) 전개 단계: 조사 탐구 · 표현 활동

프로젝트 전개 단계에서는 시작 단계에서 제기된 여러 가지 문제점과 궁금한 내용, 의문점들을 중심으로 1, 2차적 자원을 통한 조사 탐구 · 표현 활동이 이루어지며 조사 활동의 연장으로 현장 견학 및 견학 후 추후 활동, 전문가와의 만남 등이 이루어진다. 즉, 유아들은 조사하고 관찰한 것을 그리며 모형들을 만들어 보고 새롭게 이해한 것을 여러 가지 표상 활동을 통하여 확고히 한다.

• 질문에 대한 조사 · 탐구 활동 • 현장 견학 : 조사 · 탐구 활동(스케치, 질문하기, 관찰하기, 측정하기 등) • 현장 견학 후 표상하기 : 토의, 스케치해 온 것 정교화하기, 언어적 표현, 조형적 표현, 수 · 과학적 표현, 사회과학적 표현하기 등 • 전문가와 함께 활동하기, 전문가 면담하기	교사의 관심은 유아에게 새로운 정보를 소개하는 것과 유아가 이미 가지고 있는 기술을 독립적으로 사용하도록 격려하며 또한 유아들이 몰입하여 지속적으로 특정 주제를 추적하고 주제에 대해 알고자 하는 심리적 성향이 강화되도록 노력해야 한다. 이를 위해 교사는 유아들이 발견한 지식을 적절히 표현하는 방법에 대해 제안하고 조언하며 자료-그림, 학급 책, 차트, 그래프, 다이어그램 등-를 제공하고 표현하고 전시한다.

(4) 마무리 단계: 전시 및 공유하기

프로젝트 마무리 단계에서는 시작 단계와 전개 단계를 거치면서 이루어진 활동의 결과에 대한 검토와 정리, 다른 사람을 초대하기 위한 재창조 작업 등을 통해 프로젝트 전체 과정에 대한 평가와 새로운 의문점들을 제기하는 활동으로 이루어진다.

프로젝트 시작 · 전개를 통해 발견한 점들과 인위적으로 만든 것들과 대화 · 발표 및 그들이 만들고자 하는 것을 위한 안내 여행의 형태로 결과를 준비하여 보고할 수 있는데, 교사는 주제망에서 제시된 질문들의 조사 · 탐구 과정을 체크하고 프로젝트 결과물들을 주변 사람들과 어떻게 공유할 것인지 결정해야 한다. 그리고 프로젝트의 주제망 안에서 참여한 유아들이 어느 정도의 수준만큼 활동을 충분히 전개해 왔다고 판단되면 프로젝트를 마감한다.

	〈프로젝트는 도입, 전개, 종결이 있는 하나의 스토리〉
• 준비 • 이전 경험 재회상 • 전시회 및 발표회 개최 • 마무리	• 제목은 문장으로 진술하며, 다른 글씨보다 크게 쓸 것 • 배지를 사용하여 작품을 돋보이게 하며, 같은 종류는 부분적으로 겹쳐서 제시함 • 실물에도 제목 붙일 것 • 사진 부착 시에는 내용과 과정에 대한 설명 제시 • 색깔을 이용해 같은 정보끼리 모으고 다른 정보와 구별되게 전시함 • 전시하는 밑판은 깨끗이 하고 전시물 뒤에 테이프를 붙여서 효과적이고 깨끗하게 전시 • 마운틴은 교사가 방법만 제시하고 유아 스스로 할 수 있음 • 각각 다른 정보를 다양한 크기, 모양, 형태, 방법으로 제시함 – 벤다이어그램식, 병풍 책자 형식 등으로 전시 • 사진, 작업 표본, 유아의 대화 그리고 이에 대한 교사의 해석 및 논평을 포함하여 패널을 구성하되 미적 감각을 고려함 • 스토리를 알아보도록 구성하되 기록을 할 때 외부인도 이해 가능하도록 구성함

〈표 5-1〉 자동차 프로젝트 진행 일정

날짜	내용	구체적 일정		활 동	교사 역할
6/4	사전 경험	6/4 (월)	대집단 활동	• 사전 경험 및 이야기 나누기 –당일의 결과물 전시 –소집단 이야기 나누기 및 언어 표상 활동 • 교통 기관 VTR 상영	• 부모 회신문 취합 • '자동차'에 대한 예비 주제망 작성 • '자동차' 환경 구성
6/5 ~ 6/11	시작하기	6/5 (화)	1차 표상 생각 모으기 친구 찾기	• 자기가 생각한 자동차를 그려 본다. • '자동차' 하면 생각나는 것을 그림이나 글로 표현해 본다. • 친구 찾기를 한다.	• 1차 표상 전시 • 생각 모으기, 친구 찾기 결과 정리
		6/7 (목)	주제망 짜기 및 질문지 작성, 탐구 방법 찾기	• 주제망을 짠 후 자동차에 대해 궁금한 것을 발표한다. • 궁금이 상자 소개하기	• 주제망 및 질문지 전시 • 궁금이 상자 비치
		6/8 (목)	카센터 견학 질문지 해결	• 작성한 질문지를 가지고 카센터에 가서 질문에 대한 해결책을 찾는다.	• 카센터에 사전 연락
		6/11 (월)	자동차 탐색 후 2차 표상	• 유치원 인근에 있는 자동차를 탐색한 후 2차 표상을 한다.	• 유치원 인근 차량 섭외
6/12	주제와 친근해지는 놀이	6/12 (화)	미니카 경기장 견학 및 경주	• 미니카 경기장에 가서 직접 미니카 경주를 해 본다.	• 미니카 경기장에 사전 연락 • 미니카 경주에 대한 사전 연락
6/13 ~ 6/22	탐구 및 표현 활동	6/13 (수)	자동차의 구조 알기	• 자동차의 엔진과 본닛(bonnet) 속 탐색	• 자동차 엔진, 보닛 구조 전시
		6/14 (목)		• 자동차 내부 및 계기판 구조, 명칭 탐색	• 내부, 계기판 구조 및 명칭 전시
		6/14 (목)	자동차의 종류 알기	• 자동차의 변화 과정 알기 • 쓰임새와 모양에 따른 자동차의 종류 탐색	• 자동차 종류별 사진, 포스터 전시

날짜	내용	구체적 일정		활 동	교사 역할
6/13 ~ 6/22	탐구 및 표현 활동	6/20 (수)	분류 및 측정	• 자동차 회사별 분류하기 • 바퀴 둘레 길이 측정 및 막대그래프 그리기	• 자동차 회사 마크 제시 • 회사별 자동차 팸플릿 및 자동차 모형 전시
		6/21 (목)	미술적 표현	• 바퀴 문질러 그림 그리기 • 미니카에 물감 찍어 굴리기 • 3차 표상	• 여러 종류의 바퀴와 휠 전시 • 미니카 준비
		6/22 (금)	경험 활동	• 세차하기	• 차량 섭외 • 세차 도구 준비
6/25 ~ 6/26	마무리하기	6/25 (월)	조형 활동	• 폐품을 이용한 자동차 제작 • 도로 만들기	• 여러 종류의 폐품 수집 및 비치
		6/26 (화)	조형 활동	• 도자기로 자동차 만들기 (내가 만든 … 자동차)	• 재료 준비
6/27 ~ 6/29		6/27 (수)	전시회 준비	• 초청장 만들기 • 전시회장 꾸미기	• 초청장 전시 및 배부
		6/28 ~29	전시회 개최	• 자동차 프로젝트 결과 발표 –공유하기	• 평가하기

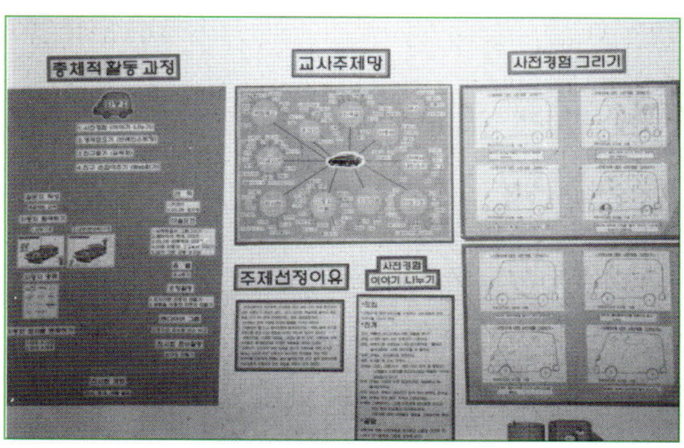

자동차 프로젝트 총체적인 활동 과정

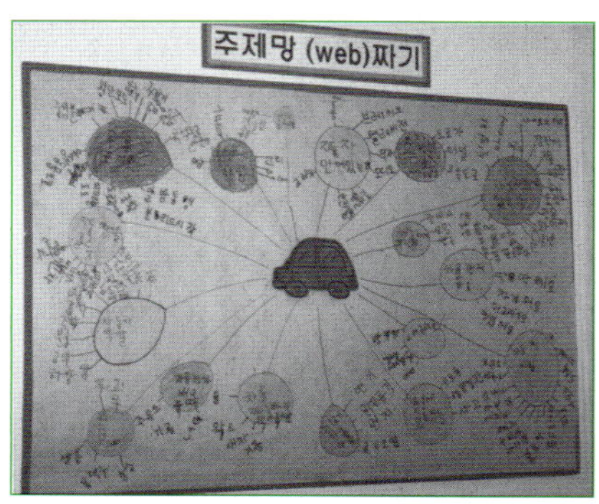

주제망 짜기
: 교사와 유아의 공동 주제망 구성

궁금이 상자를 통한
질문거리 및 해결 방안 탐색

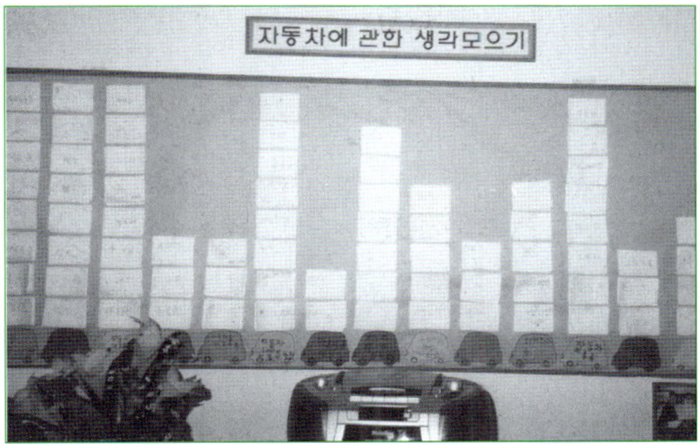

생각 모으기 및 친구 찾기

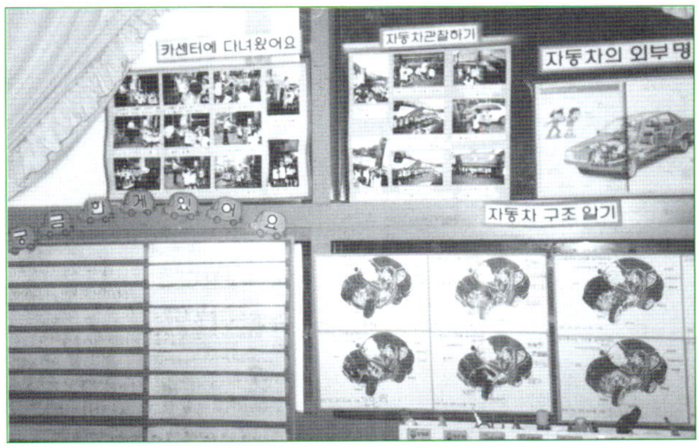

조사 탐구 · 표현 활동
: 자동차는 어떻게 생겼나요?

조사 탐구 · 표현 활동
: 우리가 씻고 있어요!

조사 탐구 · 표현 활동
: 자동차 번호판의 숫자는 어떻게 구분할까?

조사 탐구 · 표현 활동
: 와! 자동차 바퀴다!

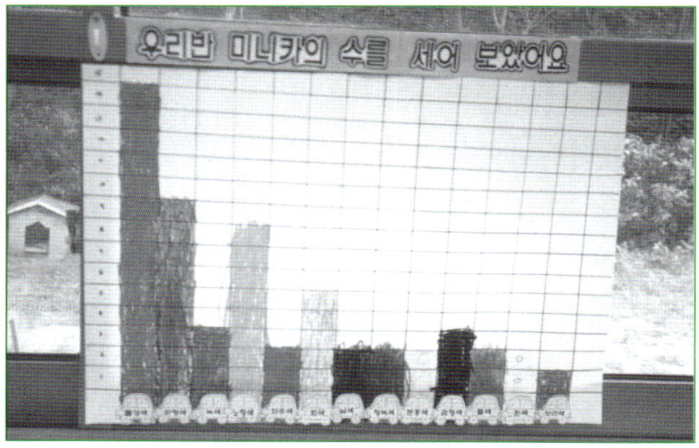

조사 탐구 · 표현 활동
: 수학적 표현 "우리 반 미니카의 수를 세어 보았어요"

조사 탐구 · 표현 활동
: 음악적 표현 "우리가 만든 노래(바퀴를 씻으면서)예요!"

조사 탐구 · 표현 활동 : 창의적 탐구
"내가 상상한 자동차예요."

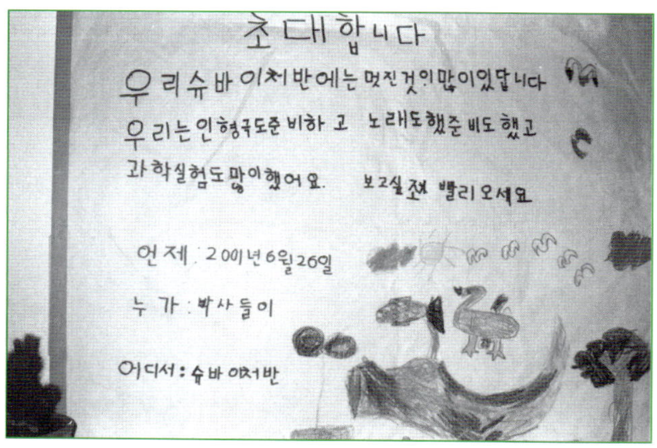

전시 : 초청장 "초대합니다"

2) 교사의 역할

프로젝트 활동에서 교사는 유아들의 흥미를 유발시켜 프로젝트에 착수하며 다양한 활동을 통해 유아들의 이해를 풍부하게 하고 잘못된 개념을 수정해 나가도록 하는 등의 적극적인 역할을 담당한다. 그리고 교사는 유아들과 토의를 통해 활동의 절차를 협의하고 정보를 교환하며 다음과 같은 역할을 수행해 나간다.

첫째, 프로젝트에 대해 유아의 흥미를 유발시킨다.

둘째, 유아의 지식과 이해의 확장 및 심화를 위해 다양한 학습 활동을 구성하고 프로젝트의 전체 결과를 구체화한다.

셋째, 유아의 긍정적 성향의 발달을 위해 적절한 시기에 자료를 제공한다.

넷째, 교사는 유아들의 구성 활동, 탐색 활동, 표현 활동을 격려하며 이러한 활동에서 여러 가지 기술을 사용하도록 돕는다.

다섯째, 유아들이 서로 협동하고 인정하며 정보를 나눌 수 있도록 학급 분위기를 증진시킨다.

여섯째, 각 유아의 다양한 활동 수행 능력을 계속 관찰하고 그 차이를 조정함으로써 능력 있는 유아에게는 도전의 범위를 확장하고, 학습과 동기가 부족한 유아에게는 특별한 기회를 가질 수 있도록 구조화한다.

일곱째, 유아들이 활동해 나가는 과정과 결과를 평가하고 수집하여 전시함으로써 학급 유아와 부모들에게 안내한다.

여덟째, 프로젝트에서 수행한 전체 내용을 기록 보관하여 나중에 프로젝트의 계획에 참고 자료가 되도록 한다.

프로젝트 접근을 통한 동·식물 기르기에 대한 예비 교사의 반성적 저널

"양파나 미나리를 집에서 길러 보았지만 이번 무순 기르기는 조금 달랐다. 유심히 관찰해야 했고 관찰 일지도 적어야 했다. 프로젝트 접근을 통한 동·식물 기르기 과정을 거치면서 다시 한 번 꼭 해 보고 싶다는 생각과 쉽게만 생각했던 것들이 실제로는 까다로운 것임을 알 수 있었고 자연을 바라보는 눈이 스쳐 지나가는 단계에서 관심을 가지고 지켜보는 쪽으로 변화하게 되었다."

"물·공기·날씨·개미·거북이 등 그냥 눈에 보이는 지식만 알고 있었는데, 이 활동을 통해 이것들이 가지고 있는 우리 생활 속에서의 역할·중요성 등을 인식해 보니 모든 것이 신비로웠다. 개미 프로젝트를 하면서 개미를 죽였던 지난날들이 생각나 미안하였고 결국 개미와 친한 친구가 된 기분이었다."

2. 문학적 접근을 통한 지도

1) 문학적 접근을 통한 유아과학교육의 중요성 및 목적

통합적 교육과정 모형에 의한 과학교육 교수 · 학습 방법의 하나로 문학적 접근 방식을 들 수 있다.

유아들에게 있어 문학은 풍부한 상상력을 키워 창작 · 사상 · 종교와 철학의 기초뿐 아니라 발명과 발견의 장을 열어 주기도 한다. 얼핏 문학은 과학과 관련이 없는 것처럼 여겨지지만 문학은 실제로 과학을 통해 얻고자 하는 과학적인 태도를 형성하는 데 영향을 줄 수 있으며, 주위의 사물을 보고 느끼고 판단하는 능력을 형성하여 유아의 과학적 사고의 기초를 마련하는 기회를 제공한다.

Anderson(1981)이나 Barrow와 Salesi(1982)는 유아과학교육의 통합적 전개의 가치를 인정하면서 그 전개 방법으로 문학작품을 통한 유아과학교육의 방법을 사용하였다. 즉, 과학 활동의 출발점으로 유아들이 쉽게 접할 수 있는 좋은 그림책을 사용하였고, 그림책의 이야기 전체가 교수 활동의 출발점이 되기도 하였다. 이러한 방법은 유아들에게 문학적 경험만을 주는 것이 아니라 관련 과학 활동으로 이끌 수 있는 발판의 역할을 제공한다. 왜냐하면 사람들은 남녀노소 할 것 없이 대부분 이야기를 좋아하며, 동화 자체는 유아들의 흥미 및 생활과 밀접히 관련되어 있으며 그들에게 친숙하여 유아과학교육에 좋은 소재와 방법이 될 수 있기 때문이다. 또한 유아 과학 활동은 유아에게 의미 있는 것일 때, 즉 유아가 가장 관심을 가지고 있는 것, 재미있어 하는 것, 이미 알고 있는 것에서부터 출발할 때 쉽게 가르쳐질 수 있기 때문에 그림책을 포함한 다양한 문학작품을 활용하는 것은 긍정적인 측면이 많다고 할 수 있다. 과학의 개념 및 과정이 내포된 문학작품을 읽고 함께 토의하는 과정에서 호기심이 생겨나고 이러한 호기심은 과학 활동으로 자연스럽게 연결될 수 있을 것이다.

따라서 문학적 접근에 기초한 유아과학교육을 통해 과학은 어렵다는 일반적인 인식이 보다 이해하기 쉽고 유아의 호기심을 자극하여 유아의 적극적인 태도를 유발하는 유아 중심적 과학 활동으로 나아갈 수 있다.

문학을 중심으로 한 통합적 과학교육이란 결국 앞에서 제시하였던 프로젝트 접근을 통한 과학교육과 마찬가지로 과학적 개념을 과학 활동에서만 분리시켜 가르치려고 하는 것이 아니라 노래, 이야기, 동시, 게임 등의 활동과 연결시켜 전개해 가는 것이다. 단, 다른 점은 유아들이 즐기는 문학작품 중 과학적 개념이 포함된 문학을 먼저 읽고 이에 포함된 개념을 중심으로 하여 관련 활동으로 확장시켜 나아간다는 점이다.

문학작품을 토대로 다른 교과의 개념을 통합적으로 경험하는 것은 일반적으로 바람직하게 받아들여지고 있으나 이에 대한 우려의 입장도 있음을 이해하야 할 것이다. Routman(1988)은 상품화된 자료가 '문학'이라는 미명 아래 좋은 작품을 개작하여 그 본래의 뜻을 잃게 한다고 염려하고 있다. 즉, 많은 이야기는 수정, 생략되고 특히 잘 알려진 작가의 이야기가 간소화되어 소개되기 때문에 작가의 의도와는 달리 기초 독본으로 되어 버린다는 것이다. 그 결과 이야기의 줄거리가 바뀌고 자연스러운 언어의 흐름이 막히며, 감정의 질이 바뀌고 흥미 있는 이야기는 없어지고 자연성을 잃게 된다고 하였다(조부경 외, 1994).

이러한 점을 염두에 두고 문학작품을 중심으로 과학교육을 전개해 가기 위해서는 무엇보다 좋은 책을 선정하고 이를 토대로 적절한 활동을 통합적으로 계획하는 것이 중요하다. 따라서 문학을 중심으로 한 통합적 유아과학교육의 계획 시 몇 가지 주의할 점을 제시하면 다음과 같다(이경우 외, 1998).

첫째, 문학의 선정이 중요하다. 선정된 문학에는 반드시 전달하고자 하는 과학의 개념이 포함되어 있으면서도 유아에게 흥미를 주는 것이어야 한다.

둘째, 스스로 찾아 나갈 수 있도록 실마리를 제공하는 내용도 포함되어 있어서 다양한 사고로 확장할 수 있는 기회를 주어야 한다. 예를 들어, '황금거위'라는 동화는 비록 유아에게 자석의 개념을 직접적으로 전달하지는 않지만 폭넓게 붙고 붙지 않는 성질을 유아 스스로 찾아갈 수 있도록 하나의 흥미로운 실마리를 제공한다는 측면에서 선정될 수 있다.

셋째, 문학에서 제시된 개념을 중심으로 관련 활동을 계획하여 여러 활동을 통한 심화·확장학습이 되도록 한다.

넷째, 가능한 한 다양한 활동을 계획하되 관련시키기 어려운 활동을 무리하게 만들지 않도록 한다. 개념이 적절하게 전개될 수 있는 활동을 중심으로 하도록 한다.

2) 문학적 접근을 통한 유아과학교육의 내용

문학적 접근을 통한 유아과학교육의 내용을 개정 유치원 교육과정 탐구생활의 내용 체계에 따라 유아교육기관에서 활용할 수 있는 문학작품을 소개하면 〈표 5-2〉와 같다.

문학작품을 소개할 때는 유치원의 생활주제 중 한 가지 주제에 포함시켰으나 동일한 책으로 다른 주제에 대한 접근이 가능하며 유아의 연령과 흥미, 교실의 여건에 따라 다양하게 활용할 수 있다.

〈표 5-2〉 과학교육 내용을 포함하고 있는 문학작품

생활주제	과학 내용	문학작품	글/그림 (역)	출판(연도)
유치원과 친구	• 물체와 물질에 대해 알아보기	꼬니는 내친구	정대영	보림(1994)
		구리와 구라의 빵 만들기	나카가나 리에코/오무라 유리코	한림(1994)
		색	빠스칼 드 브르고잉/삐에르 마리 말라	꼬마샘터(1991)
나와 가족	• 생명체와 자연환경 소중하게 여기기 • 물체와 물질에 대해 알아보기	만져 보면 다 알아요	김영자/황명희	여명출판(1996)
		아기 사자의 머리 깎기	유치원교육활동자료	교육부
		작은 집 이야기	버지니아 리 버튼 (홍연미)	시공사(1994)
		우리 집은 너무 좁아	마고 제마크	비룡소(2006)
		아빠가 지켜줄게	이혜영	비룡소(2007)
건강과 안전 · 우리 동네	• 생명체와 자연환경 소중하게 여기기 • 물체와 물질에 대해 알아보기	난 밥 먹기 싫어	이민혜	시공주니어(2009)
		깊은 밤 부엌에서	모리슨 샌닥 (강무홍)	시공주니어(2001)
		김치는 싫어요	최신양/나애경	보림(1995)
		꼬마 요리사 팬더 리리	편집부/박정옥	한림(1995)
		나도 아프고 싶어	알리키 부란덴베르크 (이수연)	시공주니어(2000)
봄 여름 가을 겨울	• 자연현상에 대해 알아보기	아하 보리였구나	심조원/차정인	보리(2000)
		오소리네 집 꽃밭	권정생/정승각	길벗어린이(2000)

생활주제	과학 내용	문학작품	글/그림 (역)	출판 (연도)
봄 여름 가을 겨울	• 자연현상에 대해 알아보기	봄날 호랑나비를 보았니?	조은수/문승연	길벗어린이(1995)
		봄노랑, 여름노랑, 가을노랑, 겨울노랑	조문현/김현경	동아출판(1994)
		비 오는 날	유리 슐레비츠 (강무홍)	시공주니어(2000)
		여름에는 왜 더울까요?	크리스 아베티스/버틴 맥키섁	다섯수레(1989)
		여름이 왔어요	보리/김영미	보리(2001)
		잎은 왜 단풍이 들까요?	크리스 아베티스/제임스 버클리	다섯수레(1997)
		눈 오는 날	엑즈라 잭 키츠 (김소희)	비룡소(1995)
		겨울에는 왜 춥나요?	갤럴 뱅머/버틴 맥키섁	다섯수레(1989)
동식물과 자연	• 생명체와 자연환경 소중하게 여기기	장화 신은 고양이	프레드 마르 셀리노	시공주니어(2000)
		동물들은 왜 겨울잠을 자나요?	크리스 아베디스/제임스 버클리	다섯수레(1990)
		무당벌레	빠스칼 드 부르고잉/씰밴 빼롤	꼬마샘터(1999)
		쇠똥 구리구리	유애로	보림(1994)
		알을 품은 여우	이사미 이쿠요	한림(1994)
		올빼미	씰밴 빼롤	꼬마샘터(2008)
		우리끼리 가자	윤구병/이태수	보리(1997)
		코를 킁킁	루스 크라우스/마크 사이먼트	비룡소(1997)
		날아라, 호랑나비야	권혁도	길벗어린이(2004)
		무지개물고기와 신기한 친구들	마르쿠스 피스터	시공주니어(2009)
		나뭇잎이 달아나요	올레 쾨네케	시공주니어(2008)
교통기관	• 물체와 물질에 대해 알아보기	말괄량이 기관차 치치	버지니아 리 버튼 (홍연미)	시공주니어(1995)
		굴러라 바퀴야	조명제/문철	보림(1995)
		야, 우리 기차에서 내려	존 버닝햄 (박상희)	비룡소(2000)

<table>
<tr><th>생활주제</th><th>과학 내용</th><th>문학작품</th><th>글/그림</th><th>출판 (연도)</th></tr>
<tr><td rowspan="2">교통기관</td><td rowspan="2">• 물체와 물질에 대해 알아보기</td><td>돌돌이와 바퀴</td><td>이경우 · 이정환</td><td>창지사(1988)</td></tr>
<tr><td>화물열차</td><td>도널드 크루즈 (박철주)</td><td>시공주니어 (2001)</td></tr>
<tr><td rowspan="6">우리나라 · 세계 여러 나라</td><td rowspan="6">• 물체와 물질에 대해 알아보기
• 간단한 도구와 기계 활용하기</td><td>지구촌 동물들</td><td>르네 메뜰레</td><td>꼬마샘터(1996)</td></tr>
<tr><td>한자돌이</td><td>이종철/이춘길</td><td>보림(1995)</td></tr>
<tr><td>장영실 이야기</td><td>유치원활동자료집</td><td>교육부</td></tr>
<tr><td>씨실 날실</td><td>주강현</td><td>보림(1995)</td></tr>
<tr><td>연아 연아 올라라</td><td>김영자</td><td>보림(1995)</td></tr>
<tr><td>코끼리똥으로 종이를 만드는 나라는?</td><td>마르티나 바트슈투버</td><td>시공주니어 (2009)</td></tr>
<tr><td rowspan="2">생활도구</td><td rowspan="2">• 간단한 도구와 기계 활용하기</td><td>동물마을의 목수아저씨</td><td>유치원활동자료집</td><td>교육부</td></tr>
<tr><td>갈리레오 갈리레이</td><td>피터 시스</td><td>시공주니어 (1999)</td></tr>
<tr><td rowspan="10">환경과 생활</td><td rowspan="10">• 자연현상에 대해 알아보기</td><td>기후</td><td>빠스칼 드 브르고잉/소니 니프게</td><td>꼬마샘터(1991)</td></tr>
<tr><td>맑을까? 비올까?</td><td>이경애/이경화</td><td>국민서관(1995)</td></tr>
<tr><td>빛</td><td>질베르 우브르</td><td>꼬마샘터(1991)</td></tr>
<tr><td>밀림</td><td>르네 메뜰레</td><td>꼬마샘터(1994)</td></tr>
<tr><td>토토의 무지개놀이</td><td>강덕선</td><td>웅진(1991)</td></tr>
<tr><td>바닷물고기 덩치</td><td>정대영</td><td>보림(1994)</td></tr>
<tr><td>그림자 길을 따라 갔어요</td><td>이성표</td><td>보림(1995)</td></tr>
<tr><td>지구를 굴리는 공 이야기</td><td>주영삼</td><td>비룡소(1998)</td></tr>
<tr><td>천둥과 번개는 왜 생길까요?</td><td>크리스 아베티스/제임스 버클리</td><td>다섯수레(1989)</td></tr>
</table>

3) 문학적 접근을 통한 과학 교수 · 학습 방법 및 교사의 역할

통합적 접근 방법의 하나인 문학적 접근을 통한 교수 · 학습 방법의 전개 과정 및 교사의 역할을 살펴보면 다음과 같다.

(1) 1단계: 문학 선정하여 들려주기 및 토의하기(생각 모으기 및 질문 탐색)

통합적 과학 활동의 성공을 이루기 위해서는 좋은 책 선정 기준에 따라 선정된 문학을 유아에게 적절히 소개하되, 문학에 내포된 과학 개념이 가장 잘 전달될 수 있는 방법을 활용하면 더욱 효과적이다. 적절한 교수매체가 선정되면 소집단 혹은 대집단으로 문학을 들려주고, 잠시 토론의 시간을 갖는다.

책을 읽는 동안 유아가 제기한 질문들에 관해 이야기 나누고, 책의 내용 가운데 유아들의 탐구심을 강화할 수 있는 부분에 대해 교사가 질문을 하여 유아들의 경험과 생각에 대해 토의한다.

(2) 2단계: 과학 활동의 계획 및 전개하기

유아들과 토의를 통해 계획된 것과 교사가 유아들에게 필요하다고 판단한 다양한 과학 활동들을 구성하여 전개한다.

문학에 포함된 과학 개념을 전달하기 위해 계획된 수학 · 과학 · 동시 · 신체 표현 등의 활동을 전개할 때 어떤 정해진 순서가 있는 것은 아니다. 주제 자체를 과학 관련 주제로 선정하여 일과 전체 활동을 과학 활동 중심으로 전개할 수도 있으며, 기존의 생활주제를 유지해 가면서 부분적으로, 지속적으로 전개해 갈 수도 있다. 각 활동의 효과를 거두기 위해서 교사가 적절한 활동을 선정하는 것도 중요하지만 그것을 어떻게 전개해 가는가는 더욱 중요하다. 이렇게 활동이 진행되는 과정에서 교사는 다음의 역할을 수행한다.

첫째, 교사는 준비된 자료를 제시하고 유아들에게 충분히 탐색할 시간을 준다.

둘째, 자료 탐색 과정을 통하여 유아들의 호기심이 높아지고 있을 때, 교사는 "이것들을 가지고 무엇을 할 수 있니?" "어떤 놀이를 할 수 있니?" 등 유아들이 자신의 활동을 창안하고 계획해 보도록 자극한다.

셋째, 유아 자신이 창안해 낸 활동을 각자 실행하도록 격려한다.

넷째, 교사가 계획한 활동 방법을 유아가 스스로 알아내지 못할 경우, 교사는 한쪽에서 다른 유아와 함께 놀이자로 참여하여 그 활동을 해 볼 수 있다. 교사의 이러한 놀이자료서의 활동은 자연스럽게 다른 유아에게 확장될 수 있다.

다섯째, 유아의 활동을 확장하도록 격려한다. 유아들의 활동이 다양하게 발전되지 못할 경우 교사는 "~를 이렇게 해 볼 수 있겠니?" 등 방향을 제시해 주는 질문을 하여 활동이 확장되도록 도움을 준다.

(3) 연관 활동하기

앞서 전개된 과학 활동을 통해 학습된 과학적 개념 및 기술을 유아가 보다 의미 있게 표현하고 재구성하도록 하기 위해 수 · 언어 · 조형 등 관련된 연계 활동을 한다.

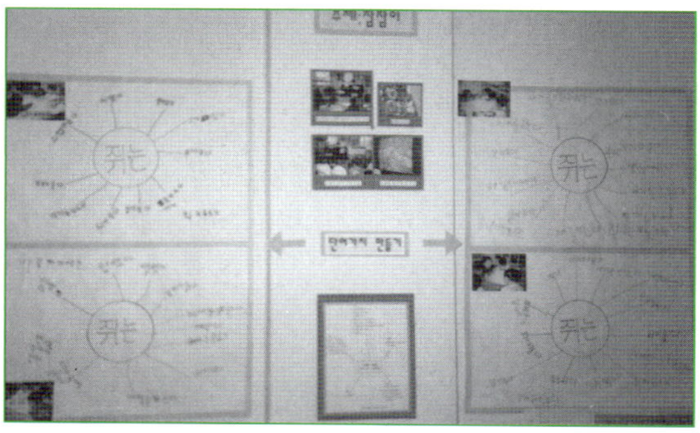

단어 가지 만들기

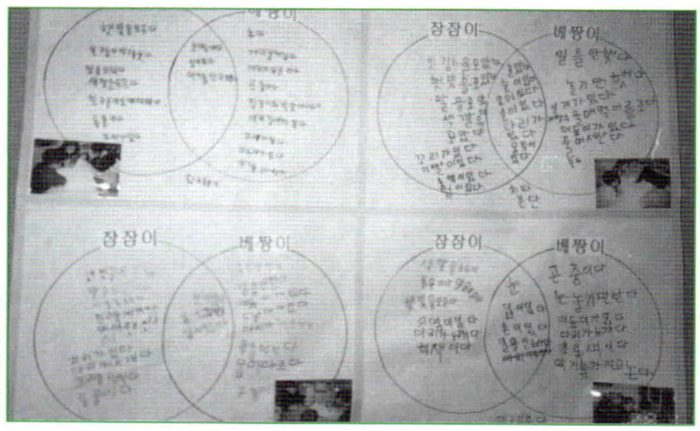

수 · 과학적 탐구 : 잠잠이와 베짱이

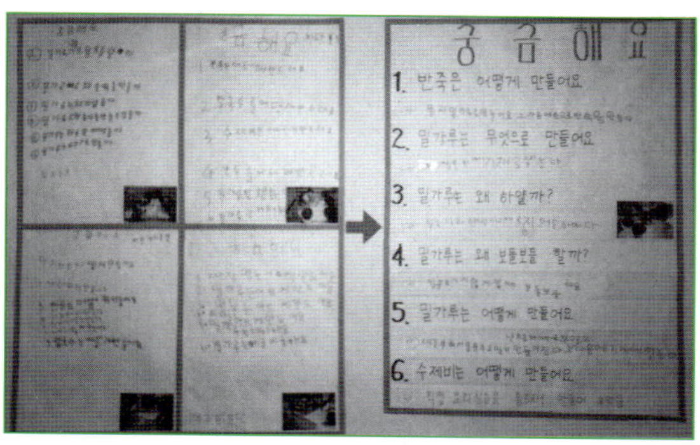

질문 모으기 : 우린 이런 것이 궁금해요

창의적 탐구 : 모양 쥐 구성하기

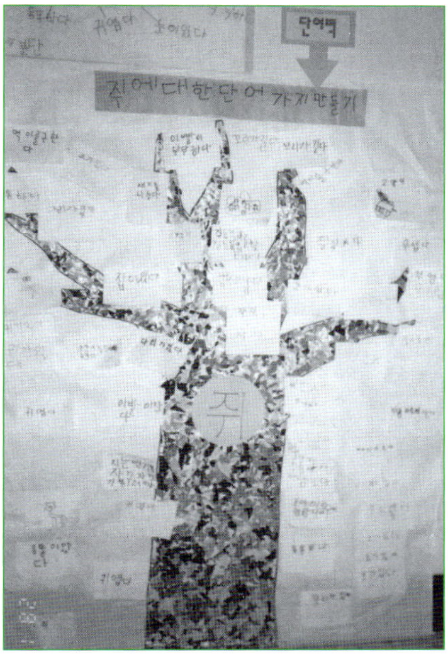

생각 모으기
: '쥐'에 대한 단어 가지 · 단어 벽 만들기

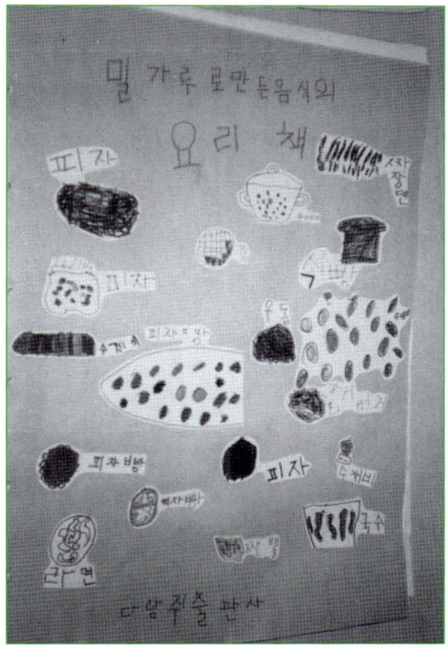

과학적 탐구 : 우리가 만든 요리책

잠잠이에게 편지 쓰기

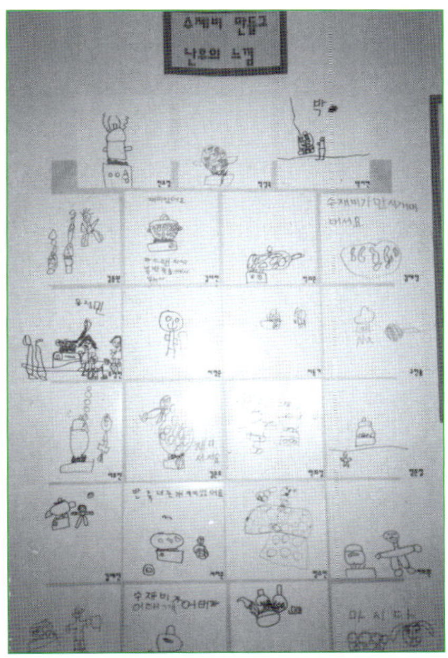

요리 활동 후의 느낌 표상하기

3. NIE(신문 활용 교육: Newspaper in Education)를 통한 지도

1) 신문 활용 교육의 정의 및 중요성

신문 활용 교육(Newspaper in Education)이란 "누구나, 언제, 어디서나 쉽게 구할 수 있는 신문을 통하여 사회적으로 문제화되고 있는 많은 정보 가운데서 필요한 것을 선택하여 학습에 유용한 보조 교재와 교수 방법으로 활용하여 신문과 친숙하게 하며, 또한 열린교육을 통해 21세기에 걸맞는 정보화 교육의 효과를 높이는 프로그램이다."

NIE 운동은 미국에서 시작하여 현재는 유럽, 호주, 일본 등지에도 보급되었다. 이러한 신문 활용 교육은 유아와 청소년들의 인간성 함양, 의견 개진 및 판단 능력 제고 등을 길러 주는 효과를 거두게 되었다. 국내에서도 한국언론협회가 주관한 'NIE 세미나'를 통하여 신문 활용 교육이 소개된 이후 언론사와 교사 등을 중심으로 교육 현장에서 널리 적용되고 있다.

신문 활용 교육의 중요성에 대해 허병두(1997)는 첫째, 신문은 학생들에게 앞으로 그들이 사회 구성원으로 살아갈 수 있는 가장 기본적인 지식과 정보를 제공하는 것이라 하였다. 신문은 '지금/여기'의 현실과 함께 과거와 미래를 담는 유용한 정보 매체로서 '평생 학습의 살아 있는 교과서'라고 하였으며 둘째, 신문은 문자와 그림, 사진 등의 표현 형식을 갖춘 정보 매체로서 새로운 정보들을 얻을 수 있을 뿐 아니라, 그 전달 방식을 익히게 됨으로써 정보의 활용 능력을 키울 수 있고 셋째, 신문은 여러 사람들의 의견을 활발히 나눌 수 있는 기회를 제공함으로써 사물과 현상, 사회, 인간 등에 대해 폭넓고 심층적인 사고를 할 수 있게 한다는 것이다. 넷째, 신문에는 1면 종합면부터 마지막 면의 전면 광고에 이르기까지 다양한 내용과 형식의 표현들이 가득하다. 따라서 신문을 활용하면 마치 여러 권의 최신 교과서를 가지고 수업하는 것처럼 교육 내용을 통합적으로 접할 수 있어 학습 효과를 높일 수 있다는 것이다.

이와 같이 신문 활용의 교육적 가치에 근거하여 신문은 유아교육에도 활용될 수 있는 교수매체임을 알 수 있다. 최근 열린교육에서는 획일적인 주입식 교육에서 벗어나 탐구적인 사고와 창의적인 교육 방식의 자료로 최대한 활용되고 있는 실정이다. 그러나 신문이 교육을 전제로 제작된 것이 아닌 만큼, 이를 활용하는 교사가 유아의 발달 수준 및 신문의 특성 등을 충분히 숙지한 후에 시도를 하여야 성공할 수 있다. 그러므로 교사는 부단한 연수를 통하여 사전에 철저한 지도 계획을 수립하여 교재로서의 재구성 작업을 거칠 때 비로소 교수 · 학습 자료로서 활용될 수 있음을 유념해야 한다(이준영, 1996).

2) 유아과학교육에서 신문 활용 교육의 적용

유아들의 호기심은 마르지 않는 샘과 같아서 끊임없는 질문을 만들어 내고, 누가 시키지 않아도 사물의 변화와 현상을 재미있게 탐색하고 관찰하는데, 이는 외적인 자극이 주어지기 전에 이미 스스로 사물에 대해 탐색하려는 내적인 호기심을 가지고 있기 때문이다.

이러한 관점에 의하면 유아과학교육은 유아가 흥미와 호기심을 가지고 알고 싶어 하는 주변 환경에 관한 문제를 해결해 가는 과정이며 이 과정을 즐기고 지식을 구성해 가는 것이라 할 수 있다. 과학을 생활화하는 유아들에게 정보사회에 능동적으로 대처할 수 있는 능력을 배양해 주기 위해서는 최신 정보가 있는 신문 기사, 사진, 그림 및 신문지를 이용한 신문 활용 교육을 유아교육과정에 활용함으로써 유아들로 하여금 관심과 호기심을 가지고 자연현상과 주위의 사물을 탐구하는 데 필요한 과학적 사고의 기초 능력과 태도를 갖게 하는 데 도움을 줄 수 있다.

유아과학교육과정의 운영을 위해 미국의 전국 과학교사연합회(National Science Teachers Association: NSTA)는 좋은 과학 프로그램을 위한 교육과정 자료들로 "현재와 미래의 우리 인간과 관련된 문제에 대해 연구되어야 하는 …" 것을 제안하고 있으며, 또한 "유아에게 어떻게 될 것이라는 것을 말해 주기보다는 유아 스스로 답을 탐구하고, 탐색하여 찾을 수 있도록 격려 …" 하는 자료이어야 한다고 제안하고 있다. 이와 같은 NSTA의 제안 기준에 근거하여 볼 때, 신문은 우리의 일상생활에서 일어나는 인간과 관련된 크고 작은 사건을 보도하고 있으며, 유치원 교육과정 내의 생활주제에 적합한 신문 기사를 통해 인간과 관련된 여러 가지 문제점을 파악하고 그 해결책을 유아 스스로 탐구 · 탐색할 수 있도록 제공해 주는 좋은 과학 프로그램의 자료가 될 수 있다.

이러한 관점과 맥을 같이하여 신문 활용 교육은 초등학교를 비롯한 중 · 고등학교에서는 열린교육 및 평생교육의 실천을 위해 시도하는 교육 개혁 차원으로 활발히 이루어지고 있다. 유치원에서도 다양한 형태로 신문을 활용한 교육이 이루어지고 있으나 주로 일회적인 교육 활동 중심이며, 교육과정상의 교육 내용에 따른 활동의 체계화 및 조직화는 제대로 이루어지지 않고 있는 실정이다.

따라서 유치원에서의 신문 활용 교육은 유아의 주변에서 쉽게 볼 수 있는 신문의 많은 정보 중 유치원 교육과정 내의 생활주제에 적합한 과학적인 기사 내용(날씨, 동·식물, 곤충, 환경, 지구와 우주, 발명, 생활도구 등)을 유아의 발달 수준과 교육 목표에 맞게 교재·교구로 개발하여 활용함으로써 유아의 과학적인 호기심을 높이고, 생활 지식을 넓혀 문제 해결력을 키울 수 있으며, 또한 신문의 각종 사진과 그림 자료는 개별 또는 집단 형태의 토의 및 창의적 사고로 확장하여, 유아교육과정 내의 제 영역과 통합적인 활동으로 전개할 수 있다.

3) 지도상 유의점

유치원에서 신문을 활용하여 지도할 시 몇 가지 유의 사항을 살펴보면 다음과 같다(문미옥 외, 2000).

첫째, 신문 기사를 통하여 자연현상과 과학 학습에 대한 호기심과 학습 동기를 유발시킴으로써 자연스럽게 신문에 대해 관심을 갖게 한다.

둘째, 유아의 일상생활과 관련된 과학적인 신문 기사 내용을 중점으로 탐구심을 키워 나가도록 한다.

셋째, 사회적 관심사가 큰 과학 내용을 유아에게 소개하기 어려울 경우 유아 수준에 맞게 재구성하여 지도하도록 한다.

넷째, 평소에 사회적 문제가 되는 과학 내용은 영역별로 스크랩해 두었다가 유아교육과정의 주제에 맞추어 지도하도록 한다.

다섯째, 우리 주변에서 일어나는 일상생활 경험을 통하여 과학이 어떻게 활용되는지에 대하여 관심을 갖게 한다.

4) 신문 활용 교육을 통한 유아과학교육의 통합적 활동

유아교육기관에서 활용할 수 있는 유아과학교육에 적합한 생활주제별 신문 활용 교육 내용의 예는 다음과 같다.

〈표 5-3〉 생활주제별 NIE 활동

생활주제	과학 내용	NIE 활동
유치원과 친구	• 물체와 물질에 대해 알아보기	신문지 뭉쳐 공놀이하기 신문지 찢고 오려서 붙이기 신문에서 모양 찾아 구성하기 신문은 어떻게 구성돼나요 유치원 물건 관찰하고 신문에 나온 사진 오려 분류하기
나와 가족	• 생명체와 자연환경 소중하게 여기기 • 물체와 물질에 대해 알아보기	신문지 공 바구니에 넣기 나에게 필요한 물건 오려 붙이기 나의 이름 찾아 오려 붙이기 생물과 무생물의 사진 붙여서 탐색하기 여러 가지 직업 관련 그림 모으기 우리 가족 가계도 그리기
건강과 안전 · 우리 동네	• 생명체와 자연환경 소중하게 여기기 • 물체와 물질에 대해 알아보기	내가 좋아하는 음식상 차리기 내가 좋아하는 운동경기 운동 그림 보고 이야기 꾸미기 건강 상식책 만들기 운동선수 사진 따라 하기 신문지 장애물 넘기 신문지 허들 뛰어넘기 스포츠 경기를 보고 현재의 상황표나 대진표 작성하기
봄 여름 가을 겨울	• 자연현상에 대해 알아보기	봄 : 날씨 조사표 만들기. 봄꽃 · 나무 · 과일 찾아보기 여름 : 여름 과일 모으기, 우리 반이 좋아하는 과일 그래프, 여름 날씨판 꾸미기, 수재민에게 주고 싶은 선물과 편지 쓰기, 내가 가고 싶은 곳 찾기, 신문 접어 인디언 치마 꾸미기 가을 : 신문 접어 과일나무 · 곤충 · 열매 꾸미기, 날씨판 조사 겨울 : 눈비 올 확률 알아보기, 날씨의 변화 그래프 작성하기
동식물과 자연	• 생명체와 자연환경 소중하게 여기기	내가 좋아하는 동물, 식물 사진책 만들기 애완동물에게 주고 싶은 선물, 집 꾸미기 신문 접어 동물 가면 만들기 우리에게 도움을 주는 곤충, 식물 그림 찾아 붙이기 더운 지방에 사는 동물과 추운 지방에 사는 동물 구분하기 계절의 변화에 따른 나뭇잎 찾아보기

생활주제	과학 내용	NIE 활동
교통기관	• 물체와 물질에 대해 알아보기	교통기관 찾아 분류하기 자동차 광고 꾸미기 배 만들어 띄워 보기 물에 뜨는 것과 뜨지 않는 것 구분하기 자동차 발명하고 이름 지어 주기
우리나라 · 세계 여러 나라	• 물체와 물질에 대해 알아보기 • 간단한 도구와 기계 활용하기	전통 악기 사진 모으기 우리나라 사람이 외국에서 활약하는 예술인 사진 모아서 어떻게 성공할 수 있었는지 이야기하기 관광 장소 찾기 우리나라 풍경 사진 찾기 문화재 사진 찾기
생활도구	• 간단한 도구와 기계 활용하기	우리에게 도움을 주는 생활도구 사진 찾아 붙여서 이야기 나누기 운동 도구, 음악 도구, 부엌 도구, 청소 도구, 미용 도구 찾아보기 우리 가족의 핸드폰 찾아보기
환경과 생활	• 자연현상에 대해 알아보기	태풍의 피해에 대해서 조사해 보기 가뭄의 피해에 대해 조사해 보기 엘리뇨 현상에 관련된 기사 모으기 물과 우리 생활, 바람과 우리 생활, 흙과 우리 생활, 빛과 우리 생활, 소리와 우리 생활에 대해 찾아보기

5) NIE 적용을 위한 교수 · 학습 방법의 전개 및 교사의 역할

신문 활용의 교육적 효과의 장 · 단점을 인식하고 유아의 발달 단계에 맞는 프로그램을 연구하기 위해, 교사는 유치원이나 가정에서 신문이나 잡지, 사진 등을 모아 두는 습관을 가져야 한다. 사회문제가 되는 사진을 가지고 이야기를 전개해 보는 등의 방법으로 그날의 주제를 선정해 자료를 제시할 수 있어야 한다. 또한 유아들의 생각이 최대한 표현될 수 있도록 적절한 질문을 제공하여 유아의 발상 전환을 격려해 준다. 개별 활동, 소집단 활동, 대집단 활동을 격려하며 유아들이 자신의 의사를 발표할 기회를 많이 제공해야 한다.

교사의 역할을 정리하면 다음과 같다.

첫째, 생활 주제 및 과학 주제에 알맞은 신문 자료를 선택하여 제공하되 유아의 발달 수준 및 흥미에 맞게 제시한다. 교사의 준비된 자료에 따라 유아들의 흥미와 학습 동기가 유발하게 된다.

둘째, 자료를 충분히 탐색할 수 있도록 한다. 교사는 유아에게 제시된 자료에 관한 적절한 질문을 하여 유아 각 개인이 자신의 생각을 이야기하도록 한다.

셋째, 유아들이 토론을 통해 서로의 생각을 수정 또는 정교화할 수 있도록 교사는 직접 개입하지 않고 문제 해결 방법을 확장하도록 격려한다.

넷째, 개별 또는 집단별 활동에서 수렴된 내용을 서로 발표하고 나눈다.

다섯째, 유아들이 토론해서 결정한 최종적인 내용을 정리한 작업 활동들을 전시하거나 가정에 전달하여 가정과 연계적인 수업이 진행되도록 한다.

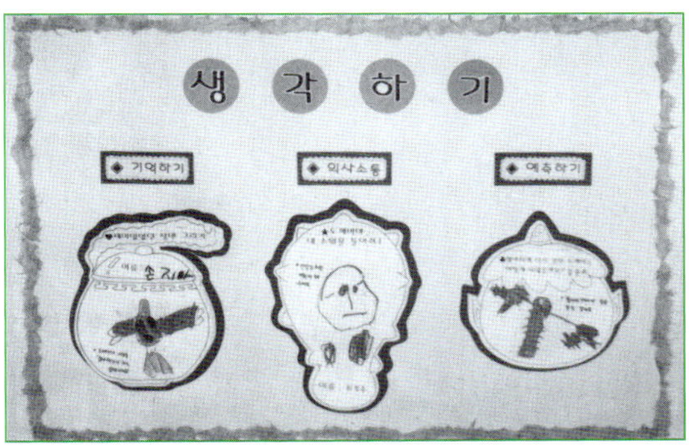

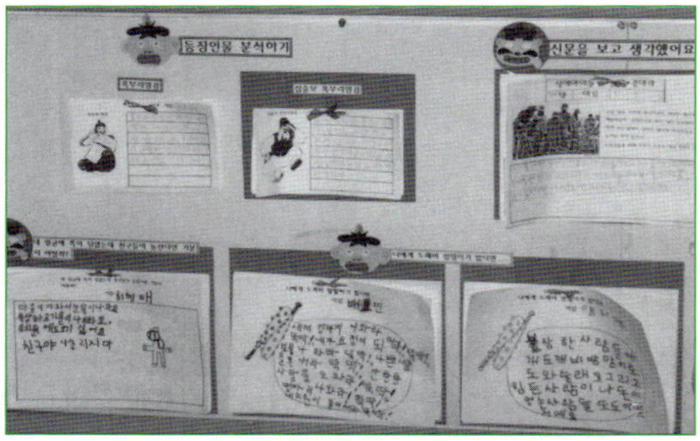
등장인물 분석하기
신문을 보고 생각했어요

꼼꼼히 따져봐!
싱싱 채소

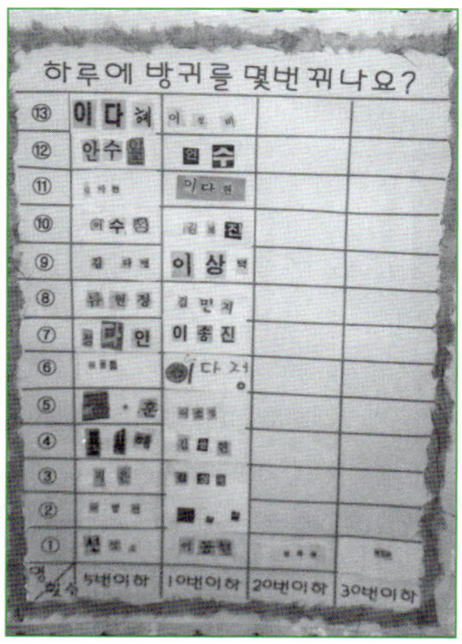
하루에 방귀를 몇번 뀌나요?
5번이하
10번이하
20번이하
30번이하

초대합니다

4. 컴퓨터를 활용한 지도

오늘날 우리의 생활 양상은 이미 인터넷, 멀티미디어와 이동 통신을 사용하는 컴퓨터가 일상생활화가 되었고, 유치원에서의 컴퓨터 활용 또한 급증하고 있다. 유아 컴퓨터 교육의 효과에 대한 찬반 논쟁에서 벗어나 컴퓨터는 이미 우리 일상생활의 일부분이 되었고, 앞으로 유아는 컴퓨터가 필수적인 도구가 되는 시기를 살아가기에 컴퓨터를 학습 자료와 도구로 사용하는 교육적 활용 가능성뿐만 아니라 컴퓨터에 대한 올바른 가치관의 창출을 위해서도 일상생활 속에서 유아들이 컴퓨터에 자연스럽게 흥미를 가지고 활동할 수 있도록 도와주어 정보 시대에 대처할 수 있는 소양을 길러 주어야 하는 것은 피할 수 없는 시대적 요청이다.

유아교육기관에서의 컴퓨터 활용에 대한 우려는 컴퓨터 활동이 하나의 특기 교육으로 잘못 인식되는 것과 유아교사들이 유아 발달 수준에 알맞은 소프트웨어를 선택해 줄 수 있는지, 그리고 교육적으로 활용할 수 있는지에 대한 문제일 것이다. 많은 유아교사들은 여전히 컴퓨터에 대하여 두려움을 가지고 있으며, 교사 자신이 컴퓨터에 대한 전문 지식이 부족하다고 여기고 있다.

그러나 유치원 현장에서 컴퓨터 교육을 실시하는 데 있어 교사가 컴퓨터를 잘 다루는 전문가이어야 할 필요는 없다. 교실의 다른 교구들과 마찬가지로 유아가 컴퓨터를 탐색하는 동안 컴퓨터라는 새로운 교구에 익숙할 수 있도록 유아를 도와주어야 한다. 보다 중요한 것은 변화해 가는 교육 환경 속에서 컴퓨터를 어떻게 교육과정과 통합하여 가르치는가 하는 것이다.

유아교육기관에서의 컴퓨터 활용 방안은 크게 세 가지 방향 및 목적으로 활용될 수 있다. 원아의 신상 기록이나 평가 자료 관리 및 각종 문서 작성 등의 교사 업무의 효율화를 위한 활용과 생활주제로서의 컴퓨터 접근 그리고 교육 자료 및 도구로서의 활용 등으로 분류될 수 있다.

유아를 위한 컴퓨터 교육은 체계적인 컴퓨터 관련 기술을 가르치는 것이 아니라 교육의 효과를 향상시키기 위하여 컴퓨터의 기능을 활용한다는 관점에서 이루어져야 한다.

1) 유아 컴퓨터 교육의 통합적 접근

유아교육기관에서 컴퓨터를 바르게 활용하기 위해서는 바람직한 컴퓨터 문화를 형성하고 컴퓨터를 유치원 교육과정에 통합하여 또래 간, 교사와의 상호 작용이 활발하게 일어날 수 있는 학습의 장을 마련해야 한다. 이를 위해서는 컴퓨터 활동 자체에만 목적을 두는 것이 아니라 생활주제와 관련지어 연간 교육과정과 통합적으로 이루어질 때 그 효과를 거둘 수 있다.

컴퓨터 활동의 통합적 접근을 위해 고려할 것은 연간 교육과정에 따른 생활주제에 적합한 소프트웨어 보유, 각 영역의 인터넷 사이트, 다른 영역과의 연계성 등이다(문미옥 외, 2000).

유아의 발달 수준에 적합한 소프트웨어를 선택하여 생활주제에 따른 통합적인 운영을 하면 컴퓨터 활동은 탐구 활동의 부분이 될 수 있고, 실험할 수 있는 환경으로 제공될 수도 있다. 또한 유아는 조형 활동 · 조작 활동 · 물놀이 · 모래놀이 등의 다른 활동을 선택할 수 있는 것과 같이 유아 자신의 발달 수준에 맞추어 컴퓨터 활동을 선택하게 될 것이다.

또한 컴퓨터를 교육과정에 통합하려는 시도로 컴퓨터를 하나의 생활주제로 받아들여 활용하는 방법을 구안해 볼 수 있다. 먼저 유아들이 컴퓨터에 대해 생각해 볼 수 있는 주제별 개념망을 조직해 보고, 이러한 주제망에 근거하여 컴퓨터 관련 활동을 전개시키는 데 필요한 활동 및 자료의 목록을 구성 · 계획한 후, 구체적인 주간 또는 일일 교육 계획을 세워 실행하여야 할 것이다.

컴퓨터를 통하여 이루어지는 유아의 경험은 컴퓨터 자체에 대한 교육에만 그치는 것이 아니라 전체 교육과정과 조화를 이루어야 하므로 흥미 영역 중 하나로 설치되어야 하며 다른 영역의 활동과 통합적으로 이루어져야 한다(이경우, 1995). 1대 이상의 컴퓨터를 가지고 유치원 교실 내의 컴퓨터 영역을 구성하게 되면, 컴퓨터 활동들이 다른 교실 활동들과 쉽게 통합될 수 있다. 유아들은 컴퓨터 영역을 이용할 수 있는 여러 놀이 영역들 중 하나로 받아들이게 되며, 컴퓨터 영역은 유아들이 서로 공유하고, 차례를 지키고, 서로 돕고 의사소통하는 사회적 상호 작용의 중심이 될 수 있다.

키보드와 화면이 유아의 키에 적합하도록 낮은 테이블에 설치되어야 하며 한 명 이상의 유아들이 컴퓨터를 사용할 수 있도록 배려한다. 컴퓨터 한 대당 최소 2개의 의자를 두어 나란히 배치함으로써 유아들 간에 상호 작용이 촉진되도록 물리적 환경을 마련해 준다. 이는 유아로 하여금 컴퓨터를 끊임없이 실험, 탐색하면서 새로운 것을 창조하도록 허용하는 동시에 다른 영역과 자연스럽게 연결 가능하도록 하여 영역 간 상호 보완적 학습을 촉진시켜 준다(이경우 외, 1998).

2) 과학 활동을 위한 인터넷 사이트의 활용

인터넷은 우리나라에서 10년도 안 되는 짧은 기간 동안 급속히 확산되어 실생활뿐만 아니라 교육 분야에도 영향을 주어 새로운 교육 환경의 변화를 주도하고 있으며 교육 정보 및 자료를 찾기 위해 가장 많이 사용하는 교육 매체라 할 수 있다. 이러한 인터넷의 대중화는 유아의 실생활에서도 나타나고 있는데 정보통신부와 한국인터넷진흥원(2006)은 정보화 실태 조사를 통해 만 3세~5세 유아 중 절반(50.3%)이 인터넷을 활용하고 있으며 평균 만 3.2세부터 인터넷을 시작하는 것으로 보고하고 있다.

이에 앞서 유아과학 분야에서도 인터넷을 활용한 교수 · 학습법을 개발하고 적용하는 다각적인 노력이 이루어지고 있다. 인터넷 환경은 실제 학급에서 제공하기 어려운 학습 환경을 제공해 주고 있으며, 또한 실제 수업과 연계하여 교수매체의 보조적 수단으로 인터넷 과학 사이트를 활용함으로써 유아들의 적극적인 참여와 흥미를 불러일으키고 있다.

한편 미국의 국가과학교사협회(National Science Teacher Association)에서도 유아가 컴퓨터를 통하여 과학지식을 개발하고 적용하면서 과학 학습을 촉진할 수 있기 때문에 유아과학교육에서의 컴퓨터 활용을 권장하고 있다.

그러나 유아교사로서 교육과정과 통합하기에 적절하고 유아의 발달에 맞는 인터넷 과학 사이트를 찾는 것은 쉽지 않은 일이다. 인터넷 자료가 교육과정과 일치하는 것은 거의 불가능한 일이며 각 매체는 그 자체로서의 기능과 역할을 가지고 있기에 매체가 교사나 교육과정을 대체할 수는 없다. 또한 인터넷 사이트의 경우는 정보의 바다에서 필요한 정보를 즉각적으로 받아 볼 수 있는 이점이 있으나 서버의 사정이나 홈페이지 사정으로 수시로 변동되는 속성이 있기 때문에 여건에 따라 접속이 어려운 경우도 많이 발생하고 있다.

그러므로 유아교사로서 우리는 인터넷 과학 사이트의 내용 중 활용 가능한 부분을 선별하여 교육과정과 통합하면서 인터넷 사이트의 내용이 유아의 과학 학습에 적절한지 그리고 단순한 과학 개념 전달이 아닌 유아가 주도적으로 탐구해 가는 데 도움을 주는 것인지, 궁극적으로는 교육과정에서 추구하는 유아과학교육의 기본 방향과 일치되는지 주의 깊은 숙고와 선택을 해야 한다.

나아가 사이트의 과학 내용이 적합하다 하더라도 가상공간에서의 조작은 실제와 다를 수 있으며 유아과학교육에서는 직접적인 경험과 구체적인 조작이 중요하기에 인터넷 과학 사이트의 내용을 실제 활동으로 전환하거나 연계함으로써 유아들에게 직접적인 경험의 기회를 부여하는 교사의 노력이 필요하다.

3) 컴퓨터를 활용한 과학 교수 · 학습 방법 전개 과정 및 교사 역할

유아교육기관에 컴퓨터를 도입하고 유아들에게 과학 관련 컴퓨터 활동을 소개하는 방법에는 먼저, 컴퓨터도 교실 내의 다른 교구들과 같은 것으로 보고 간단하게 소개하고 활동에 들어가는 방법이 있다. 그리고 교육과정의 생활주제에 맞추어 컴퓨터와 소프트웨어에 대한 이야기를 나눈 후 과학 활동을 소개하기도 한다.

소프트웨어를 교육과정에 통합할 때는 일반적으로 3단계를 거치는데 탐색하기, 활동하기, 확장하기의 과정이 있다(김경철 외, 1998).

(1) 1단계: 탐색하기

새로운 과학 관련 소프트웨어를 설치하거나 사이트를 열어 두고 활동을 시작하는 첫 단계로서 유아들의 발달 수준이나 경험 정도에 따라 다양한 방법으로 접근할 수 있다. 즉, 학기 초 유아들이 아직 컴퓨터에 익숙하지 않은 경우에는 교사가 소집단의 유아들과 함께 탐색 활동을 해 유아들이 새로운 과학 활동 CD롬이나 사이트에 관심을 갖도록 도와준 후, 개별적으로 탐색을 해 보도록 한다. 학기 초가 지나서 유아들이 컴퓨터 활동 경험이 있는 경우에는 유아들 스스로 다양한 방법으로 과학 활동을 탐색해 볼 수 있도록 기회를 제공한다. 또한 컴퓨터를 잘하는 유아와 그렇지 못한 유아를 짝 지어 주어 상호 간에 정보와 생각을 주고받으며 탐색할 수 있도록 배려한다.

탐색하기 단계에서는 유아들이 각기 자기 나름대로 자신의 수준에 맞게 이곳저곳을 자유롭게 탐색해 보는 것이 중요하므로, 유아들이 어려워서 도움을 필요로 하는 경우를 제외하고는 가능한 한 유아들 스스로 탐색할 수 있도록 격려해 준다.

(2) 2단계: 활동하기

유아들은 탐색하기 활동 과정을 거친 후 자신이 선호하는 활동에 몰두하게 된다. 자신이 선택한 활동에 몰두하면서 유아들은 새로운 사실을 발견하게 되고, 좀 더 심도 있게 컴퓨터 활동을 하게 된다. 이때 교사는 유아들의 활동을 잘 관찰하여 유아들의 흥미 · 관심 정도를 파악하고, 문제를 해결하기 위해서는 직접적인 지시보다 유아들의 사고를 확장시켜 줄 수 있도록 격려해 주며 유아들로 하여금 각 메뉴의 내용을 중심으로 활동을 전개해 보도록 유도한다. 또한 메뉴의 활동을 실제적인 과학 활동으로 전환하여 제공함으로써 유아들 간에 예측하기 토의하기, 실험하기, 과학 관련 교구를 이용하여 문제 해결해 보기 등의 직접적인 탐구 활동이 활발히 일어나도록 돕는다.

유아들이 과학 관련 컴퓨터 활동을 진행해 가면서 알게 된 새로운 사실은 회상하기 시간에 전체 유아들에게 발표할 수 있는 기회를 제공해 간접경험을 통해서도 유아들이 컴퓨터 활동에 익숙해질 수 있도록 한다.

(3) 3단계: 확장하기

교사는 우선 유아들의 과학 활동을 잘 관찰하여야 한다. 즉, 유아들이 컴퓨터 활동을 하면서 보이는 흥미와 관심 정도를 잘 파악하여 관련된 과학 활동으로 확장시켜 주고, 진행되고 있는 주제나 유아들의 사전 경험에 비추어 유아의 발달에 도움을 줄 수 있는 활동으로 확장시켜 주는 것이 바람직하다. 이루어진 활동 역시 회상하기 시간에 다른 유아들에게 발표할 수 있도록 기회를 제공하여, 관심 있는 다른 유아들도 활동에 참여할 수 있도록 배려한다.

이상과 같이 활동 전개 시 교사는 컴퓨터를 활용한 유아과학교육에 대해 올바르게 인식하고 접근할 경우 긍정적인 교육의 효과를 거둘 수 있다는 점을 염두에 두어야 한다. 그리고 컴퓨터 활동이 유아과학과 통합적으로 이루어지기 위해서는 무엇보다 교사의 역할이 중요한데, 유치원에서 컴퓨터를 소개할 때 이루어지는 교사의 역할은 다음과 같다.

첫째, 교사는 유아가 컴퓨터에 대해서 친근감을 느끼게 한다. 우선 컴퓨터와의 다양한 경험을 통해 불안감을 해소하고 컴퓨터 활동을 놀이 활동의 하나로서 즐겁게 상호 작용하는 모델을 제시해야 한다. 유아와 컴퓨터 사이의 상호 작용을 격려하고 문제를 제기하며 유아의 사고를 촉진할 문제 해결을 위해 중재하는 등 적극적인 역할을 하도록 한다(박선희 외, 1998).

둘째, 유아의 발달과 흥미, 유아과학교육의 기본 방향에 부합되는 적절한 소프트웨어를 선정하여 교육과정에 컴퓨터를 통합한다.

셋째, 유아들이 컴퓨터뿐만 아니라 과학에 대해서 올바른 가치관을 형성하도록 한다. 이때 교사는 인간이 컴퓨터를 통제하며, 컴퓨터는 인격을 갖지 않은 단순한 도구이고, 컴퓨터도 한계가 있다라는 내용을 통해 유아들로 하여금 컴퓨터를 비판적으로 수용하는 능력을 가지도록 한다.

5. 생태적 접근을 통한 지도

인간은 자연에서 태어나서 자연 속에서 살아가는 존재이다. 그러나 산업화 이후 인간의 삶의 터전은 자연이 아니라 도시를 근간으로 이루어지고 있으며, 계속적인 고도의 성장 추구와 과학 기술 지상주의는 당초 의도하지 않았던 우리 삶의 지속성을 위협하는 자연환경의 위기를 가져왔다.

무분별한 경제개발은 산업화와 도시화에 의해 자연환경의 파괴를 가속화시켰으며 그 결과 생태계의 자연스러운 순환은 단절되고 생태권의 재생 능력은 무너지기 시작하였다. 1960년대를 기점으로 환경문제로 제기되었던 인구 급증, 식량 부족, 자원과 에너지의 고갈이 1970년대 후반에는 열대우림의 파괴와 생물종 감소, 오존층 파괴와 지구 온난화 현상, 산성비, 엘니뇨 현상 등과 같은 기상 변화 그리고 근래에는 소위 내분비계 장애물질인 환경호르몬(Endocrine Disrupts: EDs) 등에 대한 불안감으로 급속히 확산되고 있는 실정이다.

자연은 생명의 터전이다. 오늘날 인간에 의해 발생된 환경문제는 서로 유기적으로 연관(생태계의 순환성)되어 있음을 간과해서는 안 된다. 대기오염이 수질오염을 야기하고 폐기물 문제도 지하수, 하천, 해양오염에까지 연관되며 이것이 다시 인간의 일상적인 삶에 직접적인 영향을 미치고 있다는 것이다. 이제 자연과 인간에 대한 인식의 전환이 필요한 때이다.

특히 오늘날 인간 사회가 겪고 있는 자연환경문제, 즉 생태계 위기를 극복하기 위한 한 방안으로 어릴 때부터 자연에서의 경험을 통해 인간과 자연이 서로 밀접히 연관되어 있음을 느끼고 이해할 수 있도록 돕고자 하는 자연 친화적 유아교육

사상은 2007년 개정 유치원 교육과정에서 보다 중요시되고 있다.

자연친화적 가치관의 형성은 유아기부터 자연과의 일상적인 접촉과 경험을 통해 길러질 수 있다. 유아기는 인간 형성의 기초적 시기이자 결정적 시기이므로 이때 형성된 가치관과 생활 태도는 이후 삶의 태도에 커다란 영향을 미친다. 따라서 자연과 더불어 함께 하는 교육이 유아교육에서부터 시작되어야 함은 당연한 것이다.

그러나 자연 친화적 탐구 활동은 도시화가 급속히 진행되고 있는 현대사회에서 적극적으로 실행하기에는 많은 어려움이 있으므로, 현실 주변 상황을 고려한 활동의 계획이 필요하다. 여기서는 자연 친화적 프로그램 중 텃밭 가꾸기를 중심으로 설명하고자 한다(임재택, 2000).

1) 텃밭 가꾸기

(1) 텃밭 가꾸기의 필요성 및 교육적 가치

불과 20~30년 전만 해도 우리 곁에는 생명을 키우는 텃밭이 있었다. 시골이나 도시의 변두리에도 집 주변에 대부분 텃밭이 있어 사시사철 채소를 가꾸어 먹을 수 있었다. 이렇게 일상의 삶 속에서 자리잡고 있던 텃밭이 산업화 · 도시화에 밀려 점차 자취를 감추어 가고 있고, 점점 줄어드는 농경지 및 오염으로 우리는 삶의 터전을 잃어 가고 있다. 흙은 점점 더 우리의 일상과 거리가 멀어져 생활 주변은 온통 시멘트와 아스팔트로 변하였고 유아들에겐 흙놀이 · 물놀이 · 모래놀이를 할 곳이 없다. 더욱이 요즘의 유아들은 온종일 어머니와 단둘이 보내거나 TV와 컴퓨터 앞에 매달려 대부분의 시간을 보내고 있는 실정이다. 유아교육 현장도 가정에서와 마찬가지로 대부분의 활동들이 교실 내에서 이루어지며, 잠시의 휴식 활동으로 바깥놀이를 하면서 하루 일과를 보낸다. 이러다 보니 요즘 유아들이 자연과 멀어지는 생활을 하는 것은 어쩌면 당연한 일인지도 모른다.

같은 맥락으로 유아교육 현장에서도 텃밭 가꾸기를 어려워한다. 대부분의 교사들도 밭이랑을 어떻게 만드는지, 씨앗들을 언제, 또는 무슨 씨앗을 뿌려야 하는지 등 텃밭 가꾸기에 대해 잘 모르는 실정이다.

그리고 텃밭 가꾸기를 할 때 교사의 지도 방식 또한 문제이다. 다 가꾸어 놓은 밭에 유아들을 일렬로 세워 "친구들, 이건 상추라고 해요. 지난주보다 이만큼 더 자랐어요."라며 텃밭에서조차 구조 기능적인 교육의 효과를 얻기 위해 유아들을 한 순간도 가만두지 못하는 교사들이 있다. 그러다 보니 기관에서의 텃밭 가꾸기가 유아들에게 일상생활의 일부로 느껴지기는커녕 부담스러운 교육 활동으로 여겨지게 되고, 때로는 일 년에 한두 번 가는 감자 캐기와 고구마 캐기가 텃밭 가꾸기 활동의 전부라고 생각하는 경우도 많다. 진정한 텃밭 가꾸기는 유아들 손으로 직접 씨를 뿌리고 물을 주고 김을 매고 수확을 해 봄으로써 생명의 순환을 경험해 보는 것이다. 이러한 텃밭 가꾸기의 교육적 효과는 다음과 같다(임재택 외, 2000).

첫째, 흙의 소중함을 알게 된다.

둘째, 계절의 변화를 알게 된다.

셋째, 감각이 살아나고 과학적 인식과 사람 사귀는 능력을 길러 준다.

넷째, 땀의 의미와 수확의 기쁨을 알게 된다.

다섯째, 자연계의 순환과 생명에 대한 사랑을 알게 된다.

(2) 텃밭 가꾸기의 지도 방안

① 시기와 시간

텃밭 가꾸기는 일정한 시간과 활동을 정해서 하는 계획된 일이 아닌 유아들의 일상적인 일이다. 등·하원길이나 놀이터에서 놀다가도 혹은 산책길에 유아들은 텃밭에 들러 물을 주고 잡초를 뽑고, 자신들이 뿌린 씨앗들이 얼마나 자랐는지 살펴보기도 한다. 봄·여름·가을·겨울 동안 유아들은 계절에 맞는 씨앗을 뿌리고 작물을 거두어 들이고 제철의 채소를 먹는 텃밭 가꾸기를 하면서 계절의 변화와 자연의 신비로움을 자연스럽게 알게 된다.

② 장 소

먼저 텃밭을 만들 땅을 선택할 때에는 물이 가까이 있는지, 햇볕이 잘 드는지 그리고 땅의 질이 좋은지를 고려해야 한다. 일반적으로는 햇볕이 잘 들고 물 빠짐과 통풍이 잘 되는 곳이 좋은 곳이다. 텃밭 작물의 맛을 좌우하는 흙은 밟아서 푹신푹신한 느낌이 드는 땅이 적합하다. 너무 가볍거나 무거운 흙은 텃밭에 적절하지 않으므로 개량할 필요가 있다. 흙의 개량은 퇴비나 부엽토(풀, 낙엽 따위가 섞인 흙)를 넣고, 깊이 30cm 정도까지 일구어 혼합해 놓는 것이 좋다.

다양한 작물을 가꾸기 위해서는 꼭 자기 땅이 있어야 하는 것은 아니다. 인근의 자연학습장이나 원 주변의 땅이나 교외 혹은 가까운 시골의 밭을 임대하거나 주말농장을 이용할 수도 있다. 다음과 같이 다양한 공간과 용기를 사용하여 텃밭 가꾸기를 할 수 있다.

첫째, 원의 옥상은 텃밭을 만들기에 좋은 공간이다. 큰 돌이나 나무 등으로 텃밭 경계선을 만들고 그 속에 질 좋은 흙을 넣으면 멋진 텃밭이 된다. 물 빠짐이 가능한 큰 나무 상자나 스티로폼 상자 여러 개를 옥상에 두어 다양한 작물을 가꿀 수도 있다.

둘째, 원에 베란다가 있다면 베란다도 옥상처럼 텃밭을 만들기에 좋은 장소이다.

셋째, 담장이나 울타리 밑은 호박이나 완두, 조롱박, 수세미 같은 덩굴성 채소를 가꾸기에 좋다.

넷째, 원의 입구나 가장자리에 다양한 용기를 두어 여러 가지 작물을 가꿀 수도 있다.

다섯째, 햇볕이 잘 드는 창가에도 다양한 작물을 가꿀 수 있다.

여섯째, 수경 재배도 작물을 가꾸는 소중한 경험을 제공한다.

이처럼 실내·외 공간을 입체적으로 이용한다면 모든 장소에서 작물을 가꿀 수 있다.

(3) 준비 사항

텃밭이 마련되면 여러 가지 사전 준비가 필요하다.

① 교사와 유아들의 마음 준비

먼저 교사와 유아들이 텃밭 가꾸기를 즐기며 정성껏 애정을 쏟을 준비가 되어야 성공적인 텃밭 가꾸기를 할 수 있다. 텃밭 작물은 엄마가 자녀를 키우듯 정성을 들이고 사랑을 주어야 무럭무럭 잘 자라기 때문이다. 또한 교사는 텃밭 가꾸기가 유아들에게 많은 유익함을 준다는 것을 확신해야 한다. 그리고 텃밭에서의 안전에 대한 약속도 필요하다. 유아들의 마음가짐은 교사가 어떻게 하는가에 달려 있다. 교사가 자주 텃밭에 들러 잡초도 뽑고 물을 주며 텃밭 작물에 애정을 쏟는 모습을 보면 유아들 역시 정성껏 텃밭을 가꾼다.

② 학부모 및 전문가의 협조

텃밭 가꾸기를 처음 시작할 때는 작물을 키워 본 경험이 있는 할아버지나 할머니 그리고 학부모의 도움을 받는 것이 바람직하다. 학부모의 도움을 얻기 위해 가정통신문이나 강연, 부모 모임을 통해 텃밭의 중요성과 이점을 알린다.

③ 연간 텃밭 가꾸기 계획안 작성

대상 유아의 연령이나 텃밭 크기, 가꾸려는 작물의 종류, 씨를 뿌리거나 모 심는 시기, 수확 시기 등에 대해 살펴본 다음 재배 계획표를 작성한다. 처음 텃밭 가꾸기를 하는 경우라면 가능한 쉬운 작물로 계획하고 너무 많은 작물을 계획하지 않는 것이 좋다. 어린 연령일수록 가꾸기 쉬운 몇 가지 작물을 계획하는 것이 바람직하다.

〈표 5-4〉 텃밭 가꾸기 연간 계획안

월	활동 내용	월	활동 내용
3월	• 텃밭 둘러보기 • 텃밭의 팻말 만들기 • 땅 고르기 • 퇴비 뿌리기 • 씨앗과 흙 관찰하기 • 쑥갓 씨앗 뿌리기 • 보리 관찰하기	8·9월	• 옥수수 수확하기 • 옥수수 말리기 • 깻잎은 어떻게 되었나요? • 허수아비 만들기
4월	• 보리 피리 불어 보기 • 텃밭의 잡초 뽑기 • 쑥갓은 얼마나 자랐나요? • 쑥갓 수확하기 • 깻잎 씨앗 뿌리기	10월	• 고구마 줄기 자르기 • 고구마 캐기 • 고구마 요리 축제 • 추수하기 • 들깨 받기 • 시금치 씨앗 뿌리기
5월	• 보리 관찰하기 • 텃밭의 벌레 찾기 • 옥수수 씨앗 뿌리기 • 깻잎은 얼마나 자랐나요? • 토마토 모종 심기	11월	• 퇴비 뿌리기 • 보리 씨앗 뿌리기 • 시금치 수확하기
6월	• 고구마 심기 • 보리 베기 • 퇴비 뿌리기 • 모 심기(스티로폼 상자에 심기) • 옥수수는 얼마나 자랐나요?	12월	• 보리가 얼마나 자랐나요? • 김장 담그기
7월	• 음식 찌꺼기로 퇴비 만들기 • 토마토 관찰 및 수확하기 • 지렁이 찾기 • 옥수수는 얼마나 자랐나요? • 깻잎 수확하기	1·2월	• 퇴비 만들기 • 보리가 얼마나 자랐나요? • 수확한 텃밭 작물들 알아보기

④ 텃밭 가꾸기용 도구 및 관찰표

텃밭 활동을 하기 위해 필요한 도구가 무엇인지 생각해 보고 유아들의 신체에 적합한 작은 크기의 것을 준비한다.

삽, 괭이와 호미, 쇠갈퀴, 모종삽, 체, 소형 낫, 물뿌리개, 가위, 바구니 등

⑤ 텃밭 활동

- 땅 고르기 : 텃밭 작물이 잘 자랄 수 있도록 먼저 땅 고르기를 한다. 물도 뿌리고 잡초도 뽑고 돌도 주워 내고 흙을 잘게 부수어 씨앗이 잘 자라도록 한다. 그런 다음 석회비료(기본량은 밭 3.3m²당 물컵으로 약 1.5잔 정도이다)를 뿌리고 흙과 잘 섞는다.
- 퇴비 주기 : 좋은 퇴비를 만들어 넣어 주면 작물이 잘 자라므로 만들거나 구입한 퇴비를 고루 뿌리고 흙과 잘 섞는다. 그런 다음 2주 후 씨를 뿌린다. 퇴비를 줄 때는 씨 뿌린 첫날에 한 번 주고 다음 주부터 3~4주에 한 번씩 준다. 퇴비를 두세 움큼 작물 주위에 고루 흩뿌리고 흙과 잘 섞는다.
- 이랑 만들기 : 씨를 뿌리거나 모를 심는 곳을 이랑이라고 하는데, 수분을 싫어하는 작물은 이랑을 높게 하고 건조한 것을 싫어하는 작물은 이랑을 낮게 만든다. 장마 때 침수를 방지하기 위해 배수가 잘 안 되는 평탄지는 이랑의 높이를 적당히 높여 준다.
- 씨앗 뿌리기 : 씨앗을 뿌릴 때는 꼭 씨앗 뿌리는 시기를 확인하고 적당하게 간격을 두고 알맞은 깊이로 심는다. 유기질이 많은 텃밭에 씨를 뿌릴 때는 알맞게 흙을 덮고 모종삽 등으로 눌러 건조를 막는 것만으로도 대부분의 작

물에 물을 줄 필요는 없지만, 마른 땅에는 물을 듬뿍 준 다음 한참 있다가 씨를 뿌린다.

- 솎아내기 : 씨앗의 싹이 자라는 과정을 잘 관찰한 다음 포기와 포기 사이가 너무 촘촘하게 모여 있으면 웃자라기 쉬우므로 잎 모양이 나쁜 것이나 약해 보이는 것들을 살짝 뽑거나 뿌리목에서 잘라 준다. 이러한 솎아내기는 작물에 따라 횟수나 시기가 조금씩 다르다.
- 덧거름 주기 : 작물의 성장기에는 충분한 양분이 필요하므로 자라는 상태를 보면서 1개월에 1회 정도로 덧거름을 준다.
- 잡초 뽑기 : 텃밭에 생긴 잡초는 키우려는 작물들의 성장에 필요한 햇볕, 양분, 물 등을 흡수하는 데 방해가 되므로 정기적으로 잡초를 뽑아 주어야 한다.
- 김매기 및 북주기 : 모가 기운차게 잘 자라기 시작하였을 때 이랑 사이를 가볍게 갈아 주는 김매기를 하는데 이것은 뿌리에 산소를 보내어 뿌리의 활동을 촉진시키기 위한 것이다. 북주기는 이랑 사이의 흙을 줄기 밑둥에 돋우어 주는 것으로 키가 자란 작물을 받쳐 주기도 하고 김매기의 역할도 한다.
- 수확하기 : 작물을 수확하는 데는 적절한 시기가 있으며, 수확할 때는 작물의 종류에 따라 손, 칼, 가위, 호미, 괭이 등 도구가 필요하다. 수확 후에는 흙이 다시 생명을 잘 키워 낼 수 있도록 퇴비를 듬뿍 주어 땅을 기름지게 한다.

⑥ 평가 활동

텃밭을 다녀온 뒤에는 우선 챙겨 온 도구들을 정리하고 손을 씻은 다음 교사는 텃밭의 활동에 따라 다음을 고려한다.

첫째, 휴식을 취하도록 배려한다.

둘째, 텃밭에서의 주요 활동이나 텃밭에서 관찰한 것에 대하여 이야기 나눈다.

- 텃밭에서의 활동은 어땠니?
- 텃밭에서 무엇을 하였니?
- 텃밭에서 무엇을 보았니?
- 무엇이 달라졌니?
- 텃밭에서 어떤 것이 즐거웠니?
- 속상한 일이 있었니?

셋째, 텃밭 가꾸기에 대하여 교사 스스로 평가한다.

준비물을 잘 갖춘 후 텃밭 활동을 하였는지, 유아들에게 적극적인 반응을 하였는지, 텃밭 작물이 실패했다면 그 원인은 무엇인지 등을 평가해 보고 다음의 텃밭 활동을 준비한다.

넷째, 텃밭 가꾸기와 관련 있는 추후 활동들을 준비한다.

제 6 장

유아과학교육의 포트폴리오 평가

1. 포트폴리오 평가

최근 들어 과학교육계는 평가의 새로운 방향에 대한 논의를 하면서 과학지식 위주의 결과 중심 평가가 조사, 관찰, 실험 등 탐구 과정 요소의 성장·발달에 관한 정확한 정보를 제공하지 못한다고 비판하면서, 구체적이고 의미 있는 학습 과제에 대해 수행 과정과 학습 결과를 함께 평가할 수 있는 다양한 방법을 요구하고 있다. 이러한 흐름에 맞추어 유아의 과학적 지식을 평가하기 위한 방법도 특정한 내용을 묻는 지필 검사나 표준화된 검사의 결과보다는 경험담 발표나 토론 등을 통해 목표에 접근하는 방법과 과정을 중심으로 평가가 이루어지고 있다. 즉, 유아가 과학 활동을 진행하는 자연스러운 상황에 대한 관찰이나 일화 기록 등과 같은 과학 활동의 과정에 대한 평가와 과학 활동을 통해 유아가 얻은 과학적 개념의 성취결과 및 유아가 활동한 결과물에 대한 평가를 강조하고 있다(황해익, 송연숙, 2004).

이와 같은 성격은 포트폴리오가 추구하는 수업과 평가의 특성과 일치하는 것으로 유아기의 과학교육은 포트폴리오 평가가 매우 적절한 영역이라고 볼 수 있다. 유아의 발달과 학습을 기록한 증거를 조직적이고 목적을 가지고 체계적으로 모아놓은 것을 말하는 포트폴리오는 수행 평가의 가장 중요한 요소 중 하나로, 하루하루의 일과 속에서 유아가 참여한 활동을 기록한 것들로 이루어진다(Fredrick, 1992;

Martin, 1999; Nathan, 1995).

포트폴리오는 1년 동안 각 유아들의 노력과 진보, 성취를 보여주는 작품들을 수집하는 것으로, 이 과정에서 유아들은 자신들의 작품의 질을 판단해 보고, 교사와 함께 작품의 선정 과정에 참여할 수 있다(이현옥과 김지영, 1999). 그러므로 유아는 자신이 제작한 포트폴리오를 통해 자기 자신의 변화 과정을 알 수 있고 자신의 장점이나 약점, 성실성 여부, 잠재 가능성 등을 스스로 인식할 수 있으며, 교사들은 유아의 과거와 현재의 상태를 쉽게 파악할 수 있을 뿐만 아니라 앞으로의 발전 방향에 대한 조언을 쉽게 할 수 있다. 그러나 포트폴리오가 일련의 자료 수집에 머물지 않고 평가 도구로서의 기능을 하기 위해서는 유아 개인에 대한 풍부한 정보와 학습 성취의 증거를 제공하는 것뿐만 아니라 일련의 평가 계획에 따라 체계적이고 지속적으로 실행하고, 그 결과를 다시 피드백해 주는 유아 과학 활동에 대한 포트폴리오 평가 체제를 확립해야 한다(송연숙, 2004a, 2004b).

그러므로 3-5세 연령별 누리과정의 자연탐구 영역 중 유아 과학 활동을 평가하기 위한 포트폴리오 평가 준거 개발과 그 현장 적용에 대한 방안을 모색할 필요가 있다.

2. 3-5세 연령별 누리과정과 유아과학교육

1) 목표

자연탐구 영역은 인간이 자연과 더불어 조화로운 삶을 살아갈 수 있도록 유아기부터 자연을 존중하는 마음을 바탕으로 창의적으로 사고하고 탐구하며, 일상의 여러 문제를 논리적으로 해결할 수 있는 수학적·과학적 기초 소양을 기르기 위한 영역으로 크게 탐구하는 태도 기르기, 과학적 탐구하기, 수학적 탐구하기로 구성되어 있다.

> 호기심을 가지고 주변세계를 탐구하며, 일상생활에서 수학적·과학적으로 생각하는 능력과 태도를 기른다.

- 주변의 사물과 자연 세계에 대해 알고자 하는 호기심을 가지고 탐구하는 태도를 기른다.
- 생활 속의 여러 상황과 문제를 논리·수학적으로 이해하고 해결하기 위한 기초 능력을 기른다.
- 주변의 관심 있는 사물과 생명체 및 자연현상을 탐구하기 위한 기초능력을 기른다.

자연탐구 영역은 궁극적으로 사회 구성원 모두가 급변하는 사회 속에서 합리적으로 사고하고 창의적으로 탐구하면서 문제를 해결함과 동시에 자연과 조화로운 삶을 이룰 수 있도록 한다. 이를 위해 유아기부터 자연현상에 대해 지속적인 관심을 가지고 탐구하는 태도와 과정을 즐기도록 한다. 또한 유아가 생활 속에서 부딪히는 문제를 논리·수학적으로 해결하고, 관심 있는 사물과 생명체 및 자연현상에 대해 탐구하면서 자연에 대해 존중하는 마음과 기초지식을 구성하는 데 중점을 둔다. 더불어 자연탐구 영역의 지도는 수학적 과학적 지식 습득만이 아닌 나 창의적 사고와 탐구 능력 및 태도 교육과 조화를 이루어야 한다.

2) 내용 체계

3-5세 연령별 누리과정의 자연탐구 영역 중 유아과학교육과 관련된 내용을 제시하면 다음과 같다.

〈표 6-1〉 **자연탐구 영역의 과학 활동 내용 체계**

구 분	내 용
탐구하는 태도 기르기	• 호기심을 유지하고 확장하기 • 탐구과정 즐기기 • 탐구기술 활용하기
과학적 탐구하기	• 물체와 물질 알아보기 • 생명체와 자연환경 알아보기 • 자연현상 알아보기 • 간단한 도구와 기계 활용하기

위에서 기술된 탐구생활 영역의 목표는 전체를 포괄하는 목표이기 때문에 교수·학습 과정상에서 수업의 방향을 구체적으로 지시해 주는 실질적인 목표의 역할을 하기 어렵다. 그러므로 〈표 6-1〉의 내용은 유아를 위한 과학교육의 내용으로 제시되었지만 실제로는 수업의 내용은 물론 방향과 성격을 규정해 주는 지침과 목표의 역할을 한다고 볼 수 있다(허경철, 2000). 즉, 내용 부분이 유아과학교육의 목표가 되며 동시에 구체적인 평가 준거가 되기도 한다는 것이다.

3) 평가 관점

평가의 관점은 유아들이 호기심을 가지고 주변 세계를 탐구하며, 일상생활에서 수학적·과학적으로 생각하는 능력과 태도를 기르게 하였는지 알아보는 데 있다. 이를 구분하여 제시하면, 먼저 주변의 사물과 자연 세계에 대해 알고자 하는 호기심을 가지며 탐구하는 태도를 길렀는지 둘째, 유아가 주변의 관심 있는 사물과 생명체 및 자연현상을 탐구하기 위한 기초능력을 길렀는지 평가하고자 한다.

이 영역의 교육활동은 과학적 현상과 관련된 어떤 정보나 지식 또는 개념을 학습하는 데 중점을 두기보다는 그 결과에 도달하기까지의 사고 과정이나 탐구과정 활동을 경험해 보게 하는 것에 중점을 두어야 한다(국립교육평가원, 1997). 따라서 이 영역을 운영할 때는 다양한 실물 자료와 자연체험의 기회를 풍부히 제공하여 자발적 경험, 비형식적 경험 그리고 형식적 경험을 모두 가능하게 한다. 또한 유아가 생활 속에서 자발적으로 문제를 발견하고 해결하기 위해 탐구하는 과정에 적극적으로 참여함으로써 탐구를 즐기도록 한다. 유아가 일생생활경험에서 구성한 지식을 바탕으로 다양한 시도를 해보고 추론하는 활동을 통해 수학적 과학적 기초 능력을 의미 있게 확장해 나갈 수 있다. 또한 탐구 결과와 생각은 구체물, 그림, 표, 쓰기, 말하기, 멀티미디어 등의 매체를 사용하여 나타내고 다른 사람과 공유하게 한다.

4) 평가 시 유의 사항

유아과학교육은 유아가 경험하게 되는 세계 중에서 특히 사물이나 자연현상과의 만남으로 이루어지는 물리적 세계의 경험을 주 내용으로 하기 때문에 과학 영역에서 활발히 이루어질 수 있지만 다른 영역의 교육 내용이나 활동과의 통합적 운영에도 유의해야 한다.

유아과학교육에 대한 구체적인 평가 지침은 제시되지 않았지만 유치원 전반에 대한 평가 지침에서 유아과학교육의 평가에 대한 시사점을 제공 받을 수 있다. 3-5세 연령별 누리과정과 교사용 지침서(교육과학기술부 · 보건복지부, 2012)를 참고로 유아과학교육의 평가 방법과 관련하여 기술하면 다음과 같다.

첫째, 유아의 과학 활동에 대한 평가는 먼저 누리과정의 목표와 내용에 근거하여 유아의 특성과 변화 정도를 평가하도록 한다.

둘째, 유아의 과학 활동을 평가할 때는 지식의 암기 정도를 중심으로 평가하지 않고 지식, 기능, 태도 측면을 모두 포함한 유아의 능력에 대한 포괄적 평가가 되도록 한다.

셋째, 유아의 과학 활동을 평가할 때는 유아의 일상생활과 유치원 일과 속에서 유아가 경험하는 누리과정 활동 전반에 걸쳐 평가하도록 하여 평가와 교육장면이 분리되지 않도록 한다.

넷째, 유아의 과학 활동에 대한 평가는 관찰, 활동 결과물 분석, 부모면담 등 다양한 방법을 사용하여 종합적으로 평가하고 그 결과를 기록하도록 한다.

다섯째, 유아의 과학 활동에 대한 평가 결과는 유아에 대한 이해와 누리과정 운영 개선 및 부모면담 자료로 활용하도록 한다.

3. 유아과학교육에서의 평가 운영 실제

체계적인 평가를 위해서는 연간 교육 계획안을 바탕으로 평가 계획을 수립하되 평가 시기, 평가 내용, 평가 관련 활동 및 평가 방법 등이 포함되도록 한다. 수립된 연간 평가 계획을 토대로 학기 초와 학기 중은 유아의 성장 · 발달 및 학습에 대한 정보를 수집하는 진단 및 형성 평가를, 학기 말에는 다양하게 실시한 평가 자료 및 분석 결과에 근거하여 자연탐구 영역의 평정척도를 활용한 총괄 평가를 실시한다(황해익, 송연숙, 정혜영, 2008).

1) 연간 교육 계획안과 평가 계획 수립

교육운영 계획 수립 시 연간 교육 계획안을 구성할 때 평가 부분을 함께 계획함으로써 전체적인 교육적 체계, 즉 목표–내용–방법–평가 부분이 유기적으로 이루어지도록 한다. 또한 일상생활에서 자연스럽게 평가가 이루어지되 타당성이 높은 다양한 평가 상황과 실용성과 신뢰성이 높은 평가 방법, 즉 체크리스트, 평정척도, 일화 기록, 작업 표본 등을 사용하여 체계적이고 지속적인 평가가 이루어지도록 한다. 다음의 연간 교육평가 계획 〈표 6–2〉은 하나의 계획안으로 제시하므로 유치원 현장에 맞게 재구성하여 활용하도록 한다.

〈표 6–2〉 연간 교육평가 계획안의 예

시기	생활주제	평가 내용	평가 관련 활동	평가 방법
3월	유치원과 친구	탐구하는 태도 기르기 • 호기심을 유지하고 확장하기 과학적 탐구하기 • 물체와 물질 알아보기	• 우리 유치원 동물장과 정원 • 유치원 놀잇감 • 재미있는 과학 영역	체크리스트 작업 표본 평정척도
4월	봄 · 동식물과 자연	과학적 탐구하기 • 자연현상 알아보기 • 생명체와 자연환경 알아보기 탐구하는 태도 기르기 • 탐구기술 활용하기	• 씨앗 관찰하기 • 형은 봄이 보여? • 봄의 동 · 식물 기르기	평정척도 작업 표본 관찰 일지 사진 자료
5월	나와 가족 · 우리 동네	과학적 탐구하기 • 생명체와 자연환경 알아보기 탐구하는 태도 기르기 • 탐구과정 즐기기	• 우리 가족 구성원 나타내기 • 내가 좋아하는 것 • 재어 보아요 • 빙글빙글 기관 찾기	체크리스트 작업 표본 사진 자료
6월	우리 동네 · 건강과 안전	탐구하는 태도 기르기 • 호기심을 유지하고 확장하기 • 탐구과정 즐기기	• 운동기구 짝 짓기 • 위험을 알리는 표시가 있어요	평정척도 작업 표본 녹음 자료
7월	여름	과학적 탐구하기 • 자연현상 알아보기 • 물체와 물질 알아보기 • 탐구기술 활용하기 탐구하는 태도 기르기 • 탐구과정 즐기기	• 여름철 날씨 조사하기 • 뜨고 가라앉는 것 • 비 오는 날의 놀이	체크리스트 작업 표본 사진 자료

시기	생활주제	평가 내용	평가 관련 활동	평가 방법
9월	교통기관 · 가을	과학적 탐구하기 • 간단한 도구와 기계 활용하기 • 자연현상 알아보기 • 물체와 물질 알아보기 탐구하는 태도 기르기 • 탐구기술 활용하기	• 자동차 바로 알기 • 교통박물관 견학 • 바퀴는 요술쟁이 • 나뭇잎 관찰하기	작업 표본 비디오 자료 평정척도
10월	우리나라 · 세계 여러 나라	과학적 탐구하기 • 물체와 물질 알아보기 탐구하는 태도 기르기 • 호기심을 유지하고 확장하기 • 탐구과정 즐기기	• 해시계 만들기 • 인디언 창을 옮겨요 • 감자로 만든 여러 나라 음식	평정척도 체크리스트 작업 표본 관찰 일지
11월	환경과 생활 · 생활도구	과학적 탐구하기 • 물체와 물질 알아보기 • 간단한 기계와 도구 활용하기 탐구하는 태도 기르기 • 탐구과정 즐기기 • 탐구기술 활용하기	• 꽃, 풀, 열매 속의 물 • 풍향계 만들기 • 거울 속의 반쪽이 • 나도 이제 발명가	체크리스트 작업 표본 사진 자료 녹음 자료
12월	겨울	과학적 탐구하기 • 자연현상 알아보기 탐구하는 태도 기르기 • 호기심을 유지하고 확장하기	• 날씨가 달라졌어요! • 정전기 실험 • 겨울잠 자는 동물 찾아내기	평정척도 작업 표본 사진 자료
2월	초등학교 에 가요	과학적 탐구하기 • 간단한 도구와 기계 활용하기	• 졸업사진을 구성해요 • 누가 발명했어요?	평정척도 작업 표본 사진 자료

유아들의 과학 활동을 평가하기 위해서 평가 계획에 준하여 과학 활동 관련 자료들을 언제, 어떤 활동으로, 누가, 몇 회 정도로 수집할 것인지 교사협의회를 통해 결정하고 유아 개인별, 학급별로 자료를 수집하여 포트폴리오를 만들어 간다.

2) 평가 준거 설정

평가 준거는 누리과정 영역과 발달 영역에 따라 설정할 수 있다. 〈표 6-3〉은 3-5세 연령별 누리과정의 자연탐구 영역 중 유아 과학 활동과 관련된 평가 준거이다. 평가 준거는 각 연령의 발달 특징에 따라 이루어져야 하므로 자연탐구 영역의 수준별 내용을 분석 · 재구성하여 3, 4, 5세아가 성취할 수 있는 적합한 발달 과업으로 작성하였다.

〈표 6-3〉 유아 과학 활동의 평가 준거

구분	내용	만 3세	만 4세	만 5세
탐구하는 태도 기르기	호기심을 유지하고 확장하기	• 주변 사물과 자연세계에 대해 호기심을 갖는다.	• 주변 사물과 자연세계에 대해 지속적으로 호기심을 갖는다.	• 주변 사물과 자연세계에 대해 지속적으로 호기심을 갖고 알고자 한다.
	탐구과정 즐기기	• 궁금한 점을 알아보는 과정에 흥미를 갖는다.	• 궁금한 점을 알아보는 탐구과정에 관심을 가지고 참여한다.	• 궁금한 점을 알아보는 탐구과정에 참여하고 즐긴다.
				• 탐구과정에서 서로 다른 생각에 관심을 갖는다.
	탐구기술 활용하기		• 일상생활의 문제를 해결하는 과정에서 탐색, 관찰 등의 방법을 활용해 본다.	• 일상생활의 문제를 해결하는 과정에서 탐색, 관찰, 비교, 예측 등의 탐구기술을 활용해 본다.
과학적 탐구하기	물체와 물질 알아보기	• 친숙한 물체와 물질의 특성에 대해 관심을 갖는다.	• 친숙한 물체와 물질의 특성을 알아본다.	• 주변의 여러 가지 물체와 물질의 기본 특성을 알아본다.
			• 물체와 물질을 여러 가지 방법으로 변화시켜 본다.	------------→
	생명체와 자연환경 알아보기	• 나의 출생과 성장에 대해 관심을 갖는다.	------------→	• 나와 다른 사람의 출생과 성장에 대해 알아본다.
		• 주변의 동식물에 관심을 가진다.	• 관심 있는 동식물의 특성을 알아본다.	• 관심 있는 동식물의 특성과 성장 과정을 알아본다.
		• 생명체를 소중히 여기는 마음을 갖는다.	------------→	------------→
			• 생명체가 살기 좋은 환경에 대해 관심을 갖는다.	• 생명체가 살기 좋은 환경과 녹색환경에 대해 알아본다.

구분	내용	만 3세	만 4세	만 5세
과학적 탐구하기	자연현상 알아보기	• 돌, 물, 흙 등 자연물에 관심을 갖는다.	• 돌, 물, 흙 등 자연물의 특성과 변화를 알아본다.	-------------→
		• 날씨에 관심을 갖는다.	• 날씨와 기후변화에 관심을 갖는다.	• 낮과 밤, 계절의 변화와 규칙성을 알아본다.
				• 날씨와 기후변화 등 자연현상에 대해 관심을 갖는다.
	간단한 도구와 기계 활용하기	• 생활 속에서 간단한 도구와 기계에 관심을 갖는다.	• 생활 속에서 간단한 도구와 기계를 활용한다.	-------------→
		• 도구와 기계의 편리함에 관심을 갖는다.	-------------→	• 변화하는 새로운 도구와 기계에 관심을 갖고 장단점을 안다.

3) 평가 계획에 따른 자료 수집과 분석

(1) 수업 · 평가 실시

평가 관련 활동을 일일 교육 계획안에 통합하여 작성하되 수업과 평가가 함께 이루어지도록 한다. 이를 위해 평가 계획에 의해 평가 활동으로 결정된 과학 활동의 경우 교수 · 학습 계획안에 따라 평가 관점, 평가 상황, 평가 척도, 자료 형태 등을 포함하는 평가 양식을 미리 구성하여 보다 체계적으로 평가가 이루어지도록 준비한다.

이 장에서는 과학 활동 교수 · 학습 계획안과 평가 양식을 탐구하는 태도 기르기, 과학적 탐구하기로 구분하여 제시하고 있으나 이 두 영역이 하나의 과학 활동 속에 동시에 이루어질 수도 있음을 유념하도록 한다.

〈표 6-4〉 포트폴리오 평가를 위한 교수 · 학습 계획안 예시(탐구하는 태도 기르기)

<table>
<tr><td>생활주제</td><td>나와 가족</td><td>주제</td><td>나의 몸과 마음</td><td>활동명</td><td colspan="2">내가 좋아하는 것</td></tr>
<tr><td>활동 목표</td><td colspan="6">탐구하는 태도 기르기
• 자신이 좋아하는 것에 대해 지속적으로 관심을 가진다.
• 생활 주변에서 자신이 좋아하는 것을 탐색하고 표현한다.
• 탐구 과정을 즐긴다.</td></tr>
<tr><td>평가 자료</td><td colspan="6">평정척도, 작업 표본(사진)</td></tr>
<tr><td>평가 방법</td><td colspan="6">내가 좋아하는 것에 대해 이야기를 나눈 후 다양한 방법으로 궁리하고 참여하는 것을 즐기는지 관찰하여 평가한다.</td></tr>
<tr><td>활동 방법</td><td colspan="4">활동 내용</td><td>평가 내용</td><td>준비물</td></tr>
<tr><td>이야기 나누기</td><td colspan="4">• “선생님은 ○○을 좋아해”라는 노래를 부른다.
–노래 속에서 선생님은 무엇을 좋아한다고 했어? 우리 친구들이 좋아하는 것에는 무엇이 있을까?
• 개별 유아의 의견을 듣고 부전지에 적어 본다.
–△△가 좋아하는 것들을 비슷한 것(친구가 되는 것)끼리 모아 보자.
(유아가 좋아하는 것의 범주가 몇 가지인지 살펴본다.)
• 유아들의 생각을 활동지에 글과 그림으로 표현한다.
–너희들이 좋아하는 것 모두를 표시해도 좋아.
–다른 친구와 다른 것을 생각하면 더 좋겠어.</td><td>탐구하는 태도 기르기
–
호기심을 유지하고 확장하기</td><td>부전지, 융판, 활동지, 사인펜</td></tr>
<tr><td>비고</td><td colspan="6"></td></tr>
</table>

포트폴리오 평가 자료 예(탐구하는 태도 기르기)

유아명		반		평가 시기	
생활주제	나와 가족	주제	나의 몸과 마음	활동명	내가 좋아하는 것
평가 내용 및 관점	탐구하는 태도 기르기 • 사물과 현상에 지속적인 관심을 가지는가? • 탐구 과정을 즐기는가?				
평가 상황	이야기 나누기				
평가 유형	평정척도, 작업 표본				

평정척도		0	1	2
평가 내용	1. 주변에 대한 관심을 가지고 탐색하는가?			
	2. 자신이 좋아하는 것이 5가지 범주 이상인가?			
	3. 자신이 좋아하는 것에 대한 관심과 표현하기를 좋아하는가?			
	※ 잘함−2, 보통−1, 부족함−0			

작업 표본

내가 좋아하는 것

월 일 이름

나는 좋아하는 것이 참 많아요.

내가 좋아하는 친구들이에요.

내가 좋아하는 음식이지요.

내가 좋아하는 식물과 동물이에요.

내가 좋아하는 (   )이에요.

교육과정 영역 및 내용		해석 및 교육 계획	

〈표 6-5〉 포트폴리오 평가를 위한 교수 · 학습 계획안 예시(과학적 탐구하기)

<table>
<tr><td>생활주제</td><td>봄</td><td>주제</td><td>봄의 꽃</td><td>활동명</td><td>씨앗 관찰하기</td></tr>
<tr><td>활동 목표</td><td colspan="5">과학적 탐구하기
• 여러 가지 씨앗의 특징을 안다.
• 여러 가지 씨앗의 같은 점, 다른 점을 표현할 수 있다.</td></tr>
<tr><td>평가 자료</td><td colspan="5">평정척도, 작업 표본(사진)</td></tr>
<tr><td>평가 방법</td><td colspan="5">과학 영역에서 씨앗을 관찰한 후 활동지를 작성하는 것을 관찰하여 평가한다.</td></tr>
<tr><td>활동 방법</td><td colspan="3">활동 내용</td><td>평가 내용</td><td>준비물</td></tr>
<tr><td>이야기 나누기</td><td colspan="3">• 다양한 모양, 색, 크기의 씨앗을 관찰하고 그림으로 표현한다.
-어떤 모양(색, 크기)이니?
-돋보기로 볼 때 어떤 새로운 점을 알게 되었니?
-손으로 만져 보니 어떤 느낌이 드니?
-우리가 관찰한 것을 활동지에 그림으로 그려 보자.

• 여러 가지 씨앗에서 어떠한 싹이나 꽃이 필지 이야기한다.
-작은 씨앗에서 어떤 싹이 나올까?
-기다란 씨앗에서 어떤 꽃이 필까?

• 관찰한 씨앗들에게 해 주고 싶은 말을 생각해 본다.
-이 조그만 씨앗들에게 어떤 말을 해 주면 씨앗들이 잘 자랄까?
-씨앗들에게 하고 싶은 말을 글과 그림으로 표현해 보자.</td><td>과학적 탐구하기
-
생명체와 자연환경 알아보기</td><td>• 여러 가지 모양, 색, 크기의 씨앗, 돋보기, 활동지</td></tr>
<tr><td>비고</td><td colspan="5"></td></tr>
</table>

포트폴리오 평가 자료 예(과학적 탐구하기)

<table>
<tr><td>유아명</td><td></td><td>반(연령)</td><td>(만 5세)</td><td>평가 시기</td><td></td></tr>
<tr><td>생활주제</td><td>봄</td><td>주 제</td><td>봄의 꽃</td><td>활동명</td><td>씨앗 관찰하기</td></tr>
<tr><td>평가 내용 및 관점</td><td colspan="5">과학적 기탐구하기-생명체와 자연환경 알아보기
• 씨앗을 관찰하고 그 특징을 아는가?
• 여러 가지 씨앗의 같은 점 다른 점을 표현하는가?</td></tr>
<tr><td>평가 상황</td><td colspan="5">자유선택 활동-과학 영역</td></tr>
<tr><td>평가 유형</td><td colspan="5">평정척도, 작업 표본(사진)</td></tr>
<tr><td colspan="6">평정척도</td></tr>
<tr><td rowspan="5">평가 기준</td><td colspan="4">1 씨앗에 관심을 보이지 않는다.</td><td></td></tr>
<tr><td colspan="4">2 씨앗 관찰 활동에 소극적으로 참여한다.</td><td></td></tr>
<tr><td colspan="4">3 씨앗 관찰 활동에 적극적으로 참여한다.</td><td></td></tr>
<tr><td colspan="4">4 관찰한 것을 표현한다.</td><td></td></tr>
<tr><td colspan="4">5 관찰한 것을 다양하고 세밀하게 표현한다.</td><td></td></tr>
<tr><td colspan="6">작업 표본</td></tr>
<tr><td colspan="6"></td></tr>
<tr><td>교육과정 영역 및 내용</td><td colspan="2"></td><td>해석 및 교육 계획</td><td colspan="2"></td></tr>
</table>

(2) 평가 자료 분석 : 차시 교수·학습 계획에 반영

수업·평가 자료 분석 결과, 활동 수준이나 흥미도에서 적절하지 못했거나 효율적이지 못했던 부분은 아래 〈표 6-6〉에서와 같이 포트폴리오 평가를 위한 교수·학습 계획안의 비고란에 적고 문제점을 개선하여 차시 교수·학습 계획에 반영할 수 있다.

〈표 6-6〉 포트폴리오 평가를 위한 교수·학습 계획안 4월 3주(만 5세반)

생활주제	봄	주제	봄의 꽃	활동명	씨앗 관찰하기
활동 목표	• 씨앗을 관찰하고 그 특징을 안다. • 여러 가지 씨앗의 같은 점 다른 점을 표현할 수 있다.				
평가 자료	평정척도, 작업 표본(사진)				
평가 방법	씨앗을 관찰한 결과물을 분석하여 평정척도로 평가한다.				
활동 방법	활동 내용			평가 내용	방법 및 준비물
씨앗의 특징을 관찰하고 그 특징을 표현한다	• 유아들이 가지고 온 씨앗을 그릇에 담아서 과학 영역에 제시한다. • 관찰한 씨앗에 대해 이야기 나눈다. -어떤 씨앗이 있을까? -색깔은 어떠니? -씨앗의 크기는? -(두 종류)씨앗의 같은 점과 다른 점을 찾아보자. • 여러 가지 준거로 씨앗을 관찰하고, 그 특징을 활동지에 그린다.			과학적 탐구하기 - 생명체와 자연환경 알아보기	• 여러 가지 씨앗 • 활동지
비고	• 씨앗의 크기나 색깔에 대한 주의 깊은 관찰이나 표상이 어려웠다. 관찰 활동을 돕는 활동이나 활동지를 다양하게 제공하여 특징을 자세히 관찰하기, 비교하기, 서열하기를 할 수 있게 도와야겠다. • 눈으로만 관찰하기보다 만져 볼 수 있게 하는 것에 흥미가 더 있었다. 씨앗의 수를 더 추가하되 크기나 색깔이 차이가 나는 것으로 제공해야겠다. • 씨앗 관찰하기와 관련된 활동을 통합적으로 더 제공하여 흥미를 더 갖게 해야겠다.				

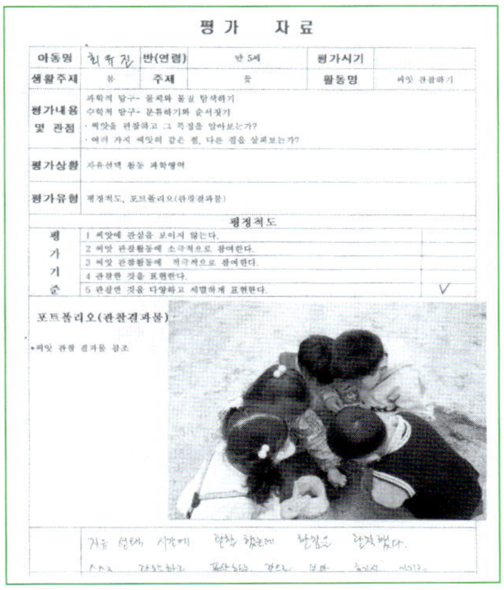

평가 자료

아동명		반(연령)	반 5세	평가시기	
생활주제	봄	주제	꽃	활동명	씨앗 관찰하기
평가내용 및 관점	과학적 탐구- 물체와 물질 탐색하기 수학적 탐구- 분류하기와 순서짓기 · 씨앗을 관찰하고 그 특징을 알아보는가? · 여러 가지 씨앗의 같은 점, 다른 점을 살펴보는가?				
평가상황	자유선택 활동 과학영역				
평가유형	평정척도, 포트폴리오(관찰결과물)				
평정척도					
평가기준	1 씨앗에 관심을 보이지 않는다.				
	2 씨앗 관찰활동에 소극적으로 참여한다.				
	3 씨앗 관찰활동에 적극적으로 참여한다.				
	4 관찰한 것을 표현한다.				
	5 관찰한 것을 다양하고 세밀하게 표현한다.				V
포트폴리오(관찰결과물)	•씨앗 관찰 결과물 참조				

작업 표본(씨앗 관찰하기)

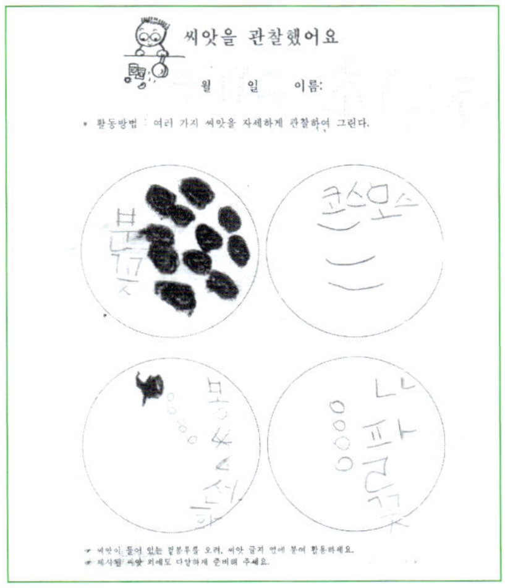

씨앗 작업 표본

포트폴리오 평가 결과를 차시 교수 · 학습 계획에 반영한 예시

포트폴리오 평가 결과 분석	차시 교수 · 학습 계획에 반영한 내용
1. 여러 가지 씨앗의 특징이나 비교 · 관찰을 어려워함	• 씨앗 크기나 색깔이 차이나는 씨앗 추가
2. 씨앗 특징에 대한 주의 깊은 관찰과 표상이 잘 되지 않음	• 주의 깊은 관찰을 돕는 발문과 활동지 추가 제공 ① 씨앗을 관찰했어요(1가지 특징을 찾아 그려 보기) ② 어! 같네 다르네(2가지 씨앗의 같은 · 다른 점 찾기) ③ 올망졸망 씨앗 나라(3가지 씨앗의 크기 · 모양 · 색 · 촉감에 따라 순서 짓기)
3. 씨앗을 만질 때 흥미 있어 함	• 미술 영역에 씨앗 모자이크 활동을 추가 제공, 만져 보고 비교하게 함

(3) 평가 자료 분석 : 유아 개별화 학습에 반영

수업 · 평가 과정 중 개별적으로 이루어지는 유아 개인별 평가 자료 〈표 6-7〉는 목표에 대한 유아 개인의 성취 수준을 파악할 수 있으며, 각 유아에게 적절한 수준별 활동을 선정 · 제공하여 유아의 발달에 적합한 개별화 교육을 도모하게 한다.

〈표 6-7〉 유아 개인별 평가 자료 예시

유아명	장혜령	반(연령)	슬기반(만 5세)	평가 시기	2013년 5월 10일
생활주제	나와 가족	주제	나의 몸과 마음	활동명	재어 보아요

평가 내용 및 관점	과학적 탐구하기–간단한 도구와 기계 활용하기 수학적 탐구하기–기초적인 측정하기 • 활동 시 측정과 관련된 말을 사용하는가? • 임의 단위를 사용하여 길이를 재어 보는가?
평가 상황	자유선택 활동–수 · 과학 영역
평가 유형	체크리스트, 작업 표본(사진)

	체크리스트	예	아니오	비고
평가 내용	1. 활동 시 측정과 관련된 말을 사용하는가?	V		
	2. 자신의 몸을 사용하여 측정할 수 있는가?		V	
	3. 이미 단위를 사용하여 측정할 수 있는가?		V	

*자유선택 활동 시간에 수 · 과학 영역에서 활동한 작업 표본 참조.

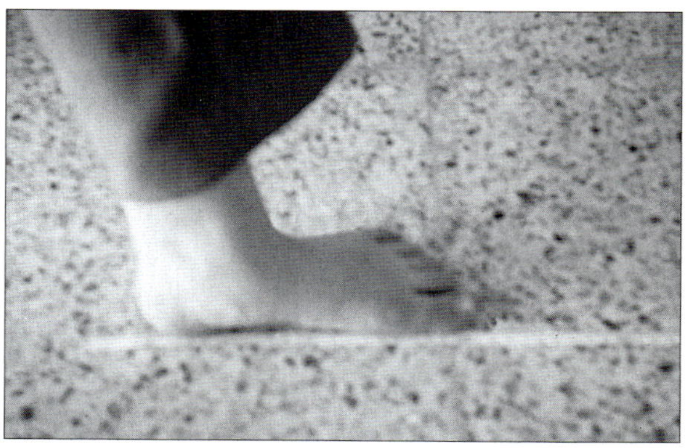

재어 보아요

해 석	작은 크기의 물건 재기를 선호하였고, 카펫 크기는 커서 부담을 느꼈다. 손과 발로 측정할 때 뼘의 개념을 어려워하였고, 임의 단위(막대)를 선택하기보다 팔로 재었지만 역시 힘들어했다. 성취감을 느끼려면 좀 더 낮은 수준의 측정 활동을 해야 할 것 같다.

개인별 포트폴리오 평가 결과를 교수 · 학습 계획에 반영한 예시

포트폴리오 평가 결과 분석	차시 교수 · 학습 계획에 반영한 내용
1. 잴 수 있는 물건(카펫)을 부적절하게 선택한다. 2. 작은 크기의 물건 재기를 선호한다.	• 쉽게 잴 수 있는 작은 물건의 크기와 길이 등을 재어 보도록 유도한다.
3. 한 뼘의 개념을 어려워한다.	• 교사가 재어 보기 활동에 참여함으로써 뼘의 개념을 알 수 있도록 도와준다. 신체 단위를 사용하여 재어 보는 경험을 다양하게 제공한다. ① 몇 번이나 될까? 재어 보았어요 ② 재어 보세요 • 신체 한 부분만을 선택하고 작은 크기의 물건을 재어 보도록 한다.
4. 재어 보기 활동이 쉬운 유아의 경우	• 다양한 임의 단위를 활용하는 활동을 제공한다.

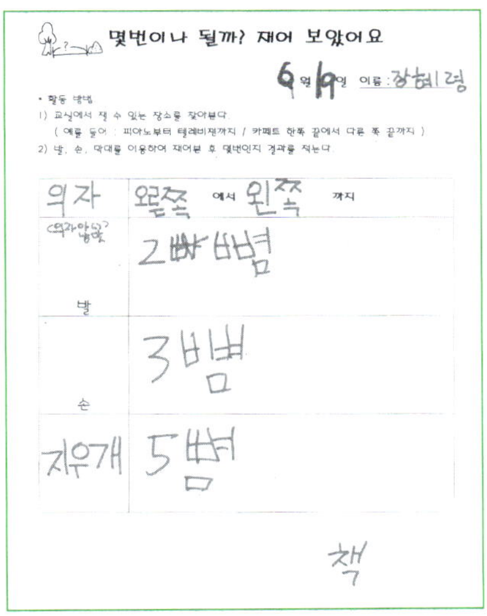

몇 번이나 될까? 재어 보았어요

신체 치수 재기

(4) 평가 자료 분석 : 기타 평가자료 예시

여기서는 유아 과학 활동과 관련된 다양한 포트폴리오 평가 자료 중 앞서 수집 분석된 체크리스트, 평정척도, 작업 표본 이외의 기타 평가 자료의 예를 제공하고자 한다.

〈표 6-8〉 포트폴리오 평가를 적용한 평가 자료 예시(현장 견학-동영상 & 작업 표본)

유아명	최수정	반(연령)	금잔디반 (만 5세)	평가 시기	
생활주제	교통기관	주제	고마운 교통기관	활동명	자동차 바로 알기
활동 목표	탐구하는 태도 기르기, 과학적 탐구하기 • 무엇을 가지고 갈 것인가, 어떻게 만들 것인가?				
평가 상황	자유선택 활동-과학 영역(토의)				
평가 자료	동영상 자료, 작업 표본				

견학을 가기 전에 교사는 어떻게 하면 견학을 가지 못한 다른 친구들에게도 119 구급차를 보여줄 수 있는지에 대해 이야기 나누었다. 이 토의 과정에서 유아들이 직접 구급차를 만들어 보자는 의견이 나왔다. 그래서 어떤 재료로 구급차를 만들 것인지, 어떻게 구급차를 만들 것인지에 대해 서로 의견을 교환하였다.

교 사　우리가 그렇게 큰 구급차를 어떻게 만들 수 있을까?
　　　(모든 유아들이 잠시 생각에 잠기고 나서)
유아1　(두 팔을 쭉 펼치면서) 이 정도 크기의 구급차를 만들고 문을 달아서 안을 볼 수 있게 해야 해요.
교 사　그러면 우리는 구급차를 어떤 재료들로 만들면 좋을까?
유아1　종이상자로 만들면 되잖아요.
유아2　종이로 만들면 물에 젖고 찢어지잖아!
유아3　(창문 밖을 가르키며) 저거 있잖아요! 나무 나무!
유아4　백합반 앞에 있는 책상 같은 나무 말이니?
유아 모두　나무가 좋겠어!

나무로 만들어 보자는 의견에 모두가 동의하고 난 뒤 견학을 갈 때 무엇이 필요한지, 가서 구급차의 크기는 무엇으로 잴지, 무엇을 가져가야 할지에 대해 서로 이야기 나누었다.

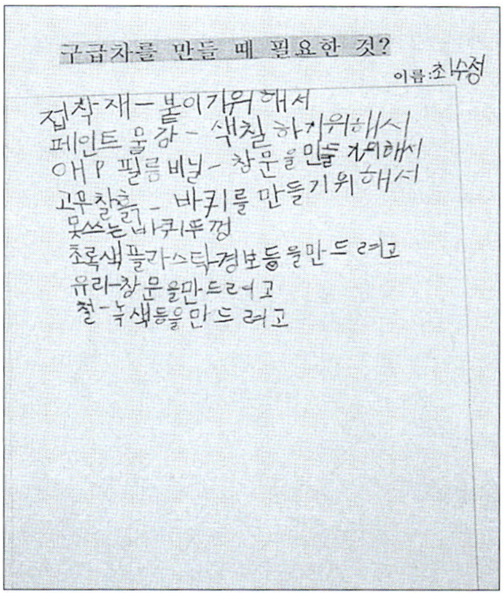

구급차를 만들 때 필요한 것?

이름: 최수정

접착재 - 붙이기위해서
페인트 물감 - 색칠하기위해서
OHP 필름 비닐 - 창문을 만들기위해서
고무찰흙 - 바퀴를 만들기위해서
못쓰는 바퀴뚜껑
초록색플라스틱경보등을만드려고
유리-창문을만드려고
철-녹색등을만드려고

구급차를 만들 때 필요한 것은?

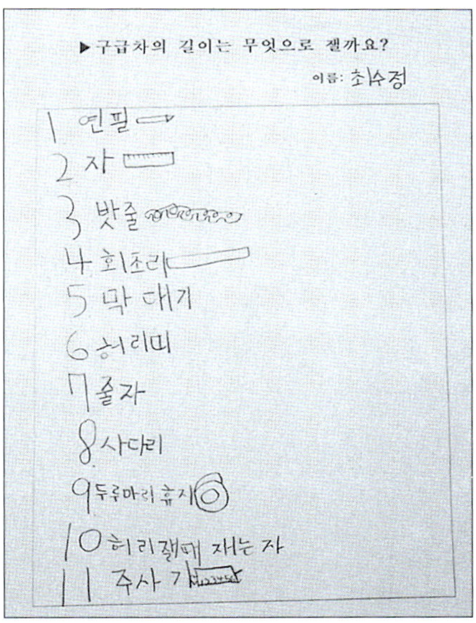

▶ 구급차의 길이는 무엇으로 잴까요?

이름: 최수정

1 연필
2 자
3 밧줄
4 회초리
5 막대기
6 허리띠
7 줄자
8 사다리
9 두루마리 휴지
10 허리잴때 재는 자
11 주사기

구급차 길이는 무엇으로 재나요?

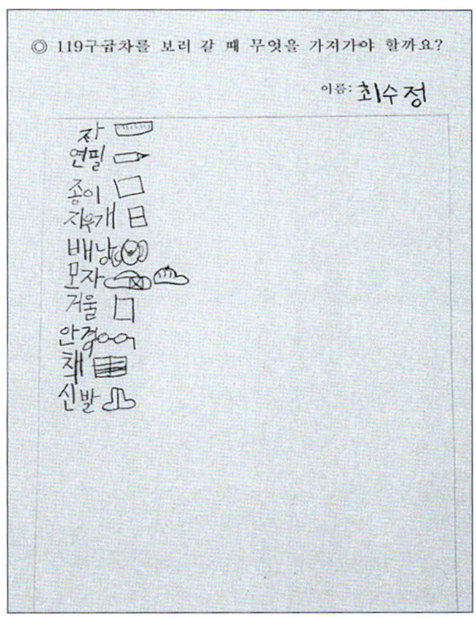

◎ 119구급차를 보러 갈 때 무엇을 가져가야 할까요?

이름: 최수정

자
연필
종이
지우개
배낭
모자
거울
안경
책
신발

구급차 견학 시 무엇을 가지고 갈까요?

해 석	유아들은 토의 활동에 흥미를 가지고 적극적으로 참여하였으며, 구급차를 만들 때 여러 재료의 특성들을 탐색하였다. 물체를 잴 때 다양한 도구들이 필요하다는 것을 인식하였으며, 신체 단위(손뼘, 발, 팔)에서 여러 가지 임의 단위(막대, 티수, 끈) 그리고 표준 단위(자)로 측정해 볼 수 있다는 사고의 확장을 볼 수 있었다.

학습 일지는 학습 활동 후에 학습의 과정이나 결과, 소감, 계획 등을 기록하는 것으로 현재의 학습 상황에 대한 반영과 함께 미래에 대한 계획을 포함한다. 교사와의 개별 만남을 통해 유아의 학습 활동에 대해 함께 반영해 보고 그것을 기초로 해서 스스로 학습 활동을 계획해 보도록 한다. 스스로 기록하거나 문해 능력이 안 된 경우는 교사가 대행 가능하다.

〈표 6-9〉 포트폴리오 평가를 적용한 평가 자료 예시(학습 일지)

날짜 : 2012년 9월 7일	이름 : 정주리	교사 : 박명란
✎ 무엇에 관해 알게 되었어요? 송편 만드는 법 : 쌀가루로 반죽한 것을 조금 떼어 손바닥으로 둥글게 만든다. 손가락으로 눌러 움푹하게 만든다. 미리 준비한 깨 속 재료와 콩가루 속 재료를 넣고 끝을 오므려 모양을 만든다. 찜통에 송편을 넣은 다음 뚜껑을 덮고 찐다. ✎ 무엇을 더 알고 싶어요? 색깔 송편 만드는 법 ✎ 어떤 계획을 세웠어요? 여러 가지 색깔로 된 송편 만들기 **교사의 의견** 지시 사항을 구술하였음. 주리 어머니에게 자원봉사를 해 주실 수 있는지 알아보기		
교사 논평 7살 된 주리는 대집단 이야기 나누기 활동에서 추석날 집에서 송편을 만들었다고 했다. 주리가 이야기를 한 다음 선생님은 "주리야! 네가 송편 만들었던 것에 대해 이야기를 해 주어서 재미있었단다. 이 시간 이후 너의 학습 일지를 가져오면 그것을 적도록 도와줄게."라고 말하였다. 주리와 선생님은 송편 만들기에 대해 함께 썼다. 교사는 가을 프로젝트에 송편 만들기를 넣자고 제안했다. 교사는 이 계획에 도움을 주실 수 있는지를 어머니께 여쭈어보라고 기록하였다. 주리는 송편 재료의 변화 과정과 이 변화를 가져오게 하는 것이 불과 물, 수증기임을 알았으며, 재료의 탐색에서 더 나아가 다양한 색깔의 송편을 만들어 보겠다는 새로운 문제 상황을 인식하고 그에 따른 해결 방안을 모색해 나갔다.		

〈표 6-10〉 포트폴리오 평가를 적용한 평가 자료 예시(교사 논평지)

유아명 : 서영석　　　　날짜 : 2013년 4월 3일

작품명 : 개미 구성하기

□ 교사 주도　　■ 유아 주도

기술/개념 뽕뽕이로 개미의 모습을 만들어 나갔다.

기 록 직접 밖에 나가 개미를 잡아와 그려 보고 자세히 관찰하였다. 그리고 개 미와 관련된 책들도 가져와 개미에 대해 써 보기도 했다. 그리고 난 다음 영석이는 뽕뽕이를 이용해 개미를 만들고자 하였다. 영석이가 작업을 하고 있을 때 옆에서 지켜보도록 한다.

□ 시작　■ 발달　□ 숙달　□ 확장

해 석 영석이는 개미의 모습을 주도적으로 만들어 가고 있지만 자세히 세부적인 모습은 표현하지 못했다. 그러나 개미 관찰과 탐색을 통해 개미에 대해 더욱 더 알아 갔고 영석이의 탐구 능력과 구성력은 발달되고 있는 중이다.

참 고 개미의 한살이, 창의적으로 생각해 보기

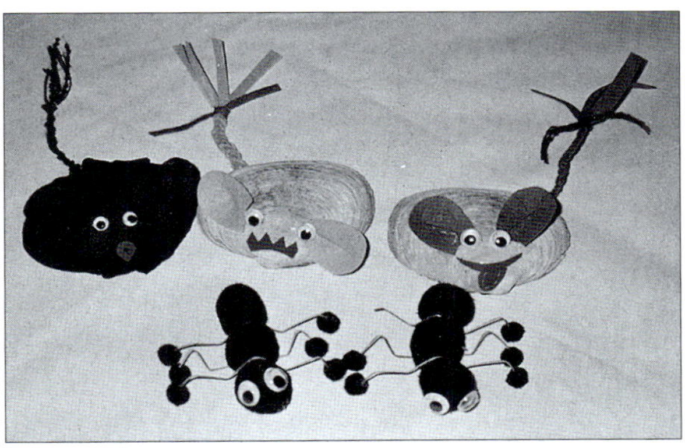

개미 구성하기

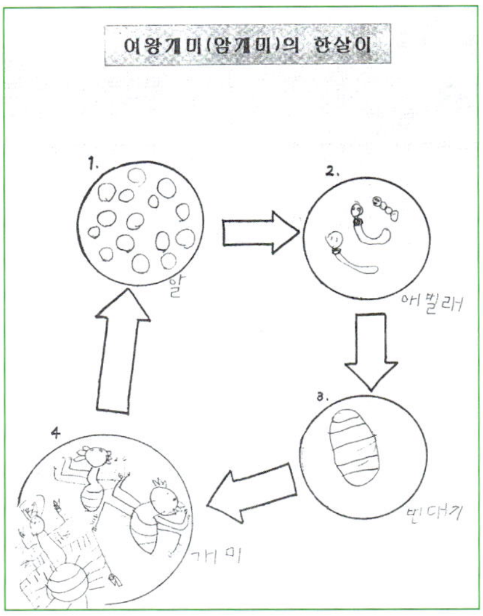

작업 표본(개미의 한살이)

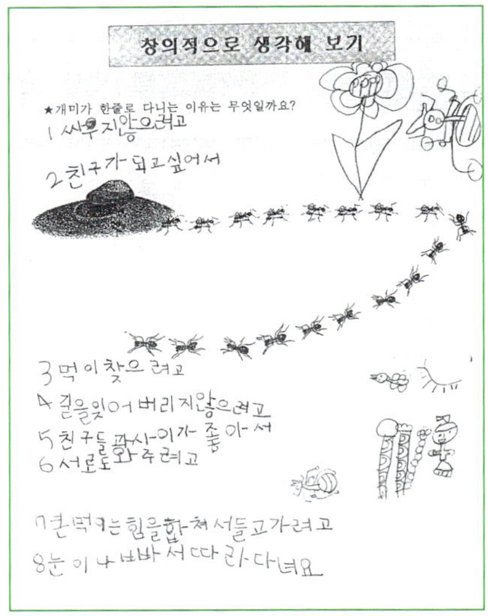

작업 표본(창의적으로 생각해 보기)

〈표 6-11〉 포트폴리오 평가를 적용한 평가 자료(일화 기록)

관찰 유아 : 박윤근	성 별 : 남	생년 월일 : 2008년 12월 5일
관 찰 일 : 2013년 5월 10일	관찰자 : 전미경	관찰 장소 : 영재반
장 면 : 교구 작업 시간에 평방비즈 하기		시 간 : 10 : 10 a.m

기 록	윤근이가 교실에 도착하자마자 매트를 가지고 자리를 잡는다. 평방비즈 9세 제곱 체인에 한창 몰두한다. 매트를 넓게 깔고서는 비즈를 하나 하나 정리한다. 숫자를 세는 데 있어 처음에는 혼자 숫자를 헤아리더니 선생님의 도움을 요청한다. "125, 126, 127, 128, 129…… 선생님! 129 다음에 뭐예요?" 선생님이 "130이에요"라고 말해 준다. 잠시 골똘히 생각하더니 다시 달려와 묻는다. "선생님! 130이 어떻게 생겼어요?" 선생님이 직접 가서 숫자를 찾아주자 윤근이는 알겠다는 표정으로 고개를 끄덕였다.
해 석	윤근이는 일과 십 단위의 숫자는 잘 이해하고 있으나 이러한 작은 수에서의 개념 이해가 백 단위의 숫자에는 적용되지 않고 있음을 알 수 있다. 시장놀이를 통해 보다 큰 숫자에서의 활동 경험을 제시해야겠다.

4) 종합적인 평가 : 유아 과학 활동 평정척도 및 성장 프로파일

과학 활동에서 유아의 발달 및 진보와 관련된 다양한 평가 자료가 수집된 후 이것들을 시간의 흐름에 따라 배열하여 유아의 질적 변화를 살펴본다. 과학 활동에 대한 교사의 관찰기록뿐만 아니라 수집된 유아들의 다양한 작업 표본들을 기초로 유아의 과학 활동에서의 장단점, 진보, 독특한 점 등을 찾아내어 정리하고, 종합적인 평가를 내리기 위하여 유아 과학 활동의 평정척도 및 성장 프로파일을 작성하도록 한다.

과학 활동의 평정척도는 3-5세 연령별 누리과정의 자연탐구 영역 목표 및 연령별 내용을 중심으로 구성된 평가 항목으로 앞서 제시된 평가 준거를 토대로 한 것이다.

평정척도는 유아의 수행이 보여줄 수 있는 특성을 최상의 단계에서 최하의 단계까지 여러 개의 수준으로 세분화하여 유아의 수행이 어느 수준에 해당하는가를 결정함으로써 현재의 유아 수행 상태, 발달의 가능성과 방향감을 제공해 주는데 그동안의 과학 활동 관련 평가 자료에 근거하여 학기 말에 종합적으로 평정하도록 한다.

〈표 6-12〉의 평정란(1회/2회)에는 평정 기준의 유아 활동이 관찰될 때 날짜를 기입하고(예: 3/25), 해당 항목이 관찰되지 않을 시에는 빈칸으로 남겨 둔다. 비고란에는 관찰된 유아의 행동에 대한 참고 사항을 기재한다(예: 3/25, 활동 기록지 참고). 유아의 행동이 최종 단계에 도달되면 더 이상 평정지에 기록하지 않는다.

유아 과학 활동 성장 프로파일(표 6-13)은 앞서 기록된 종합적인 평정척도의 결과를 한눈에 볼 수 있도록 정리한 성장 프로파일이다. 연간 평가 계획안에 있는 유아 과학 활동 평가 내용을 중심으로 평가한 후 평가 결과를 평정척도에 기록하고, 성장 프로파일에 기록한 후, 보완점을 요약한다. 요약한 내용은 부모와의 상담(면담/전화 상담/서면 상담) 시 활용할 수 있다.

평가 결과 기록, 정리 시 고려점

- 각 유아에 대한 모든 평가자료 즉 관찰 자료, 건강기록부, 검사 결과, 작업 표본, 면담 자료 등을 정리한다.
- 모든 자료에는 날짜, 관찰자, 관련 사항에 대한 간략한 정보를 반드시 포함한다.
- 평가 계획에 따라 지속적으로 자료를 수집하여 어느 시기에만 집중되지 않도록 한다.
- 학기말 유아별로 평가 자료를 토대로 요약서를 작성하고 이를 근거로 해석한다.
  - 작성 시에는 누리과정 문서, 연령별 내용 평가 준거, 유아 발달 목록 등을 참고한다.
  - 유아별로 자료에서 누락된 부분 등을 확인하고 과학 활동 교육 내용별 혹은 평정척도의 항목별 발달이 잘 이루어진 영역과 덜 이루어진 영역을 중심으로 서술한다.

〈표 6-12〉 자연탐구 영역 중 유아 과학 활동 관련 종합 평정척도

구분	유아명		반(연령) (세)	평정		비고
	평가 항목	단계	평정 기준	1회 (날짜)	2회 (날짜)	
탐구하는 태도 기르기	1. 호기심을 유지하고 확장하기	1	주변 사물과 자연세계에 대해 호기심이 없다.			3/25 활동 기록지 참조 6/29 일화기록
		2	주변 사물과 자연세계에 대해 호기심을 보인다.	3/25		
		3	주변 사물과 자연세계와 관련된 활동에 관심을 보인다.			
		4	주변 사물과 자연세계에 대해 지속적으로 호기심을 갖는다.		6/29	
		5	주변 사물과 자연세계에 대해 지속적으로 호기심을 갖고 알고자 한다.			
	2. 탐구과정 즐기기	1	궁금한 것이 있어도 그냥 지나친다.			
		2	궁금한 점을 알아보는 과정에 흥미를 갖는다.			
		3	궁금한 점을 알아보는 탐구과정에 관심을 가지고 참여한다.			
		4	궁금한 점을 알아보는 탐구과정에 관심을 가지고 참여하고 즐긴다.			
		5	탐구과정에서 서로 다른 생각에 관심을 갖는다.			
	3. 탐구기술 활용하기	1	일생생활의 문제를 해결하는 과정에서 탐색, 관찰 등의 방법에 관심이 없다.			
		2	일생생활의 문제를 해결하는 과정에서 탐색, 관찰 등의 방법에 관심을 보인다.			
		3	일생생활의 문제를 해결하는 과정에서 탐색, 관찰 등의 방법을 알고자 한다.			
		4	일상생활의 문제를 해결하는 과정에서 탐색, 관찰, 비교, 예측 등의 탐구기술을 알고자 한다.			
		5	일상생활의 문제를 해결하는 과정에서 탐색, 관찰, 비교, 예측 등의 탐구기술을 활용해 본다.			

과학적 탐구하기	4. 물체와 물질 알아보기	1	물체와 물질의 특성에 관심을 보이지 않는다.				
		2	친숙한 물체와 물질의 특성에 관심을 갖는다.				
		3	친숙한 물체와 물질의 특성을 알아본다.				
		4	주변의 여러 가지 물체와 물질의 기본 특성을 알아본다.				
		5	물체와 물질을 여러 가지 방법으로 변화시켜 본다.				
	5. 생명체와 자연환경 알아보기	1	우리 몸과 주변의 동식물에 관심을 가진다.				
		2	우리 몸의 주요 부분의 특징(위치와 이름, 주요 기능)과 관심 있는 동식물의 특성을 탐색해 본다.				
		3	나와 다른 사람의 성장과정, 관심 있는 동식물의 특성을 안다.				
		4	인간을 포함하여 주변의 모든 생명체에 관심을 가지고 보살피고 키워 보며 생명체가 살기 좋은 환경에 대해 관심을 가진다.				
		5	생명체가 살기 좋은 환경과 녹색환경에 대해 알아본다.				
	6. 자연현상 알아보기	1	주변의 자연물과 낮과 밤, 계절 변화 등 자연현상에 관심을 보이지 않는다.				
		2	주변의 자연물과 자연현상의 변화에 관심을 가진다.				
		3	자연물 및 자연현상과 관련된 활동에 적극적으로 참여하고 관찰한다.				
		4	돌, 물, 흙 등 흥미로운 자연물이나 자연현상에 대해 이야기하거나 질문하며 그 특징이나 변화를 알아본다.				
		5	날씨와 기후 변화 등자연현상의 변화 원인과 결과에 대해 이야기하며, 자연현상의 변화와 규칙성을 안다.				
	7. 간단한 도구와 기계 활용하기	1	도구와 기계에 관심을 보이지 않는다.				
		2	생활 속에서 간단한 도구와 기계에 관심을 갖는다.				
		3	생활에서 사용하는 도구와 기계사용의 편리함에 관심을 갖고 관찰한다.				
		4	생활 속에서 간단한 도구와 기계의 바른 사용법을 알고 활용한다.				
		5	변화하는 새로운 도구와 기계에 관심을 갖고 장단점을 안다.				

〈표 6-13〉 유아 과학 활동 성장 프로파일

유아명 :		반	(만 세)	
구분	평가 항목	1회(3/25)	2회(6/29)	비고
탐구하는 태도 기르기	1. 호기심을 유지하고 확장하기	3/25	6/29	3/25 활동지 6/29 일화 기록
	2. 탐구과정 즐기기			
	3. 탐구기술 활용하기			
과학적 탐구하기	4. 물체와 물질 알아보기			
	5. 생명체와 자연환경 알아보기			
	6. 자연현상 알아보기			
	7. 간단한 도구와 기계 활용하기			
평정 결과 및 해석 요약				

한 학기 혹은 한 해 동안 포트폴리오에 수집된 많은 정보들을 요약하는 서술문을 작성하면서 유아 개인별 과학 활동의 내용을 체계적으로 살펴보게 되고, 외부 평가 준거나 수행 기준에 관련시키면서 현재 유아의 발달 정도와 발달 연속선상에서의 위치, 그리고 추후 학습에 따른 권고들을 정리하면서 방대한 포트폴리오 평가 작업을 마무리한다.

5) 평가 결과의 활용

(1) 학부모와 면담 시 자료로 사용

유아의 전인적 발달을 위해서는 가정과 유치원의 긴밀한 협조와 의견 교환이 필요하다. 유아 과학 활동에 대한 포트폴리오 평가에서 나타난 개별 유아들에 대한 진보 결과나 성취 수준을 가정과의 연계 교육에 활용할 때, 목표와 관련된 발달 상황을 구체적으로 부모에게 제공할 수 있으며, 부모의 도움과 관심으로 가정과 유치원이 함께 유아지도를 할 수 있다.

(2) 유아 과학 활동의 종합 평가 결과를 생활기록부 작성에 활용

현행 종합생활기록부는 유아의 성장 발달을 누리과정 영역에 따라 문장으로 서술하게 되어 있다. 유아 개인별 과학 활동 평가 자료와 평정한 결과(성장 프로파일의 평정 결과 및 요약서)는 유아 발달에 대한 객관적인 근거 자료가 되드로 종합적으로 연 2회(7월, 12월) 서술하여 학년 말 생활기록부 작성에 활용하도록 한다.

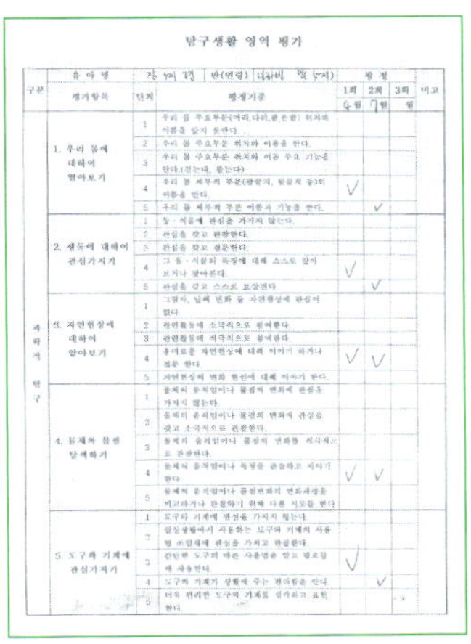
탐구생활 영역 평가

종합 평정척도 예

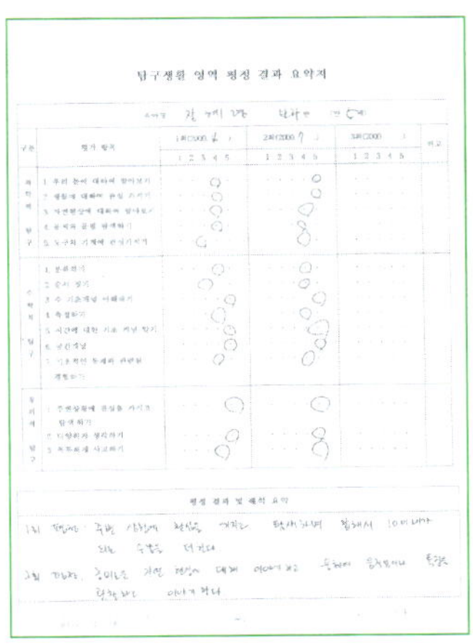
탐구생활 영역 평정 결과 요약지

성장 프로파일 예

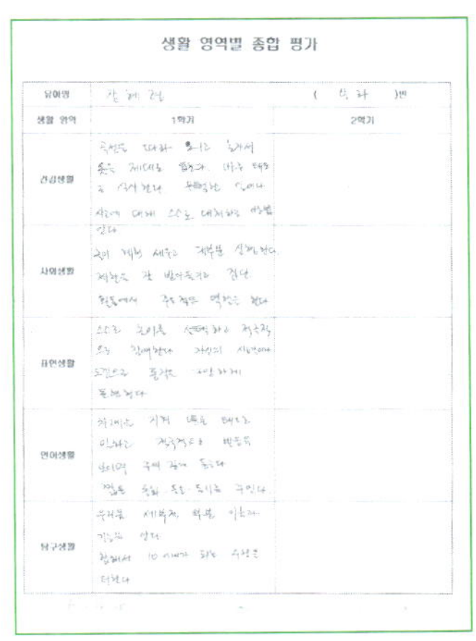
생활 영역별 종합 평가

종합생활기록부 예

6) 기타 유아 과학 활동 관련 작업 표본에 따른 평가 예

(1) 주제망(Web)

주제망은 떠오르는 정보 및 아이디어들을 이미지에 초점을 맞추어 마인드맵으로 표현하는 영상적 기법(Buzan & Buzan, 1996)으로 유아가 탐구할 내용을 결정하는 역할을 할 뿐 아니라 프로젝트 진행 과정 동안 나타나는 유아의 성장과 진보를 따라가는 한 방법이다. 또한 주제망은 유아들로 하여금 범주들과 하위 범주들 간의 관계를 시각화하는 것을 가능하게 하며, 의미 있는 상황에서 요점을 시각화하도록 도와준다(Helm et al, 1988).

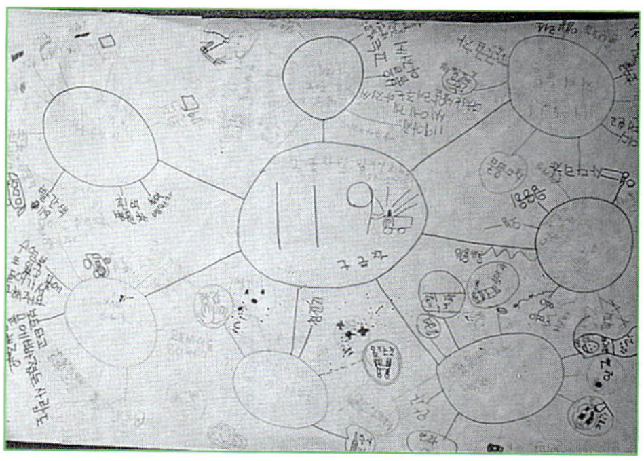

구급차 초기 주제망

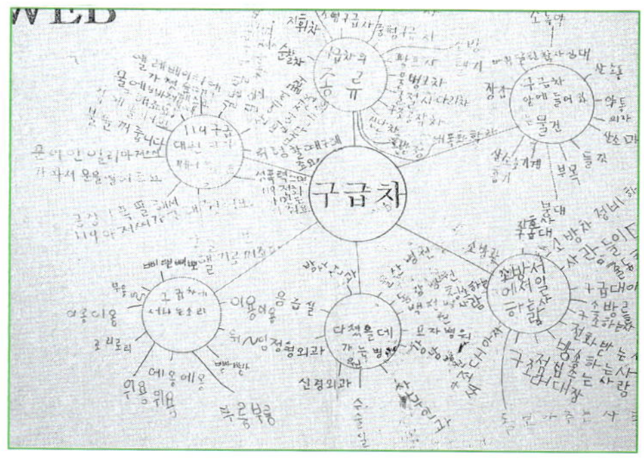

구급차 후기 주제망

교사 논평

위의 주제망은 구급차에 대한 유아들의 초기 아이디어들이 프로젝트가 진행되어 감에 따라 다양하게 확장됨을 보여준다. 초기 경험은 주로 유아들이 이전에 경험했던 시각적 · 영상적 기억에 의존하고 있음을 보여준다. 후기로 갈수록 자신의 현실적 경험과 현장 견학, 조사 · 탐구 · 표현 활동을 거쳐 초기 주제망보다 구체적이고 심층적인 개념으로, 즉 구급차와 관련 사람, 종류, 역할, 장비, 소리, 구급차 제작, 극놀이 등으로 주제망을 확장시켜 나갔다.

(2) 구급차 크기 재기

제일 먼저 몇몇의 유아가 팔을 이용해서 구급차의 길이를 재어 보았고, 또 다른 유아들은 손 뼘으로도 길이를 재기 시작하였다.

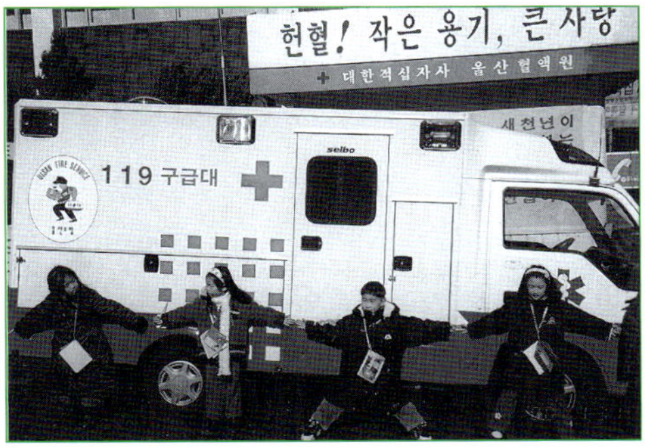

우리의 팔로 재어 봐요 짝악

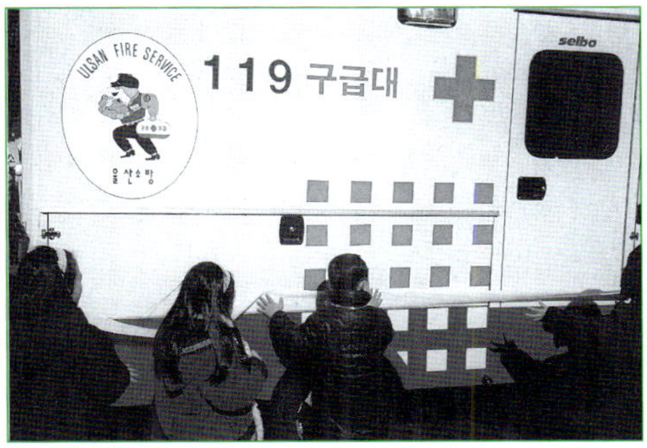

티슈로 재어 봐요

교 사 구급차의 크기는 무엇으로 잴 수 있을까?
유아1 손으로 재어 보아요
유아2 팔로도 잴 수 있어요. 이렇게…….
유아3 손 뼘의 수가 다 다르게 나왔어요.
교 사 왜 손 뼘 수가 다르지?
유아1 선생님은 손이 커서 그래요.
유아 모두 우리 모두 손의 크기가 다 달라요. 이 방법은 안 되겠어요.

교사 논평

유아들은 측정의 기준이 불명확하다는 것을 알았다. 또한 구급차의 불룩한 앞부분의 폭을 잴 때에는 딱딱한 도구로 재어서는 안 된다는 것을 안 유아들은 끈, 티슈 등으로 재어 보자고 의견을 내었고 모두 이 의견에 동의하였다.

위의 언어 전사 자료나 활동 사진 자료들을 통해 유아들의 물건을 재는 측정 단위에 대한 개념이 심화되는 것을 알 수 있다. 손으로 재었을 때 왜 다른지를 교사가 반문함으로써 탐구의 계획을 수립하도록 격려하고 있음을 볼 수 있다. 팔, 손 뼘으로 재었을 때 불일치를 경험하고, 인지하여 다양한 임의적 단위(끈, 막대, 티슈…)들로 재어 보자는 의견이 나왔고 최종적으로는 표준화 단위인 자의 측정으로까지 개념이 확장되었다.

(3) 구급차 표상하기

구급차 크기를 나타내요

교 사 어떻게 하면 우리가 구급차 크기를 만들 수 있을까?
유 아 우리들이 팔로 먼저 재었잖아요. 그대로 나타내면 되잖아요.
교 사 모두 모였네. 호진이 다음에 누구였니? 그 다음은 두 다리를 벌리고 두 팔을 벌렸어. 아! 인간 띠로 나타낼 수 있구나! 다리를 쫘악 벌리고 있으면 누가 선을 그어 보세요.
유 아 자, 이렇게요. (유진이가 막대로 선을 긋는다)
교 사 먼저 인간 띠로 구급차의 크기를 나타내 보고, 다음은 막대로, 그 다음은 끈으로 나타내 보자.
유 아 우-와 크다. 앞은 운전석이고 뒤는 침대와 구급 장비가 들어가야 해요.
유 아 이렇게 큰 걸 어떻게 만들어요.
교 사 이렇게 큰 구급차를 만들 수 있을까? 어떻게 하면 좋을까?
유 아 줄이면 되잖아요. 작게요. 요만하게…….
교 사 글쎄! 그렇게 작게 만들면 되니? 그러면 모두 똑같이 작아지겠니? 글쎄 어떻게 하면 우리 모두 똑같이 줄일 수 있을까?

교사 논평

구급차의 실제 크기를 운동장에 표상해 보고 이를 축소하여 만들려고 할 때 어떻게 구급차의 크기를 줄여 갈지 논의해 나갔다. 티슈로 구급차의 크기를 재었던 팀들은 티슈를 반으로 쉽게 접을 수 있는 것처럼 반의 반으로 점점 줄여 가면 된다고 쉽게 문제 해결 방안을 제시하였으나 막대로 구급차를 재었던 팀들은 어떻게 막대 길이를 줄여 갈지 힘들어하였다.

다음은 과학 영역에서 일어날 수 있는 학습들의 목록이다. 이를 수·과학 흥미 영역에 부착해 놓으면 유아들이 무엇을 학습하는지, 어떤 기능의 변화가 필요한지 쉽게 도움을 받을 수 있다.

과학 영역에서 유아들이 학습할 것

- □ 환경에 관한 정보를 획득하기 위해 감각 사용하기
- □ 환경 내의 현상을 기술한다.
- □ 사물을 비교하는 어휘를 사용한다.
- □ 사물 간의 유사성과 차이를 비교한다.
- □ 사물을 한 가지 또는 그 이상의 특성에 따라 분류한다.
- □ 사건 발생에 따라 순서 짓는다.
- □ 안전에 대해 이해하고 연습한다.
- □ 경험하는 사람, 사물, 사건에 따라 보고, 듣고, 만지고, 맛보고, 냄새 맡는 것에 대해 이야기 나눈다.
- □ 사물의 색깔, 크기, 형태를 관찰한다.
- □ 환경 내의 변화와 사물을 관찰한다.
- □ 자료, 재료들의 원인 결과를 관찰한다.
- □ 환경 내의 체계, 주기, 상호 작용, 다양성을 관찰한다.
- □ 생물, 무생물에 따라 사물을 분류한다.
- □ 유기체의 외적 특성을 기술한다.
- □ 예측하기
- □ 과학적 방법 사용하기
- □ 자연 세계에 대한 호기심 증진시키기
- □ 사물 간의 관계성 관찰하기
- □ 중력, 자력과 같은 에너지(힘) 관찰하기
- □ 적절하고 안전하게 도구 사용하는 방법 알기
- □ 사물 그룹 짓기
- □ 선택하기
- □ 의사 결정하기

>> 참고 문헌

강인애 (1996). 구성주의 모델들의 특징과 차이점. 교육공학연구 12. 1. 3-23.

곽향림 (1984). 유아기 과학적 태도 형성에 관한 연구: SCIS Program의 학습주기를 중심으로. 이화여자대학교 대학원 석사학위 청구논문.

교육부 (1997). 초등학교 교육과정 해설(II). 서울 : 교육부

_____ (1998). 유치원 교육과정 해설. 서울 : 교육부.

교육과학기술부 (2008a). 유치원 교육과정 해설 III – 표현생활, 언어생활, 탐구생활. 교육과학기술부.

_____________ (2008b). 초등학교 교육과정 해설 II. 교육과학기술부.

_____________ (2009a). 유치원 지도서 2 유치원과 친구. 교육과학기술부.

_____________ (2009b). 유치원 지도서 3 나와 가족. 교육과학기술부.

_____________ (2009c). 유치원 지도서 5 동식물과 자연. 교육과학기술부.

_____________ (2009d). 유치원 지도서 6 건강과 안전. 교육과학기술부.

_____________ (2011). 초등학교 교육과정. 교육과학기술부.

교육과학기술부 · 보건복지부(2012). 3-세 연령별 누리과정.

교육과학기술부 · 보건복지부 (2013a). 3-5세 연령별 누리과정 해설서. 교육과학기술부.

교육과학기술부 · 보건복지부 (2013b). 3-5세 연령별 누리과정 교사용 지침서. 교육과학기술부.

국가과학기술위원회 (2013). S&T FOCUS, Vol. 88. 2013. 2월호.
http://www.nstc.go.kr/nstc/index.jsp

국립교육평가원 (1997). 유치원 교육 수행평가의 이론과 실제. 서울 : 국립교육평가원.

권영례 (1992). 유치원 아동의 과학 행동에 미치는 교사의 언어 형태와 학습 주제 선정 방법의 효과. 중앙대학교 박사학위논문.

_____ (1993). 아동중심과학활동. 서울 : 양서원.

_____ (1999). 유아를 위한 교수–학습방법의 이해. 서울 : 양서원.

권주영 (2001). 유아교사의 과학교수 효능감 수준에 따른 과학교육 실제에 관한 연구. 부산대학교 대학원 석사학위 청구논문.

김경미 (1995). 유아교사를 위한 유아과학교육. 서울 : 창지사.

_____ (1998). 정보사회에 적합한 유아교육의 과제 전망. 유아교육논집 제8집. 부산유아교육학회. 37-61.

_____ (1999). KKM 교사과학교육 프로그램. 동부산대학(미간행).

_____ (2002). 임상장학을 통한 유치원 소집단 과학활동 수업 개선의 효과. 경성대학교 대학원 박사학위논문.

김경미 · 강성빈 (2001). 유치원 소집단 과학활동에 대한 임상장학활동 분석. 영유아논집 제4집. 영유아교육학회.

김경철 (2000). 21C 유아교육평가의 실제. 열린유아교육학회 2000년 가을학술대회 논문집, 유아 탐구생활 영역의 수행평가의 실제. 207-229.

김경철 · 박선희 · 박정선 · 유구종 · 조부경 (1998). 유아교육과 멀티미디어. 서울 : 양서원.

김미경 (1998). 발견 중심의 유아과학교육. 서울 : 교육아카데미.

김미숙 (1999). 아동과학교육의 교수－학습 과정 측면에서: 토론. 미래교육학회. 춘계 전국학술대회 논문집. 107-136.

김선희 (1990). 유치원 과학교육의 현황과 분석. 숙명여자대학교 교육대학원 석사학위 청구논문.

김숙자 (1999). 아동과학교육의 교수－학습과정 측면에서. 미래교육학회. 춘계 전국학술대회 논문집. 107-136.

김영숙 · 최석란 (1997). 극놀이에서 교사의 단계별 지지가 유아의 언어적 의사소통에 미치는 효과. 한국아동학회. 아동학회지 18. 2. 229-240.

김옥경 (1996). 유아과학교육. 서울 : 동문사.

김종문 외 (1999). 구성주의 교육학. 서울 : 교육과학사.

김찬종 · 채동현 · 임채성 (1999). 과학교육학개론. 서울 : 북스힐.

김판희 · 김덕건 (1996). 유아 문제해결 과정에서의 Scaffolder 역할에 대한 연구. 유아교육연구 16. 1. 63-81.

김현주 (1996). 범주화 훈련 및 과학 수업에 적용된 인지 도제적 접근이 유아의 범주 행동과 과학 성취에 미치는 효과. 동아대학교 대학원 박사학위논문.

김희진 · 박은혜 · 이지현 (2000). 유아교육기관에서의 관찰. 서울 : 창지사.

동성유치원 (2000). 탐구생활영역의 수행평가 방법 구안 · 적용. 부산광역시 지정 시범유치원 보고자료.

문미옥 · 신현옥 · 김영숙 · 류칠선 (2000). 유아를 위한 과학교육. 서울 : 교문사.

미래유아교육학회 (1999). 21세기 창조적 지식기반 사회를 위한 한국 아동과학교육의 방향. 춘계 전국 학술대회 논문집.
박선희 · 김선영 (1998). 유아교육과 컴퓨터. 서울 : 정민사.
박정민 · 유연화 (1999). 유아과학교육. 서울 : 창지사.
박정수 (1999). 동질집단과 이질집단 또래상호작용 학습이 유아의 과제수행 협력도 및 성취도에 미치는 효과. 동아대학교 교육대학원 석사학위 청구논문.
방인옥 · 고문숙 · 임영심 · 유향선 · 황정숙 · 김은심 (1998). 유아교과교육론. 서울 : 창지사.
변영계 · 김광휘 (1999). 협동학습의 이론과 실제. 서울 : 학지사.
변창진 · 송명자 (편) (1995). 인지발달론적 접근 교육 심리. 서울 : 교육과학사.
변홍규 (1994). 질문 제시의 기법. 서울 : 교육과학사.
서울대학교 교육연구소 (1994). 교육학용어사전. 서울 : 도서출판 하우.
서현아 (1995). 발견적 과학교육을 위한 접근 방법. 한국유아교육학회 부산경남지회. 여름 유치원 교사 연수: 유아를 위한 과학교육과 창의성. 1-24.
송명자 (1997). 인간발달연구: 인지발달과 도덕성 발달 중심으로. 서울 : 학지사.
송연숙 (2001). 탐구중심의 과학교육수업이 예비교사의 과학태도 변화에 미치는 효과. 연구논문집 제27권 제2호. 407-425. 울산과학대학.
_____ (2003). 과학 관련 변인에 따른 예비유아교사의 과학교수효능감 연구. 한국영유아보육학. 제35집, 241-258.
_____ (2004a). 과학교수활동 포트폴리오 수업 적용이 예비유아교사의 과학교수 능력에 미치는 영향. 부산대학교 대학원 박사학위논문.
_____ (2004b). 예비 유아교사의 과학교수 태도 증진을 위한 포트폴리오 수업 효과 및 인식 연구. 열린유아교육연구. 9(4), 155-174.
_____ (2006a). 개념도 학습전략이 예비유아교사의 과학교수효능감과 유아의 과학 활동 참여에 미치는 영향. 교육과학연구. 제37집 제3호, 131-154.
_____ (2006b). 반성적 교수경험이 예비유아교사의 과학교수효능감과 유아의 과학 활동 참여에 미치는 효과. 열린유아교육연구. 11(6), 45-63.
송연숙 · 황해익 (2004). 예비 유아교사의 과학지식의 변화 연구. 유아교육연구. 24(2), 87-105.
신은수 (1991). 유아의 놀이 형태와 수준에 따른 효과적인 교사의 극놀이 개입 유형의 방향 모색. 한국유아교육학회. 유아교육연구 11. 7-22.
신은수 · 안경숙 · 유윤경 · 김은정 (1996). 생활과 환경중심의 유아과학교육. 서울 : 양서원.
안경숙 (1992). 전통적 과학 교수 방법과 지적 갈등 유도에 의한 과학 교수 방법의 효과

연구. 덕성여자대학교 대학원 석사학위 청구논문.

영은유치원 (1998). 신문활용을 통한 통합적 활동. '98 서울특별시 교육청 지정 시범 유치원운영보고서.

오숙현 · 김영옥 (1997). 교사의 탐구적 발문이 유아의 대인문제해결사고에 미치는 영향. 한국아동학회. 아동학회지 18. 2. 299-310.

유애열 (1994). 유아의 상상놀이와 교사 개입에 관한 연구. 연세대학교 대학원 박사학위 논문.

이경우 (1995). 수학교육을 위한 문학적 접근. 서울 : 다음세대.

이경우 · 장혜순 · 조부경 · 김정준 (1998). 유아과학교육의 문학적 접근. 서울 : 창지사.

이경우 · 조부경 · 김정준 (1999). 구성주의 이론에 기초한 유아과학교육. 서울 : 양서원.

이경자 (2000). 유아교사의 과학교수 효능감에 따른 과학교육 실태. 원광대학교 교육대학원 석사학위논문.

이기숙 (2001). 유아교육과정. 서울 : 교문사.

이명숙 (1999). 구성주의의 심리학적 근저. 구성주의 교육학. 35-61. 서울 : 교육과학사.

이영석 · 이정화 (2000). 영역별 포트폴리오 평가 방법의 적용 원리와 실제. 서울 : 교육과학사.

이원구 (1992). 학습방법의 학습 프로그램 1. 서울 : 은하출판사.

이원영 · 김덕건 (1991). 활동중심의 유아과학교육. 서울 : 양서원.

이은화 · 김영옥 (1993). 유아사회교육. 서울 : 양서원.

이종일 (1999). 사회문화주의와 구성주의. 구성주의 교육학. 105-130. 서울 : 교육과학사.

이현옥 · 김지영 (1999). 유치원 교사들의 유아 포트폴리오 활용 실태. 유아교육연구 19. 151-168.

임재택 외 (2000). 선생님! 텃밭 가요. 서울 : 양서원.

장혜경 (1986). 교사의 질문 유형에 따른 아동의 언어적 반응 분석. 중앙대학교 석사학위 논문.

전선영 · 유향선 · 김은심 · 문용은 (2000). 유아교사를 위한 교수매체의 이론과 실제. 서울 : 창지사.

전경원 (1999). 창의성을 중심으로 한 유아과학교육. 서울 : 학문사.

정숙경 (1997). 구성주의의 교육적 함의 탐색. 학생연구 25. 61-77. 동아대학교 학생생활연구소.

정용부 · 김경미 · 손은경 (2001). 유치원 원내 수업장학을 위한 교육 프로그램(초급과정) 연수교재. 동부산대학.

정인성 · 나일주 (1994). 최신교수설계이론. 서울 : 교육과학사.

정인숙 · 김지영 (1998). 아동기 '질문'의 발달적 경향 분석. 한국유아교육학회 부산 · 경남지회. 학술논문발표집. 71-125.

조영남 (1999). 구성주의 교수－학습. 구성주의 교육학. 151- 180. 서울 : 교육과학사.

조용기 (1999). 구성주의 교육의 조절. 구성주의 교육학. 35-61, 서울 : 교육과학사.

조형숙 (1998). 유아과학교육의 활성화를 위한 연구동향 탐색. 한국유아교육학회 소식. 98-1호 통권 11호. 4-7.

조희형 · 박승재 (1994). 과학론과 과학교육. 서울 : 교육과학사.

__________ (1995). 과학 학습 지도. 서울 : 교육과학사.

최양미 (2001). 과학적 소양 지향의 유아과학교육 관점 연구. 논문집 제23호. 동주대학.

최인숙 (2000). 탐구하며 문제 해결력을 키우는 유아과학교육. 서울 : 학지사.

한국어린이교육협회 (1988). DeVries의 구성주의 유아교육 프로그램. 한국어린이교육협회 창립 40주년 기념 강습회.

한국유아교육학회 (편) (1996). 유아교육사전(용어편). 서울 : 한국사전연구사.

한순미 (1999). 비고츠키와 교육: 문화－역사적 접근. 서울 : 교육과학사.

허병두 (1997). 신문활용교육이란 무엇인가: NIE의 이해와 실제. 서울 : 중앙 M&B.

허혜경 (1996). Vygotsky의 ZPD이론에 기초한 교수－학습 방법. 교육학연구 34. 5. 311-330.

홍혜경 (1995). 유아의 수학활동과제를 활용한 평가의 적용에 관한 연구. 한국유아교육학회. 유아교육연구 15(2). 173-191.

황윤환 (1995). 제6차 교육과정과 구성주의적 교육. 한국교육학회. 교육학연구 33. 1. 237-252.

황해익 · 송연숙 · 정혜영 (2008). 2007년 개정 유치원 교육과정에 따른 유아행동관찰법. 서울: 창지사.

황해익 · 송연숙 · 조영기 (2004). 유아교사 양성과정의 유아과학교육 강좌에 대한 현직 교사의 인식 및 요구. 열린유아교육연구. 8(4). 129-150.

황해익 · 송연숙 · 최혜진 · 정혜영 · 손원경 (2009). 2007년 개정 유치원 교육과정에 따른 유아 포트폴리오 평가. 서울 : 창지사.

Abruscato, J. (1996). Early result and tentative implications from the Vermont portfolio project. *Phi Delta Kappon*. 474-477.

Abruscato, J. (1996). ***Teaching children science a discovery approach***. Allyn & Bacon.

Allison, J. (1997). The project approach. In P. Rillergo, & J. Allison(Eds.), ***Creative childhood experiences in mathmatics and science: Projects, activity series, and centers for early childhood. ERIC Document***. ED 411 145. 223-233.

Anderson, J. A. (1981). Ten tales: Books with a bonus. ***Teacher 95***(5), 60-63.

Barrow, L. H. & Salesi, R. A. (1982). Integrating science activities through literature web. ***School Science and Mathematics 132***(1), 65-70.

Barufaldi, J. P., Ladd, G. T., & Mose, A. J. (1981). ***Heath science: Level K***. Lexington, Mass : Heath & Company

Berk, L. E. & Winsler, A. (1995). ***Scaffolding children's learning: Vygotsky and early childhood Education***. 홍용희 (역) (1995). 어린이들의 학습에 비계설정(Scaffolding): 비고스키와 유아교육. 서울 : 창지사.

Brown, J. S., Collins, A., & Dugid, P. (1989). Situated cognition and the culture of learning. ***Educational Researcher 18***(1). 32-42.

Bukatko, D. & Daehler, M. W. (1998). ***Child development: A thematic approach***. Boston : Houghton Mifflin.

Carin, A. A. & Sund, R. B. (1989). ***Teaching science through discovery***. Columbus : Merill Publishing Co.

Collins, A., Brown, J. S., & Newman, S. E. (1990). Cognitive apprenticeship: Teaching the crafts of reading, writing, and arithmatics. In L. B. Resnick (Ed.), ***Knowing, learning, and instruction: Essays in honor of Robert Glaser***. Hillsdale : Lawrence Erlbaum.

Cooper, P. A. (1993). Paradigm shifts in designed instruction: From behaviorism to cognitivism to constructivism. ***Educational Technology 33***(5). 12-19.

Cunningham, D. J. (1991). Assessing construction and constructing assessments: A dialogue. ***Journal of Educational Technology 5***. 13-17.

DeVries, R. (1990). 유아교육의 구성주의적 접근: 이론과 실제적 운용. 인제대학교 유아교육 프로그램 연수교재.

Driver, R. & Oldham, V. (1986). A constructivist approach to curriculum development in science. ***Studies in Science Education 13***. 105-122.

Fosnot, C. T. et al. (1996). ***Constructivism: Theory, Perspectives, and Practice***. 조부경 외 (편역) (2001). 구성주의 이론, 관점, 그리고 실제. 서울 : 양서원.

Gauthier, S. A. (1994). Attitudes toward science and science teaching as reflected in the science autobiographies of preservice elementary teachers. Unpublished doctoral dissertation. University of New Hampshire. NH.

Gunderson, B. & Johnson, D. W. (1980). Building positive attitudes by using cooperative learning groups. ***Foreign Language Annals 13***. 39-45.

Gunter, M. A., Estes, T. H., & Schwab, J. (1995). ***Instruction A models approach***. Boston et al. : Allyn and Bacon.

Harlan, J. D. (1980). ***Science experiences for the early childhood years***. Columbus, Ohio : Charles E. Merrill Publishing Co.

Harlan, J. D. (1992). ***Science experiences for the early childhood years***(5th ed). New York : Macmillian Publishing Company.

Inagaki, K. (1992). Piagetian and post-Piagetian conceptions of development and their implications for science education in early childhood. ***Early Childhood Research Quarterly 7***. 115-133.

Johnson, D. W. & Ahlgren, A. (1976). Relationship between students attitudes about cooperative learning and competition and attitudes toward schooling. ***Journal of Educational Psychology 68***. 29-102.

Johnson, D. W. & Johnson, R. (1987a). ***Learning together and alone: Cooperation, competition, and individualization***. Englewood Cliffs. NJ : Prentice-Hall.

Johnson, D. W. & Johnson, R. (1987b). ***Learning together and alone: Cooperation, competition, and individualization***. 2nd ed. Englewood Cliffs. NJ : Prentice-Hall.

Johnson, D. W. & Johnson, R. (1981). Effect of cooperative and a individualistic learning experiences interethnic internation. ***Journal of Educational Psychology 13***. 453-459.

Johnson, D. W. & Johnson, R. (1982). Effects of cooperative, competitive and individualistic learning experiences on cross-ethnic interaction and friendships. ***Journal of Social Psychology 118***. 47-58.

Kamii, C. & DeVries, R. (1978). ***Physical knowledge in preschool education***. N.J. : Prentice-Hall.

Kamii, C. & Devries, R. (1978). ***Physical knowledge in preschool education: Implications of Piaget's theory***. Englewood cliffs, NJ : Prentice-hall.

Kenda, M. & Williams, P. S. (1995). ***Science wizardry for kids***. New York : Barron's

Educational Series, Inc., 박원미 · 박영실 (1999). 수리수리 마수리 열려라! 과학. 서울 : 진명출판사.

Lebow, D. (1993). ***Constructivism values for systems design: Five principles toward a new mindset. ETR&D 41***(3), 4-16.

Lind, K. K. (1996). ***Exploring science in early childhood***(2nd ed.). Delmar.

Martin, D. J. (1997). ***Elementary Science Methods: A Constructivist Approach***. N.Y : Delmar.

Martin, D. J. (1999). ***Elementary science methods: A constructivist approach***. Delmar Publishers. 임청환 · 권성기 · 송명섭 · 송남희 (공역) (1999). 초등과학교육:구성주의적 접근. 서울 : 시그마프레스.

Martin, S. (1999). ***Take a look: Observation and portfolio assessment in early childhood***(2nd ed). Ontario. Canada : Addison-Wesley.

McNaughton, S. & Leyland, J. (1990). The shifting focus of maternal tutoring across different difficulty levels on a problem solving task. ***British Journal of Development Psychology 8***. 147-155.

Mercer, N. & Fisher, E. (1992). How do teachers help children to learn?: An analysis of teachers' interventions in computer-based activities. ***Learning and Instruction 2***. 339-345.

National Council of Teachers of Mathematics (1989). ***Curriculum and evaluation standard for school mathematics***. Restion. VA : NCTM.

National Council of Teachers of Mathematics (1991). ***Professional standards for teaching mathematics***. Restion. VA : NCTM.

National Council of Teachers of Mathematics (1995). ***Assessment standards for school mathematics***. Restion. VA : NCTM.

National Council of Teachers of Mathematics (1998). ***Principles and standards for school mathmatics: Discussion draft***. Restion. VA : NCTM.

National Research Council (2000). ***National science education standards***. National Academy Press. 서혜애 · 오필석 · 홍재식 (2000). 국가과학교육 기준. 서울 : 교육과학사.

Payne, J. N. (1990). New direction in mathematics education. In Robert J. Jensen(Ed.). ***Research Ideas for the classroom: Early childhood mathematics***. Reston. VA : NCTM.

Pederwen, J. E. & McCurdy, D. W. (1992). The effects of hands-on, minds-on teaching experiences on attitudes of preservice elementary teachers. ***Science Educating***

76(2). 141-146.

Piaget, J. (1983). Piaget' s theory. In P. H. Mussen(Ed.). ***Handbook of child psychology.*** N.Y : John Wiley & Sons. 103-128.

Razik, T. A. (1967). Psychometrics measurement of creativity. In. P. E. Vernon(Ed.). ***Creativity: Selected reading.*** NY : Penguin.

Reid, Forrestal, P., & Cook, J. (1989). ***Small group learning in the classroom.*** Chalkface Press. 정수경 (역) (1999). 교사를 위한 소집단 활동 운영 방법. 서울 : 정민사.

Renner, J. W. & Marek, E. A. (1990). An educational theory base for science teaching. ***Journal of Research in Science Teaching 27***(3). 243.

Rogoff, B. (1990). ***Apprenticeship in thinking: Cognitive development in social context.*** NY : Oxford Univ. Press.

Rogoff, B. (1993). Children' s guided participation and participatory appropriation in sociocultural activity. In R. H. Wozniak, & K. W. Fischer (Eds.). ***Development in context acting and thinking in specific environments.*** Hillsdale. NJ : Lawrence Erlbaum.

Rosenshine, B. V. (1986). Synthesis of research on explicit teaching. ***Educational Leadership 43.*** 60-69.

Savery, J. & Duffy, T. (1995). Problem based learning: An instructional mode and its constructivist framework. ***Educational Technology 35***(5). 31-38.

Schetz, K. F. & Stremmel, A. J. (1994). Teacher-assisted computer implementation : A Vygotskian perspective. ***Early Education and Review 5***(1). 18-26.

Sharon MacDonald (1997). ***The portfolio and its use: A Road Map for Assessment.***

Shrigley, R. L. (1990). ***Science for all Americans.*** New York : Oxford University Press.

Simpson, R. D. & Anderson, N. D. (1981). ***Science, students and schools.*** N.Y. : Macmillan Publishing Co.

Steffe, L. P. & Gale, J. (1997). ***Constructivism in education.*** Lawrence Erlbaum Associates, Inc., 조연주 · 조미헌 · 권형규 (1998). 구성주의와 교육. 서울 : 학지사.

Tharp, R. G. & Gallimore, R. (1988). ***Rousing minds to life.*** N.Y. : Cambridge Univ. Press.

Torrance, E. (1969). ***Guiding Creative Talent.*** New Delhi. Prentice-Hall of India Private Limited.

Trowbridge, L. W. & Bybee, R. W. (1986). ***Becoming secondary school science teacher.***

Columbus : Merill Publishing Co.

Vitale, M. R. & Romance, N. R.(1992). Using videodisk instruction in an elementary science methods course: Remediating science knowledge deficiencies and facilitating science teaching attitudes. ***Journal of Research in Science Teaching 29***(9). 915-928.

Weikart, D. P. (1989). 하이스코프 유아교육 프로그램의 이론과 현장 적용. 부산유아교육학회, 유아교육 프로그램 연수교재.

Wood, D. & Middleton, D. (1975). A study of assisted problem solving. ***British Journal of Psychology 66***. 181-191.

Wood, D., Bruner, J. S. & Ross, G. (1976). The role of tutoring in problem solving. ***Journal of Child Psychol & Psychiat 17***. 89-100.

제2부

생활주제별 유아 과학 활동의 실제

제 1 장

유치원과 친구

생활주제 선정 이유와 전개 방안

생활주제 '유치원과 친구'에서는 유아들의 바람직한 적응을 돕기 위하여 '유치원와 환경', '유치원에서의 하루', '유치원에서의 친구', '우리 유치원의 역사'를 주제로 선정하였다. 선정된 네 가지 주제는 총 16개의 소주제로 나뉘는데, 각 주제에서 유아가 무엇을 알아야 하는가를 중심으로 소주제를 도출하였다. 생활주제 '유치원과 친구'의 주제 및 소주제는 다음과 같다.

주제와 소주제

주 제	소 주 제
유치원의 환경	• 우리 교실 알아보기 • 유치원 돌아보기 • 함께 지내는 사람들 알아보기 • 시설물 사용 방법 알아보기
유치원에서의 하루	• 등 · 하원하기 • 자유 선택 활동하기 • 집단 활동하기 • 간식(급식) 먹기
유치원에서의 친구	• 친구 사귀기 • 친구와 함께 하기 • 친구와 다른 점 알아보기 • 친구와 사이좋게 지내기
우리 유치원의 역사	• 유치원을 나타내는 것 알아보기 • 유치원의 자랑거리 알아보기 • 유치원을 졸업한 선배들과 만나기 • 유치원의 특별한 날 알아보기

유치원과 친구

- 활동 1 비눗방울 놀이
- 활동 2 가위와 노래하는 종이
- 활동 3 여러 가지 모양의 씨앗
- 활동 4 지문 도장으로 만든 손
- 활동 5 비눗방울 폭포
- 활동 6 누구의 입술일까?
- 활동 7 거울에 비친 모습 관찰하기
- 활동 8 누가 누가 더 클까?

활동 1 비눗방울 놀이

관련 과학 내용	생명체와 자연환경 알아보기	탐구 능력	관찰	분류	측정	의사소통	예측	실험
과학 개념	몸 속에도 공기가 있다.		○		○		○	○

활동 목표

- 빨대의 모양에 따라 비눗방울의 모양이나 크기가 다르다는 것을 안다.
- 빨대를 부는 힘에 따라 비눗방울의 형태나 속도가 달라짐을 안다.

준 비 물

빨대, 비눗물(비눗방울용 비눗물 또는 트리오, 글리세롤), 요구르트 병

활동 방법

1. 빨대는 한쪽 끝부분을 1cm 정도를 5~8번쯤 가위집을 낸다.
2. 가위집을 낸 부분을 뒤로 젖혀 헬리콥터 날개처럼 펼쳐 준다.
3. 비눗물은 트리오를 물에 섞는다.
   (시중의 비눗방울용 비눗물을 이용하거나, 만들어서 사용한다. 참고로 일반 비눗물은 점성(끈적임)이 약하므로 글리세롤을 더 첨가하는 것이 좋으나, 없으면 그냥 해도 된다.)
4. 만든 비눗물을 빈 요구르트 병에 담는다.
5. 위에서 준비한 빨대와 비눗물을 가지고 밖으로 나가 비눗방울 놀이를 한다.
6. 일반 빨대와 만든 빨대 모두 이용해서 비눗방울 놀이를 하고, 서로 어떤 차이점이 있는지 관찰한다.
7. 왜 이런 현상이 생기는지 함께 이야기 나눈다.

유 의 점

- 천천히 불면 비눗방울을 크게 불 수 있고, 빨리 불면 작고 많은 비눗방울을 만들 수 있다.
- (유아의 연령에 따라) 교사가 빨대를 미리 잘라 두고 선택 영역에 제시한다.

여기서 잠깐

태양의 효과

- 태양이 눈부시게 빛나는 맑은 날은 수분이 자꾸 증발하여 막이 얇아지기 때문에, 순간순간 변하는 색을 즐길 수 있다. 짙푸른 하늘을 배경으로 태양 빛을 받는 비눗방울은 아름답지만 빨리 터진다.
- 비 오는 날과 흐린 날은 수분의 증발은 느리지만, 색채 변화의 즐거움은 없다.
- 실내에서 스포트라이트를 사용하여 실험하면 태양과 흡사한 효과가 난다.

활동 2 가위와 노래하는 종이

<table>
<tr><td>관련 과학 내용</td><td>물체와 물질 알아보기</td><td rowspan="2">탐구 능력</td><td>관찰</td><td>분류</td><td>측정</td><td>의사소통</td><td>예측</td><td>실험</td></tr>
<tr><td>과학 개념</td><td>물체의 성질은 다양하다.
(매끄럽다/꺼칠하다…)</td><td>○</td><td>○</td><td></td><td></td><td>○</td><td></td></tr>
</table>

활동 목표

- 질감에 따라 가위질을 하는 데 힘이 다르게 사용됨을 안다.
- 종류에 따라 잘려질 때 여러 가지 소리가 남을 안다.
- 가위를 바르고 안전하게 사용할 수 있다.

준 비 물

가위, 골판지, 천, 신문지, 마분지, 색종이, 빨대, 비닐

활동 방법

1. 다양한 종류의 질감을 가진 재료들을 관찰해 본다.
   - 만져 보니 느낌이 어떠니?

2 가위로 잘랐을 때의 상황에 대해 예상해 본다.

- 가위로 잘랐을 때 쉽게 잘리는 재료는 무엇일까?
- 가위로 잘랐을 때 자르기 힘든 것은 무엇일까?
- 가위로 재료들을 자를 때 어떤 소리가 날까?

3 가위로 잘라 본 후 결과를 비교해 본다.

- 어떤 재료가 쉽게 잘라졌니?
- 가위로 자르기 힘든 것은 무엇이었니?
- 골판지, 천, 신문지 등의 재료를 자를 때 어떤 소리가 났니?

유 의 점

- 사전 활동으로 가위를 안전하게 사용하는 방법에 대해 이야기해 준다.

활동 3 여러 가지 모양의 씨앗

<table>
<tr><td>관련 과학 내용</td><td>생명체와 자연환경 알아보기</td><td rowspan="2">탐구 능력</td><td>관찰</td><td>분류</td><td>측정</td><td>의사소통</td><td>예측</td><td>실험</td></tr>
<tr><td>과학 개념</td><td>식물은 자란다.</td><td>○</td><td></td><td></td><td></td><td>○</td><td>○</td></tr>
</table>

활동 목표

- 씨앗의 모양과 크기, 종류에 관심을 가진다.
- 자연을 관찰하는 태도를 기른다.

준 비 물

여러 종류의 씨앗(강낭콩, 벼, 봉숭아, 수세미, 옥수수 등), 돋보기

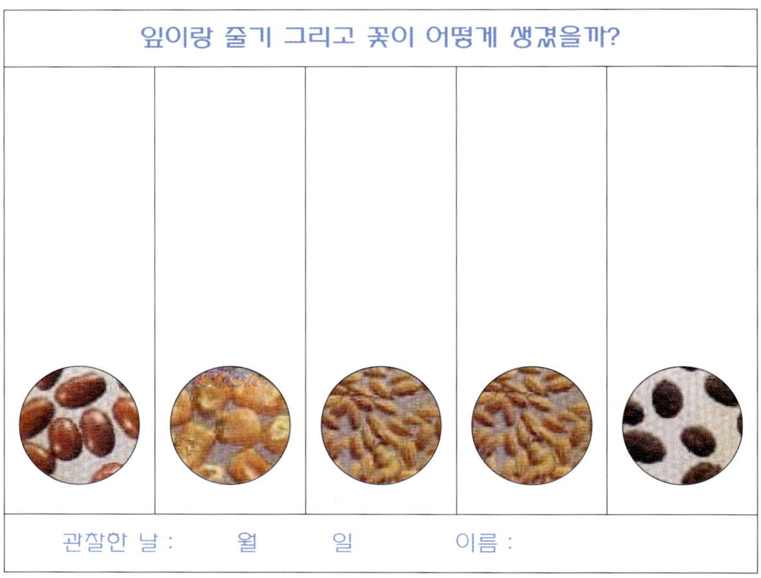

〈활동지〉

활동 방법

1. 여러 가지 씨앗을 만져 보기도 하고 돋보기로 모양도 관찰한다.
   - 씨앗이 어떻게 생겼니?
   - 씨앗은 얼마나 크니?
   - 씨앗의 색깔은 어떠니?
2. 과학 영역에 여러 가지 씨앗들을 비치해 두고, 나중에 이 씨앗이 자랐을 때 어떤 식물이 될지 상상할 수 있도록 한다.
   - 이 씨앗이 자라면 어떤 식물이 될까?
   - 어떤 꽃이 필 것 같니? 씨앗 위에 그려 보자.
3. 유아가 상상한 꽃과 실제로 핀 꽃을 비교한다.

유 의 점

- 관찰지를 과학 영역에 비치해 두고 유아들이 관찰한 것이나 어떤 식물로 될지 상상한 것을 기록할 수 있도록 한다.
- 꽃이 필 때까지 오랜 시간을 요하므로, 유아가 꾸준히 관심을 가지고 관찰할 수 있도록 교사가 유도해야 한다.

활동 4 지문 도장으로 만든 손

관련 과학 내용	생명체와 자연환경 알아보기	탐구 능력	관찰	분류	측정	의사소통	예측	실험
과학 개념	손에는 손금과 지문이 있다.		○					○

활동 목표

- 사람마다 손의 크기가 다르다는 것을 안다.
- 손금이 다르고, 지문이 있음을 안다.

준 비 물

찍을 수 있는 종이, 인주(아크릴 물감), 돋보기, 사인펜, 물감 접시

활동 방법

1. 유아가 자신의 손을 아크릴 물감이 있는 접시에 담갔다가 종이에 찍는다.
2. 종이에 찍힌 손바닥 모양을 돋보기로 자세히 관찰한다.
   - 내 손바닥에 무엇이 있는지 살펴볼까?
   - 이렇게 손바닥에 있는 줄 모양들을 무엇이라고 할까?
   - 내 손바닥과 다른 친구들의 손바닥은 모두 같은 줄무늬일까?
3. 돋보기로 다른 친구들이 찍은 지문과 자신이 찍은 지문을 비교한다.
4. 마른 뒤에 사인펜으로 손의 테두리를 그린다.
5. (수준별로) 다 그린 뒤에 손 모양 오리기까지 활동할 수 있다.

유 의 점

- 물감에 물을 너무 많이 타면 손금이나 지문을 관찰하기 힘들기 때문에 물의 양을 알맞게 한다. 스펀지를 얇게(유아의 손 크기만큼) 잘라서 물감을 묻힌 뒤, 스펀지에 물을 조금 적셔서 하는 방법도 있다.

활동 5 비눗방울 폭포

관련 과학 내용	물체와 물질 알아보기	탐구 능력	관찰	분류	측정	의사소통	예측	실험
과학 개념	공기는 기체 상태의 물질로 사람 눈에는 보이지 않지만, 공간을 차지한다.		○				○	○

활동 목표

- 공기의 성질을 경험한다.
- 구멍의 수에 따라 비눗방울 수가 달라짐을 안다.

준 비 물

비눗물, 빨대(작은 것 10개 이상), 고무밴드, 배드민턴 라켓

활동 방법

1. 비눗물과 빨대, 배드민턴 라켓을 탐색한다.
2. 비눗물과 빨대, 배드민턴 라켓으로 어떤 활동을 할 수 있을지 이야기 나눈다.
   - 이것을 가지고 어떤 활동을 할 수 있을까?
3. 유아의 반응에 따라 다양한 비눗방울 놀이를 한다.
   - 빨대 1개로 비눗방울을 불었을 때와 여러 개로 불었을 때 어떤 차이가 있니?
   - 여러 개의 빨대로 비눗방울을 불려면 어떻게 하면 될까?
   - 배드민턴 라켓을 비눗물에 담갔다가 건져서 흔들면 어떤 일이 일어날까?
4. 왜 이런 현상이 일어나게 되었는지 이야기 나눈다.

유 의 점

- 빨대의 개수를 다양하게 묶어 제시해 준다.
- 공기는 기체 상태의 물질로 사람의 눈에는 보이지 않지만, 공간을 차지한다.

여기서 잠깐

• 비눗방울은 비눗물의 얇은 막을 공기가 통과하면서 생기게 된다.

비눗방울 막의 두께

비눗방울의 색은 비눗방울 막의 두께와 깊은 관계가 있다. 육안으로 볼 수 있는 것 중에서 비눗방울 막의 두께가 가장 얇다. 1마이크로미터(1,000분의 1mm) 이하의 두께다.
이 정도로 얇은 막은 거의 빛의 파장에 가까운 두께다. 비눗방울 막에 도달한 빛은 그 일부가 표면에서 반사되고 일부는 이면에서 반사된다.
이 두 개의 반사광이 서로 간섭하여 마루와 마루, 골과 골이 합쳐질 때 선명한 색이 된다.
그러나 막이 두꺼우면 반사광이 서로 상쇄되어 보이지 않게 된다.
이와 같이 반사광이 서로 보강하거나 상쇄하면서 비눗방울의 색이 변하는 것이다.

활동 6 누구의 입술일까?

관련 과학 내용	생명체와 자연환경 알아보기	탐구 능력	관찰	분류	측정	의사소통	예측	실험
과학 개념	사람 입술은 모양과 주름이 있고 모두 다르다.		○					

활동 목표

- 입술의 모양에 따라 입술 그림이 다름을 안다.
- 사람의 입술 모양이나 주름이 모두 다르다는 것을 안다.

준 비 물

거울, 얼굴이 그려진 표상지(유아 수보다 조금 더 많게), 립스틱, 돋보기

활동 방법

1. 표상지와 립스틱, 돋보기를 준비한다.
2. 어떤 활동을 할지 소개한다.
   - 너희들 앞에 있는 종이에 어떤 그림이 있니?
   - 그 얼굴이 어떻게 생겼을까?
   - 눈, 코 … 무엇이 없니? 어떻게 하면 될까?
3. 입술에 립스틱을 바르고 표상지에 찍어 본다.
   - 거울을 보면서 입술 모양대로 립스틱을 발라 보자.
   - 거울 속의 너희들 모습이 어떠니?
4. 표상지에 찍힌 자신의 입술 모양과 입술에 있는 주름 등을 자세히 관찰한다.
5. 다른 친구의 입술 모양과 주름도 관찰한다.
   - 친구의 입술과 나의 입술은 어떻게 다르니?

유 의 점

- 주름이나 모양 등이 선명하지 않을 수 있기 때문에 입술에 립스틱을 너무 많이 바르지 않도록 지도한다.
- 교사의 바른 모델링이 활동의 질을 향상시킬 수 있다.

확장 활동

- 표상지에 남·여 구분을 주지 않고, 얼굴만 그린 뒤, 입술을 찍고 나서 조형 영역으로 가져가 색칠해서 자신의 모습을 꾸며 볼 수 있다.

활동 7 거울에 비친 모습 관찰하기

관련 과학 내용	생명체와 자연환경 알아보기	탐구 능력	관찰	분류	측정	의사소통	예측	실험
과학 개념	우리 몸은 각 부분마다 고유 명칭이 있다.		○			○		

활동 목표

- 신체 부위의 명칭을 안다.
- 자신의 신체와 다른 사람의 신체가 다르다는 것을 안다.

준 비 물

전신용 거울, 신체 부위 명칭 카드

활동 방법

1. 전신 거울을 보면서 신체 명칭 카드에 나와 있는 부위를 자신의 신체에서 찾아 눈으로 확인하고 관찰한다.
   - 눈은 어디 있나? (눈은 어디 있을까?)
   - 코는 어디 있나? (코가 어디 있는지 찾아보자.)
   - 팔은 어디 있나? (팔은 어디에 있을까?)
2. 친구 또는 선생님과 함께 서서 신체 부위를 관찰하고 비교해 본다.
   - 거울 속의 병욱이랑 민석이 둘 중에 누가 더 키가 커 보이니?
   - 윤경이랑 도희 둘 중에 누가 더 머리카락이 길까?
3. 자신이 생각했던 모습과 친구의 모습을 비교하면서 알게 된 것에 대해 이야기 나눈다.

유 의 점

- 유아가 친구와 함께 전신 거울을 보지 않고 혼자서 활동할 때에는 녹음기를 이용해서 음악(예 '♬ 눈은 어디 있나? 여기')과 함께 유아 스스로 자기 신체 부위의 위치와 명칭을 즐겁게 알아갈 수 있도록 도와줄 수 있다.

(가능하다면 유아들과 함께 개사한 노래를 녹음해서 선택 영역에서 실제 노래 외에 더 많은 신체 부위 명칭을 알 수 있도록 도와주는 것이 효과적!)

활동 8 누가 누가 더 클까?

관련 과학 내용	생명체와 자연환경 알아보기	탐구 능력	관찰	분류	측정	의사소통	예측	실험
과학 개념	나는 자란다.		○		○			

활동 목표

- 측정과 관련된 경험을 갖는다.
- 길이를 비교해 볼 수 있다.

준 비 물

털실 또는 신문지(측정 도구), 전지, 테이프

활동 방법

1. 유치원 교실 과학 영역 벽면에다 전지에 표를 그리고 붙인다.
2. 신문지를 이용하면 가로 3cm 정도로 정해 두고 세로는 계속 붙여 가면서 막대그래프를 만들 수 있다(털실을 이용해도 된다).
3. 유아들이 한 명씩 벽에 등을 바짝 붙이고 표시를 한 뒤에 신문지를 그 길이만큼 오려서 붙이는 방법과 신문지를 미리 길게 만들어 두고, 줄자처럼 발꿈치에서부터 유아의 키를 신문지로 측정해서 붙이는 방법도 있다.
4. 자신의 키만큼 신문지를 오려서, 벽에 붙어 있는 그래프에서 자신의 칸을 확인하고 신문지를 붙인다.
5. 그래프가 모두 완성되면 어떤 유아가 어떤 유아보다 큰지, 혹은 작은지를 비교 · 관찰한다.

유 의 점

- 신문지가 찢어지지 않도록 유의한다(아울러 신문지의 특성도 알게 된다).
- 유아의 연령에 따라 미리 칸을 정해서 사진을 붙여 두고 찾아서 붙일 수도 있고, 자신이 원하는 칸에 이름이나 사진을 붙이고 막대그래프를 만들 수도 있다.

제 2 장

봄의 생활

생활주제 선정 이유와 전개 방안

유치원 생활에서 처음 접하게 되는 계절 변화 속에서 봄의 날씨 변화와 자연 및 환경의 변화를 체험하고 직접 관찰, 탐구할 수 있도록 한다. 또한 계절 변화에 따른 생활 모습을 이해하고 계절에 적합하게 생활하도록 한다.

주제와 소주제

주 제	소 주 제
봄 날씨 알기	• 봄 날씨 알기 • 황사현상 • 봄의 낮과 밤 날씨
따뜻한 봄 즐기기	• 봄 날씨와 옷차림 • 봄 실외놀이 즐기기 • 봄의 음식 • 봄철 건강과 안전
봄나들이하기	• 봄 날씨와 땅의 변화 • 새싹과 새잎 • 봄의 꽃 • 봄의 곤충 • 봄의 아름다움

〉〉〉〉 봄은 언제인가?

- 봄은 1년을 4계절로 나눌 때 첫 번째 계절이며 겨울과 여름 사이의 계절이다.
- 절기로는 입춘(2월 4일경)과 입하(5월 6일경) 사이를 일컫는다.
- 천문학적으로는 춘분(3월 22일)과 하지(6월 22일) 사이를 일컫는다.
- 기상학적으로는 3, 4, 5월을 봄이라고 한다.

〉〉〉〉 봄 날씨의 특징

- 시간이 흐름에 따라 점차 따뜻해지다가 가끔씩 추위가 되돌아오기도 한다.
- 여름이나 겨울과 달리 날씨의 변화가 심하다.
- 아지랑이, 이동성 고기압, 황사현상, 심한 일교차 등이 나타난다.

봄의 생활

활동 1 쑥 찧어 보기

관련 과학 내용	생명체와 자연환경 알아보기	탐구 능력	관찰	분류	측정	의사소통	예측	실험
과학 개념	• 쑥의 냄새, 색깔, 모양은 독특하다. • 쑥은 봄나물이다.		○					

활동 목표

- 봄나물의 자라는 모습과 그 이용에 관심을 가진다.
- 쑥을 이용한 음식을 먹을 수 있다.

준 비 물

쑥, 돋보기, 플라스틱 절구와 절구공이, 앞치마, 손수건, 호일, 접시, 마분지, 키친타월(1.5×11.5cm), 하드보드지로 만든 다리(25×22.5cm), 투명 페트병, 접시

활동 방법

1. 봄동산 둘러보기 활동에서 쑥과 여러 가지 봄나물을 캐 놓는다.
2. 캐 온 봄나물 중에서 쑥을 가려 모은다.
3. 쑥을 자세히 관찰한다(모양, 냄새, 촉감, 색깔 등).
4. 절구공이에 쑥을 찧으면 어떻게 될지 상상해 본다.
5. 쑥을 찧으면서 변화 과정을 관찰한다(모양, 냄새, 상태, 색깔 등).
6. 찧은 쑥즙을 접시에 담고 찧지 않은 쑥과 비교 관찰한다.

찧기 전

찧은 후

⑦ 쑥즙을 손수건에 싸서 즙을 내어 관찰한다(모양, 냄새, 상태, 색깔 등).
⑧ 쑥즙을 호일, 키친타월, 마분지 등에 떨어트려 흡수 과정을 관찰한다.
⑨ 쑥즙을 어떻게 사용할지 의논한다(그림 그리기, 염색하기, 요리 등).
⑩ 쑥 관찰을 통해 발견한 것을 탐구 보고서에 기록한다.

유 의 점

- 쑥은 양지 바른 풀밭에서 잘 자라므로 봄동산을 둘러볼 때 장소 선택을 잘 하도록 한다.
- 쑥즙이 옷에 묻지 않도록 앞치마를 착용하도록 한다.
- 간식이나 점심 식사에 쑥을 이용한 음식(쑥떡, 쑥된장국 등)을 준비한다.

여기서 잠깐

쑥의 이용

- 식용–떡, 국
- 약용–복통, 토사, 지혈제, 모깃불

쑥국 끓이기

〈1〉 쑥완자국
- 쑥을 다듬어 끓는 물에 살짝 데친 후 찬물에 헹구어 짜서 대충 다진다.
- 쇠고기 다진 것과 쑥 다진 것, 파, 마늘, 참기름, 소금, 간장, 후춧가루 등을 넣고 버무려 지름 1.5㎝ 정도 크기의 완자를 빚는다.
- 육수(또는 된장국)가 끓으면 완자에 밀가루를 묻히고 달걀 푼 것에 적신 후 국에 넣고 끓인다.
- 완자가 떠오르면 불을 끈다.

〈2〉 쑥국
- 육수(또는 된장 푼 국물)를 끓인다
- 쑥을 날콩가루에 버무린 후 몇 잎씩 집어서 넣는다.
- 파와 마늘을 넣어 한소끔 끓인다.

활동 2 식물의 생김새

관련 과학 내용	생명체와 자연환경 알아보기	탐구 능력	관찰	분류	측정	의사소통	예측	실험
과학 개념	• 꽃, 나무, 풀은 식물이다. • 식물은 여러 부분으로 되어 있고 각각 이름이 있다.		○	○		○		

활동 목표

- 식물의 생김새를 구체적으로 살펴본다.
- 식물의 성장에 관심을 가진다.

준 비 물

- 여러 가지 생화, 풀
- 꽃 구조 그림 세트 : 생화와 같은 종류의 꽃으로 아세테이트지(OHP용 필름 1/4: 13×0.9cm)에 줄기, 잎, 뿌리, 꽃잎을 한 장씩 그린다.
- 나무 구조 그림 세트 : 아세테이트지에 잎, 줄기, 뿌리를 한 장씩 그린다.
- 풀 구조 그림 세트 : 여러 가지 풀의 구조(뿌리, 잎, 줄기)를 아세테이트지에 한 장씩 그린다.
- 각 세트는 같은 색의 테이프를 둘러 마무리한다.

활동 방법

1. 꽃의 구조
   - 꽃을 본 경험에 대해 이야기 나눈다.
   - 장미꽃을 자세히 관찰하고 어떻게 생겼는지 표현해 보도록 한다.
   - 꽃의 구조 그림 세트에서 장미꽃의 각 부분을 찾아 겹쳐 보아 꽃을 완성한다.
   - 다른 종류의 꽃에 대해서도 위의 방법으로 활동한다.
   - 관찰한 꽃들의 구조적 공통점을 추론하도록 한다.
2. 나무의 구조
   - 꽃의 구조와 같은 방법으로 나무의 구조와 명칭을 살펴보고, 나무 구조 그림을 겹쳐 나무를 완성한다.
   - 관찰한 나무들의 구조적 공통점을 추론하도록 한다.

③ 풀의 구조

- 꽃의 구조와 같은 방법으로 풀의 구조와 명칭을 살펴보고, 강아지풀 구조 그림을 겹쳐 강아지풀을 완성한다.
- 여러 가지 풀들의 구조를 관찰하고, 구조적 공통점을 추론해 본다.

유 의 점

- 꽃, 나무, 풀을 다양한 종류로 준비하여 귀납적 추론에 의해 구조적 공통점을 도출할 수 있도록 한다.

여기서 잠깐

식물이란?

미생물에 대한 연구가 이루어지기 전까지 생물계는 보통 동물계와 식물계로 대별되어 왔다. 그러나 이러한 분류는 절대적인 것이 아니며 유글레나와 같이 동식물의 양쪽 특성을 모두 가지고 있는 생물도 있다.

일반적으로 식물이란 세포막의 바깥쪽에 세포벽이 있고, 엽록소가 있어 광합성을 하여 독립영양생활을 하며, 이동 운동을 하지 않는 것을 원칙으로 삼아 식별한다. 그러나 곰팡이, 버섯 등의 균류는 엽록소가 없어 종속영양생활을 한다.

활동 3 강낭콩 싹 틔우기

관련 과학 내용	생명체와 자연환경 알아보기	탐구 능력	관찰	분류	측정	의사소통	예측	실험
과학 개념	어떤 식물은 씨앗에서 자란다.		○					

활동 목표

- 식물의 성장에 관심을 가지고 관찰하고 돌본다.

준 비 물

강낭콩, 화분, 자갈, 거름 흙, 꽃삽, 물뿌리개, 물, 필기구, 푯말, 관찰기록지

활동 방법

1. 강낭콩을 관찰한다(모양, 크기, 색깔, 촉감 등).
2. 강낭콩을 심기 위한 준비물과 방법을 알아본다.
3. 강낭콩을 심는다.
   ㉠ 화분 밑구멍을 자갈로 막는다.
   ㉡ 흙을 화분 3/4까지 넣는다.
   ㉢ 씨앗과 씨앗 사이의 거리를 적당히 두고 씨앗을 심고 흙을 덮는다.
   ㉣ 물을 충분히 주고 푯말(날짜, 씨앗 이름 등)을 꽂아 둔다.
4. 강낭콩이 성장해 가는 동안 항상 관심을 가지고 돌보면서 관찰하도록 한다.
5. 여름이 되면서부터는 강낭콩이 익어 가는 과정을 관찰하고 누렇게 익으면 추수하도록 한다.

유 의 점

- 탈지면에서 싹을 틔우고자 할 때는 물이 너무 많거나 적지 않도록 유의한다.

심은 지 4일 후

심은 지 1주일 후

심은 지 16일 후

활동 4 녹말 얻기

관련 과학 내용	생명체와 자연환경 알아보기	탐구 능력	관찰	분류	측정	의사소통	예측	실험
과학 개념	감자와 고구마에서 녹말을 얻을 수 있다.		○					○

활동 목표

- 식물의 이용에 관심을 가진다.
- 물질의 변화 과정을 관찰한다.

준 비 물

감자, 고구마, 강판, 감자칼, 접시, 체, 거즈, 큰 쟁반 2개, 시판용 감자 전분 및 고구마 전분, 활동 안내도

활동 방법

1. 감자와 고구마를 관찰한다(모양, 크기, 색깔, 촉감 등).
2. 녹말 얻기 활동 안내도를 읽는다.
3. 재료와 도구를 알아본다.
4. 녹말 얻기 실험을 한다.
   ㉠ 감자를 씻는다.
   ㉡ 감자칼을 사용하여 껍질을 벗긴다.
   ㉢ 강판에 간다.
   ㉣ 감자즙을 거즈에 담고 물을 조금씩 부어 가며 감자즙을 완전히 빼낸다.
   ㉤ 즙을 그릇에 담아 햇빛이 드는 창가에서 말린다.
5. 건조해지면서 녹말이 생기는 과정을 관찰한다.
6. 얻은 녹말을 시판용 감자 전분과 비교해 본다.
7. 고구마도 같은 방법으로 녹말을 만들어 본다.

유 의 점

- 현장학습(감자 혹은 고구마 캐기)에서 캐 온 감자나 고구마를 사용한다.
- 요리 활동으로 감자전을 부쳐 간식으로 먹는다.

여기서 잠깐

감자전 맛있게 부치는 방법

- 감자 껍질을 벗긴 후 강판(또는 분쇄기)에 간다.
- 부추 씻은 것은 3cm 크기로 자른다.
- 달구어진 프라이팬에 식용유를 두르고 감자 간 것을 부은 후 부추를 얹어 지져 낸다.

녹말가루 반죽

1. 준비물 : 녹말가루 1컵, 소금 2컵, 찬물 1 1/3컵
2. 반죽하기
   - 냄비에 소금과 물 2/3컵을 넣고 끓인다.
   - 빈 그릇에 녹말가루와 남은 물을 넣고 잘 저어 준다.
   - 위의 두 가지 혼합물을 잘 섞어서 반죽한다.
3. 반죽으로 장식품 만들기
   - 반죽을 납작하게 밀어 여러 가지 장식품을 만든 후 위쪽에 구멍을 뚫는다.
   - 모양이 변하지 않도록 그늘에서 말린다.
   - 마른 후 그림물감을 칠하고 구멍에 실을 꿰어 매단다.

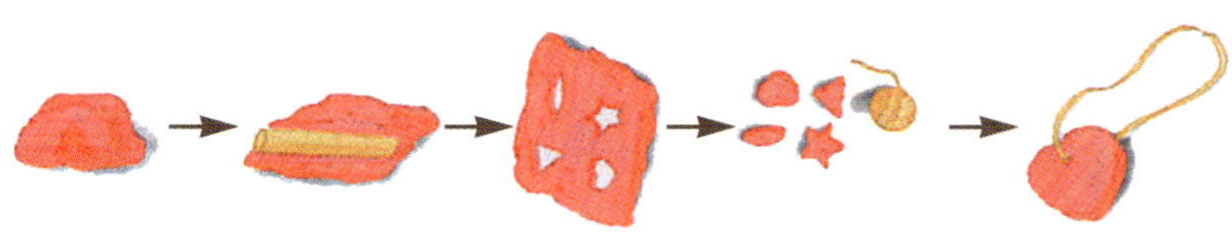

활동 5 색깔 반죽

관련 과학 내용	물체와 물질 알아보기	탐구 능력	관찰	분류	측정	의사소통	예측	실험
과학 개념	• 반죽에는 여러 가지 재료가 들어간다. • 식용색소를 사용하면 반죽의 색을 낼 수 있다.		○				○	

활동 목표

- 색의 변화에 관심을 가진다.
- 물질의 변화 과정을 관찰한다.

준 비 물

밀가루 1/2컵, 소금 1/2컵, 물 1/2컵, 식용유 1/4컵, 식용색소, 빈 용기, 랩, 비닐봉지, 밀폐 용기, 밀대와 찍기 틀

활동 방법

1. 준비물을 관찰하고 탐구 보고서에 기록한다.
2. 반죽 만들기를 한다.
   ㉠ 빈 그릇에 밀가루와 소금을 넣고 잘 섞는다.
   ㉡ 반죽에 물, 기름, 식용색소를 넣고 천천히 섞는다.
   ㉢ 반죽을 충분히 치대어 준다.
3. 반죽을 관찰하고 탐구 보고서에 기록한다.
4. 반죽으로 여러 가지 만들기나 찍기 활동을 해 본다.
5. 내일도 이 반죽을 사용하기 위해서는 어떻게 보관하면 좋을지 토의한다.
6. 여러 가지 방법으로 보관해 둔다.
   - 냉장고에 넣어 두기—랩으로 싼 것과 싸지 않은 것, 밀폐 용기에 담아 둔 것
   - 흥미 영역에 그대로 두기
7. 반죽이 어떻게 될 것인지 예측해 본다.
8. 다음 날 보관해 둔 반죽을 비교 관찰한다(냄새, 굳기 정도, 변질 여부, 촉감, 온도, 색깔 등).

유 의 점

- 반죽 만들기에 유아들이 직접 참여하여 충분한 촉감 경험이 되도록 한다.
- 유아들의 아이디어에 귀를 기울여 원하는 방법대로 보관해 보도록 한다.

여기서 잠깐

반죽의 보관과 재사용

남은 반죽들을 보관하고자 할 때는 모두 뭉쳐서 충분히 치대어 준 후 뚜껑 있는 그릇이나 비닐봉지에 담아 냉장고에 보관한다. 다시 사용하고자 할 때는 한 시간 전에 미리 꺼내 두었다가 다시 치대어 사용하는 것이 좋다. 이때 너무 끈적거리면 밀가루를 더 넣어 반죽한다.

활동 6 물에서 식물 키우기

관련 과학 내용	생명체와 자연환경 알아보기	탐구 능력	관찰	분류	측정	의사소통	예측	실험
과학 개념	식물이 자라기 위해서는 물이 필요하다.		○					

활동 목표

- 식물과 물의 관계를 안다.
- 식물의 성장에 관심을 가진다.

준 비 물

양파, 감자, 콩나물, 미나리(뿌리 있는 것), 당근, 식물을 키울 수 있는 용기 여러 개, 칼, 도마, 굵은 모래

활동 방법

1. 싱싱한 식물을 준비한다.
2. 식물을 관찰한다(이름, 모양, 색, 냄새, 맛).
3. 그림과 같이 각 식물을 준비한 용기에 담고 물을 부어 준다.
4. 식물이 자라는 과정을 관찰한다.
5. 성장 과정을 사진으로 찍고 기록하여 소책자로 만든다.

2주일 후의 양파 모양

3주일 후의 양파 모양

유 의 점

- 양파는 껍질 있는 상태로 뿌리 부분이 물에 잠길 정도로 담그는 것이 좋다.
- 물을 자주 갈아 주어 상하지 않도록 한다.
- 당근 접시에는 굵은 모래를 깔아 밑이 상하지 않도록 한다.

확장 활동

색물 들이기

- '식물들이 물을 먹는지 어떻게 알 수 있을까?' 하는 질문을 던져 다음 활동으로 연계한다.
- 샐러리, 통배추 잎, 흰 국화, 흰 카네이션 등을 같은 것으로 2개씩 준비하여 하나는 그냥 물병에, 다른 하나는 빨간 식용색소를 탄 물병에 꽂아 두고 변화 과정을 3~5일 정도 관찰한다.

활동 7 햇빛이 필요한 식물

관련 과학 내용	생명체와 자연환경 알아보기	탐구 능력	관찰	분류	측정	의사소통	예측	실험
과학 개념	식물이 성장하기 위해서는 햇빛이 필요하다.		○				○	

활동 목표

- 식물의 성장에 햇빛이 필요함을 알고 식물 돌보기에 관심을 가진다.

준 비 물

식물 화분 2개, 물잔디씨, 키 낮은 용기(수반, 접시 등), 물, 솜

활동 방법

1. 화분 2개와 잔디씨 용기 2개를 준비한다.
   - 씨앗 심기 활동에서 같은 크기로 싹이 자란 화분 2개를 골라 준비한다.
   - 플라스틱 용기 2개에 물에 적신 솜을 깔고 잔디씨를 뿌려 준비한다.
2. 화분과 잔디씨 용기를 하나씩은 해가 잘 드는 창가에, 다른 하나는 해가 들지 않는 어두운 곳에 각각 둔다.
3. 화분과 잔디씨가 어떻게 될지 예측해 본다.
4. 매일 식물의 성장을 관찰하고 물을 주도록 한다.
5. 약 2주 후 양쪽의 식물을 비교해 본다.
   - 어떻게 다른가?
   - 무엇 때문일까?
6. 음지에서 자란 식물을 잘 자라게 하려면 어떻게 해야 할지 토의한다.
7. 모든 식물을 해 드는 창가에 두고 키우면서 관찰하도록 한다.
8. 실외의 양지와 음지에 간이 울타리를 만들고 잔디씨를 심어 관찰할 수도 있다.

유 의 점

물잔디씨는 봄에만 판매하므로 종묘원에서 제철에 구입해 둔다.

여기서 잠깐

달걀 껍질과 물잔디

1. 달걀 껍질 위쪽 1/3을 자연스럽게 잘라 낸다.
2. 껍질을 아름답게 꾸민다(그림 그리기, 종이 오려 붙이기 등).
3. 솜에 물을 적셔 껍질 안에 넣는다.
4. 물잔디 씨를 솜 위에 뿌린다.
5. 달걀판 위에 담고 성장 과정을 관찰한다.

활동 8 개구리와 도롱뇽 키우기

관련 과학 내용	생명체와 자연환경 알아보기	탐구 능력	관찰	분류	측정	의사소통	예측	실험
과학 개념	• 개구리와 도롱뇽은 알에서 자란다. • 동물은 성장하면서 변화한다.		○					

활동 목표

- 개구리와 도롱뇽의 성장 변화를 직접 경험해 본다.

준 비 물

개구리 알, 도롱뇽 알, 확대경, 올챙이, 수조

활동 방법

① 개구리 알과 도롱뇽 알을 채집한다.

② 도서와 인터넷 등을 이용해 성장 과정 및 번식 방법, 생활, 먹이 등에 대해 알아본다.

③ 개구리 알을 관찰, 비교한다.

④ 알을 수조에 넣어 키워 본다(먹이, 청소, 물 갈아 주기 등 참여).

⑤ 개구리와 도롱뇽이 될 때까지 관찰한다(생김새, 크기, 움직임 등).

⑥ 특징적인 변화가 나타날 때마다 관찰 기록한다(날짜 적기, 생김새 그리기, 특징 적기).

(뒷다리가 나왔다 → 뒷다리가 자랐다 → 앞다리가 나왔다 → 앞다리가 자랐다 → 꼬리가 없어졌다 → 개구리가 되었다)

⑦ 개구리 성장판 자료(다음 그림)를 이용해 성장 과정을 관찰한 순서대로 붙여 본다.

유 의 점

- 주변에 산이나 논, 개울이 있을 경우 산책 시간에 알을 채집할 수 있으나, 시중에서 구입할 수도 있다.

여기서 잠깐

도롱뇽의 생김새

길이 : 수컷은 8.5~11.4㎝, 암컷은 7.4~9.7㎝
색깔 : 갈색 바탕에 암갈색의 둥근 반문이 띄엄띄엄 있다.
피부 : 매끈거린다.
다리 : 다리는 4개이고 발가락이 길다.
꼬리 : 몸통보다 약간 길다.

도롱뇽의 성장 과정

산란 : 4월 상순~5월 하순경, 논이나 고인 물 속의 물풀 뿌리나 나무 껍질에 알을 낳는다.
부화 : 산란된 후 3~4주일 이내에 유생으로 부화하여 물 속에서 생활한다.
변태 : 6월~8월경에 도롱뇽으로 변태하여 육상 생활을 하게 된다.

도롱뇽의 성장 과정 엿보기

http://hongje.es.kr/주현경/도롱뇽.htm
http://animalpicturesarchive.com/animal/Dic/도롱뇽.html

제 3 장

나와 가족

생활주제 선정 이유와 전개 방안

유아가 자신의 몸과 마음에 대한 이해를 토대로 긍정적인 자아 개념을 가지도록 하기 위해 '나의 몸과 마음'과 '소중한 나'를 주제로 선정하였다. 또한 다양한 가족의 구조와 문화를 경험하고 존중할 수 있도록 '가족의 구조와 문화'를 선정하였고, 가족의 의미를 이해하고 소중히 여기며 협력하는 태도를 기르도록 '소중한 가족'을 주제로 선정하였다. 유아의 발달적 특성과 흥미, 시대적 요구, 그리고 교육적 가치 등을 고려해서 주제를 선정하였으며, 주제 및 소주제는 다음과 같다.

주제와 소주제

주 제	소 주 제
나의 몸과 마음	• 내 몸의 구조와 기능 알기 • 나의 출생과 성장 과정 알기 • 나의 감정 느끼기 • 내 감정 조절하기
소중한 나	• 내 몸 소중히 여기기 • 나의 특별함 알고 사랑하기 • 내 일 스스로 하기
가족의 구조와 문화	• 가족의 구조와 역할 알기 • 가족의 생활 알기 • 가족의 특별한 날에 관심 가지기 • 가족의 문화 알기 • 다문화 가족에 관심 가지기
소중한 가족	• 가족에 대한 고마움 느끼기 • 가족에 대한 예절 지키기 • 웃어른 공경하기

나와 가족

활동 1 병 기울이기

관련 과학 내용	물체와 물질 알아보기	탐구 능력	관찰	분류	측정	의사소통	예측	실험
과학 개념	병에 담겨 있는 물이 기울기에 따라 모양이 변한다.		○		○			○

활동 목표

- 그림을 보며 기울기를 조절한다.
- 병에 담겨 있는 물이 기울기에 따라 모양이 변한다는 것을 안다.

준 비 물

병(식용유 다 쓴 통), 화판, 라인 테이프, 그림 카드

활동 방법

1. 카드의 빨간 가장자리를 화판에 붙여 놓은 카드들의 빨간 선과 맞추어 본다.
2. 그림 카드를 보고 병을 그림과 같이 기울여 본다.

유 의 점

- 물에 색소를 타서 물이 선명하게 확인될 수 있도록 한다.
- 물이 흐르거나 새지 않도록 병을 미리 확인하고, 활동할 때도 유아들이 뚜껑을 열지 못하도록 약속을 하거나 교사가 사전에 준비한다.

활동 2 바구니 내리기

관련 과학 내용	물체와 물질 알아보기	탐구 능력	관찰	분류	측정	의사소통	예측	실험
과학 개념	물체에 힘을 작용하면 물체의 움직임이 변한다.		○		○		○	○

활동 목표

- 나무토막의 무게를 고무줄과 리본 테이프로 측정한다.
- 무게를 재는 도구에 따라 물체의 무게가 달라지는지를 비교한다.

준 비 물

바구니, 나무토막, 고무줄, 리본 테이프, 여러 가지 색 테이프로 만든 도표

활동 방법

1. 고무줄 바구니와 리본 테이프 바구니에 물건을 오려 비교해 본다.
2. 여러 가지 색으로 그은 도표에 몇 개의 블록을 올려야 할지 실험 일지에 기록한다.
3. 바구니에 블록을 하나씩 올려 본다.
4. 결과를 실험 일지에 기록하고 비교해 본다.

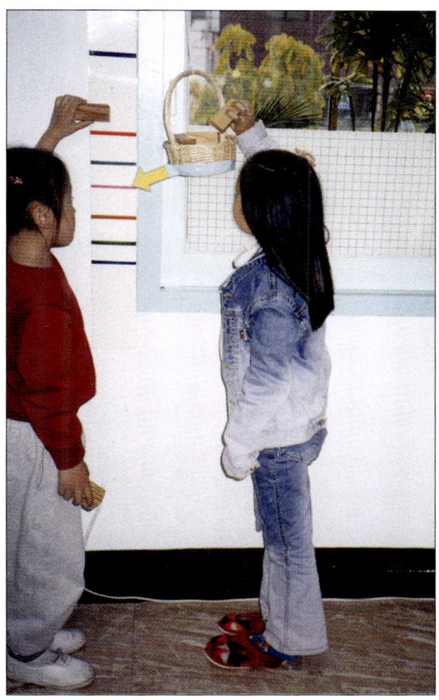

활동 3 모래컵 흔들기

관련 과학 내용	물체와 물질 알아보기	탐구 능력	관찰	분류	측정	의사소통	예측	실험
과학 개념	멈추어 있는 물체에 힘을 주면 물체가 움직인다.		○					○

활동 목표

- 도구(컵)를 움직여서 모래 그림을 그린다(만든다).

준 비 물

모래, 붓, 밀가루 풀, 컵, 검정색 종이, 끈, 상자

활동 방법

1. 컵을 흔들면서 흔들리는 모습을 관찰한다.
2. 종이를 상자 밑에 깔고, 종이 위에 붓으로 밀가루 풀을 바른다.
3. 모래를 떠서 컵에 붓는다.
4. 컵을 밀어 종이 위에 무늬를 만든다.

유 의 점

- 검은색 종이 뒷면이나 앞면에 활동할 유아의 이름을 먼저 쓰고 활동하도록 한다.

여기서 잠깐

진자운동

- 작용하는 힘에는 추에 작용하는 중력과 실이 추를 지탱하고 있는 장력이 있다.
- 추에는 중력과 장력이 작용하고 있으므로, 이 두 힘의 합력으로 추의 운동 상태가 변화한다.
- 실은 가볍고 늘어나지 않으며, 합력의 크기가 추의 위치에 따라 계속 변화한다.
- 중력이 없었다면 원운동이 된다.

진자의 주기에 영향을 미치는 요소

- 실의 길이
- 진자의 가속도

* 진자의 질량에 무관함을 꼭 상기해야 한다.

활동 4 색깔집 식구들

관련 과학 내용	물체와 물질 알아보기	탐구 능력	관찰	분류	측정	의사소통	예측	실험
과학 개념	• 색에는 여러 가지가 있다. • 색은 한 가지 이상의 색이 섞여서 만들어진다.		○				○	○

활동 목표

- 색은 한 가지 이상의 색이 섞여서 만들어진다는 것을 안다.

준 비 물

거름종이, 사인펜, 물, 그릇, 나무젓가락, 셀로판 테이프

활동 방법

1. 색깔집에는 어떤 식구들이 사는지 이야기 나눈다.
   - 우리는 집에 누구랑 함께 살고 있니?
   - 색깔들도 함께 살고 있는 색들이 있을까?
   - 만약 색깔에도 식구가 있다면 어떤 색 식구들과 함께 살고 있는지 알아보자.
2. 먼저 거름종이 한 장에 똑같은 크기의 직사각형을 4개씩 오려 둔다.
3. 4장씩 유아들에게 나누어 준다.
4. 종이의 아랫부분에 '콕' 하고 점을 찍는다. 맨 위에는 사인펜 색을 쓴다. 연필로 검정 사인펜, 파란색, 초록색, 보라색 등 자신이 하고 싶은 색으로 4개 찍는다. (이때 주의 사항은 교사가 먼저 종이의 아랫단에 줄을 그어 주면 좋다. 혹은 점 찍을 부분을 접어서 그 줄 위에 유아들이 점을 찍는다.)
5. 점 찍은 종이 모두를 나무젓가락에 셀로판 테이프로 붙인다.
6. 물을 담은 샬레에 점 찍힌 부분이 담기지 않을 만큼만 거름종이를 모두 담근다.
7. 일정한 시간이 흐르면(3~4분) 꺼내서 말린다.
8. 각각의 거름종이를 살펴본다.
   - 종이를 펴 보니 어떤 식구의 색이 함께 살고 있니?

여기서 잠깐

색소 분리

검은색은 순수하게 검은색으로만 만들어진 것이 아니다.
결과와 같이 다양한 색이 섞여서 만들어진 것이다. 실험으로 검은색 안에 들어 있는 색소를 분리했을 때, 이렇게 나타나는 이유는 물에 녹은 색소들이 거름종이를 따라 올라가는 속도에 차이가 생겨서이다.
예를 들어 검은색에 빨간색, 파란색, 노란색이 있다면 그리고 빨강 다음 파랑 다음 노랑이 맨 위까지 올라갔다면 그것은 노란색이 제일 빠르게 올라갔고, 두 번째는 파란색이, 세 번째는 빨간색이 올라갔다는 뜻이다. 이렇게 적은 양의 색소를 분리하는 방법을 '크로마토그래피'라고 한다.

활동 5 고무 호스 전화기

관련 과학 내용	• 자연현상 알아보기 • 간단한 도구와 기계 활용하기	탐구 능력	관찰	분류	측정	의사소통	예측	실험
과학 개념	소리는 공기의 진동에 의해서 나며, 물체의 크기와 길이에 따라 나는 소리가 다르다.				○	○		○

활동 목표
- 도구를 이용해서 소리를 전달한다.
- 도구의 길이, 늘어남의 정도에 따라 소리가 다르게 전달됨을 안다.

준 비 물
고무 호스, 페트병 2개

- 전화기
  - 고무 호스를 70~80cm 정도로 자른다.
  - 페트병의 입구 부분에서부터 25cm 정도로 자른다.
  - 자른 페트병을 시트지로 꾸민 뒤 고무 호스의 양쪽 끝에 입구 부분과 맞춰서 붙인다.

활동 방법
1. 한 사람은 말하고 한 사람은 듣는다.
2. 친구와 조금 떨어져서 마주 보고 선다.
3. 친구에게 작은 소리로 이야기해 본다.
4. 친구에게 손을 모아 이야기한다.
5. 친구에게 고무 호스를 대고 이야기한다.

확장 활동
- 고무 호스를 팽팽하게 또는 느슨하게 해서 이야기해 보고 어떻게 했을 때 소리가 더 잘 전달되는지 이야기 나눈다.
- 친구에게 손을 모아 이야기한다.

여기서 잠깐

공기와 소리의 관계

일반적으로 우리가 말하는 소리는 공기 중으로 넓게 퍼져 나간다.
그런데 고무 호스를 대고 말하면 소리는 고무 호스 속의 공기를 타고 전해지므로 다른 공기 중으로 퍼져 나가지 않게 된다. 따라서 그냥 말하는 것보다 고무 호스 전화기를 이용했을 때 훨씬 더 또렷하게 말소리가 전달될 수 있는 것이다.

* 우리가 말하는 것은 공기가 움직이면서 소리가 전해지는 것이다.

활동 6 불어서 문 통과하기

관련 과학 내용	생명체와 자연환경 알아보기	탐구 능력	관찰	분류	측정	의사소통	예측	실험
과학 개념	몸 속에는 공기가 있다. (입으로 불어 공을 움직인다.)			○		○	○	○

활동 목표

- 입으로 불어 공을 움직인다.

준 비 물

공, 빨대, 공이 지나갈 수 있는 문, 문 받침대

활동 방법

1. 공을 빨대로 불어서 문에 넣어 본다.
2. 공을 멀리 혹은 가깝게 두고 불어서 문에 넣어 본다.
3. 여러 가지 종류의 공을 선택하여 몇 번만에 문에 들어가는지 생각해 보고 불어 본다.

유 의 점

- 호흡을 조절하여 공을 움직여 본다.

활동 7 색층 아파트

관련 과학 내용	물체와 물질 알아보기	탐구 능력	관찰	분류	측정	의사소통	예측	실험
과학 개념	여러 가지 액체에는 무게가 있다.			○	○			○

활동 목표

- 여러 가지 액체에도 무게가 있음을 안다.

준 비 물

유리컵, 물엿, 토마토 주스, 주방용 세제, 물, 식용유, 알코올, 물감, 종이컵, 나무젓가락, 셀로판 테이프, 자, 사인펜

활동 방법

1. 아파트의 특징을 이야기 나눈다.
   - 여러 가지 물로 아파트처럼 층을 만들 수 있을까?
2. 실험을 전개한다.
3. 실험하고자 하는 컵의 길이와 크기를 확인하고 전체를 7등분으로 나눈다. (예를 들어 컵 안쪽의 크기가 21cm라면, 3cm 간격으로 표시한다.)
4. 첫 번째 표시된 만큼까지 물엿을 유리컵에 붓는다. 물엿이 컵 벽에 닿지 않도록 주의한다.
5. 다음은 토마토 주스를 두 번째 표시까지 넣는다. 두 번째 층이 생긴다.
6. 다음 표시까지 주방용 세제를 넣는다.
7. 물에 사인펜 끝을 담가 물에 색을 넣는다. 색소를 이용해도 된다. (물감을 이용하면 밀도가 달라질 수 있음을 유의하자.)
8. 다음 표시까지 식용유를 넣는다.
9. 알코올에 물감을 섞은 다음, 마지막 표시된 부분까지 넣는다.
10. 어떻게 이렇게 색층이 이루어질 수 있었는지 생각해 본다.

여기서 잠깐

밀도

여러 종류의 액체가 서로 뜨고 가라앉는 것은 밀도 때문이다.
밀도라고 하는 것은 어떤 물질에 있어서 단위 부피당 물질의 양(단위는 g/cm^3)을 말하는 것으로, 밀도가 높은 액체는 낮은 것보다 무거워서 밑으로 가라앉는다.
유아들에게는 이런 종류의 액체(물과 같은 것들)들이 서로 섞이지 않을 수 있고, 또 어느 것이 가라앉는지는 무거운 정도에 따라 다르다는 정도로 설명한다.

확장 활동

- 한 종류의 액체로 할 때에는 용액을 컵에 섞을 때, 층이 섞일 수도 있기 때문에 용액을 빨리 붓지 않도록 한다. 천천히 유리컵 면을 따라 내려가도록 한다.
  예를 들어, 설탕물의 경우 농도를 다르게 한 다음, 서로 다른 색소를 넣어 유리컵 속에 넣으면, 다른 색깔의 층을 만들 수 있다.

활동 8 잡아당겨 그림 그리기

관련 과학 내용	물체와 물질 알아보기	탐구 능력	관찰	분류	측정	의사소통	예측	실험
과학 개념	물체에 힘을 작용하면 물체의 움직임이 변한다.		○				○	○

활동 목표

- 긴 막대로 힘을 조절해 가면서 그림을 그린다.

준 비 물

큰 상자, 작은 상자, 쇠막대, 매직펜

활동 방법

1. 큰 상자와 작은 상자에 난 가느다란 구멍에 쇠막대를 끼운다.
2. 쇠막대를 앞뒤로 밀고 당겨서 작은 상자를 움직이는 연습을 한다.
3. 쇠막대를 조작할 수 있으면, 종이를 큰 상자의 바닥에 놓는다.
4. 작은 상자에 붙여져 있는 매직펜으로 두 명의 유아가 쇠막대의 양 끝을 잡고 협동하여 그림을 그린다.
   (작은 상자의 양면에 붙여 두 개의 매직펜을 사용할 수 있다.)

유 의 점

- 매직펜을 각 면에 다른 색을 붙인다.

제 4 장

동식물과 자연(동물)

생활주제 선정 이유와 전개 방안

자연이란 산, 바람, 비, 동물, 식물처럼 인공의 힘이 들어가지 않고 저절로 생성되고 소멸되는 것을 의미하며(표준국어대사전, 2008) 넓은 의미로 인간도 포함된다. 그러므로 자연의 일부인 인간이 자연과 조화를 이루는 삶을 추구하는 것은 당연한 일이며, 자연과의 조화로운 삶을 위해 자연에 대한 탐구는 필수적이다. 자연의 또 다른 일부인 동물과 식물은 유아들에게 흥미로운 주제이며 우리의 생활과 밀접한 관계를 맺고 있으므로 동물과 식물에 대한 탐구는 결국 우리가 사는 세상에 대한 탐구라고 할 수 있다. 동물과 식물에 대한 탐구는 유아들에게 동물과 인간, 식물과 인간, 자연과 인간관계를 이해하는 데 도움을 주어 궁극적으로는 자연과 생명체를 존중하는 태도와 자연과 더불어 살아가는 인간의 삶이 중요하다는 가치관 형성에 도움을 줄 수 있다.

동식물과 자연에 대한 탐구는 동물, 식물, 자연 각각의 주제로 나누어 탐구하기보다는 자연이라는 커다란 주제 안에서 동물과 식물에 대한 탐구가 이루어져야 하므로 동물과 자연, 식물과 자연의 2개 주제로 선정하였으며 주제 및 소주제는 다음과 같다.

주제와 소주제

주 제	소 주 제
동물과 자연	• 애완동물의 특성과 보호 방법 알기 • 농장 동물의 특성과 보호 방법 알기 • 동물원 동물의 특성과 보호 방법 알기 • 궁금한 동물의 특성과 보호 방법 알기
식물과 자연	• 나무의 특성과 보호 방법 알기 • 풀의 특성과 보호 방법 알기

동식물과 자연(동물)

활동 1 달팽이 키우기

관련 과학 내용	생명체와 자연환경 알아보기	탐구 능력	관찰	분류	측정	의사소통	예측	실험
과학 개념	• 집에서 기르는 동물은 애완동물이다. • 동물들은 고유의 특성이나 특징이 있다(사는 곳, 먹이, 모습 등).		○					

활동 목표

- 달팽이를 기르면서 달팽이의 특징을 안다.

준 비 물

수조, 달팽이, 습기를 머금은 채소 먹이, 랩, 관찰 용지, 분무기

활동 방법

1. '달팽이'에 관한 과학 서적을 읽어 본다.
2. 달팽이를 관찰한다.
   - 달팽이는 무엇을 먹고 살까?
   - 달팽이의 몸에서 나오는 동그란 것은 무엇일까?
   - 달팽이 똥의 색깔이 왜 다를까? (달팽이는 먹는 먹이의 색깔에 따라 똥의 색깔이 다르다.)
   - 어떻게 하면 달팽이의 더듬이를 잘 관찰할 수 있을까? (분무기로 물을 뿌려 본다.)
3. 달팽이를 잘 기르는 방법에 대해 이야기 나눈다.
   - 달팽이를 잘 기르려면 어떻게 해야 할까?
4. 매일 먹이 주는 당번을 정한 후 달팽이에게 지속적인 관심을 가지고 관찰한다.

유 의 점

- 신선한 채소를 준비한다.
- 식용 달팽이로 관찰하면 관찰이 용이하다.
- 달팽이를 만진 후 꼭 손을 씻는다.

확장 활동

- 달팽이를 한 마리씩 따로 분리하여 수조에 담은 후 먹이를 다르게 주어 똥의 색깔을 예측하고 관찰한다.

〈달팽이의 생김새〉

〈달팽이의 먹이〉

〈새끼부터 어미까지의 껍데기 비교〉

활동 2 왕달걀 만들기

관련 과학 내용	물체와 물질 알아보기	탐구 능력	관찰	분류	측정	의사소통	예측	실험
과학 개념	산에 의해 달걀 껍질은 변화한다.(삼투현상)		○				○	○

활동 목표

- 다른 물질에 의해 달걀이 변화되어 가는 과정을 알아본다.

준 비 물

식초, 달걀, 유리컵(뚜껑이 있는 것), 설탕물

활동 방법

❶ 유리병 속에 달걀을 넣는다.

❷ 유리병 속에 달걀이 충분히 잠길 만큼의 식초를 부은 다음 뚜껑을 덮는다.

❸ 약 사흘간 주기적으로 달걀의 변화 과정을 관찰한다.

❹ 72시간 지난 다음(그 이전이라도 껍질이 없어지고 충분히 부풀어 올랐다면) 다른 유리병 하나에 시럽(설탕물)을 식초만큼 부어 놓는다.

- 어떻게 되었니?
- 왜 이렇게 되었을까?
- 그럼 이 달걀을 설탕물(시럽)에 넣으면 어떻게 될까?

❺ 알막만 남아 커다랗게 된 달걀을 숟가락으로 조심스럽게 꺼내어 시럽병 안에 담고 뚜껑을 덮는다.

❻ 다시 사흘 동안 변화 과정을 관찰한다.

❼ 어떻게 이런 현상이 일어나게 되었는지 이야기 나눈다.

〈병 속의 달걀과 식초〉

확장 활동

- 조개 껍데기를 식초에 넣었을 때 어떤 변화가 일어나는지 관찰한다.

여기서 잠깐

삼투현상

식초를 넣고 얼마 안 되어 달걀 껍질부터 기포가 생기기 시작하여 그 양이 점점 증가한다. 달걀 껍질의 주성분은 탄산칼슘인데, 석회석이라고도 한다.
탄산칼슘이 식초와 화학적으로 반응하여 이산화탄소 기체를 만들고 이 기체가 물 속에서 기포를 만들어 올라오게 된다. 때로는 이 힘으로 달걀이 둥실 떠오를 수도 있다. 화학반응이 진행될수록 탄산칼슘인 껍질이 녹아 없어져 얇은 속껍질만 남는다.
얇은 알막만 남게 되면 달걀은 점점 더 커지게 된다. 이 알막은 식초에 녹지 않는 고무에 가까운 성질을 가졌다. 달걀이 커지는 것은 바깥쪽에 있는 물이 이 알막을 통하여 달걀 안으로 들어가기 때문이다. 알막 안쪽의 달걀은 고분자인 단백질로서 알막 바깥으로 나갈 수 없다. 이런 현상을 '삼투현상'이라고 한다.

반투막

농도가 다른 두 용액이 있을 때, 반투막을 통하여 물이 농도가 낮은 곳에서 높은 곳으로 이동한다. 알막이 반투막 역할을 하는 것이다.
이렇게 다른 내용물은 속에 그대로 있고 물만 통과시키는 성질을 가진 것을 반투막이라고 한다. 반투막은 특별한 곳에만 있는 것이 아니고 대부분의 생체막들은 거의 모두가 반투막이다. 놀랍게도 우리 피부도 반투막이다.
그렇다면, 이 달걀을 시럽 속에 넣으면 어떻게 될까? 반대 현상이 나타난다. 시럽은 농도가 높기 때문에(설탕을 아주 진하게 녹인 것이다.) 달걀 속의 물이 알막 바깥으로 빠져 나와 쭈글쭈글해진다.

활동 3 삶은 달걀과 날달걀

관련 과학 내용	생명체와 자연환경 알아보기	탐구 능력	관찰	분류	측정	의사소통	예측	실험
과학 개념	삶은 달걀과 날달걀은 여러 가지 실험으로 구별할 수 있다.			○	○			○

활동 목표

- 다른 도구를 사용하지 않고 날달걀인지 삶은 달걀인지 구별한다.

준 비 물

삶은 달걀, 날달걀, 바구니, 마른 걸레, 수건

활동 방법

1. 날달걀과 삶은 달걀을 구분할 수 있는지 이야기 나눈다.
   - 이 달걀은 삶은 달걀일까? 날달걀일까?
   - 어떻게 알 수 있니?
   - 도구를 사용하지 않고 삶은 달걀과 날달걀을 알 수 있을까?
2. 방법에 대해 이야기 나누고, 교사가 한 가지 실험을 제안한다.
   (유아들이 낸 의견도 충분히 반영한다. 함께 해본 후에 교사가 제안하는 방법으로 하면 훨씬 더 융통성 있는 수업이 된다.)
3. 달걀을 돌려서 날달걀인지 삶은 달걀인지 알아내는 실험을 한다.
   - 어떻게 도는 달걀이 삶은 달걀인 것 같니?
   - 왜 그렇게 생각하게 됐니?
   - 정말 이 달걀이 삶은 달걀일까?
4. 함께 확인해 본다.
5. 삶은 달걀과 날달걀을 구분할 수 있는 방법은 없는지 함께 이야기 나누고 실험해 본다.

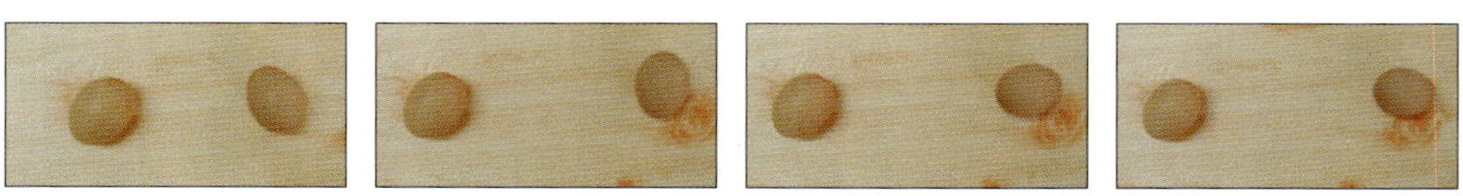

〈삶은 달걀 돌리기〉: 오른쪽에서부터 순서대로입니다.

여기서 잠깐

활동을 위한 이해

달걀을 세워서 돌리거나 뉘어서 돌릴 때 날달걀과 삶은 달걀이 서로 다르게 움직인다. 또 날달걀이 삶은 달걀보다 세우기가 더 쉽다.

달걀 세워서 돌리기

삶은 달걀의 뭉툭한 쪽을 바닥에 대고 세워서 돌리면 팽이처럼 잘 돈다. 그러나 날달걀을 세워서 돌리면 한두 번 뒤뚱거리다가 곧 주저앉고 만다.

* 달걀은 달걀 껍질 안에 노른자위와 흰자위가 들어 있는데 노른자위는 달걀 전체 무게의 약 1/3을 차지하며 달걀 속에서 이리저리 움직이고 있다. 그런데 달걀을 삶으면 노른자위와 흰자위가 모두 고체로 변하고 노른자위는 달걀 안에서 더 이상 움직이지 않게 된다. 그래서 삶은 달걀을 세워서 돌리면 잘 돌지만 날달걀을 세워서 돌리면 노른자위가 바깥쪽으로 움직여서 달걀의 무게중심이 회전하는 축 바깥에 놓이게 되어 달걀은 뒤뚱거리다가 넘어진다.

달걀 뉘어서 돌리기

삶은 달걀이나 날 달걀 모두 모로 뉘어서 돌리면 잘 돈다. 그러나 돌고 있는 달걀을 잠시 동안 손가락으로 잡아 멈추게 한 다음 곧 놓으면 삶은 달걀은 그대로 멈추어 있지만 날달걀은 다시 돌기 시작한다.

* 삶은 달걀을 모로 뉘어서 돌리면 달걀 전체가 한꺼번에 돌고 손가락으로 잠시 멈추면 달걀 전체가 한꺼번에 멈추기 때문에 손가락을 달걀에서 떼더라도 달걀은 더 이상 돌지 않는다. 그러나 날달걀의 경우에는 달걀 껍질이 도는 동안 달걀 내부의 노른자위는 조금 늦게 따라 돈다. 손가락으로 달걀을 잠시 멈추면 달걀 껍질은 돌기를 멈추지만 노른자위는 계속 돌고 있다. 그래서 손가락을 떼면 달걀은 다시 돌기 시작한다.

달걀 세우기

삶은 달걀은 좀처럼 세울 수 없지만 날달걀은 열심히 시도하면 가끔 세울 수 있다. 특히 날달걀을 손에 들고 약 30초 동안 열심히 흔든 다음 세우면 십중팔구 세울 수 있다. 이렇게 흔든 뒤에는 뭉툭한 쪽을 바닥에 대고 세울 수 있을 뿐 아니라 잘 하면 뾰쪽한 쪽을 바닥에 대고 세울 수도 있다.

* 달걀은 날달걀이거나 삶은 달걀이거나 모두 평평한 바닥에 똑바로 세우기란 생각처럼 쉽지 않다. 여러 개의 달걀을 열심히 시도하면 가끔 세울 수도 있는데, 그것은 달걀 껍질이 약간 울퉁불퉁하여 세우기 쉽게 되어 있는 것을 찾았을 때이다. 또는 상 위에 가는 소금을 조금 뿌려 놓고 그 위에 달걀을 세우면 예상 외로 잘 선다. 달걀을 세운 뒤에 소금을 불어 치우더라도 달걀은 그대로 서 있다. 그런데 날달걀의 경우, 달걀을 손에 쥐고 약 30초 동안 열심히 흔든 다음 세우면 곧잘 세울 수 있다. 달걀을 세게 흔든 뒤에는 노른자위가 잘 움직여서 달걀의 아래쪽으로 가라앉아서 달걀의 무게중심이 낮아지기 때문이다. 똑같은 이유로 달걀을 잘 흔든 뒤에는 뾰쪽한 쪽을 바닥에 대고 세울 수도 있다.

활동 4 동물들의 물 뿜기 시합

관련 과학 내용	생명체와 자연환경 알아보기	탐구 능력	관찰	분류	측정	의사소통	예측	실험
과학 개념	• 물은 힘을 가지고 있다. • 공기에는 힘이 있으며 공기의 힘으로 물체를 움직일 수 있다.				○		○	○

활동 목표

- 물의 힘(수압)에 따라 물줄기의 뻗어 나감이 다르다는 것을 안다.

준 비 물

수조, 입구를 자른 페트병, 송곳, 코팅한 애완동물과 농장 동물 그림

활동 방법

① 코팅한 물고기, 거위, 토끼 등의 그림을 입구를 자른 페트병에 각각 붙인다.

② 각 그림이 붙여져 있는 곳에 송곳으로 구멍을 낸다.

❸ 만들어진 페트병을 큰 수조에 담갔다가 들면 무슨 일이 일어날지 예상해 본다.

- 이 병을 수조에 담갔다가 들면 어떤 일이 일어날 것 같니?
- 뻗어 나가는 물의 모양이 왜 다르다고 생각하니?

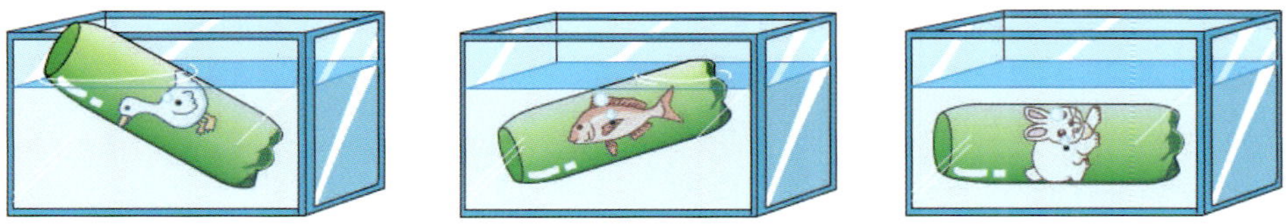

❹ 다른 크기의 플라스틱 통에 구멍을 뚫어서도 비교해 본다.

유 의 점

- 사전 활동으로 「누가 물을 멀리 내뿜을까?」라는 동화를 들려준다.

여기서 잠깐

활동을 위한 이해

물 뿜기 원리는 가장 아래쪽 구멍에서 나오는 물이 가장 멀리 뻗어 나가는데, 그 이유는 물이 담겨 있는 그릇도 위쪽과 중간, 아래쪽의 누르는 힘이 각각 다르기 때문이다.

활동 5 공룡이 사라진 비밀

관련 과학 내용	생명체와 자연환경 알아보기	탐구 능력	관찰	분류	측정	의사소통	예측	실험
과학 개념	지각의 변화 과정과 지구의 역사는 지층에 남겨진 흔적을 통해 안다.		○			○	○	

활동 목표

- 공룡이 사라진 이유에 관심을 갖는다.
- 공룡이 사라진 이유를 창의적으로 상상한다.

준 비 물

활동지

공룡들은 왜 갑자기 지구에서 사라졌을까?

활동 방법

1. 공룡이 왜 갑자기 지구에서 사라졌는지 이야기 나눈다.
    - 공룡은 왜 갑자기 지구를 떠났을까?
    - 지구에 어떤 일이 일어났을까?
    - 너희들이 상상한 것을 과학 영역에 있는 활동지에 그림을 그리거나 글로 써 보자.

유 의 점

- 유아들의 활동지를 보고 왜 그렇게 생각하게 되었는지에 대해 함께 이야기 나눈다.

여기서 잠깐

공룡의 멸종

공룡이 멸종했을 때에 다른 대형 파충류나 조개류, 아주 작은 플랑크톤 같은 생물까지 한꺼번에 멸종했는데, 지구상 생물의 79% 정도가 멸종했다고 합니다. 공룡 시대 이전부터 무척 번성했던 삼엽충이나 대형 양서류, 포유류형 파충류 등도 짧은 기간 동안에 멸종했고, 공룡 시대 동안에도 수가 부쩍 줄어들었던 시기가 있었습니다. 공룡이 멸망한 뒤에 발전했던 포유류 시대에도 멸종은 일어나고 있습니다.

다만 공룡이 지금의 생물들과 달리 모습이 특이했다는 것과 줄어드는 기간이 다른 때보다 급격했다는 것이 사람들의 흥미를 끌고 있는 것입니다. 그래서 많은 사람들이 공룡의 멸종에 대해 여러 가지 의견들을 내놓았는데 아쉽게도 아직까지는 '이것 때문에 공룡이 멸종했다.'라고 확실하게 설명할 수 있는 것은 없습니다.

포유류가 공룡의 알 등을 먹어 버려서 공룡이 멸종했다고 하는 설

공룡의 멸종 원인에 대한 한 가지 예를 들면, 세력이 커져 수가 많아진 포유류가 공룡의 알 등을 먹어 버려서 공룡이 멸종했다고 하는 설이 있습니다.

실제로는 공룡이 멸종했기 때문에 포유류의 세력이 커졌다는 것이 맞는 순서 같습니다. 따라서 포유류가 공룡의 알을 먹은 일이 없었다고는 말할 수 없지만, 그것이 직접적인 멸종의 원인은 아닌 것 같습니다.

두 번째 예로는 병이나 독이 원인이 아닐까 하는 설입니다. 그러나 모든 생물이 한꺼번에 멸종된 것을 보면 보통의 병이나 독이라고는 생각하기 어렵습니다.

대지의 움직임 때문에 공룡이 명종했다는 설

현재 가장 인정을 받고 있는 공룡 멸종설은 대지가 움직이고 있다는 데서 출발합니다. 대지는 끊임없이 움직이고 있습니다. 대개는 조금씩 움직이지만 때에 따라서는 대단히 심하게 움직이는 경우도 있습니다. 예를 들어, 따로따로 움직이고 있던 대륙이 서로 부딪쳤다고 합시다. 양쪽이 강한 힘으로 서로 밀기 때문에 부딪친 면이 튀어 올라와서 산이 생기게 됩니다. 지금까지 해안이었던 곳이 갑자기 산이 되는 것입니다. 그래서 그 장소는 갑자기 온도나 날씨가 바뀌게 되고, 바뀐 환경을 견딜 수 없는 동・식물은 죽게 됩니다.

또한 대지가 서로 붙었기 때문에 새로운 생물들이 얼굴을 마주하게 됩니다. 한쪽에서는 커다란 육식 공룡이 없기 때문에 느긋하게 지내고 있던 초식 공룡이 있었을 것이고, 또 다른 쪽에서는 커다란 육식 공룡이 있었기 때문에 빠르게 도망칠 수 있고 새끼를 많이 낳는 초식 공룡이 있었을 것입니다.

그런데 땅이 서로 붙게 되자 초식 공룡을 잡아먹는 육식 공룡은, 움직임이 느려 습격하기 쉬운 초식 공룡 쪽을 노리게 됩니다. 태평하게 풀을 뜯던 느긋한 초식 공룡은 순식간에 육식 공룡에게 잡아먹힙니다. 먹이가 되는 초식 공룡이 많이 있기 때문에 육식 공룡의 수가 엄청나게 늘어나게 됩니다. 빠르게 도망칠 수 있는 초식 공룡 쪽도 적이 오지 않게 되자 점점 수가 늘어나서 이제는 먹이였던 풀이 바닥이 납니다. 느긋한 초식 공룡을 모두 잡아먹고 난 육식 공룡이 발이 빠른 초식 공룡을 찾아보니, 풀을 모두 먹어 버린 초식 공룡은 이미 굶어 죽어 있습니다. 먹이가 모두 죽어 버렸다는 것은 육식 공룡 자신에게도 죽음이 기다리고 있다는 말이 됩니다. 한편, 먹이뿐 아니라 지금까지는 없었던 병도 생깁니다. 그 병에 익숙한 생물에게는 아무것도 아닌 것이라도 지금까지 그 병에 걸려 본 적이 없는 생물에게는 목숨을 빼앗길 만큼 무서운 것입니다.

바다는 어떠했을까요. 대지가 움직이면 바다의 모양도 바뀌게 됩니다. 특히 바다의 밑바닥이 솟아 올라와서 바다가 얕아지거나 극단적인 경우에는 육지가 되기도 합니다. 그러면 바다 속에서 살고 있던 생물은 살 수가 없게 됩니다. 바다의 모양이 변했기 때문에 조류의 흐름이 바뀌게 되고 토지의 모양이 바뀌었기 때문에 공기의 흐름이 바뀝니다. 그 결과 계절에 따른 온도 변화도 커지게 되었던 것입니다.

기온 저하설

중생대는 당시의 기온은 현재보다도 5~10℃나 높았습니다. 그런데 중생대 말기에서 신생대 초기에 걸쳐 기온이 점점 떨어졌다고 합니다. 그리고 당시의 극지방의 따뜻한 기운이 주위의 대륙과의 관계에 따라 어떻게 흘렀느냐 하는 것도 크게 관계하게 된다고 합니다.

그런데 공룡은 온혈동물이었다는 설이 등장하면서, 기온 저하설 쪽에서도 반론을 제기하고 있다고 합니다. 온혈동물이라고 해도 그 크기는 다양합니다. 그 중에는 몸이 큰 것일수록 기온 저하에 더욱 민감합니다. 기온의 저하를 식량으로 보충하기 위해, 큰 온혈동물일수록 많은 식량을 필요로 한다는 것을 생각하면 이해가 됩니다. 즉, 중생대 말기의 기온 저하에 의하여 몸집이 큰 공룡이 멸종되었다는 것입니다.

초신성 폭발설, 천체 충돌설

최근에는 멸종의 원인을 우주에서 찾는 설이 인기가 있는 것 같습니다. 예를 들면 초신성 폭발설이나 천체 충돌설입니다. 초신성 폭발설이란, 지구 가까이에서 별이 폭발했다는 것으로 천문학에서 말하는 신성은 오래된 별을 말합니다. 별의 생명에도 길이가 있는데 태양처럼 스스로 빛을 내는 별은 마지막에 폭발하는 일이 있습니다. 짧은 기간 동안 강하게 빛나서 별이 새로 탄생한 것처럼 보이기 때문에 신성이라고 불리는데, 그것이 지구 근처에서 일어나서, 지구에 방사능 등의 유해한 물질이 내리쪼여 많은 생물들이 멸종했다는 설입니다.

천체 충돌설이란 거대한 운석이나 많은 혜성과 같은 것이 지구에 부딪쳐 부서져서 그 먼지가 공중에서 떠돌게 되어 오랫동안 추운 날이 계속되었다고 하는 설입니다.

미국 인디애나 주의 운석구―지름이 36km에 달하는 안손 운석구를 보면, 이 거대한 구멍을 만든 운석이 충돌했을 당시에 발생한 엄청난 힘을 상상할 수 있습니다.
이 설은 일단 증거라고 할 수 있는 것이 있습니다. 오랜 시간이 지나면 여러 가지 모래나 먼지가 쌓여 갑니다. 흔히 공사 현장 같은 곳에서 벼랑을 깎은 곳을 보면 가로 줄무늬가 있는 것을 보게 됩니다. 그 선같이 보이는 것은 대개의 경우 지층의 경계를 나타내고 있습니다. 그런데 공룡이 멸종했을 무렵의 지층에는 이리듐이라는 금속이 많이 들어 있었습니다. 이리듐은 무거운 물질로서 지구가 아직 녹아 있었을 무렵 점점 안쪽으로 가라앉아 버렸기 때문에 보통은 우리들에게 잘 보이는 물질이 아닙니다.
그래서 지층에 이리듐이 많이 포함되어 있는 것은 운석이 잘게 부서졌기 때문이라고 생각했던 것입니다. 하지만 공룡이 아무리 갑자기 멸종했다고 해도 하루 이틀 사이에 멸종한 것은 아닙니다. 더구나 공룡은 운석이 떨어진 뒤에 죽기 시작한 것이 아니라 그 이전부터 이미 많은 수가 줄어들고 있었습니다. 어떤 일이 일어났기 때문인지는 모르나 어쨌든 생태계의 균형이 깨어져 이런 멸종이 생긴 것만은 틀림없는 일입니다.

활동 6 공룡 엑스레이

관련 과학 내용	생명체와 자연환경 알아보기	탐구 능력	관찰	분류	측정	의사소통	예측	실험
과학 개념	• 동물마다 뼈가 있다. • 뼈의 형태는 모두 조금씩 다르다.		○	○		○	○	

활동 목표

- 동물마다 뼈를 갖고 있고 그 형태가 다르다는 것을 안다.

준 비 물

공룡 사진 카드(뼈가 보이는 그림과 보이지 않는 그림 각각 1장씩)〈익룡, 육식 공룡, 초식 공룡〉

활동 방법

1. 준비한 공룡의 뼈만 있는 사진과 뼈가 보이지 않는 사진을 서로 비교한다.
   - 이 뼈는 어떤 공룡의 것일까?
2. 뼈의 모양 카드를 보고 공룡의 모습 카드를 연결지어 본다.
   - 이 공룡들의 뼈는 어떻게 생겼니?
   - 같은 모양일까? 그럼 왜 다르게 생겼다고 생각하니?
3. 뼈의 필요성에 대해 이야기 나눈다.
   - 사람에게도 공룡처럼 뼈가 있을까?
   - 뼈는 왜 있는 걸까?
   - 뼈가 없는 동물도 있을까?
   - 그런데 왜 뼈가 모두 다르게 생겼을까?
   - 공룡들이 하는 일을 생각해 볼까?

확장 활동

- 익룡은 날아다니면서 생활할 수 있도록 날개가 발달했고, 초식 공룡은 높은 나무에 있는 나뭇잎을 쉽게 먹을 수 있도록 목이 길고, 육식 공룡은 약한 동물을 잡아 먹을 수 있게 날카로운 발톱과 손톱, 이빨이 발달했다.

여기서 잠깐

〈알로사우루스〉

활동 7 화석 만들기

관련 과학 내용	물체와 물질 알아보기	탐구 능력	관찰	분류	측정	의사소통	예측	실험
과학 개념	• 동물은 각각의 특이한 모습을 지닌다. • 지층은 오랜 시간에 걸쳐 이루어지며 계속 변한다.		○					

활동 목표

- 실험에 즐겁게 참여한다.

준 비 물

종이찰흙(지점토) 2개, 나뭇잎, 작은 나뭇가지, 물감, 솜, 신문지, 랩(비닐)

- 만드는 순서

㉠ 지점토를 알맞은 크기로 잘라 반죽을 한다.

㉡ 지점토를 2장 도톰하게 편다.

㉢ 지점토 1장에 나뭇잎과 나뭇가지를 올려놓는다.

㉣ 그 위에 랩을 덮고 손바닥으로 나뭇가지와 나뭇잎을 압축이 되도록 누른다.

㉤ 다른 지점토 1장은 자신의 손바닥을 찍는다.

㉥ 하루 정도 기다린다. 이 지점토를 그늘에 말린다.

㉦ 다음 날 말린 지점토에 물감으로 색을 칠한다. 단, 솜에 물감을 묻혀 두드리듯 찍어서 나뭇잎 무늬가 나타나도록 한다.

활동 방법

1. 여러 가지 화석을 보고 어떻게 만들어졌는지 호기심을 갖는다.
   - 화석은 어떻게 만들어졌을까?
   - 우리도 화석을 만들 수 있을까?
   - 어떻게 만들어야 할까?
   - 어떤 재료들이 있으면 될까?
2. 만드는 순서를 보고 화석을 만들어 본다.

유 의 점

- 지금 만든 화석은 옛날 공룡이 화석으로 남은 방법과 같다. 그러나 우리가 만든 것은 하루 만에 만들어졌지만, 공룡은 수십억 년이 걸려서 만들어진 것이다.
- 인터넷 사이트 : http://www.fossilmusemu.org

활동 8 거북이 기르기

관련 과학 내용	생명체와 자연환경 알아보기	탐구 능력	관찰	분류	측정	의사소통	예측	실험
과학 개념	동물은 각기 다른 특성이 있다. (사는 곳, 먹이, 생김새, 번식 등)		○					○

활동 목표

- 거북이의 생김새에 관심을 가지고, 특징을 알고 기른다.

준 비 물

수조, 청거북이, 굵은 모래나 작은 크기의 자갈이나 큰 돌, 돋보기, 관찰 용지, 거북이 전용 사료(말린 실지렁이, 삶은 달걀 조각)

활동 방법

1. '거북이'에 관한 과학 서적을 읽어 본다.
2. 과학책이나 인터넷을 이용해서 거북이의 이름과 기르는 방법들을 알아본다.
   - 거북이는 무엇을 먹고 살까?
   - 거북이의 몸에 왜 이렇게 딱딱한 것이 있을까?
   - 거북이는 어떤 곳에서 살까?
3. 유아들과 함께 거북이의 집을 꾸민다.
4. 매일 먹이 주는 당번을 정한다.

5 관찰지를 만들어 확대경으로 관찰하며 발견한 것을 기록한다.
6 유아들이 기른 거북이로 경주 놀이를 한다.

유 의 점

- 유아들에게 하루에 한 번씩만 먹이를 적당량 주어야 한다는 것에 대해 정확하고 약속된 일이 되도록 이야기 나눈다.
- 확장 활동으로 청거북이 등 만들기 조형 활동을 한다.

여기서 잠깐

먹 이

청거북은 잡식성 동물이기 때문에 말린 실지렁이, 마른 멸치나 참치와 같은 생선, 닭고기, 간, 삶은 달걀 등을 가늘게 썰어서 주면 됩니다. 요즘에는 애완동물 가게에서 거북이 전용 사료를 판매하니 이것을 사다 먹여도 좋습니다.

암・수 구별법

청거북은 겉으로 보아서는 암컷과 수컷을 구별하기 어려우므로 몸을 뒤집어 항문을 보고 구별해야 합니다. 수컷의 항문은 꼬리 끝 쪽에 있고, 암컷은 꼬리가 붙어 있는 부분에 있습니다.

건강한 거북이

–등판이 딱딱함
–등을 들어 올렸을 때 발과 머리를 허우적거리며 움직임
–발이나 목에 부스럼이나 상처가 없음

제 5 장

건강과 안전

생활주제 선정 이유와 전개 방안

생활주제 '건강과 안전'에서는 현대 사회의 산업화와 도시화로 인한 식생활의 변화, 유해 환경의 증가, 유아의 놀이 문화의 변화, 유치원의 종일반 확대로 인한 유아기 건강과 안전교육에 대한 사회적 필요성을 반영하였다. 또, 기본 생활 습관과 행동 양식 형성의 결정적 시기인 유아기의 발달적 특성을 반영하여 '즐거운 운동과 휴식', '깨끗한 나와 환경', '맛있는 음식과 건강', '안전한 놀이와 생활'을 주제로 선정하였다. 네 가지 주제는 유아들이 감각 및 기본 운동 능력, 청결, 바른 식생활 습관과 같은 자기 관리 능력과 안전한 생활 습관을 형성하여 건강하고 안전한 생활을 할 수 있도록 하고자 한다. 또한 이를 위한 지식, 기능, 태도를 기를 수 있는 내용을 포함하고 있다.

주제와 소주제

주 제	소 주 제
즐거운 운동과 휴식	• 적절하게 운동하기 • 규칙적으로 생활하기 • 충분히 휴식하기 • 즐거운 마음 가지기
깨끗한 나와 환경	• 나를 깨끗이 하기 • 주변을 깨끗이 하기 • 질병 예방하기
맛있는 음식과 건강	• 골고루 먹기 • 바르게 먹기 • 즐겁게 먹기
안전한 놀이와 생활	• 안전하게 놀이하기 • 교통안전 생활화하기 • 위험한 상황 대처하기

건강과 안전

활동 1 마루 볼링
활동 2 균형 잡기
활동 3 깨끗한 물 만들기
활동 4 노래하는 동전
활동 5 풍 차
활동 6 신기한 풍선
활동 7 쭉쭉! 쭉쭉! 물 마시기
활동 8 막대로 하는 하키

활동 1 마루 볼링

관련 과학 내용	• 물체와 물질 알아보기 • 간단한 도구와 기계 활용하기	탐구 능력	관찰	분류	측정	의사소통	예측	실험
과학 개념	새로운 방법으로 공놀이를 한다.		○		○		○	○

활동 목표

- 다른 방법으로 공놀이를 할 수 있음을 안다.
- 즐겁게 게임 활동을 한다.

준 비 물

공, 공 굴리는 경사면 판, 공이 들어갈 수 있는 문, 블록

활동 방법

1. 두 명이 참여한다.
2. 한 명은 목표물을 고정시키고, 다른 한 명은 공 굴리기를 한다.
3. 경사면의 높이와 거리를 조절하여 (4, 3, 2, 1단) 공 굴리기를 한다.

활동 2 균형 잡기

관련 과학 내용	간단한 도구와 기계 활용하기	탐구 능력	관찰	분류	측정	의사소통	예측	실험
과학 개념	물체에는 무게가 있다.		○			○		

활동 목표

- 한 가지 물체에 대해 다양하고 독특하게 생각한다.

준 비 물

와셔, 긴 막대, 원기둥, 웅덩이 모양 그림판

활동 방법

1. 와셔가 고정되어 있지 않은 긴 막대를 원기둥 위에 올려놓고 다른 와셔를 올려 균형을 잡는다.
2. 와셔가 고정되어 있는 긴 막대를 원기둥 위에 올려놓고 다른 와셔를 올려 균형을 잡아 본다.
3. 좁고 긴 막대와 웅덩이 모양에 와셔를 올려 균형을 잡아 본다.

활동 3 깨끗한 물 만들기

관련 과학 내용	물체와 물질 알아보기	탐구 능력	관찰	분류	측정	의사소통	예측	실험
과학 개념	혼합물의 성질(입자 크기)을 이용해 분리가 가능하다.			○	○	○		○

활동 목표

- 더러워진 물을 깨끗한 물로 만든다.

준 비 물

휴지, 깔때기, 자갈, 더러운 물, 투명한 병

활동 방법

❶ 오염된 물에 대해 이야기 나눈다.

- 요즘 우리 주위에 하천이나 강에서 고기가 살 수 없을 정도로 물이 많이 병들고 더러워져 있어.
- 어떻게 하면 더러워진 물을 깨끗하게 만들 수 있을까?
- 간단한 실험으로 더러워진 물을 깨끗한 물로 바꿔 볼까?

❷ 실험 순서표를 함께 살펴본다.

- 실험하기 전 어느 병의 물이 가장 깨끗해질까 예측해 본다.

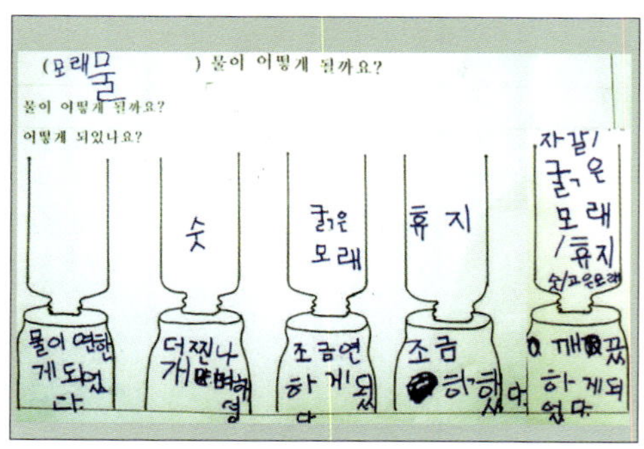

③ 실험 순서대로 활동을 한다.

㉠ 아무것도 깔지 않은 투명 병에 물을 붓는다.

㉡ 숯을 깔은 병에 물을 붓는다.

㉢ 굵은 모래를 깔은 병에 물을 붓는다.

㉣ 휴지를 뭉쳐서 깔은 병에 물을 붓는다.

㉤ 숯, 굵은 모래, 휴지를 모두 넣은 병에 물을 붓는다.

㉥ 다섯 개의 병에서 흘러나온 물을 비교한다.

④ 예측한 것과 결과를 비교한다.

유 의 점

- 물걸레를 준비한다.

활동 4 노래하는 동전

관련 과학 내용	물체와 물질 알아보기	탐구 능력	관찰	분류	측정	의사소통	예측	실험
과학 개념	고체 · 액체 · 기체는 열의 이동에 의해 물체의 온도가 높아지면 부피가 팽창하고, 온도가 낮아지면 부피가 줄어든다.		○				○	○

활동 목표

- 온도에 따라 공기의 상태가 변화됨에 관심을 가진다.

준 비 물

빈 병, 동전, 마른 수건, 큰 그릇(수조), 찬물

활동 방법

1. 재료를 탐색하며 무엇을 할지 함께 생각해 본다.
2. 준비된 재료들을 이용해서 실험을 한다.
3. 빈 병을 냉장고에 1시간 정도 넣어 둔다.
   (수조에 찬물과 얼음을 넣어서 병을 차갑게 만들어 준다.)
4. 병을 꺼내서 동전을 입구에 올려놓는다. 이때 동전에 약간의 물을 묻혀 동전과 병 입구 사이의 빈틈을 없앤다.
5. 손바닥으로 병을 감싸 쥔다.
6. 병 위의 동전에 무슨 일이 일어나는지 자세히 살펴본다.

유 의 점

- 가능하면 손은 따뜻한 것이 좋다. 따라서 뜨거운 물에 씻거나 비벼서 따뜻하게 해 주면 더욱 효과적이다.
- 동전의 한쪽 부분을 셀로판 테이프로 붙여 놓고 관찰해도 좋다.

여기서 잠깐

공기의 팽창

병을 잡고 있으면 잠시 후에 동전이 딸깍거리기 시작한다. 따뜻한 손바닥으로 차가운 병을 잡으면 병 속 공기의 부피는 팽창한다. 팽창한 공기는 병의 바깥으로 빠져 나가려고 하기 때문에 병의 입구를 막고 있던 동전이 살짝 떴다가 다시 떨어지면서 딸깍거리는 소리가 난다.

활동 5 풍 차

관련 과학 내용	물체와 물질 알아보기	탐구 능력	관찰	분류	측정	의사소통	예측	실험
과학 개념	움직이는 공기를 바람이라고 하며, 바람은 물체를 움직인다.		○				○	○

활동 목표

- 풍차의 원리를 안다.

준 비 물

종이컵, 막대, 라면 상자, 낚싯줄 다 쓴 돌림통, 스티로폼, 아크릴 조각, 실

활동 방법

1. 바구니에 다양한 물건들을 올린다.
2. 스티로폼 풍차를 입으로 불어 본다.
3. 물건이 있는 바구니를 입김으로 높이 올려 본다.
4. 어디까지 올라갈지 생각해 보고 스티로폼 풍차를 불어 본다.

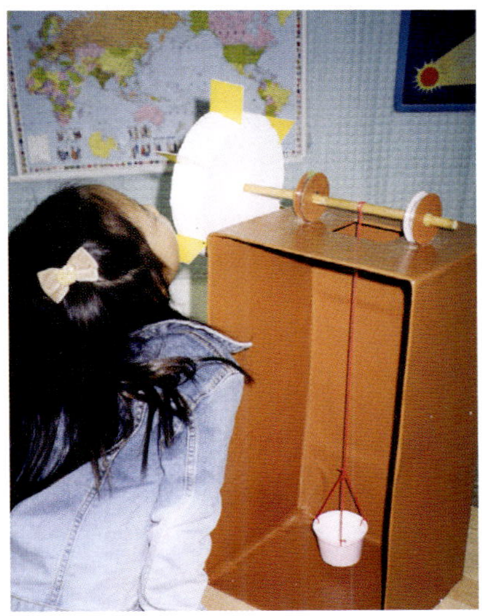

여기서 잠깐

풍 차

- 바람의 힘을 이용해서 동력을 얻는 기계이다.
- 보통은 탑 위에 여러 장의 날개를 장치한 바퀴가 있으며, 바람이 부는 방향에 직각으로 회전한다.
- 예로부터 터키(페르시아) 등지에서 제작되어 낮은 곳에 있는 물을 퍼올리는 데 사용되었다. 11세기경부터 유럽에 전해져, 국토가 해면(海面)보다 낮아 배수(排水)가 필요한 네덜란드에서 발달하였다.

활동 6 신기한 풍선

관련 과학 내용	물체와 물질 알아보기	탐구 능력	관찰	분류	측정	의사소통	예측	실험
과학 개념	산과 탄산수소나트륨을 반응시키면 이산화탄소 기체가 발생한다.		○				○	○

활동 목표

- 두 가지 물질이 섞여서 반응을 하면 기체가 발생함을 안다.
- 간단한 준비물로 재미있는 실험을 한다.

준 비 물

빈 병, 식초, 식소다, 깔때기, 물, 풍선

활동 방법

1. 풍선을 부는 방법에 대해 이야기 나눈다.
   - 풍선을 입으로 불지 않고 부풀리게 할 수 있을까?
2. 빈 병 속에 식초와 물을 같은 양씩 조금 넣는다.
3. 풍선 속에 식소다를 반쯤 채운다.
4. 풍선의 입구를 병의 입구에 잘 끼운다.
5. 빠지지 않도록 잘 끼우고 풍선을 거꾸로 들어 식소다가 병 안으로 쏟아져 들어가도록 한다.
6. 결과를 관찰한다.
   - 왜 이렇게 되었을까?
   - 무엇이 풍선을 부풀렸을까?
   - 다른 방법으로 풍선을 부풀릴 수는 없을까?

   * 잠시 두고 관찰해 보면 많은 거품이 생기고 풍선이 점점 부풀어 오르는 것을 볼 수 있다.

유 의 점

- 식초나 베이킹파우더가 쏟아지지 않도록 유의한다.

여기서 잠깐

활동을 위한 이해

- 산과 탄산수소나트륨을 반응시키면, 이산화탄소 기체가 발생된다.
- 이런 원리로 우리가 먹는 빵이 부풀게 되는 것이다.

활동 7 쭉쭉! 쭉쭉! 물 마시기

관련 과학 내용	물체와 물질 알아보기	탐구 능력	관찰	분류	측정	의사소통	예측	실험
과학 개념	공기에는 힘이 있으며, 공기의 힘으로 물체를 움직일 수 있다.				○		○	○

활동 목표

- 여러 가지 실험을 통해 빨대의 원리를 안다.
- 압력에 의해 빨대로 음료수를 마시게 됨을 안다.

준 비 물

빨대 여러 개, 음료수 병(0.5 l 페트병) 2개, 고무찰흙, 물

활동 방법

1. 빈 페트병 한 개에 물을 반쯤 채운다.
2. 다른 페트병 위쪽에 송곳으로 구멍을 하나 뚫고, 보리차를 반쯤 넣는다.
3. 빨대를 두 음료수 병에 각각 꽂고 한 모금씩 빨아 본다.
4. 음료수 병에 빨대를 꽂은 후 입구를 고무찰흙으로 막고 빨대로 물을 빨아 본다.
   - 어떨 때 물이 잘 빨려 올라왔니?
   - 왜 그럴까?

유 의 점

- 빨대는 사용하기 전에 깨끗이 씻거나 닦아서 사용한다.
- 고무찰흙은 깡통의 구멍보다 크게 하여 빈틈이 없게 막는다.

확장 활동

1. 빨대의 중간 부분에 구멍을 2~3개 뚫고 빨아 본다.
2. 3개, 2개, 1개의 빨대를 컵 안에 넣고 주스를 마신다.
3. 빨대 한 개는 밖에, 다른 빨대 한 개는 컵 안에 넣고 주스를 마신다.
4. 큰 빨대 속에 작은 빨대를 넣고 주스를 마신다.
   - 위의 여러 가지 실험 중에서 어느 경우에 빨대로 주스를 마시기에 가장 편했니?
   - 왜 그럴까?
   - 어떤 방법으로 했을 때, 물을 잘 빨 수 있었니?

여기서 잠깐

활동을 위한 이해

물의 무게로 수압이 생기듯이 공기의 무게 때문에 대기압이 생긴다.
공기는 눈으로 볼 수 없기 때문에 사람들은 대기압을 쉽게 잊어버린다.
음료수를 빨대로 마실 수 있는 것은 대기압 때문에 가능하다.
빨대를 빨면 입 속과 빨대 속의 공기가 줄어들게 된다. 그래서 컵 속의 수면에 작용하는 공기압이 입 안과 빨대 속의 기압보다 커지게 된다.
이 압력 차이 때문에 물이 빨대 속을 상승하여 입 안으로 밀려 들어오는 것이다.
하지만 빨대 두 개 중에서 하나를 밖으로 내놓은 상태에서 빨아 보면 물이 전혀 빨아들여지지 않는 것은 아니지만 빨기가 힘들어진다.
밖에 내놓은 빨대는 공기를 빨아들이기 때문에 입 안의 압력과 별로 달라지지 않기 때문에 빨기 힘들게 된다. 마찬가지로 여러 개의 빨대를 한꺼번에 빨거나 구멍이 뚫린 빨대를 사용해도 빨대를 하나만 사용하는 것보다 더 힘들게 된다.
다시 말해서 음료수를 직접 빨아 마시는 것이 아니라 상대적으로 커진 외부의 대기압이 음료수를 밀어올려 주는 것이다.

활동 8 막대로 하는 하키

관련 과학 내용	물체와 물질 알아보기	탐구 능력	관찰	분류	측정	의사 소통	예측	실험
과학 개념	손으로 만졌을 때 물체와 물질에는 여러 가지 느낌이 있다.		○				○	

활동 목표

- 운동에는 규칙이 있음을 알고 규칙을 지킨다.
- 촉감이 각각 다른 면으로 공을 움직일 때의 차이점을 안다.

준 비 물

부직포, 시트지, 막대, 상자, 점수판, 고리, 점수판의 숫자 카드, 공

활동 방법

1. 나무 막대로 목표 지점(반대편에 있는 구멍) 쪽으로 골인시킨다.
2. 한쪽은 매끄러운 면 다른 한 면은 꺼칠한 면이 있으므로 각각의 면을 이용해서 하키 놀이를 한다.

유 의 점

- 하키 놀이를 할 때의 규칙을 미리 정한다.

여기서 잠깐

하 키

각 11명씩으로 구성된 두 팀이 구부러진 막대기로 공을 패스하거나 드리블하여 상대편 골에 많이 넣으면 이기는 구기 종목이다. 옥외의 잔디 운동장에서 하는 볼 게임의 하나로 아이스하키·롤러하키 등과 구별하기 위해서 필드하키·그라운드하키라고도 한다.

하키 경기 방법

두 팀 사이에 스틱과 볼을 사용하여 상대편 골에 공을 넣는 경기로, 보다 많은 득점을 한 팀이 승자가 된다. 각 팀은 16명의 선수 명단을 제출하며 선수 교체는 횟수에 관계없이 수시로 할 수 있다. 단, 경고 이상의 벌칙을 받은 선수는 그 벌칙이 풀릴 때까지 교체될 수 없다.

시합은 불리오프라는 방법에 의해 시작되는데, 이것은 양팀의 선수 각 1명이 사이드 라인에 정면으로 마주하여 위치하고, 각각 자기편 골라인을 오른쪽으로 하여 공을 양자의 중간에 놓는다. 양자는 자기 쪽 지면을 찍고 난 다음 공 위에서 상대편 스틱의 흰 앞쪽 옆의 편평한 데를 함께 3번 맞부딪치게 한 뒤, 어느 쪽이든 공을 스틱으로 움직이게 한 다음, 플레이로 들어간다.

어느 방향으로든 푸시나 히트를 할 수 있다. 패스를 실시하는 선수를 제외한 모든 선수는 자신의 진영에 있어야 한다. 득점 이후에 득점을 한 팀의 상대팀 선수에 의해서 경기가 시작된다.

무승부일 경우 조별 예선전 경기 시에는 연장전이 없으며, 순위 결정전부터 연장전을 실시하는데 7분 30초씩 2회 실시한다. 단, 득점이 되는 순간 경기는 끝난다. 그러나 연장전에서도 득점이 나지 않을 경우에는 승부타를 실시하여 순위를 결정한다.

스틱을 어깨보다 높이 쳐든다든지, 상대편을 때리거나 걸거나, 그 밖에 위험한 플레이는 허용되지 않는다. 공을 발로 차거나 몸으로 받아서도 안 된다.

상대편 진영으로 공격해 들어갔을 때, 자기 앞에 있는 상대편 선수가 3명 이하일 때 패스를 받으면 오프사이드라는 반칙이 적용된다. 반칙을 범했을 경우에는 상대편의 프리히트로 시합을 다시 시작한다.

수비진이 자기 진영 안에서 반칙을 범했을 경우에는 그 내용에 따라 페널티 코너라든지 페널티 스트로크의 권리가 공격 측에 주어진다. 골키퍼는 서클 안에서만 공을 발로 찰 수 있다.

제 6 장

여름의 생활

생활주제 선정 이유와 전개 방안

계절 변화 속에서 여름의 날씨와 자연 및 환경의 변화를 체험하면서 직접 관찰, 탐구할 수 있도록 한다. 또한 계절 변화에 따른 생활 모습을 이해하고 계절에 적합하게 생활하도록 한다.

주제와 소주제

주 제	소 주 제
여름 날씨 알기	• 여름 날씨 알기 • 비와 장마 현상 • 태풍
더운 여름 나기	• 더운 날씨와 옷차림 • 여름철 놀이 즐기기 • 여름의 음식 • 시원한 여름 보내는 방법 • 여름철 건강과 안전 • 방학과 휴가
여름 모습 알아보기	• 여름에 피는 꽃 • 여름의 곤충 • 여름의 아름다움

〉〉〉〉 여름은 언제인가?

- 4계절 중 두 번째 계절이며, 봄과 가을 사이의 계절이다.
- 절기로는 입하(5월 6일경)와 입추(8월 8일경) 사이를 일컫는다.
- 천문학적으로는 하지(6월 22일)와 추분(9월 23일) 사이를 일컫는다.
- 기상학적으로는 6, 7, 8월이다.

〉〉〉〉 여름 날씨의 특징

- 우리나라의 여름은 북태평양의 해양성 열대 기단의 세력권에 든다.
- 남쪽의 계절풍 영향으로 고온 다습이 특징이다.
- 6월 말에서 7월 중순 사이는 장마가 계속되며, 7월 하순부터 8월 사이가 한여름이다. 그리고 8, 9월에는 태풍이 몇 차례 온다.

여름의 생활

활동 1 시원한 바람
활동 2 그림자 관찰
활동 3 측우기로 재어 봐요
활동 4 물을 빨아먹는 것들
활동 5 채소 속의 물
활동 6 양배추 주스를 섞어 보세요
활동 7 봉숭아 물들이기
활동 8 곰팡이가 생겼어요

활동 1 시원한 바람

관련 과학 내용	• 생명체와 자연환경 알아보기 • 자연현상 알아보기	탐구 능력	관찰	분류	측정	의사소통	예측	실험
과학 개념	바람은 우리 몸을 시원하게 해 준다.		○			○		

활동 목표

- 바람의 고마움을 안다.
- 몸이 시원해지는 과정을 체험하고 상쾌함을 느껴 본다.

준 비 물

부채, 선풍기, 에어컨, 책받침, 종이, 리본 테이프, 손수건, 휴지, 바람개비, 풍향계, 종이 수건

활동 방법

1. 바깥놀이 후 더위를 식힐 수 있는 방법을 찾아본다.
   - 종이 수건을 물에 적셔 팔에 얹어 둔다.
   - 에어컨에 리본 테이프를 달아 움직이는 방향을 관찰하고 바람을 확인하다.
   - 선풍기를 틀어 놓고 휴지를 날려 보고 또 바람개비를 날려 보면서 바람을 확인한다.
   - 에어컨과 선풍기의 세기를 조절하여 바람의 세기 정도를 경험한다.
   - 부채를 이용하여 머리카락의 날리는 모습을 관찰하고 바람을 확인한다.
   - 이 외의 여러 가지 방법으로 바람을 만들어 본다.
   - 바람이 불었을 때 우리에게 오는 변화와 느낌에 대해 이야기 나눈다.
   (시원하다, 땀이 마른다, 머리카락이 날린다, 옷이 날린다, 빨래가 마른다, 모자가 날아간다 등)
2. 에어컨, 선풍기, 부채가 우리에게 주는 공통점을 추론해 본다.
3. 바람의 크기와 오는 방향을 알 수 있는 방법에 대해 논의한다.
4. 풍향계를 소개한다.
5. 바깥놀이 시간에 풍향계를 평평한 바닥에 놓고 움직임을 관찰한다. 이때 풍향계의 움직임과 머리카락, 나뭇잎 등의 움직임을 함께 관찰한다.

유 의 점

- 바람이 다소 부는 날에 실시하도록 한다.
- 바람이 불 때의 느낌은 개인적인 것이므로 유아들의 반응을 개방적인 자세로 수용해 준다. 예를 들어, 바람이 싫다거나 머리카락이 날려 짜증이 난다는 의견도 존중해 준다.

여기서 잠깐

풍향계 만들기

활동 2 그림자 관찰

관련 과학 내용	자연현상 알아보기	탐구 능력	관찰	분류	측정	의사소통	예측	실험
과학 개념	그림자는 사물의 모양과 움직임에 따라 달라진다.		○					

활동 목표

- 그림자의 변화에 호기심을 가지고 관찰한다.

준 비 물

여러 가지 종이 모자(토끼, 코끼리, 기린, 왕관 등), 나무 막대기, 공, 줄넘기

활동 방법

1. 바깥놀이 시간에 그림자를 관찰한다.
   - 양지에서 유아 자신과 다른 친구들의 발 밑을 보도록 한다.
   - 조금씩 움직이면서 그림자를 계속 관찰한다.
2. 막대기로 그림자를 그려 본다.
   - 두 명씩 짝을 짓고 한 유아가 동작을 멈춘 상태에서 다른 유아는 막대기로 그 친구의 그림자를 따라 그려 본다.
   - 역할을 바꾸어 해 본다.
3. 그림자 놀이를 한다.
   - 한 유아에게 종이 모자를 씌우고 다른 유아들은 그림자만 보고 어떻게 달라졌는지 관찰한다.
   - 주변의 물건을 이용하여 각자 독특한 그림자를 만들어 보도록 한다.
     (다양한 모자 쓰기, 공을 머리에 이고 한 발 들기, 줄넘기 동작 등)
4. 음지에서 그림자를 만들어 본다.
   - 그늘 밑에 가서 위와 같은 방법으로 놀이하면서 그림자가 생기는지 관찰한다.
   - 그늘에서는 왜 그림자가 생기지 않는지 토의한다.
5. 그림자 밟기 놀이를 한다.

확장 활동

스크린 그림자 놀이

- 실내 과학 영역에서 큰 스크린 뒤의 한 유아가 여러 가지 동작을 하면 다른 유아들이 맞혀 보고 같은 동작을 해 보도록 한다.

활동 3 측우기로 재어 봐요

관련 과학 내용	간단한 도구와 기계 활용하기	탐구 능력	관찰	분류	측정	의사소통	예측	실험
과학 개념	비의 양을 잴 수 있는 방법이 있다.				○			

활동 목표

- 날씨에 관련되는 기계에 관심을 가진다.

준 비 물

우량계 사진 자료, 페트병으로 만든 측우기, 물주전자, 분무기, 강우량 기록 카드

활동 방법

1. 미술 영역에서 측우기를 만든다.
   - 페트병을 가로로 절반 잘라 자른 자리에 색테이프를 두른다.
   - 빨간색 매직펜으로 1cm씩 눈금을 표시한다.
2. 측우기로 강우량을 측정해 본다.
   - 측우기에 주전자의 물을 원하는 만큼 붓고 눈금을 세어 본다.
   - 측우기의 물을 다시 주전자에 붓는다.
   - 이를 여러 번 반복한다.
   - 주간 일기 예보를 알아보고 비 오기 전날 실외에 측우기를 내놓고 빗물을 받아 측정한다.
3. 비의 종류에 따른 강우량을 측정해 본다.
   - 분무기(가랑비)와 물주전자(소나기)를 이용하여 2개의 측우기에 같은 시간 동안 비를 뿌린다.
   - 양쪽 측우기의 양을 재어 비교해 본다.

유 의 점

- 조선 시대에 발명한 측우기와 오늘날의 우량계 사진 자료를 전시해 둔다.

여기서 잠깐

측우기

조선 시대 세종 23년에 전국의 강우량을 재기 위해 발명한 우량계이다. 당시의 측우기는 깊이 40cm, 지름 15cm의 원통형으로 생긴 것으로 서양의 것보다 200년이나 앞서 발명된 세계 최초의 측우기이다.

기상 장비

http://www.kweather.co.kr에 접속하면 '오늘의 날씨'를 상세하게 볼 수 있을 뿐만 아니라 다양한 기상 장비(온도계, 습도계, 기압계, 풍향계, 우량계)도 볼 수 있다.

활동 4 물을 빨아 먹는 것들

관련 과학 내용	물체와 물질 알아보기	탐구 능력	관찰	분류	측정	의사소통	예측	실험
과학 개념	어떤 물질은 물을 흡수한다.		○			○		○

활동 목표

- 물을 흡수하는 물체와 흡수하지 않는 물체의 특징을 관찰한다.
- 실험 결과에 따라 분류한다.

준 비 물

작은 물통, 빨간색 물감, 물, 스포이트, 활동지, 종이 수건, 기름종이, 사인펜, 여러 가지 물체(탈지면, 동전, 스펀지, 수세미, 단추, 천, 고무밴드, 병뚜껑, 열쇠 등), 분류 상자

활동 방법

1. 여러 가지 물체를 탐색한다.
2. 기름종이와 종이 수건에 스포이트로 빨간색 물을 몇 방울씩 떨어뜨린다.
3. 떨어뜨린 물이 어떻게 되는지 관찰하도록 한다. 어떤 것들이 물을 빨아들였는지 알아본다.
4. 각 물체에 물을 떨어뜨리면 어떻게 될지 예측해 본다.
5. 스포이트를 사용하여 각 물체에 물을 떨어뜨려 보고 탐구 보고서에 기록한다.
6. 분류 상자에 분류하고, 공통점을 알아본다.

어느 것이 물을 빨아들일까요?		
물 건 들	빨아들인다 (○)	빨아들이지 않는다 (×)
면봉 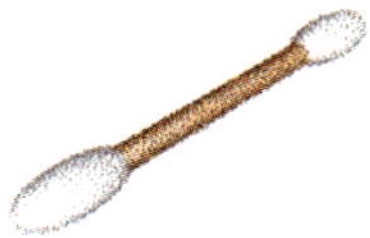		
동전 		
스펀지 		
수세미 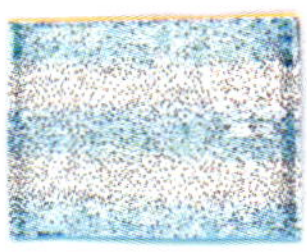		
단추 		
천 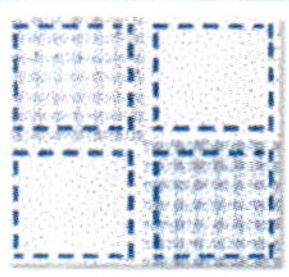		
고무밴드 		
병뚜껑 		

활동 5 채소 속의 물

관련 과학 내용	생명체와 자연환경 알아보기	탐구능력	관찰	분류	측정	의사소통	예측	실험
과학 개념	채소 속에는 물이 있다.		○			○	○	

활동 목표

- 식물과 물의 관계에 관심을 가진다.
- 다양한 채소를 가지고 실험한 후 채소에는 물이 있음을 추론한다.

준 비 물

활동 1 : 오이, 황설탕, 숟가락, 작고 좁은 용기, 신문지, 파슬리 간 것, 말린 파슬리, 스포이트, 물

활동 2 : 말린 양파, 말린 다른 채소들(고사리, 산나물, 미역, 다시마), 말린 채소수프 재료, 스포이트, 작은 용기, 따뜻한 물, 신문지, 체, 당근, 양파 조각

활동 방법

활동 1

1. 탁자 위에 신문지를 여러 겹 깐다.
2. 신선한 파슬리와 말린 파슬리를 보여주고 같은 것인지, 차이점이 무엇인지 알아본다.
   - 하나는 물기가 있고 다른 하나는 물기가 없음을 알려주고 다시 확인해 본다.
3. 채소는 물을 가지고 있는 것이 있음을 알려주고 말린 파슬리는 물이 다 빠진 것임을 알려준다.
   우리 몸도 땀을 많이 흘리고 나면 물이 빠져서 목이 마른 것임을 말해 준다.
   우리가 물을 먹지 않으면 우리 몸도 물이 빠져서 말린 파슬리처럼 마를 수 있다고 말해 준다.
4. 채소에 설탕 놓아 보기 실험을 한다.
   - 접시에 설탕을 붓고 스포이트로 물을 몇 방울 떨어뜨리고 어떻게 되는지 관찰한다.
   - 오이 조각 위에 설탕을 놓으면 어떻게 될지 예측하고 실험, 관찰한다.

• 무를 썰어 놓고 설탕을 놓으면 어떻게 될지 예측하고 실험, 관찰한다.

❺ 채소 위의 설탕이 왜 젖었는지 추론해 본다.

활동 2

❶ 싱싱한 채소와 마른 채소를 관찰하고 차이점을 비교해 본다.
❷ 말린 채소를 물에 넣으면 어떻게 될까 예측해 본다.
❸ 말린 채소를 물에 담근다.
❹ 물을 따라 버릴 시간을 정하고 시계를 맞춰 놓는다(적어도 20분 이상).
❺ 시계가 울리면 체에 받쳐 물을 버린 후 채소를 관찰하고 예측한 것과 비교한다.

활동 6 양배추 주스를 섞어 보세요

관련 과학 내용	• 생명체와 자연환경 알아보기 • 물체와 물질 알아보기	탐구 능력	관찰	분류	측정	의사소통	예측	실험
과학 개념	어떤 물질은 다른 물질을 변화시킨다.		○				○	

활동 목표

- 물체와 물질의 변화에 관심을 가지고 세밀하게 관찰한다.

준 비 물

자주색 양배추, 식초, 액체 비누, 베이킹파우더, 물, 플라스틱 마가린 용기, 플라스틱 사과 소스 용기, 스포이트, 대야, 작은 주전자, 흰 종이, 펜, 크레용이나 사인펜(빨강, 분홍, 녹색), 활동지

활동 방법

1. 실험 자료를 준비한다.
   - 자주색 양배추를 푹 삶아 주스를 낸다.
   - 대야 안에 플라스틱 마가린 용기를 놓는다.
   - 식초, 베이킹파우더, 물, 액체 비누를 작은 용기에 각각 담아 둔다.
   - 양배추 주스를 작은 주전자에 부어 대야 안에 놓는다.
2. 유아들로 하여금 먼저 준비물을 탐색하도록 한다.
3. 실험을 하면 어떻게 될지 예측해 보도록 한다.
4. 식초, 베이킹파우더, 물, 액체 비누를 각각 양배추와 섞어 보고 그 결과를 활동지에 기록한다.
5. 각자 기록한 결과를 말해 보고 다른 유아들과 의견을 교환한다.

여기서 잠깐

양배추 주스에는 지시약이라고 하는 화학 물질이 함유되어 있다. 지시약은 식초나 레몬 주스, 비누, 베이킹파우더와 같은 산과 혼합되면 다른 색으로 변화시키는 역할을 한다.

양배추 주스를 섞으면 어떤 색이 될까요?
(색깔을 칠해 보세요)

양배추 주스	+	식초	=
양배추 주스	+	베이킹파우더	=
양배추 주스	+	물	=
양배추 주스	+	액체 비누	=

활동 7 봉숭아 물들이기

관련 과학 내용	생명체와 자연환경 알아보기	탐구 능력	관찰	분류	측정	의사소통	예측	실험
과학 개념	• 봉숭아를 이용하여 손톱에 색깔을 낼 수 있다. • 식물의 색깔을 이용할 수 있다.		○				○	

활동 목표

- 손톱의 색이 변화하는 과정을 체험한다.
- 식물의 색에 관심을 가진다.

준 비 물

봉숭아 꽃잎과 잎사귀, 절구와 절구공이, 숟가락, 백반, 접시, 플라스틱 통, 실, 랩

활동 방법

1. 봄에 심은 봉숭아꽃을 관찰한다.
2. 봉숭아꽃을 어떻게 활용할지 의논한다.
   - 사진으로 찍어 둔다.
   - 말려서 보관한다.
   - 물들인다.
3. 봉숭아 꽃잎과 잎사귀, 백반을 절구에 찧은 후 접시에 담아 관찰한다.
4. 원하는 유아의 손톱에 봉숭아 찧은 것을 얹고 랩으로 싼 후 실로 묶는다.
5. 집에 가서 잠자기 전에 풀고 씻도록 한다.
6. 다음 날 손톱의 변화를 관찰한다.
7. 봉숭아 물을 들인 손톱과 물들이지 않은 손톱을 비교해 본다.
8. 매니큐어를 바른 친구가 있다면 비교해 본다.
   - 매니큐어를 바르면 손톱이 숨을 쉬지 못하므로 몸에 해로움을 알려준다.

유 의 점

- 봉숭아즙을 비닐에 담아 각 가정으로 보내면 부모와 유아가 함께 해 볼 수 있다.

여기서 잠깐

봉숭아(봉선화)

- 성장 : 봉숭아는 해만 잘 들면 나쁜 환경에서도 비교적 잘 자란다. 4~5월에 씨를 뿌리면 6~8월에 꽃이 피는데 9월까지 꽃이 피는 경우도 있다.
- 꽃의 색깔 : 빨간색뿐만 아니라 분홍색, 주홍색, 보라색, 흰색 등이 있으며 모든 색의 꽃이 다 물이 든다.
- 왜 물들이나? : 옛날에는 빨간색이 귀신을 물리친다고 믿었다.
- 백반은 왜 넣을까? : 백반을 넣으면 물들이는 시간을 단축할 수 있고 부드러운 색으로 물들일 수 있다.
- 보관하려면? : 봉숭아 꽃, 잎사귀, 백반을 넣어 찧은 것을 비닐팩에 넣어 냉동실에 보관하면 1년 동안 언제든지 물들일 수 있다.

활동 8 곰팡이가 생겼어요

관련 과학 내용	물체와 물질 알아보기	탐구 능력	관찰	분류	측정	의사소통	예측	실험
과학 개념	• 음식이 상하면 곰팡이가 생긴다. • 곰팡이가 생긴 음식은 먹을 수 없다.		○			○		

활동 목표

- 음식물의 위생과 관리에 관심을 가진다.
- 곰팡이가 생긴 음식은 몸에 해로움을 안다.

준 비 물

밥, 우유, 떡, 빵, 확대경, 컵, 물, 랩

활동 방법

1. 음식을 냉장고에 넣지 않고 그냥 두면 어떻게 될지 관찰해 보자고 제안한다.
2. 빵, 밥, 떡, 우유 등을 투명한 컵에 담아 날짜를 적어 과학 영역에 두고 관찰한다.
   - 빵과 밥은 물을 축축할 정도로 뿌리고 비닐랩을 씌운다.
3. 곰팡이가 생기면 확대경으로 관찰하고 냄새를 맡아 본다.
4. 곰팡이가 생긴 음식이 어떻게 해로운지 알아본다.

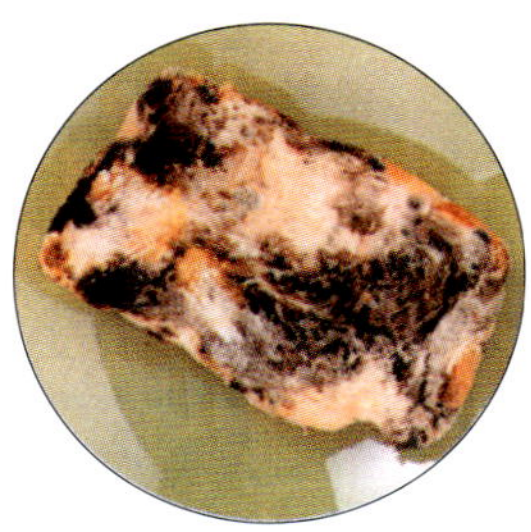

5 음식 이외에 곰팡이가 생길 수 있는 곳을 알아본다.
- 장마철에 욕실이나 부엌에 생길 수 있다.
- 우리 몸을 씻지 않았을 때 피부에 곰팡이가 생긴다(농가진, 무좀).
- 입던 옷을 빨지 않고 오래 두었을 때
- 신던 신을 닦지 않고 신발장에 오래 넣어 둘 때

6 음식을 사먹을 때 유의할 점을 알아본다.
- 제조 일자나 유통 기한 보기
- 내용물 살피기

유 의 점

- 장마철에 이 활동을 실시하면 곰팡이가 쉽게 생기는 것을 관찰할 수 있다.
- 곰팡이가 생긴 음식의 냄새를 맡을 때 너무 가까이 하지 않도록 하고, 일회용 장갑을 사용하여 만지도록 한다.

여기서 잠깐

곰팡이

곰팡이는 온난 다습한 환경을 좋아한다. 곰팡이가 자랄 수 있는 최적 온도는 대체로 30℃이다. 그러나 냉장고 속의 육류에 생기는 곰팡이는 5~8℃에서 생긴다.
- 곰팡이의 색깔 : 곰팡이 종류에 따라 검은색, 노란색, 녹색, 홍색 등

제 7 장

생활도구

생활주제 선정 이유와 전개 방안

'생활도구' 생활주제에서는 유아가 다양한 종류의 생활도구와 미디어, 에너지를 생활 속에서 유용하게 활용하고 바르게 사용하는 태도를 가지며, 새로운 것을 발명해 보려는 탐구심을 기르기 위해 '다양한 생활도구', '생활도구를 움직이는 힘', '생활도구로서의 미디어', '미래의 생활도구'를 주제로 선정하였다.

주제와 소주제

주 제	소 주 제
다양한 생활도구	• 생활도구의 알아보기 • 생활도구의 변천 과정 알아보기 • 생활도구 유용하게 활용하기 • 생활도구 안전하게 사용하기
생활도구를 움직이는 힘	• 생활도구를 움직이는 힘 알아보기 • 생활도구의 힘을 효율적으로 사용하기 • 생활도구에 사용되는 에너지 절약하기
생활도구로서의 미디어	• 생활 속의 미디어의 올바른 사용법 알아보기 • 미디어가 생활에 주는 유익함 알기 • 미디어 유용하게 활용하기 • 미디어 바르게 사용하기
미래의 생활도구	• 생활도구 발명가와 발명품 알아보기 • 생활도구의 개선점 찾아보기 • 필요한 생활도구 발명하기 • 새로운 생활도구 알아보기

생활도구

활동 1 믹서와 강판

활동 2 컴퓨터는 편리함을 주지요

활동 3 여러 가지 생활도구가 있어요

활동 4 나를 잃어버리면 안 돼요

활동 5 무게를 재어 보세요

활동 6 무게중심을 잡아요

활동 7 맷돌아, 돌아라

활동 8 베틀로 천을 짜요

활동 9 누가 발명했나요?

활동 10 부메랑 놀이를 해요

활동 11 힘든 일을 도와줘요

활동 12 찰칵, 신기한 사진기

활동 13 쑤우욱, 나는 청소박사님

활동 14 생활도구를 움직이는 여러 가지 힘

활동 1 믹서와 강판

관련 과학 내용	• 간단한 도구와 기계 활용하기 • 탐구기술 활용하기	탐구 능력	관찰	분류	측정	의사소통	예측	실험
과학 개념	믹서와 강판을 이용해 물체를 갈 수 있다.		○	○			○	○

활동 목표

- 믹서와 강판의 용도를 안다.
- 주방 기기의 편리함과 전기 사용의 유용한 점을 안다.
- 물체의 모양이 변화하는 과정을 관찰한다.

준 비 물

과일, 믹서, 강판, 도마, 칼, 물

활동 방법

1. 과일을 가는 도구와 기계에는 어떤 것들이 있는지 이야기 나누어 본다.
2. 준비한 믹서와 강판을 살펴본다.
3. 제시용 자료를 보며 요리에 필요한 재료와 만드는 순서를 이야기한다.

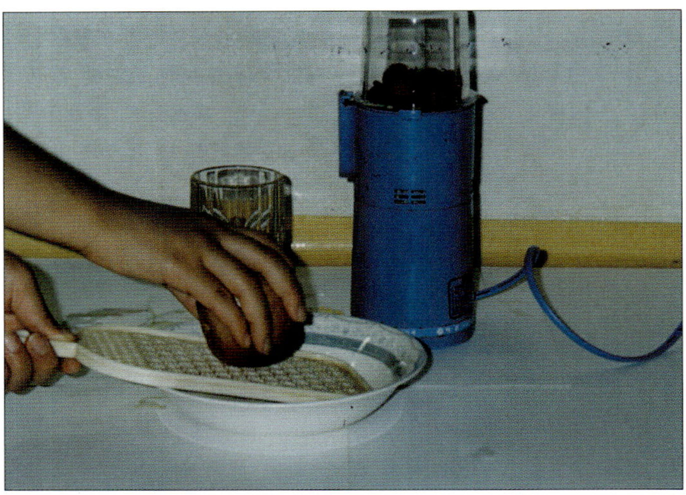

④ 과일 주스를 만들기 위해 믹서와 강판을 각각 사용해 본다 .
- 과일을 믹서에 넣고 갈아 본다.
- 과일을 강판에 갈아 본다.

⑤ 갈린 과일을 비교하며, 믹서와 강판을 사용했을 때의 유사점과 차이점에 대해 살펴본다.
- 모양은 어떻게 달라졌니? / 맛은 어떻게 달라졌니?

⑥ 믹서 외의 우리를 편리하게 해 주는 주방 도구에 대해 탐색하여 탐구 보고서에 기록한다.
- 프라이팬 / 토스트기

⑦ 과학 영역에 비치해 둔 보드게임을 해 본다.

여기서 잠깐

- 강판의 날에 손이 닿지 않도록 조심한다.
- 믹서를 안전하게 사용할 수 있도록 한다.
- 믹서 : 강력한 모터로 과일 주스, 야채 주스, 콩국, 얼음 가루 등을 빠르게 처리하는 기기

활동 2 컴퓨터는 편리함을 주지요

관련 과학 내용	간단한 도구와 기계 활용하기	탐구 능력	관찰	분류	측정	의사소통	예측	실험
과학 개념	컴퓨터의 각 명칭과 컴퓨터로 할 수 있는 다양한 내용을 경험해 본다.		○			○	○	○

활동 목표

- 컴퓨터를 바르게 사용한다.
- 컴퓨터 하드웨어의 모습을 탐색하고 명칭과 기능을 안다.

준 비 물

컴퓨터 및 주변 기기, 컴퓨터로 만든 인쇄물, CD-ROM, 종이

활동 방법

1. 컴퓨터에 대해 알아본다.
   - 컴퓨터로 무엇을 할 수 있을까?
2. 컴퓨터가 사람에게 어떤 도움을 주는지 알아본다.
3. 유아들이 컴퓨터를 올바르게 사용하는 방법을 협의하고 작동해 본다.
   - 컴퓨터를 켜는 순서와 켜진 모습에 대해 이야기 나눈다.
   - 컴퓨터를 보며 컴퓨터의 각 명칭과 기능, 작동 방법에 대해 이야기한다.
   - 마우스와 포인터의 움직임을 알고 창을 열고 닫는다.
   - 컴퓨터 사용의 장·단점과 활용에 대해 이야기 나눈다.

4. 컴퓨터 사용 시 지켜야 할 약속에 대해 이야기 나누고 주의 사항을 익힌다.

여기서 잠깐

컴퓨터 사용 시 주의 사항

- 음식물 및 음료수를 컴퓨터 주변에서 먹지 않는다.
- 깨끗한 손으로 컴퓨터를 만진다. 마우스는 마우스 패드 위에서만 움직인다.
- 사용 후 먼지가 들어가지 않도록 덮개를 꼭 덮는다.

활동 3 여러 가지 생활도구가 있어요

관련 과학 내용	물체와 물질 알아보기	탐구 능력	관찰	분류	측정	의사소통	예측	실험
과학 개념	도구와 기계의 용도는 다양하다.		○			○	○	○

활동 목표

- 여러 가지 도구와 기계의 용도를 안다.
- 여러 가지 도구와 기계의 쓰임새에 따라 분류한다.

준 비 물

여러 가지 도구와 기계 그림 자료 · 실물 자료, 칼, 송곳, 가위, 망치, 톱, 드라이버

활동 방법

1. 여러 가지 도구와 기계의 그림과 실물 사진을 제시한다.
2. 제시된 도구와 기계에 대해 알아본다.
   - 이 도구들을 본 적이 있니? / 이 도구들을 사용해 본 적이 있니?
3. 제시되어 있는 기준에 따라 여러 가지 도구를 분류해 보도록 한다.
4. 유아들이 나름대로 분류 기준을 정하여 활동해 보게 한다.
   - 이 도구들은 어떨 때 사용할 수 있을까?

❺ 도구의 쓰임새를 정확히 알고 주변에서 찾아볼 수 있는 도구들을 탐색하면서 특징을 탐구 보고서에 기록한다.

- 이 도구들로 우리는 또 무엇을 할 수 있을까?
- 찾아볼 수 있는 도구들에는 어떤 것들이 있니?

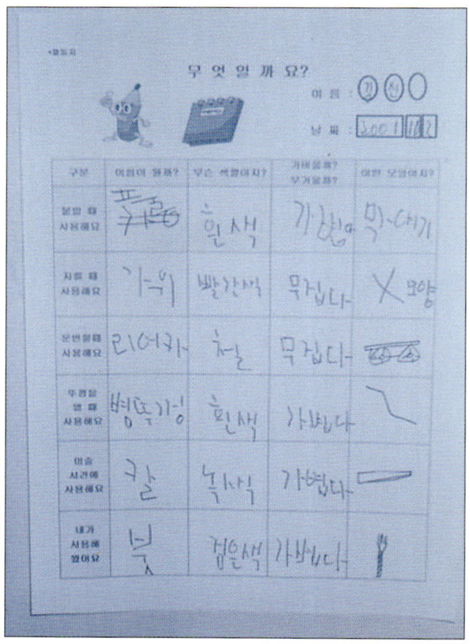

활동 4 나를 잃어버리면 안 돼요

관련 과학 내용	• 간단한 도구와 기계 활용하기 • 탐구기술 활용하기	탐구 능력	관찰	분류	측정	의사소통	예측	실험
과학 개념	기계를 이루고 있는 부분과 전체의 관계를 이해한다.		○	○		○	○	

활동 목표

○ 여러 가지 기계의 구조에 관심을 가지고 기계 부품들의 특성을 탐색한다.

준 비 물

각 도구와 기계의 부분이 그려진 OHP, 고장난 기계류(전화기, 라디오, 시계 등), 드라이버, 연장 상자, 쟁반 2~3개, 셀로판 테이프, 견출지, 나사못, 사인펜

활동 방법

① 준비된 오버레이 퍼즐을 제시하고 유아들로 하여금 겹쳐 보게 한다.
  - 자전거는 어떤 부분들로 이루어졌니?
  - 자전거의 뒷바퀴가 없다면 어떻게 될까?

② 유아로 하여금 물체의 부분과 전체에 대해 관심을 가지고 분류해 보게 한다.

③ 고장난 기계들을 분해하여 기타 부품들을 제시하여 유아로 하여금 탐색하게 한다.
  - 고장난 기계를 관찰하게 하고, 내부가 어떻게 생겼는지 알아본다.
  - 내부 구조를 관찰한다.
  - 어떤 것들이 들어 있는지 탐색 · 비교해 보고 비슷한 것끼리 모아 본다.

④ 특이한 것은 견출지에 설명을 적어서 쟁반에 붙여 놓고, 계속 탐색하도록 한다.

⑤ 나사못이나 작은 부품들을 잃어버리지 않을 방법을 생각해 보고 모아 둔다.

⑥ 분해한 것을 종류별로 쟁반에 담아 두었다가 조립하거나 새로운 모양을 만들어 본다.

여기서 잠깐

- 교사는 유아가 드라이버를 안전하게 사용할 수 있도록 지도한다.
- 기계 내부의 부품들이 납땜으로 연결된 부분이 많은 것은 유아의 건강에 해로우므로 분해용으로 사용하지 않는 것이 좋다.

활동 5 무게를 재어 보세요

관련 과학 내용	• 간단한 도구와 기계 활용하기 • 탐구기술 활용하기	탐구 능력	관찰	분류	측정	의사소통	예측	실험
과학 개념	저울은 무게를 재는 도구이다.		○		○	○	○	

활동 목표

- 저울은 사물의 무게를 재는 도구임을 안다.
- 평형의 원리를 이해한다.

준 비 물

평형저울, 비교표, 무게를 잴 물건

활동 방법

1. 물체의 무게를 재는 것에는 어떤 것이 있는지 이야기해 본다.
   - 교실에 있는 어떤 물건으로 무게를 재어 볼 수 있을까?
   - 우리 몸의 무게는 어떻게 알 수 있나?
2. 여러 가지 물건을 가져와서 어림짐작으로 무게를 재 본다.
   - 가장 무거운 순서대로 놓아 보자.
   - 크기가 어떠하니?
3. 양팔저울의 접시에 물건을 넣을 때 어떤 변화가 생기는지 예측해 본다.
   - 저울은 어떻게 사용할까?
4. 가벼운 물건과 무거운 물건을 올려놓고 왜 기울었는지 알아보고 양팔저울의 용도를 안다.
5. 평형이 되려면 어떻게 해야 하는지 여러 가지 서로 생각해 본다.
6. 준비된 탐구 보고서에 무게 측정 결과를 기록하고, 활동 물건을 제자리에 정리한다.

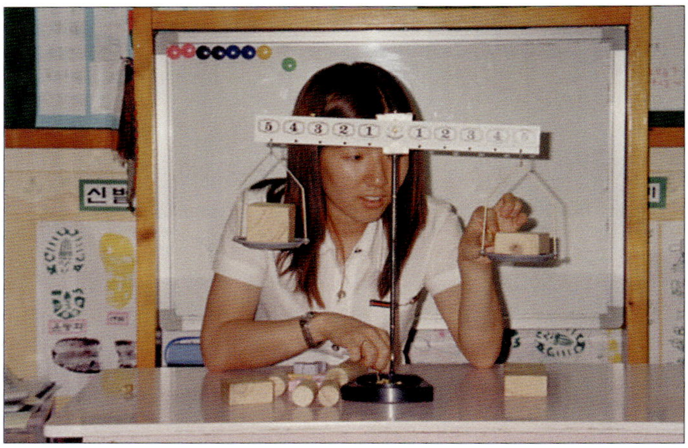

여기서 잠깐

원 리

시소놀이를 할 때 몸무게가 비슷한 사람은 받침대로부터 같은 거리에 앉아야 수평이 이루어진다. 반면 몸무게가 차이 날 때는 가벼운 사람은 바깥쪽에, 무거운 사람은 안쪽에 앉아야 수평이 이루어진다는 것은 누구나 경험으로 알고 있을 것이다.

널빤지와 받침대로 만든 모형으로 시소의 원리를 알아보자. 널빤지의 한가운데를 받침대 위에 올려놓아 널빤지가 수평이 되도록 한 다음, 양쪽에 나무토막을 올려놓는다. 이때 나무토막의 수가 적을수록 받침대로부터의 거리는 멀어지고 나무토막의 수가 많을수록 받침대로부터의 거리는 가까워진다.

• 저울의 종류 : 접시저울, 진자저울, 양팔저울

활동 6 무게중심을 잡아요

관련 과학 내용	• 물체와 물질 알아보기 • 탐구 과정 즐기기	탐구 능력	관찰	분류	측정	의사소통	예측	실험
과학 개념	물체의 각 부분에 작용하는 중력의 합력의 작용점을 무게중심이라 한다.		○			○	○	○

활동 목표

- 무게중심이 양쪽의 길이와 무게에 따라 달라짐을 안다.
- 여러 가지 실험을 통하여 무게중심을 경험한다.
- 각각의 무게를 달리하여 떨어뜨려 보고 길이를 달리하여 실험한다.

준 비 물

스프링, 고무찰흙, 색종이, 두꺼운 종이, 실, 철사, 활동 기록지

활동 방법

1. 균형을 잡는 인형
   - 긴 철사 양쪽 끝에 고무찰흙이나 도토리 그림 조각 등을 붙여서 스프링에 떨어뜨려 본다.
   - 무게와 길이가 다른 긴 철사를 떨어뜨려 보고 어떤 것이 빨리 내려가고, 늦게 내려가는지 토의해 본다.
2. 손가락 위에 균형 잡기
   - 대칭이 되지 않도록 두꺼운 종이는 오려 가장자리 실 끝에 고무찰흙을 붙여 클립에 단 것을 종이에 끼운다. 흔들리던 실이 멈춘 곳에 ×표를 해 본 후 두 개의 ×표를 연결해서 대각선으로 만나는 곳에 손가락을 대어 받쳐 본다.
3. 곡예사 가족
   - 색종이를 삼각형 모양으로 접은 후 2cm 간격으로 자른다.
   - 자른 색종이를 긴 것 위에 차례로 꼭지점을 맞추어 쪼개듯이 붙인 후 모서리를 접는다.
   - 모서리에 얼굴을 그려 놓고 손가락 위에서 균형을 잡아 본다.

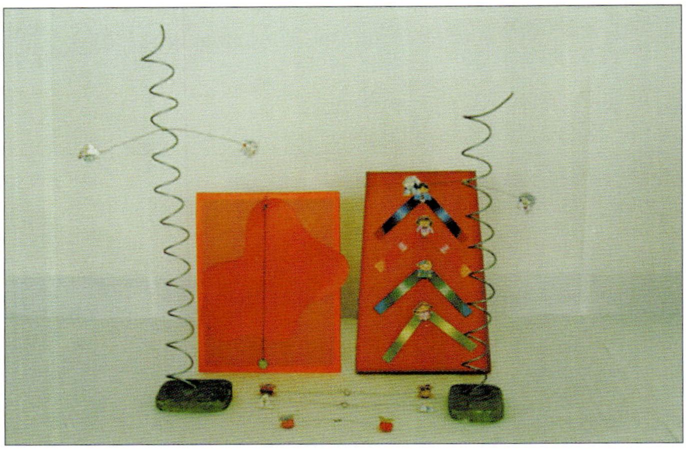

여기서 잠깐

- 철사를 이용한 놀이이므로 유아들이 찔리지 않게 철사 끝을 선생님이 정리해 주세요.
- 균형 잡는 인형 : 고무찰흙을 붙인 고리 철사의 무게중심은 가운데에 있고, 높은 곳에 올려 놓았을 때 그만큼의 위치에너지는 운동에너지로 바뀌게 된다. 감은 철사의 기울기를 급하게 만들면 운동에너지로 바뀌는 속도도 빨라지므로 고리 철사도 더욱 빨리 내려온다.
- 손가락 위에서 균형 잡기 : 물체가 아래로 늘어지는 것은 지구의 중력이 작용하기 때문이다. 그래서 물체의 무게중심도 지구의 중심과 나란한 위치에 있게 된다. 두 번 정도만 같은 실험을 하면 만나는 점이 있는데 이것이 무게중심이다.
- 곡예사 인형 : 물체 무게의 한가운데를 무게중심이라고 하는데, 물체의 무게중심은 항상 낮은 곳에 있으려고 한다. 종이 인형의 무게중심은 손가락에 받친 모서리에 있기 때문에 균형이 잘 잡힌다.

활동 7 맷돌아, 돌아라

관련 과학 내용	• 간단한 도구와 기계 활용하기 • 탐구기술 활용하기	탐구 능력	관찰	분류	측정	의사소통	예측	실험
과학 개념	마찰력을 이용해 곡식을 갈아 본다.		○			○	○	○

활동 목표

- 옛날 우리 조상들의 곡식 가는 방법과 곡식의 종류에 대해 안다.
- 맷돌을 준비하여 여러 가지 곡식들을 갈아 보는 경험을 한다.

준 비 물

맷돌(믹서), 우리나라 가을 곡식들, 채반, 큰 컵, 가위, 종이, 활동 기록지, 불린 콩, 보자기, 솥, 판, 간수

활동 방법

❶ 우리나라 가을 곡식들에 관해 이야기 나눈다
  • 내가 제일 좋아하는 곡식을 이야기해 본다.

❷ 맷돌을 준비하여 여러 가지 곡식을 갈아 본다.
  • 곡식들은 어떤 원인으로 갈리는 걸까요?
  • 이처럼 마찰력을 이용한 다른 것들에는 어떤 것들이 있을까요?

❸ 곡식들이 맷돌로 갈기 전과 갈고 난 후에 어떤 변화가 있는지 이야기해 본다.

응용 : 두부 만들기

㉠ 좋은 콩을 깨끗하게 고른다.
㉡ 콩을 10시간 동안 불린다.
㉢ 불린 콩을 맷돌(믹서)에 간다.
㉣ 간 콩을 솥에 끓인다.
㉤ 깨끗하게 거른 콩 물에 간수를 넣는다.
㉥ 두부 판에 보자기를 깔고 붓는다.
㉦ 20분 후면 두부가 완성된다.

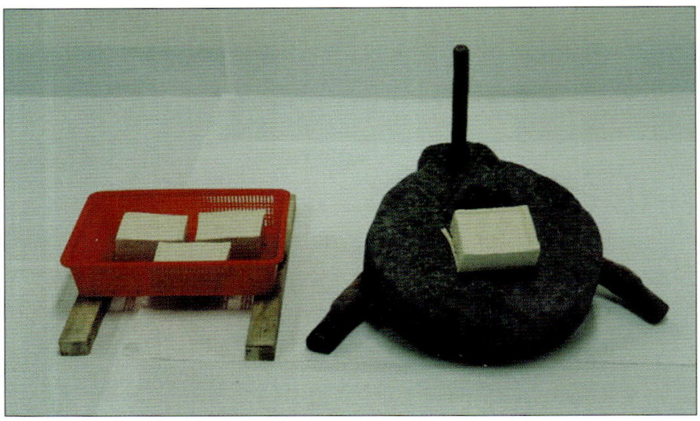

여기서 잠깐

- 버너 사용 시 선생님이 꼭 옆에서 지켜봐 주세요.
- 가정에서 맷돌을 보기가 흔하지 않고, 골동품 가게에 가면 볼 수 있다.
- 맷돌로 간 콩을 이용해 두부를 직접 만들 수 있다.
- 두부를 만들 때 이용되는 간수는 소금을 제조할 때 나오는 염화마그네슘이다. 소금을 사서 자루째 밖에 놓아 두면 소금 자루 밑으로 무언가 물이 줄줄 새어 나오는데 이것이 간수이다. 간수의 주성분은 염화마그네슘으로 콩 단백질을 응고시키는데, 요즘 두부 공장에서는 염화마그네슘이 아닌 황산칼슘을 주성분으로 하는 가루 응고제를 쓰기도 한다.

활동 8 베틀로 천을 짜요

관련 과학 내용	간단한 도구와 기계 활용하기	탐구 능력	관찰	분류	측정	의사소통	예측	실험
과학 개념	베틀을 사용하여 씨실과 날실을 교차시키는 작업을 반복함으로써 천을 짤 수 있다.		○			○	○	○

활동 목표

- 직접 직조를 해 봄으로써 그 방법에 대해 알 수 있다.
- 반복되는 패턴과 색 배합을 통해 미적 감각을 기른다.

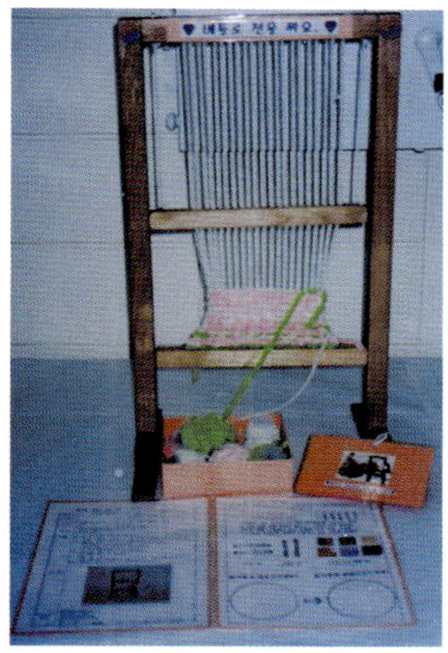

준 비 물

실, 바늘, 베틀(제작용), 활동지, 펜, 그림 자료, 활동 기록지

활동 방법

1. 옷감을 만드는 방법에 대해 이야기 나눈다.
   - 실을 짜요, 바늘로 꿰어요, 여러 개를 붙여요.
   - 실은 짜려면 어떤 도구가 필요할까요?
2. 베틀을 보여주고 베틀의 사용과 기능에 대해 알아본다.
   - 어떻게 사용하는 것일까?
   - 무엇을 만들 수 있을까?
3. 활동지에 예견하고 실험한 것을 표현하면서 구체화한다.

여기서 잠깐

직조(織造): 기계나 베틀 따위로 피륙을 짜는 일

활동 9 누가 발명했나요?

관련 과학 내용	간단한 도구와 기계 활용하기	탐구 능력	관찰	분류	측정	의사소통	예측	실험
과학 개념	기계의 고마움을 알고 발명한 위인에 대해 생각해 본다.		○			○		

활동 목표

- 기계를 발명한 사람들에 관심 가진다.

준 비 물

위인전, 백과사전

활동 방법

1. 기계가 우리에게 주는 도움은 무엇인지 이야기해 보도록 한다.
2. 기계를 발명한 사람은 누가 있는지 위인전을 찾아보고 백과사전을 통해 기계를 만든 사람들과 기계에 대하여 이야기한다.
3. 발명가들이 했던 일들을 이야기하고 어떻게 하면 발명을 할 수 있을지 생각해 본다.
4. 기계의 도움과 위인들에게 감사하며 느낀 점을 적도록 한다.
5. 내가 발명가라면 무엇을 만들어 볼 것인지 알아본다.

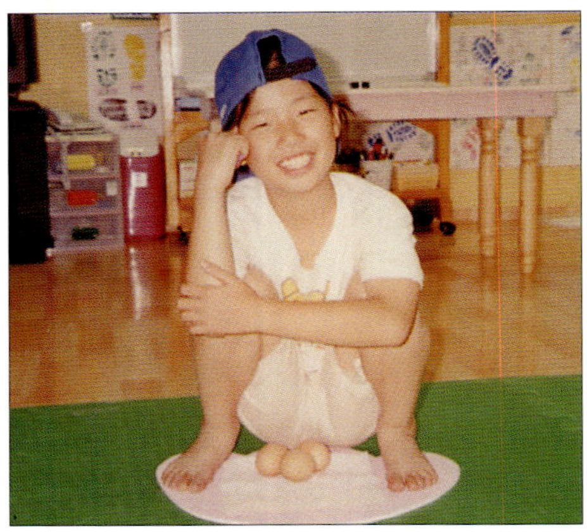

여기서 잠깐

- 기계는 편리하지만 단점도 있음을 알려준다.
- 발명왕 에디슨이 만든 것 : 난로, 녹음기, 다리미, 모터, 전화기, 축전지, 전구, 점화 플러그, 축음기, 필라멘트, 토스터, 라디오, 헤어 컬링기, 광부용 전등, 말하는 인형, 소켓 등

활동 10 부메랑 놀이를 해요

관련 과학 내용	• 물체와 물질 알아보기 • 탐구 과정 즐기기	탐구 능력	관찰	분류	측정	의사 소통	예측	실험
과학 개념	부메랑은 공기의 힘을 이용하여 앞으로 나아간다.		○			○	○	○

활동 목표

- 부메랑을 던지면 앞으로 나아갔다가 다시 되돌아옴을 안다.
- 여러 가지 부메랑을 던져 보고 부메랑이 어디로 날아갈지 예견한다.
- 다양한 방법으로 부메랑을 날려 보려는 태도를 가진다.

준 비 물

여러 가지 부메랑(종이 부메랑, 우유팩 부메랑, 접시 UFO), 활동 기록지

활동 방법

1. 미리 준비해 놓은 부메랑을 유아들에게 보여주며 이야기를 나눈다.
   - 이것은 무엇일까요? / 어떤 놀이를 할 수 있을까요?
2. 놀잇감(부메랑)의 놀이 방법을 가르쳐 준 후 유아들이 직접 던져 보도록 한다.
   - 우리 부메랑이 떨어지려고 하는 곳까지 가 볼까요?
3. 부메랑을 가지고 논 후의 느낌을 유아들과 이야기한다.

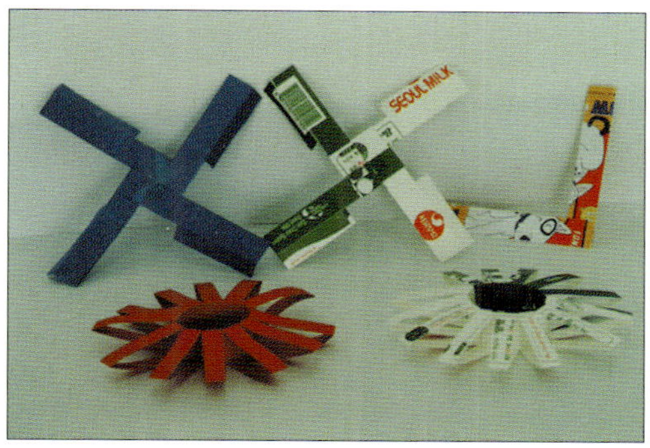

여기서 잠깐

부메랑은 빠르게 회전하면서 계속 앞으로 나아가는 운동을 합니다. 이때 생기는 회전력 때문에 공기저항의 방향이 바뀌어서 원래의 자리로 되돌아오게 되는 것입니다. 여기에는 양력(위로 뜨는 힘)과 뉴턴이 발견한 '운동의 3법칙' 중 '작용반작용 현상'이 작용합니다. 즉, 물체가 힘을 받아 날아가다가 공기의 저항을 받아 휘어 나아가는 현상을 가리킨다. 그렇기 때문에 세계 각국에서 발견되는 다양한 종류의 부메랑은 한결같이 비스듬히 구부러져 있거나 별 모양이라는 공통점을 갖고 있습니다. 그렇기 때문에 균형이 잘 잡히도록 만드는 것이 중요합니다.

활동 11 힘든 일을 도와줘요

관련 과학 내용	• 간단한 도구와 기계 활용하기 • 탐구기술 활용하기	탐구 능력	관찰	분류	측정	의사소통	예측	실험
과학 개념	도르래의 원리를 이용하여 물건을 쉽게 들 수 있다.		○			○	○	○

활동 목표

○ 도르래를 이용하여 물건을 쉽게 끌어올릴 수 있음을 안다.

준 비 물

도르래, 물건, 끈, 바구니나 양동이 같은 물건을 담을 수 있는 용기

활동 방법

1. 물건을 운반하는 방법이나 경험에 대해 이야기를 나눈다.
2. 도르래를 소개한다.
   - 도르래를 본 적이 있니? 어디서 보았니?
   - 도르래는 어떤 일을 할까?
3. 유아들에게 물건을 들어 보게 하고 더욱 쉽게 물건을 들 수 있는 방법을 생각해 본다.
4. 도르래를 이용할 때와 손으로 들어 올릴 때의 차이를 이야기해 본다.
5. 그림 자료와 책을 보며 도르래가 어디에 이용되는지, 도르래가 사용되는 경우를 본 적이 있는지, 어디에서 사용하면 좋을 것 같은지 이야기해 본다.

여기서 잠깐

- 도르래는 바퀴에 줄이나 벨트 또는 체인을 걸어 힘의 방향을 바꾸거나 힘의 효력을 확대하도록 하며, 적은 힘으로 물건을 들어올릴 수 있도록 하는 장치이다. 도르래를 이용하여 물건을 들어올리면 도르래를 이용하지 않을 때보다 힘이 덜 드는 이유는 물체에 연결되어 무게를 감당하는 줄이 많아져 당겨 올리는 데 필요한 힘이 그 줄의 수만큼 나누어지기 때문이다.
- 도르래를 이용한 기구 : 엘리베이터, 공사장의 트럭, 크레인, 우물

활동 12 찰칵, 신기한 사진기

관련 과학 내용	간단한 도구와 기계 활용하기	탐구 능력	관찰	분류	측정	의사소통	예측	실험
과학 개념	사진기의 작동 원리에 대해 안다.		○			○	○	○

활동 목표

- 사진기의 용도와 사용 방법에 대해 안다.

준 비 물

사진기(자동 · 수동 · 즉석 사진기), 필름, 사진첩, 사진 찍을 소품

활동 방법

1. 준비된 사진첩과 사진을 보며 지난 경험을 나눈다.
   - 이 사진들은 언제 어디에서 찍었지?
   - 이렇게 사진들을 보니 지난날의 경험들이 금방 생각나는구나?
   - 이 사진들은 어떻게 만들어지니?
2. 사진기와 필름을 준비하여 소개한다.
3. 사진기의 종류, 작동 원리, 잘 찍는 방법 등에 대해 알아본다.
   - 이것은 무엇일까?
   - 이런 사진기들을 본 적이 있니?
   - 이 필름들은 어떻게 사진기에 넣을 수 있니?
   - 어떻게 사진을 찍을까?
   - 즉석 사진기는 어떻게 다르니?
4. 사진기에 필름을 넣는 것을 보여주고 작동하는 방법을 보여준다.
5. 즉석 사진기를 이용하여 금방 사진이 나오는 것을 관찰하고 서로를 찍어 본다.
   - 너희들이 표현한 모습이 그대로 나왔니?
6. 찍은 사진들은 현상하여 전시해 주고 극놀이에 장난감 사진기를 제공하여 놀이를 유도한다.

활동 13 쑤우욱, 나는 청소박사님

관련 과학 내용	• 간단한 도구와 기계 활용하기 • 호기심을 유지하고 확장하기	탐구 능력	관찰	분류	측정	의사소통	예측	실험
과학 개념	공기와 전기의 힘에 의해 청소가 된다.		○			○	○	○

활동 목표

- 진공청소기에서 나오는 강력한 힘(공기)에 의해 먼지가 쉽게 빨려들어가 청소를 해 준다는 것을 안다.

준 비 물

진공청소기

활동 방법

1. 청소를 할 때 무엇을 가지고 하는지에 대해 유아들의 경험담을 나눈다.
   - 청소를 하도록 돕는 도구와 기계에는 어떤 것들이 있니?

   (손으로 쓸고 닦고 할 때와 기계를 가지고 할 때의 느낌을 나눈다.)

2. 진공청소기를 소개한다.
3. 진공청소기의 하는 일, 작동 원리 등에 대해 알아본다.
   - 진공청소기를 본 적이 있니?
   - 무엇을 하는 기계일까?
   - 어떻게 더러운 먼지를 빨아들이는 것일까?

4 진공청소기를 작동시켜 소리를 들어 보고 청소기의 공기가 나오는 관을 통해 공기의 힘을 느껴 본다.
5 진공청소기를 가지고 먼지를 빨아들이는 활동을 해 본다.

여기서 잠깐

진공청소기가 움직이면서 무엇인가를 빨아들인다는 것을 보고 유아들은 많은 관심을 가지고 스스로 해 보고 싶어 합니다. 진공청소기 외에도 직접 손으로 해야 하는 도구들(먼지털이, 걸레, 빗자루, 쓰레받기)을 함께 사용함으로써 우리의 생활을 도와주는 기계의 편리함을 느껴 보게 합니다. 그러나 기계 사용 시의 유의점에 대해서도 꼭 언급하여야 합니다.

활동 14 생활도구를 움직이는 여러 가지 힘

관련 과학 내용	• 간단한 도구와 기계 활용하기 • 물체와 물질 알아보기	탐구 능력	관찰	분류	측정	의사 소통	예측	실험
과학 개념	전기, 물, 바람, 가스, 인력, 석유 등은 도구와 기계를 움직이게 하는 힘이다.		○	○		○		

활동 목표

- 생활에 필요한 에너지 자원에 관심을 가진다.
- 도구와 기계를 움직이게 하는 에너지에 대해 관심 가진다.

준 비 물

자원과 자원을 이용하는 기계 그림 자료(전기, 휘발유, 물, 바람, 가스, 자동차, 각종 청소 도구, TV, 카세트 등)

활동 방법

1. 그림 카드를 짝지어 보고 이야기를 나눈다.
   - 서로 필요한 것끼리 짝을 지어 보자.
2. 왜 그렇게 짝지었는지에 대해 토의를 한다.
   - TV는 전기가 있어야 볼 수 있어요.
   - 컴퓨터도 전기가 있어야 켤 수 있어요.
   - 가스 레인지는 가스가 있어야 사용할 수 있어요.
   - 자동차는 휘발유를 넣어야 움직여요.
3. 도구와 기계를 움직이는 힘이 에너지라는 것을 이야기한다.
4. 에너지와 우리 생활과의 관계를 이야기 나눈다.
   - 에너지가 없다면 우리 생활은 어떻게 될까?
5. 소그룹으로 토의를 해 본다(주제 : 에너지 아껴 쓰기).
   - 그룹별 토의가 끝나면 각 팀이 나와서 발표한다.
   - 토의 결과를 책으로 묶어 비치해 두고 읽어 보도록 한다.

제 8 장

교통기관

생활주제 선정 이유와 전개 방안

교통기관에서는 '교통기관의 종류', '고마운 교통기관', '교통기관의 변천 과정과 구조', '교통통신과 교통생활'을 주제로 다룬다. 일상생활에서 체험한 교통기관의 종류와 차이점, 기본 개념 등을 알아볼 뿐만 아니라 미래의 교통수단과 환경문제, 에너지 등에 관심을 가지도록 한다. 또 생활에서 교통수단을 안전하고 올바르게 이용하도록 한다.

주제와 소주제

주 제	소 주 제
교통 기관의 종류	• 내가 이용한 교통기관 알아보기 • 교통기관의 특성 알아보기 • 육상 교통기관 알아보기 • 해상 교통기관 알아보기 • 항공 교통기관 알아보기
고마운 교통기관	• 대중교통 수단 이용하기 • 특별한 교통기관 알아보기 • 일하는 교통기관 알아보기
교통기관의 변천 과정과 구조	• 교통수단의 변천 과정 알아보기 • 교통기관의 구조 탐색하기 • 미래의 교통수단에 관심가지기
교통통신과 교통생활	• 안전한 교통질서 질키기 • 교통기관과 관련된 직업 알아보기 • 편리하고 안전한 교통생활하기

〉〉〉〉 교통기관이란?

일반적으로는 도로나 교량 등의 시설과 선박 · 철도 · 항공기 · 차량 등의 운수기관을 일컫지만 운수기관과 통신기관의 총칭이다.

〉〉〉〉 통신의 종류

- 사람이 직접 가는 방법 : 걷기, 파발, 자동차, 기차, 배, 비행기
- 신호에 의한 방법 : 봉수대, 암호
- 우편제도 : 편지, 전보, 소포
- 기계 이용 : 전신 전화, 모사 전송기, 이동전화, 컴퓨터 통신

교통기관

활동 1 여러 가지 탈것

활동 2 비탈길 자동차

활동 3 어떻게 연락할 수 있을까?

활동 4 공기로 가는 자동차

활동 5 여러 가지 배

활동 6 배가 움직이려면

활동 7 자전거의 구조와 명칭

활동 8 비 오는 날의 안전

활동 1 여러 가지 탈것

<table>
<tr><td>관련 과학 내용</td><td>간단한 도구와 기계 활용하기</td><td rowspan="2">탐구 능력</td><td>관찰</td><td>분류</td><td>측정</td><td>의사소통</td><td>예측</td><td>실험</td></tr>
<tr><td>과학 개념</td><td>• 교통기관에는 여러 가지 종류가 있다.
• 교통기관의 이용 장소나 방법은 다양하다.</td><td>○</td><td>○</td><td></td><td></td><td></td><td></td></tr>
</table>

활동 목표

- 교통기관을 장소와 용도에 따라 분류한다.

준 비 물

- 교통기관 분류판 3장
  - 하드보드지 1장(30×25cm)에 강과 바다, 땅, 하늘을 그리되 땅에는 산, 도로, 철로, 강을 그린 후 하드보드지 가장자리를 시트지로 마무리한다.
  - 하드보드지 1장은 2등분하여 오른쪽에는 바퀴를 그려 놓는다.
  - 나머지 한 장은 2등분하여 오른쪽에는 사람, 왼쪽에는 물건을 그려 놓는다.
  - 2장을 고리로 꿴다.
- 교통기관 그림 카드
  - 각 카드(5×5cm)에 여러 가지 교통기관 사진을 붙이거나 한 가지씩 그린다.
    (비행기, 헬리콥터, 행글라이더, 우주선, 버스, 승용차, 트럭, 굴착기, 자전거, 오토바이, 유모차, 케이블카, 잠수함, 여객선, 화물선, 유람선, 어선, 요트 등)
  - 그림 뒷면에 교통기관의 이름을 적고 코팅하여 오린 후 뒷면에 까끌이를 붙인다.

활동 방법

1. 그림 카드를 탐색한다.
   - 각 교통기관의 모양을 살펴본다.
   - 이용해 보거나 본 경험에 대해 이야기 나눈다.
   - 어디에서 볼 수 있는지 알아본다.

② 그림 카드들을 분류판에 분류해 본다.

- 이용할 수 있는 장소에 따라 분류한다.
- 바퀴가 있는 것과 없는 것으로 분류한다.
- 주로 사람이 이용하기 위한 것과 물건을 운반하기 위한 것으로 분류해 본다.
- 날개가 있는 것과 없는 것으로 분류한다.

③ 앞으로 어떤 교통기관들이 나타날지 상상해 보고 그림으로 그려 본다.

활동 2 비탈길 자동차

관련 과학 내용	물체와 물질 알아보기	탐구 능력	관찰	분류	측정	의사소통	예측	실험
과학 개념	경사로에서는 물체가 잘 굴러간다.		○	○	○			

활동 목표

- 경사로에서 물체를 굴려 보면서 경사와 바퀴에 관심을 가진다.

준 비 물

- 경사로 2개
  - 시판하는 빨래판(높이 조절되는 것이 좋다)을 2개 준비한다.
  - 1개의 경사로는 그대로, 다른 경사로는 사포나 빨대, 부직포를 붙인다.
- 여러 가지 물건－탁구공, 골프공, 구슬, 필름통, 연필, 인형, 모형 자동차, 블록, 지우개, 장식한 분유 깡통

활동 방법

1. 자료를 탐색한다.
2. 여러 가지 물건을 경사로에서 굴려 본다.
   - 유아가 원하는 장소에서 다양한 방법으로 굴려 보도록 한다.
   - 교사가 굴려 주고 유아는 아래쪽에서 분유통을 이용해 받아 보도록 한다.
3. 잘 굴러가는 것과 굴러가지 않는 것을 분류하고 비교해 본다.
4. 각 물건을 여러 경사로에서 굴려 보고 어디에서 잘 굴러가는지 비교해 본다.
5. 같은 물건을 다른 경사로에서 같이 출발하여 속도를 비교해 본다.
6. 경사로의 높이를 조절하면서 굴려 본다.
7. 크기는 비슷하나 무게가 서로 다른 물건을 굴려 보고 관찰한다.
8. 경사로를 내려와서 굴러가는 거리를 리본 테이프로 측정해 본다.
9. 왜 속도가 다른지 추론해 본다.

여기서 잠깐

사물의 움직임에 관한 활동

이 범주의 활동은 유아의 행위로 인해 사물이 움직이게 되는 것이므로 유아의 행위가 강조되어야 한다. 그 다음 물체의 움직임을 관찰하는 행위가 따라야 한다. 따라서 유아가 자신의 행위를 다양하게 변화를 주면서 시도해 보는 것이 중요하다. 그리고 이러한 시도에 따라서 물체의 움직임이 어떻게 달라지는지를 관찰하도록 한다.

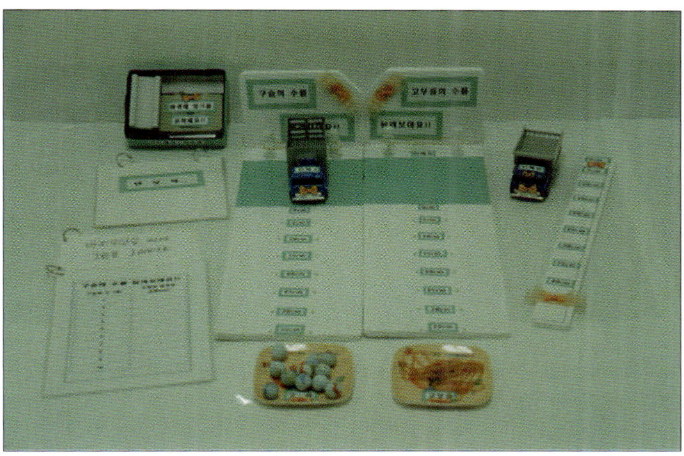

활동 3 어떻게 연락할 수 있을까?

관련 과학 내용	간단한 도구와 기계 활용하기	탐구 능력	관찰	분류	측정	의사소통	예측	실험
과학 개념	정보를 옮기는 일을 하는 수단은 다양하다.		○					

활동 목표

- 통신수단을 이용하면 정보를 쉽게 옮길 수 있음을 안다.

준 비 물

- 실물 자료
  유선전화, 휴대폰, 공중전화, 무전기, 컴퓨터, 확성기, 종이컵 전화
- 상황 카드
  교통사고 상황, 화재 상황, 유아가 길에서 다친 상황, 길에서 집 잃은 아이가 울고 있는 상황, 비행기 이착륙 상황 등

활동 방법

1. 과학 영역뿐만 아니라 유치원의 실내외 공간 여기저기에 통신수단을 비치해 둔다.
2. 상황 카드를 보고 이야기 나눈다.
   - 어떤 일이 벌어지고 있는 걸까?
   - 어디에 연락하는 게 좋을까?
   - 어떻게 연락하면 좋을까?
3. 실내외에 비치된 통신수단을 이용하여 유아들끼리 연락해 본다.
   - 전화로 연락하기
   - 이메일(e-mail) 보내기
   - 무전기나 삐삐로 연락하기
   - 종이컵 전화로 연락하기
   - 확성기로 연락하기
4. 활동해 본 경험과 느낌을 말해 본다.
5. 통신수단을 사용하는 경우와 사용하지 않은 경우 간의 차이점을 찾아본다.

활동 4 공기로 가는 자동차

관련 과학 내용	물체와 물질 알아보기	탐구 능력	관찰	분류	측정	의사소통	예측	실험
과학 개념	공기와 힘을 이용하여 자동차를 움직일 수 있다.		○					

활동 목표

- 교통기관의 발달에 관심을 가진다.

준 비 물

- 자동차

  우드락이나 하드보드지, 마분지, 풍선, 빨대, 셀로판 테이프, 단추나 자동차 바퀴 4개, 이쑤시개, 가위, 칼, 색연필, 스케치북

활동 방법

1. 준비물을 탐색한다.
2. 자동차를 만든다.
   ㉠ 우드락이나 하드보드지를 자동차 모양으로 오린다.
   ㉡ 빨대를 자동차 가로 크기로 잘라서 테이프로 구멍을 막은 뒤 자동차 밑판에 붙인다.
   ㉢ 이쑤시개에 단추를 끼우고 우드락 조각으로 단추를 고정시킨다.
   ㉣ 이쑤시개 한 끝을 빨대에 끼워 바퀴를 만든다.
   ㉤ 마분지에 +로 모양을 낸 후, + 모양이 위로 올라오도록 자동차 모형 위에 테이프로 붙인다.
3. 풍선을 불어서 자동차 모형의 + 모양에 끼워 풍선을 놓아 자동차를 관찰한다.
4. 어떻게 자동차가 움직일 수 있었는지를 추론해 보도록 한다.
5. 풍선을 불었다가 놓아 봄으로써 공기의 힘을 다시 확인해 본다.
6. 자동차 멀리 달리기 게임을 해 본다.

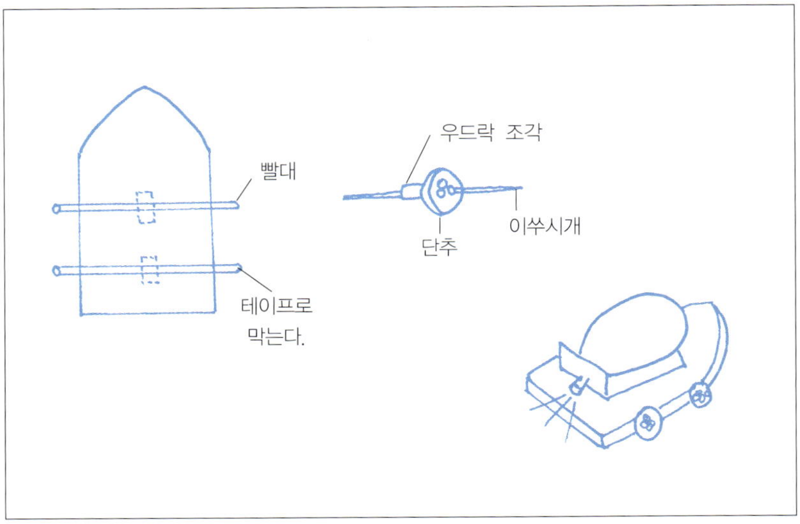

여기서 잠깐

무공해 자동차

- 공기 자동차
  우리나라의 'EnerGine'이라는 회사에서 2001년 7월에 공기로 달리는 자동차를 개발하여 시운전에 성공했다. 이 자동차는 압축 공기의 팽창력을 이용하여 시속 120km까지 달릴 수 있다고 한다.
- 전기 자동차, 바람을 이용하는 자동차에 대해 연구 중이다.

활동 5 여러 가지 배

관련 과학 내용	간단한 도구와 기계 활용하기	탐구 능력	관찰	분류	측정	의사소통	예측	실험
과학 개념	배의 종류는 다양하다.		○					

활동 목표

- 다양한 배의 종류에 관심을 가지고 배의 중요성을 깨닫는다.

준 비 물

- 그림자 자료
  돛단배(배+닻), 범선(배+여러 개로 된 닻), 여객선(여객선+사람들), 보트(보트+노), 어선(배+어망), 항공 모함(배+항공기들)
- 그림자극 틀, 전기

활동 방법

1. 그림자 자료를 탐색한다.
2. 그림자극 틀에 자료를 비춰 본다. 이때 배를 먼저 붙이고 관련 있는 카드를 찾아 붙여 보도록 한다.
3. 그림자를 보고 이야기를 꾸며 본다.
4. 자신이 앞으로 만들고 싶은 배를 만들고 그림자를 관찰한다.

활동 6 배가 움직이려면

<table>
<tr><td>관련 과학 내용</td><td>• 물체와 물질 알아보기
• 간단한 도구와 기계 활용하기</td><td rowspan="2">탐구 능력</td><td>관찰</td><td>분류</td><td>측정</td><td>의사소통</td><td>예측</td><td>실험</td></tr>
<tr><td>과학 개념</td><td>• 배가 움직이려면 바람과 파도가 필요하다.
• 배는 물에서 이용할 수 있는 교통기관이다.</td><td>○</td><td></td><td>○</td><td></td><td>○</td><td>○</td></tr>
</table>

활동 목표

- 여러 가지 배에 관심을 가진다.
- 기계를 움직이는 힘에 관심을 가진다.

준 비 물

- 배—종이배, 우유팩을 이용한 배를 만들고 겉에 초나 크레파스를 칠한다.
- 부채, 풍선, 모터와 건전지, 고무줄, 수조

활동 방법

1. 미술 영역에서 배를 만든다.
   - 종이접기 활동으로 배를 만들고 초나 크레파스를 칠한다.
   - 우유팩을 수직으로 2등분하여 배를 만든다.
2. 수조에 배를 띄워 본다.
3. 배를 움직이게 할 수 있는 방법을 궁리해 본다.
4. 배를 움직일 수 있을 방법을 고안해 본다.
   - 풍선을 불어 주둥이를 손에 쥔 채 배 위에 테이프로 고정시킨 다음 수조에 띄워 본다.
   - 배에 모터를 고정시키고 건전지를 연결하여 수조에 띄워 본다.
   - 부채를 부쳐 준다.
   - 입으로 분다.
   - 수조를 흔들어 준다.

⑤ 배를 움직이게 할 수 있었던 방법에 대해 이야기 나눈다.

- 배를 움직이게 하기 위해서 어떻게 했니?

⑥ 최신 배들을 움직일 수 있는 방법을 소개해 준다.

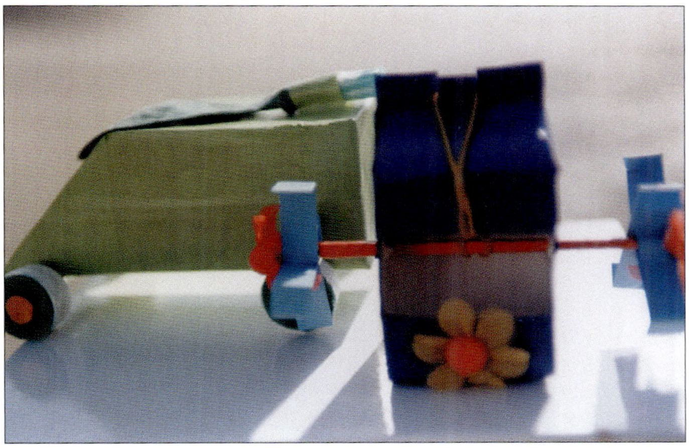

활동 7 자전거의 구조와 명칭

관련 과학 내용	간단한 도구와 기계 활용하기	탐구 능력	관찰	분류	측정	의사소통	예측	실험
과학 개념	자전거는 독특한 구조를 가지고 있다.		○		○		○	○

활동 목표

- 자전거의 구조에 관심을 가지고 주요 명칭을 안다.

준 비 물

두발자전거, 세발자전거

활동 방법

1. 실외 활동에서 두발자전거와 세발자전거를 관찰한다.
   - 어떻게 생겼니?
   - 두 자전거는 어떤 점이 닮았을까?
   - 두 자전거의 어디가 다를까?
2. 자전거의 명칭을 알아본다.
   - 앞바퀴, 뒷바퀴, 체인, 페달, 핸들, 안장, 벨, 브레이크, 타이어
3. 자전거의 각 부분이 하는 일을 알아본다.
4. 각 부분을 조작해 보면서 관찰하고 특징을 알아본다.
5. 자전거 탈 때 주의할 점을 알아본다.
   - 위험한 장소에서는 타지 않는다.
   - 속도를 내지 않는다.
   - 체인을 만지지 않는다.
   - 주위를 살피면서 탄다.

활동 8 비 오는 날의 안전

관련 과학 내용	• 자연현상 알아보기 • 물체와 물질 알아보기	탐구 능력	관찰	분류	측정	의사소통	예측	실험
과학 개념	비 오는 날은 위험하다.		○		○		○	○

활동 목표

- 날씨에 따른 안전한 생활 태도를 익힌다.

준 비 물

투명한 유리병 2개, 양면 종이인형 4개(둘은 밝은 색의 옷, 나머지는 어두운 색의 옷), 물뿌리개, 마른 걸레

활동 방법

1. 유리병에 같은 종류의 인형을 하나씩 넣어 관찰한다.
   - 인형들이 어떻게 보이니?
2. 병에 물을 뿌리면 어떻게 보일까 예측해 본다.
3. 한 병의 표면에 물뿌리개로 물을 뿌린 후 두 인형을 관찰한다.
   - 물 뿌린 병의 인형과 뿌리지 않은 병의 인형이 어떻게 보이니?
   - 어느 쪽의 인형이 더 잘 보이니?

④ 비 오는 날에는 운전하는 사람의 눈에 우리가 잘 보이지 않음을 알려준다.

⑤ 인형을 꺼내고 병을 깨끗이 닦는다.

⑥ 각 병에 다른 인형을 하나씩 넣어 관찰한다.

- 인형들이 어떻게 보이니?

⑦ 병에 물을 뿌리면 어떻게 보일까 예측해 본다.

⑧ 한 병의 표면에 물뿌리개로 물을 뿌린 후 두 인형을 관찰한다.

- 물 뿌린 병의 인형과 뿌리지 않은 병의 인형이 어떻게 보이니?
- 어느 쪽의 인형이 더 잘 보이니?

⑨ 비 오는 날에는 어두운 색 옷이나 우산보다 밝은 색 옷이나 우산이 눈에 잘 띈다는 것을 알려준다.

⑩ 비 오는 날 안전하게 다닐 수 있는 방법에 대해 논의한다.

- 자동차 운전자가 우리를 잘 알아볼 수 있도록 밝은 색 옷을 입고 우산이나 장화도 밝은 색으로 준비한다.
- 안전한 길로 다닌다.
- 주위를 잘 살핀다.

제 9 장

우리나라

생활주제 선정 이유와 전개 방안

유아들이 우리나라의 과거, 현재, 미래의 모습이 각각 단절된 것이 아닌, 서로 연관되어 발전하는 것임을 경험하고 스스로가 자발적이고 능동적인 역사의 주체자임을 느끼며, 자신의 역할을 인식할 수 있도록 한다.

주제와 소주제

주 제	소 주 제
우리나라 사람들의 생활	• 우리나라의 옷 알아보기 • 우리나라의 음식 알아보기 • 우리나라의 집 알아보기 • 우리나라의 생활도구 알아보기
우리나라의 놀이	• 우리나라의 전통 놀이 즐기기 • 우리나라의 옛 그림 감상하기 • 우리나라의 노래와 춤 경험하기 • 우리나라의 옛이야기 감상하기
우리나라의 역사	• 우리나라의 시작에 대해 알아보기 • 우리나라의 과거, 현재, 미래에 대해 알아보기 • 북한에 대해 관심 가지기 • 우리나라를 빛낸 사람들 알아보기
우리나라의 자랑거리	• 우리나라의 상징 알아보기 • 나라 사랑을 위해 내가 할 수 있는 일 알아보기 • 우리나라의 문화재 찾아보기 • 미래를 빛낼 우리들의 모습 생각해 보기

우리나라

활동 1 우리나라 전통 집

관련 과학 내용	물체와 물질 알아보기	탐구 능력	관찰	분류	측정	의사소통	예측	실험
과학 개념	나라마다 독특한 집이 있다.		○					

활동 목표

- 나라마다 집의 모양이나 재료가 다름을 안다.
- 우리나라 전통 집을 구별한다.

준 비 물

- 게임판(나무판, 계란판 조각, 물감, 자석)
  - 여러 나라 가옥과 우리나라 가옥 그림을 종이에 그려 코팅한 후 배경판에 세운다.
  - 계란판 조각 안에 자석을 붙이고 배경판 위에 둥글게 오려 가며 엎어 놓는다.
  - 계란판 조각 위에 도깨비 모양 형태로 지점토를 이용해 만든 후 색칠하고 니스 칠을 한다.
- 말(지점토, 물감, 니스)
- 주사위(하드보드지, 색지, 테이프)

활동 방법

1. 2명의 유아가 가위바위보를 한 후 이긴 유아가 주사위를 던져 나온 수만큼 앞으로 간다.
2. 이때 다른 나라 가옥이 나오면 말이 튕겨 나온다. 왜냐하면 배경판 자석과 말의 자석이 같은 극이기 때문이다.
3. 중앙의 전통 집에 먼저 도착하는 유아가 이긴다.

여기서 잠깐

우리나라의 전통 집으로는 기와집, 초가집, 굴피집, 귀틀집, 너와집 등이 있다.

활동 2 헝겊에 치자 물들이기

관련 과학 내용	물체와 물질 알아보기	탐구 능력	관찰	분류	측정	의사소통	예측	실험
과학 개념	자연 식물을 이용하여 염색할 수 있다.		○					○

활동 목표

- 염색의 신기함을 경험한다.
- 우리나라의 독특한 염색법에 대해 자부심을 가진다.

준 비 물

치자(건어물 식품점에서 구입), 미지근한 물, 큰 그릇, 집게, 여러 가지 천, 일회용 장갑, 앞치마

활동 방법

1. 유아들이 입고 있는 옷의 색깔을 알아본다.
2. 옷의 다양한 색은 어떻게 만들어지는지 알아본다.
3. 우리나라 전통의 염색이 있음을 알려준다(치자, 잇꽃 : 홍화꽃).
4. 치자 우려내기 실험을 한다.
   - 여러 개의 유리컵에 미지근한 물을 같은 높이로 담는다.
   - 치자를 관찰한다(모양, 색, 냄새, 속 등).
   - 치자를 물에 넣으면 어떻게 될지 상상해 보도록 한다.
   - 컵마다 치자 양을 다르게 넣는다.
   - 치자 물이 우러나는 과정을 비교 관찰한다.
5. 치자 물들이기 활동을 한다.
   - 큰 그릇에 미지근한 물을 담고 치자를 넣는다.
   - 치자 색이 우러나는 과정을 관찰한다.
   - 우러난 물은 체에 걸러 낸다.
   - 여러 가지 천을 담근다(가끔 집게로 이리저리 뒤집는다).
   - 물이 들면 찬물에 여러 번 헹구어 손으로 주물주물 짜고 편편한 바구니에 펴서 말린다.

⑥ 염색하기 전과 후를 비교해 본다.

⑦ 치자 물을 이용할 수 있는 방법에 대해 궁리해 본다(요리, 한지 염색, 티셔츠 염색 등).

유 의 점

- 계절에 따라 홍화, 자초, 풋감을 이용하여 천에 염색을 해 볼 수 있다.
- 치자를 쪼개어 담그면 보다 빨리 우러난다.
- 치자 물을 밀가루 반죽에 활용할 수 있다.
- 보다 선명한 색깔을 만들기 위해서는 천에 따라 치자 물에 식초(실크)나 소금(면직물)을 촉염제로 조금 넣는다.

여기서 잠깐

전통 염색

〈1〉 치자(노란색)

1,500년 전에 우리나라에 수입된 치자나무의 잎은 탐스럽고 꽃은 희고 향기가 좋으며 노란 열매는 노란색 염색에 이용된다. 치자의 농도가 짙을수록 노란 빛에 붉은 기운이 성한 주황색이 된다. 그러나 천에 따라 색이 다소 다르게 염색된다. 치자는 옷감이나 종이만이 아니라 빈대떡이나 전 등 음식물을 노랗게 물들이거나 약용으로도 사용해 왔다.

〈2〉 홍화(홍색)

국화과의 홍화는 잇꽃이라고도 하며 3월 하순에 씨를 뿌려서 7월 중순에 수확한다. 황색과 적색의 꽃잎은 7월 초순부터 채취하여 염색에 활용할 수 있다. 홍화 염색은 기원전 3,500년 경부터 시작되었으며, 미라에 둘러쌌던 아마 직물도 홍화로 염색되었다고 한다.

〈3〉 자초(자색, 회색)

야생인 자초는 산과 들의 풀밭에서 자라는 30~70㎝ 높이의 다년초로, 5~6월에 녹색 꽃이 핀다.

(4) 풋감(황토색, 밤색)

주로 경기도 이남에서 과수로 재배하는 감은 6~7월에 녹색의 과실이 열리며 10월에 황홍색으로 익는다. 음력 6월과 7월 사이에 풋감을 수확하여 염색을 한다. 전통적으로 제주도에서는 의류로 염색해 오고 있다. 일명 갈염색, 감염색이라고도 한다.

<탐구 보고서>

_____ 반 이름 : ________

[치자 물들이기]

치자를 넣기 전과 넣은 후의 물의 색 변화를 색칠하세요.

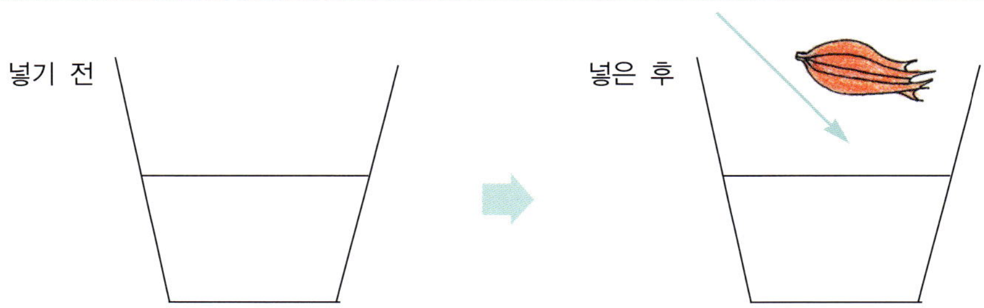

물들이기 조사표

재료	어떻게 될까요? (그려 보세요)	어떻게 되었나요? (붙여 보세요)
A4 종이		
부직포		
키친타월		
천		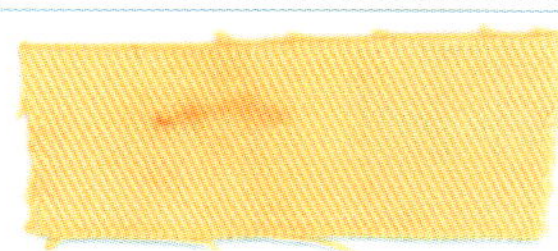

활동 3 전통 놀이–팽이치기

관련 과학 내용	물체와 물질 알아보기	탐구 능력	관찰	분류	측정	의사소통	예측	실험
과학 개념	각 나라마다 독특한 놀이가 있다.		○					

활동 목표

- 물체에 힘을 가하면 움직이게 됨을 직접 경험해 보는 가운데 팔 근육을 강화할 수 있다.
- 우리나라의 전통 놀이에 관심을 가지고 즐긴다.

준 비 물

민속 팽이와 팽이채(50cm 정도 막대 끝 쪽에 폭 2cm, 길이 50cm의 면 헝겊을 묶는다), 여러 가지 팽이(중심이 다른 것, 모양이 다른 것, 색이 다른 것)

활동 방법

1. 옛날의 우리나라 어린이들은 어떤 놀이를 했는지 알아본다(인터넷, 도서 등을 통해).
2. 팽이 놀이에 대해 알아본다(준비물, 생김새, 놀이 방법, 놀이 장소 등).

③ 민속 팽이를 돌려 본다.
④ 다양한 팽이를 만들어서 돌려 본다.
⑤ 원래의 팽이 모양이 돌면서 어떻게 달라 보이는지 관찰한다.
⑥ 팽이를 돌리면 색깔이 어떻게 달라 보이는지 관찰한다.

활동 4 관광지 슬라이드

관련 과학 내용	물체와 물질 알아보기	탐구 능력	관찰	분류	측정	의사소통	예측	실험
과학 개념	우리나라에는 조상들이 남겨 놓은 소중한 문화유산이 많다.		○			○		

활동 목표

- 우리나라의 문화유산에 관심을 가진다.

준 비 물

- 우리나라 관광지별 안내 책자
  작은 앨범에 관광지별 그림 카드를 끼우고 설명을 덧붙여 관광지 안내 책자를 만든다.
- 슬라이드 내장 카메라(시판)
  관광지별 카메라에 각 지역의 이름을 부착한다.

활동 방법

1. 여행을 다녀 본 경험에 대해 이야기 나눈다.
2. 가고 싶은 여행지를 선택한다.
3. 각 여행지의 안내 책자를 살펴본다.
4. 카메라의 구멍에 한쪽 눈을 대고 한 컷씩 살펴본다.

유 의 점

- 우리나라 대부분 관광지에서는 그곳의 여러 명소를 그림 카드로 제작하거나 어린이용 카메라 안에 슬라이드를 끼워 판매하고 있다. 이를 다양하게 구입해 두었다가 활용할 수 있다. 혹은 가정통신문을 통해 각 가정의 자료들을 수집하여 활용해도 좋다.

활동 5 종이에 색 물들이기

관련 과학 내용	물체와 물질 알아보기	탐구 능력	관찰	분류	측정	의사소통	예측	실험
과학 개념	종이에 따라 염색 상태가 달라진다.		○			○		

활동 목표

- 우리나라 전통 한지에 관심과 자부심을 가진다.
- 한지를 구별할 수 있다.

준 비 물

각종 흰색 종이(한지, 신문지, 복사용지, 마닐라지 등), 그림물감, 유리컵(넓고 낮은 것), 접시, 연필

활동 방법

1. 준비한 여러 가지 종이를 관찰한다(두께, 투명 정도, 질감, 촉감 등).
2. 종이의 색깔을 바꿀 수 있는 방법을 궁리해 보도록 한다(크레파스 칠하기, 물감 칠하기, 색종이 붙이기 등).
3. 다양한 방법으로 종이의 색깔을 바꾸어 본다.
4. 각 방법의 결과를 비교해 본다.
5. 우리나라 전통의 한지 염색을 소개한다.
   - 신문지를 깔고 여러 가지 색의 물감을 각 유리컵에 푼다.
   - 한지를 다양한 방법으로 접어 색물에 적신다.
   - 말린다.
6. 말린 종이를 비교 관찰한다.

유 의 점

- 물들인 한지를 이용하여 작업 영역에서 다양한 활동을 하도록 한다.

활동 6 우리나라의 천연기념물

관련 과학 내용	생명체와 자연환경 알아보기	탐구 능력	관찰	분류	측정	의사소통	예측	실험
과학 개념	우리 땅에 살고 있는 천연기념물이 있다.		○	○				

활동 목표

- 우리나라의 식물과 동물에 관심을 가진다.

준 비 물

천연기념물 사진 자료와 이름 카드

- 나무 – 용문사 은행나무, 정이품송
- 새와 곤충 – 두루미, 고니, 수리, 장수하늘소
- 동물 – 삽살개, 반달가슴곰, 범, 수달, 사향노루 등

정이품송

두루미

삽살개

반달가슴곰

활동 방법

1. 사진 자료를 하나씩 보고 특징을 관찰한다.
2. 사진 자료를 본 경험에 대해 이야기 나눈다.
3. 관련 책 혹은 사이트를 통해 특징들을 알아본다.
4. 천연기념물들을 분류해 본다.
   - 나무, 새, 곤충, 동물 등
5. 천연기념물의 소중함에 대해 이야기 나눈다.

유 의 점

- 주입식 교육이 되지 않도록 하며, 우리나라의 생물체에 관심을 가지도록 지도한다.

활동 7 우리나라의 주식-쌀

관련 과학 내용	물체와 물질 알아보기	탐구 능력	관찰	분류	측정	의사소통	예측	실험
과학 개념	우리나라의 주식은 쌀이다.		○		○			

활동 목표

- 쌀의 요리와 변화 과정에 관심을 가진다.

준 비 물

쌀, 씻어서 20분 이상 불린 쌀, 물, 전기밥솥(혹은 가스레인지), 주걱, 밥그릇

활동 방법

1. 우리가 매일 먹는 것들에 대해 이야기 나누다.
2. 매일 먹는 것 중 밥의 원래 상태에 대해 상상해 본다.
3. 쌀을 관찰한다.
4. 쌀을 씻어 20분 정도 물에 불린 후 관찰한다.
5. 한 밥솥에는 밥을, 그리고 다른 솥에는 죽을 끓인다.
   - 밥을 할 경우, 물은 쌀 양의 1.5배를 넣는다.
   - 죽의 경우, 물은 쌀 양의 6배를 넣는다.
   - 가스레인지에 죽을 끓일 경우엔 주걱으로 저어 준다.
6. 밥과 죽을 비교 관찰한다(모양, 냄새, 굳기 정도, 맛 등).
7. 활동지에 관찰 내용을 기록한다.

	모양	색	냄새	굳기 정도	맛
쌀					
불린 쌀					
밥					
죽					

유 의 점

- 가스레인지를 사용할 경우 물이 넘치거나 눋지 않도록 유의한다.

활동 8 풀먹이기 실험

관련 과학 내용	물체와 물질 알아보기	탐구 능력	관찰	분류	측정	의사소통	예측	실험
과학 개념	풀을 먹이면 옷의 상태가 달라진다.		○			○		

활동 목표

- 전통 생활을 경험한다.

준 비 물

- 다양한 옷, 끓인 풀(혹은 시판용 뿌리는 풀)과 풀주머니, 세숫대야, 빨래 건조대

활동 방법

1. 사전에 옷에 풀을 먹여 말려 둔다.
2. 풀먹인 옷을 보고 왜 이렇게 되었는지 유추해 본다.
3. 풀먹인 옷과 그렇지 않은 옷을 비교 관찰한다.
4. 풀을 끓여 관찰한다.
5. 풀주머니에 풀과 물을 넣어 주무른다.
6. 마른 옷을 풀그릇에 넣고 골고루 배도록 주무른다.
7. 풀먹인 옷을 꼭 짠 후 잘 펴서 건조대에 넌다.
8. 마른 후에 관찰하고 토론한다.
9. 활동지에 관찰 결과를 기록한다.

	풀	풀먹이기 전	풀먹인 후	마른 후
눈으로 보았어요				
냄새 맡았어요				
손으로 만져 보았어요				

활동 9 옛날 물건

관련 과학 내용	간단한 도구와 기계 활용하기	탐구 능력	관찰	분류	측정	의사소통	예측	실험
과학 개념	옛날에도 다양한 물건들을 사용하였다.		○			○		

활동 목표

- 우리나라 전통문화에 관심을 가진다.
- 옛날 물건의 특징에 관심을 가진다.

준 비 물

여러 가지 물건들(붓, 벼루, 먹, 절구, 떡살, 짚신, 복주머니, 버선, 갓, 청사초롱 등)
옛날 모습 사진 여러 장

활동 방법

1. 옛날 모습이 담긴 사진 자료를 보고 이야기 나눈다.
2. 사진 속의 옛날 물건들을 찾아보고 무엇에 사용하는 것인지 추측해 본다.
3. 옛날 물건들의 이름과 특징을 알아본다.
4. 옛날 물건들의 용도와 사용 방법을 알아본다.
5. 옛날 물건들을 직접 사용해 본다.

유 의 점

- 물건들을 안전하고 올바르게 사용하도록 한다.

제 10 장

가을의 생활

생활주제 선정 이유와 전개 방안

가을이 되면서 날씨와 자연이 변화하는 모습에 관심을 가지고 직접 관찰, 탐구할 수 있도록 한다. 또 가을에 추수하는 과일과 곡식, 가을에 볼 수 있는 곤충에 관심을 가지도록 하며 계절 변화에 따른 생활 모습을 이해하고 계절 변화의 아름다움을 즐기도록 한다.

주제와 소주제

주 제	소 주 제
가을 날씨 알기	• 가을 날씨의 특징 • 가을의 낮과 밤 날씨
풍성한 가을 지내기	• 가을 날씨와 옷차림 • 가을에 수확하는 농작물 • 가을의 음식
가을 동산 즐기기	• 단풍과 낙엽 • 가을 곡식과 열매 • 가을에 피는 꽃 • 가을의 곤충 • 가을의 아름다움

〉〉〉〉 가을은 언제인가?

- 4계절 중 세 번째 계절이며, 여름과 겨울 사이의 계절이다.
- 절기로는 입추(8월 7일경)와 입동(11월 7일경) 사이이다.
- 천문학적으로는 추분(9월 23일)과 동지(12월 21일) 사이이다.
- 기상학적으로는 9, 10, 11월이다.

〉〉〉〉 가을 날씨의 특징

- 9월에는 비가 많이 온다.
- 10~11월에는 하늘이 맑다. 가을 하늘이 맑은 이유는 대기의 대류가 여름보다 약해서 먼지가 높은 곳으로 올라가지 못한 상태에서 비가 오면서 쉽게 씻겨 내리기 때문이다.

가을의 생활

활동 1 이슬과 서리 만들기

관련 과학 내용	• 자연현상 알아보기 • 물체와 물질 알아보기	탐구 능력	관찰	분류	측정	의사 소통	예측	실험
과학 개념	날씨가 추워지면 이슬이 맺힌다.		○					○

활동 목표

- 날씨와 자연현상의 변화에 관심을 가진다.
- 실험을 통해 물질의 변화를 경험한다.

준 비 물

투명한 유리컵, 찬물, 얼음, 소금, 온도계, 확대경, 마른 수건(또는 휴지)

활동 방법

1. 일찍 온 유아들은 실외의 식물을 관찰하도록 하고 식물에 맺힌 이슬을 손으로 만져 보도록 한다.
2. 왜 이슬이 맺혔는지 알아본다.
   - 공기 중의 수증기가 찬 공기를 만나게 되면 물체의 겉에 물방울이 생긴다.
3. 실험을 통해 이슬을 만들어 본다.
   - 마른 수건으로 유리컵을 깨끗이 닦아 물기를 없앤다.
   - 유리컵에 얼음을 넣고 찬물을 붓는다.
   - 유리컵의 바깥쪽에 어떤 변화가 일어나는지 관찰한다.
   - 손으로 이슬을 확인한다.
4. 이슬이 생기는 원리를 알아본다.
   - 컵 밖에 있던 공기가 얼음이 들어간 차가운 컵을 만나서 물방울이 생긴 것이다.
5. 실험을 통해 서리를 만들어 본다.
   - 유리컵에 작은 얼음 조각을 2/3 정도 넣는다.
   - 유리컵 안의 온도를 재어 본다.
   - 소금(얼음의 절반 정도)을 섞는다.
   - 컵이 뿌옇게 되는 과정을 관찰한다.

• 컵 속의 온도를 재어 본다.

6 서리가 생기는 이유를 알아본다.

유 의 점

- 이슬 만들기를 하고 난 후 날씨가 더 추워져 서리를 관찰할 수 있을 때 다시 서리 만들기를 하도록 한다.
- 물방울이나 서리가 충분히 생긴 후에 손으로 확인하도록 한다.

여기서 잠깐

이슬(dew)

지표면 가까이 있는 풀이나 물체에 공기 중의 수증기가 응결되어 생긴 물방울이 이슬이다. 이슬은 밤 동안 복사냉각에 의해 기온이 이슬점 이하로 내려가면 생긴다. 만약 이슬점 온도가 어는점 이하가 될 경우에는 서리가 맺히게 된다. 이슬은 봄과 가을에 이동성고기압권에서 많이 맺히며 특히 수증기가 많이 증발되는 호수나 하천 부근에서 이슬이 잘 맺힌다.

이슬은 양이 많지는 않지만 식물의 성장에는 큰 역할을 한다. 특히 사막 지방 등에서는 식물의 생육에 큰 공헌을 한다.

활동 2 가을 나뭇잎 관찰

관련 과학 내용	생명체와 자연환경 알아보기	탐구 능력	관찰	분류	측정	의사소통	예측	실험
과학 개념	나뭇잎은 계절에 따라 변화한다.		○					

활동 목표

- 나뭇잎의 변화를 관찰하며 자연의 아름다움을 느낀다.

준 비 물

여러 가지 나뭇잎

활동 방법

1. 실외 산책 활동을 통해 나뭇잎의 색이 변하는 단계마다 나무 밑에서 유아들과 함께 사진을 찍어 둔다. 또 나무와 나뭇잎을 관찰하고 여러 가지 나뭇잎(단풍이 든 것과 그렇지 않은 것)을 주워 온다.
2. 나뭇잎을 자세히 관찰한다(모양, 색깔, 질감, 냄새 등).
3. 같은 종류끼리 모으고 단풍이 든 것과 그렇지 않은 것을 비교해 본다.
4. 나뭇잎의 색깔이 왜 변하는지 알아본다(도서 혹은 인터넷을 통해).
   www.cbs.co.kr/cbsbeta/lecture/삶속의과학/33.htm
5. 단풍의 색깔이 왜 다른지 알아본다(도서 혹은 인터넷을 통해).
   www.pongju-e.ed.kwangju.kr/vision/exp-know/danpung.htm
6. 활동지에 나뭇잎이 물드는 단계에 따라 나뭇잎을 붙여 본다.

여기서 잠깐

단풍이 드는 이유

서리가 내린 뒤 따뜻하고 맑은 날이 당분간 계속되면 단풍은 매우 곱게 물든다.
나뭇잎의 광합성 과정에는 물이 필요하나, 기온이 내려가면서 공기가 건조해지는 가을에는 나뭇잎이 수분 부족을 겪게 되어 광합성 작용을 멈추게 된다. 따라서 여름에는 잎이 왕성하게 일을 하는 엽록소의 녹색을 많이 띠게 되지만, 가을에는 엽록소가 분해되어 사라지고 붉은색을 띠는 카로틴이나 노란색을 띠는 크산토필이란 카로티노이드의 색이 눈에 띄게 된다. 이들 색소의 분포에 따라 노란색이나 붉은색의 단색에서부터 혼합된 색 단풍이 들게 되는 것이다.

또 가을에는 줄기와 잎자루 사이에 만들어진 코르크층이 잎에서 생성된 당류가 줄기와 뿌리로 운반되는 것을 방해함으로써 잎에 당류가 쌓이게 된다. 이 당류가 잎에서 분해되면서 빨간 색소인 안토시아닌을 만들게 된다. 따라서 가을에는 타는 것 같은 붉은색의 단풍을 볼 수 있는 것이다.

활동 3 낙엽 만들기

관련 과학 내용	• 생명체와 자연환경 알아보기 • 물체와 물질 알아보기	탐구 능력	관찰	분류	측정	의사소통	예측	실험
과학 개념	어떤 물질은 나뭇잎의 색깔을 변화시킨다.		○					○

활동 목표

- 나뭇잎이 변화하는 과정을 직접 경험한다.

준 비 물

나뭇잎, 알코올, 유리 그릇, 랩, 요오드 용액, 낙엽 사진

활동 방법

1. 낙엽이 많은 시기에 실외 산책을 다니면서 낙엽을 경험한다.
2. 나뭇잎들이 왜 변했는지 상상해 본다.
3. 낙엽을 만들어 보기로 한다.
   ㉠ 나뭇잎을 유리 그릇에 담고 알코올을 붓는다(나뭇잎이 잠길 정도로).
   ㉡ 랩을 씌운다(알코올의 증발을 막기 위해).
   ㉢ 5~6시간 정도 지난 후 꺼내 물에 씻는다.
   ㉣ 씻은 나뭇잎을 요오드 용액에 넣어 둔다.
   ㉤ 1시간 정도 지난 후 나뭇잎을 꺼내 물에 씻는다.
4. 실험 전과 실험 후의 나뭇잎을 비교 관찰한다.
5. 나뭇잎은 환경이 바뀌면 변할 수 있음을 확인한다.

유 의 점

- 실험을 한 나뭇잎은 금세 변하므로 코팅을 해서 보관한다.
- 여러 가지 종류의 나뭇잎을 실험해 봄으로써 구체적 사례들에 기초하여 개념을 추론해 내도록 한다.

여기서 잠깐

가을에 나뭇잎은 왜 떨어질까?

나무는 뿌리를 통해 물을 빨아들이고 나뭇잎을 통해 이 수분을 많이 발산하게 된다. 그런데 날씨가 추워지면 뿌리가 물을 빨아들이는 힘이 약해진다. 따라서 수분의 손실을 막기 위해 증산작용을 하는 나뭇잎을 떨어뜨리게 된다.

활동 4 나뭇잎 염색

관련 과학 내용	물체와 물질 알아보기	탐구 능력	관찰	분류	측정	의사소통	예측	실험
과학 개념	양파는 색을 잘 물들게 하는 성질이 있다.		○					○

활동 목표

- 물질의 변화를 관찰한다.

준 비 물

양파, 냄비, 가스레인지, 물, 스타킹, 여러 가지 나뭇잎과 국화 꽃잎, 고무밴드, 흰색 달걀

활동 방법

1. 2개의 냄비에 물을 붓고 끓인다.
2. 한 냄비에는 껍질 벗긴 양파를 넣고 다른 냄비에는 넣지 않는다.
3. 나뭇잎을 물에 적셔 달걀 표면에 붙이고 떨어지지 않도록 헌 스타킹으로 싼 후 고무밴드로 묶는다.
4. 나뭇잎 붙인 달걀을 양쪽 냄비에 넣고 담가 둔다.
5. 양쪽 냄비의 나뭇잎이 어떻게 될까 상상해 보도록 한다.
6. 5분 정도 경과한 후 양쪽 냄비의 달걀을 꺼내어 비교해 본다.
7. 국화 꽃잎을 보여주고 위와 같은 실험을 한다면 어떻게 될지 예측해 보도록 한다.
8. 국화 꽃잎을 가지고도 위와 같은 방법으로 실험한다.
9. 양쪽 냄비의 달걀을 꺼내어 스타킹을 풀고 비교 관찰한다.
10. 무엇 때문에 양쪽의 달걀이 다르게 되었는지를 추론해 본다.

활동 5 가을 곤충

관련 과학 내용	생명체와 자연환경 알아보기	탐구 능력	관찰	분류	측정	의사소통	예측	실험
과학 개념	잠자리, 메뚜기, 귀뚜라미는 가을에 볼 수 있는 곤충이다.		○					

활동 목표

- 작은 생물에 관심을 가지고 관찰한다.

준 비 물

곤충 표본(잠자리, 메뚜기, 귀뚜라미), 여러 가지 곤충 사진, 곤충 울음소리 테이프

활동 방법

1. 산책이나 실외놀이 시 가을 곤충을 관찰한다.
2. 곤충 표본을 실물 화상기에 올려놓고 확대된 곤충을 관찰한다(머리, 다리, 배, 날개 등).
3. 도서나 CD를 통해 곤충들의 생활, 사는 곳, 먹이, 울음소리에 대해 알아본다.
4. 녹음된 곤충들의 울음소리를 들어 본다.

유 의 점

- 실외놀이나 산책 시 곤충을 직접 채집하여 관찰할 수 있다. 그러나 너무 많은 곤충을 잡지 않도록 하고 생명의 고귀함을 알도록 한다.

여기서 잠깐

곤충나라	http://w235.contest21.com/~hongmo/
사이버 곤충생태원	http://203.241.52.131/cig
강미니의 생물세상	http://sonne007.hihome.com/
곤충이야기	http://members.tripod.lycos.co.kr/blue8812/

활동 6 곡식 관찰

관련 과학 내용	생명체와 자연환경 알아보기	탐구 능력	관찰	분류	측정	의사소통	예측	실험
과학 개념	• 가을에는 여러 가지 곡식을 수확한다. • 식물로부터 여러 가지 곡식을 얻는다.		○	○		○		

활동 목표

- 곡식의 이름을 알고 분류한다.

준 비 물

여러 가지 곡식(쌀, 콩, 팥, 수수, 조, 흰깨, 검은깨), 불린 곡식, 샬레

활동 방법

1. 여러 가지 곡식을 샬레에 각각 담고, 이름표를 써 붙인다.
2. 곡식 샬레를 모두 큰 쟁반에 담고 '가을에 추수한 곡식' 이란 이름표를 붙여 두어 유아들이 관찰하도록 한다.
3. 곡식의 이름, 크기, 모양, 색깔, 촉감, 단단한 정도 등을 관찰하도록 한다.
4. 물에 불려 둔 곡식을 관찰하고 변화에 대해 토의한다.
5. 곡식의 용도에 대한 소책자를 통해 우리 식생활에 도움이 되는 점을 알아본다.

확장 활동

주먹밥 만들기

1. 쌀, 찹쌀, 잡곡을 깨끗이 씻어 밥솥에 앉힌다.
2. 밥이 되는 동안 당근, 피망, 햄은 잘게 다져 볶고, 시금치는 데쳐서 잘게 썰어 무친다.
3. 넓은 그릇에 밥을 담고 준비된 재료와 소금, 깨를 골고루 섞는다.
4. 한입에 들어갈 양의 밥을 손에 쥐고 모양을 만든다.
5. 모양을 낸 주먹밥에 김 조각으로 띠를 둘러 완성한다.
6. 개인 접시에 담아 먹으면서 활동 과정에 대한 이야기를 나눈다.

활동 7 과일 관찰

관련 과학 내용	생명체와 자연환경 알아보기	탐구 능력	관찰	분류	측정	의사소통	예측	실험
과학 개념	• 가을에는 여러 가지 과일을 수확한다. • 과일에 따라 이름, 크기, 모양, 색, 맛, 촉감, 냄새 등이 다르다.		○	○			○	

활동 목표

- 여러 가지 과일의 특징을 관찰, 비교한다.

준 비 물

과일(사과, 배, 감, 귤, 대추, 밤 등), 과일 그림 자료, 과도, 도마, 쟁반, 포크, 활동지

활동 방법

1. 여러 가지 과일을 관찰하면서 이름, 색, 모양, 크기, 질감, 무게 등의 특징을 비교해 본다.
2. 과일의 속 모습에 대해 상상해 본다.
   - 어떻게 생겼을까?
   - 무엇이 있을까?
   - 색깔은?
   - 씨앗의 모양은 같을까?
3. 과일의 특징에 따라 분류해 본다.
4. 과일을 잘라서 자른 면과 속을 관찰한다.
   - 수평으로 잘랐을 경우
   - 수직으로 잘랐을 경우
5. 과일을 맛본다.
6. 활동지에 기록한다.

과일을 관찰했어요

가장 큰 과일은? (그려 보세요)	가장 작은 과일은? (그려 보세요)

씨앗은 어떻게 생겼나요? (그려 보세요)

사 과	배	감	귤	대 추	밤

내가 가장 좋아하는 과일은? (적어 보세요)	첫째.	둘째.	셋째.

활동 8 과일 주스 만들기

관련 과학 내용	• 생명체와 자연환경 알아보기 • 간단한 도구와 기계 활용하기	탐구 능력	관찰	분류	측정	의사소통	예측	실험
과학 개념	• 과일을 먹는 방법이 다양하다. • 도구와 기계는 생활을 편리하게 해 준다.		○				○	

활동 목표

- 과일을 먹는 다양한 방법을 안다.
- 도구의 편리함을 경험한다.

준비물

사과, 배, 우유(또는 요구르트), 설탕, 도마, 과도, 믹서, 강판, 접시, 컵, 요리 순서도

활동 방법

1. 준비된 과일을 관찰하고 먹는 방법에 대해 이야기 나눈다.
2. 과일 주스를 만드는 재료와 요리 순서를 알아본다.
3. 강판 이용하여 주스 만들기
   - 강판에 과일을 갈면 어떻게 될까? 모양은? 색깔은? 맛은?
   - 껍질 벗긴 과일을 강판에 간다.
   - 숟가락으로 떠먹으면서 맛과 질감 등에 대해 이야기 나눈다.
4. 믹서를 이용하여 주스 만들기
   ㉠ 과일을 씻어 껍질을 벗기고 잘게 자른다.
   ㉡ 자른 과일을 믹서에 넣고 설탕을 조금 넣는다.
   ㉢ 우유(혹은 요구르트)를 과일이 잠길 정도로 넣고 뚜껑을 닫는다.
   ㉣ 뚜껑을 닫고 믹서의 전원을 켠다.
   ㉤ 완성된 주스를 컵에 따라 마신다.
5. 과일을 먹는 여러 방법과 먹어 본 느낌에 대해 이야기 나눈다.
6. 믹서로 만든 주스와 강판에 간 주스의 공통점과 차이점을 알아본다.

유의점

- 과일 종류와 첨가하는 음료의 종류는 유아가 선택할 수 있도록 한다.
- 유아가 강판을 사용할 때 깨끗한 면장갑을 끼고 조심하도록 한다.

활동 9 과일의 색이 변해요

관련 과학 내용	물체와 물질 알아보기	탐구 능력	관찰	분류	측정	의사소통	예측	실험
과학 개념	깎아 놓은 과일은 공기와 만나 갈변 현상을 일으킨다.		○				○	

활동 목표

- 먹을 만큼만 음식을 준비하는 태도를 기른다.

준 비 물

사과, 바나나, 고구마, 칼, 접시, 랩, 설탕, 물

활동 방법

1. 과일을 깎아 두면 어떻게 될지 예측해 본다.
2. 사과, 바나나, 고구마를 깎아서 세 접시에 나누어 담는다.
3. 한 접시는 랩으로 씌우고, 두 번째 접시는 설탕물에 담가 두고, 나머지는 그냥 둔다.
4. 20여 분 뒤 비교 관찰한다(색, 느낌, 맛 등).
5. 왜 갈변 현상이 일어나는지 알아본다(공기 중의 산소와 과일이 만나면 색깔이 변한다).
6. 과일을 맛있게 먹는 방법에 대해 토의한다.
   - 설탕물에 담갔다가 비닐팩에 보관한다.
   - 먹을 수 있는 만큼만 깎아서 먹는다.

여기서 잠깐

갈변 현상이 일어나면

- 음식의 시각적 선호도가 감소된다.
- 음식의 향과 맛이 달라진다.
- 영양가가 손실된다.
- 바람직한 갈변 현상–빵, 커피, 홍차

제 11 장

세계 여러 나라

생활주제 선정 이유와 전개 방안

유아들이 다른 사람과 함께 살아가는 방법을 익히고 주변 세계에 관심을 갖고 적응해 나갈 수 있는 기초 능력을 기르기 위해 우리나라의 문화에 대한 정체성에 기초하여 세계 여러 나라에 대해 관심을 갖고 문화를 이해하며 존중할 줄 아는 인간으로 성장하도록 도와준다.

주제와 소주제

주 제	소 주 제
세계 여러 나라 사람들의 생활	• 세계 여러 나라 사람들의 모습 알아보기 • 세계의 다양한 의생활 알아보기 • 세계의 다양한 식생활 알아보기 • 세계의 다양한 주거 생활 알아보기 • 세계의 풍습 경험하기
세계 여러 나라의 문화 유산	• 세계 여러 나라의 이야기 알아보기 • 세계의 위인 알아보기 • 세계의 음악과 춤 경험하기 • 세계의 미술과 건축물 감상하기
세계 여러 나라와의 교류	• 세계의 스포츠 경험하기 • 세계 여행 관심 갖기 • 여러 나라의 경제 알아보기
세계의 자연과 사회현상	• 세계의 자연 이해하기 • 세계의 재해 이해하기 • 세계 여러 나라의 협력과 지원 알아보기

세계 여러 나라

활동 1　나라 이름과 국기 짝짓기
활동 3　철가루 속의 국기 찾기
활동 4　모습을 바꿔 봐요
활동 5　피자김밥 만들기
활동 6　물레방아와 풍차
활동 7　세계지도와 나침반
활동 8　밀림과 사막
활동 9　세계의 자연유산

활동 1 나라 이름과 국기 짝짓기

관련 과학 내용	물체와 물질 알아보기	탐구능력	관찰	분류	측정	의사소통	예측	실험
과학 개념	나라마다 나라 이름과 생활이 다르다.		○				○	

활동 목표

- 세계에는 많은 나라가 있고 나라 이름과 국기가 서로 다름을 안다.
- 전구에 불을 켜는 경험을 통해 전기에 관심을 가진다.

준 비 물

전구 상자, 그림 카드(나라 이름, 국기, 집, 의복, 인사법 등)

활동 방법

❶ 전구 상자와 그림 카드를 준비해 둔다.

- 전구 상자

㉠ 하드보드지를 이용하여 뚜껑을 열고 닫을 수 있는 상자(건전지 교체를 위해)를 만든다.

㉡ 상자에 시트지를 입히고 위 판에는 부직포를 덧댄다.

㉢ 위 판에 전구와 전선을 끼울 구멍과 할핀을 꽂을 구멍을 뚫고, 그림 카드를 붙일 수 있도록 찍찍이를 붙인다.

㉣ 전구는 위 판 중앙에, 전선은 전구 양 옆에 끼우고 할핀은 양 옆 두 줄로 끼운다.

㉤ 상자 속의 각 할핀을 전선으로 연결하고(서로 짝이 되는 것) 건전지도 전선과 꼬마전구와 연결되도록 한다.

- 그림 카드

㉠ 하드보드지를 일정한 크기로 자른다.

㉡ 나라 이름, 국기, 의복, 인사법 등의 세트를 만든다.

㉢ 투명 시트지를 입히고 각 세트별로 다른 색 테이프를 두른다.

❷ 왼쪽의 나라 이름에 맞는 국기를 선택하여 전기 집게를 할핀에 꽂는다.
(맞는 카드이면 전구에 불이 들어온다).

③ 국기 세트에 대해 자신감이 생기면 다른 종류의 카드를 선택하여 위와 같은 방법으로 활동한다.

유 의 점

- 각 나라의 국기, 의복, 인사말 등을 모르는 유아는 집게를 여기저기 꽂아 보면서 불이 들어오는 카드를 확인하면서 익힐 수 있다.
- 처음에는 유아들에게 친숙한 나라부터 제시하고 점차 다양한 나라를 제시하도록 한다.

확장 활동

- 여러 나라의 의상 화보집을 준비해 둔다.
- 작업 영역에서 각 나라의 민속 의상 만들기 활동을 할 수 있다.
  - 한국－저고리, 치마, 바지
  - 중국－모자, 남자 옷
  - 일본－기모노, 기모노 장식
  - 브라질－머리띠, 소매 장식, 허리띠
  - 프랑스－모자, 앞치마, 스카프

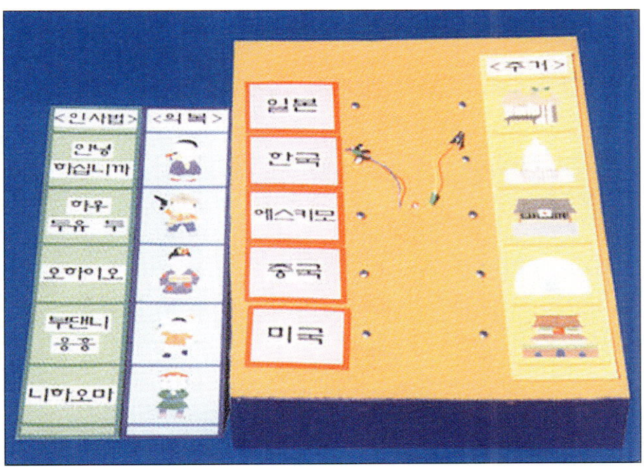

활동 2 철가루 속의 국기 찾기

관련 과학 내용	물체와 물질 알아보기	탐구 능력	관찰	분류	측정	의사소통	예측	실험
과학 개념	나라마다 국기가 다르다.		○					

활동 목표

- 자석의 성질을 안다.
- 여러 나라의 국기 모양에 관심을 가진다.

준 비 물

- 홈이 있는 국기판
  - 폼보드지에 색지로 여러 나라의 국기를 꾸미고 시트지를 붙인다.
  - 빨간색이 들어가는 부분은 오려내어 홈을 만든다.
  - 홈을 판 국기판 뒤에 폼보드지를 붙인다.
  - 국기판의 뒷면과 옆면을 색 시트지로 깨끗이 정리한다.
- 나라 이름 카드
  - 카드에 국기를 그리고 그 밑에 나라 이름을 쓴 후 코팅지를 입힌다.
- 색쌀
  - 빨간색 식용색소를 진하게 탄 물에 쌀을 하루 동안 담가 둔다.
  - 물든 쌀을 그늘에서 말린다.
- 막대자석과 철가루

활동 방법

1. 알고 있는 나라 이름을 말해 보도록 한다.
2. 국기 카드와 나라 이름 카드를 관찰한다
3. 국기판과 국기 카드를 비교해 본다.
4. 국기판을 완성해 본다.
5. 국기판의 홈에 혼합된 철가루와 쌀을 부어 준다.
6. 자석을 홈이 패인 부분에 대고 이리저리 움직여 본다.
7. 자석에 붙은 철가루는 철가루 통에 담고 완성된 국기와 국기 카드를 비교해 본다.

활동 3 모습을 바꿔 봐요

관련 과학 내용	물체와 물질 알아보기	탐구 능력	관찰	분류	측정	의사소통	예측	실험
과학 개념	• 자석의 힘은 물체를 통과한다. • 사람들의 모습은 다양하다.		○					

활동 목표

- 다른 나라 사람들의 생김새에 친근감을 가지도록 한다.
- 자석의 힘을 경험해 본다.

준 비 물

- 전신 틀
  - 하드보드지 2장과 우드락 1장을 준비한다(20×38cm).
  - 하드보드지 밑에 우드락을 붙이고 세로로 위쪽 18×13cm를 잘라 낸다.
  - 밑판에 하드보드지를 붙인다.
  - 위쪽에 각 나라 민속 의상의 전신 모습을 그리고 포스터컬러로 색칠한다.
  - 라카를 뿌려 말린 후 뒷면을 시트지로 싼다.
- 얼굴 틀
  - 하드보드지를 준비하여(18×13cm) 얼굴을 그린다.
  - 얼굴은 포스터컬러로 색칠한 후 눈, 코, 입과 테두리를 검은색으로 그리되 머리카락은 그리지 않는다.
  - 투명 아크릴을 10×1.5cm로 잘라 하드보드지 네 모서리에 붙인다.
  - 만든 아크릴 상자에 라카로 색깔을 입힌 철가루를 넣고 아크릴 위 판을 붙인다.
  - 하드보드지 아랫부분과 4면을 시트지로 입힌다.
- 자석막대
  - 하드보드지를 길게 잘라 한쪽 끝에 원자석 4개를 붙이고 시트지로 싼다.

활동 방법

1. 교구와 준비물을 탐색한다.
2. 자석막대로 철가루를 움직여 보면서 관찰한다.
3. 여러 나라의 사람들이 어떻게 달라지는지 관찰한다.
4. 남자와 여자의 모습이 어떻게 달라지는지 관찰한다.
5. 여러 가지 모습을 관찰한 것을 그림으로 표현해 본다.

활동 4 피자김밥 만들기

관련 과학 내용	물체와 물질 알아보기	탐구 능력	관찰	분류	측정	의사소통	예측	실험
과학 개념	여러 나라 음식을 합하여 새로운 음식을 만들 수 있다.		○					

활동 목표

- 다른 나라의 음식에 관심을 가진다.

준 비 물

밥, 깨소금, 참기름, 소금, 김, 단무지, 햄, 달걀, 피자치즈, 식용유, 프라이팬, 김밥말이, 칼, 도마, 접시

활동 방법

1. 김밥 먹어 본 경험에 대해 이야기 나눈다.
2. 새로운 김밥을 만들 수 있는 방법을 궁리해 보도록 한다.
3. 피자 맛이 나는 김밥을 만들 수 있을지 상상해 보도록 한다.
4. 피자김밥 재료와 요리 순서를 알아본다.
5. 피자김밥을 만든다.
   ㉠ 김밥말이 위에 김 1장을 놓고 중앙에 밥을 펴 놓는다.
   ㉡ 밥 중앙 부위에 김밥 속 재료를 차례로 놓고 만다.
   ㉢ 김밥을 먹기 좋은 크기로 썰어 접시 위에 한 층으로 놓는다.
   ㉣ 썰어 놓은 김밥 위에 피자치즈를 뿌리고 전자레인지에 잠깐 데운다.
6. 피자김밥을 꺼내 먹는다.
7. 이전에 먹어 본 김밥과 어떻게 다른지 이야기해 본다.

활동 5 물레방아와 풍차

관련 과학 내용	물체와 물질 알아보기	탐구 능력	관찰	분류	측정	의사소통	예측	실험
과학 개념	• 나라마다 독특한 생활도구가 있다. • 물은 높은 곳에서 낮은 곳으로 흐른다.		○					

활동 목표

- 우리나라의 독특한 도구에 자부심을 가진다.
- 물의 힘을 이용할 수 있음을 안다.

준 비 물

물레방아, 풍차, 사진 자료(다양한 물레방아와 풍차), 물주전자, 큰 대야, 비닐 앞치마, 큰 비닐, 마른 걸레

활동 방법

1. 사진 자료를 통해 다양한 물레방아와 풍차를 비교해 본다.
2. 물레방아와 풍차가 어떻게 사용되는지 알아본다.
3. 물레방아를 돌릴 수 있는 방법에 대해 토의한다.
4. 미술 영역에서 물레방아를 만든다.
5. 준비한 물레방아를 직접 돌려 본다.
   - 큰 대야에 널빤지를 걸쳐 놓고 물레방아를 올려놓는다.
   - 토의에서 제안된 여러 가지 방법으로 돌려 본다(물의 양을 많게 혹은 적게, 주전자의 높이를 높게 혹은 낮게 등).
   - 여러 가지 방법에 따라 물레방아가 도는 속도와 모습을 비교해 본다.
6. 물의 높이와 양에 따른 물의 힘에 대해 추론해 본다.
7. 유아의 손을 대야 위에 놓고 물주전자의 물을 손등에 부어 물의 힘을 체험해 보도록 한다.
   - 물주전자의 높이를 다르게, 또 물의 양을 다르게 부어 보고 손등에 느껴지는 물의 힘을 비교해 본다.
8. 주변에 떨어진 물을 닦고 정리한다.

유 의 점

- 실외 활동으로 준비하면 유아들의 활동이 보다 활발해질 수 있다.

여기서 잠깐

물레방아

물을 이용하여 곡식을 찧는 우리나라 전통의 방아이다. 물이 나무 바퀴에 떨어지면서 이 바퀴가 돌고, 바퀴와 연결된 굴대에 꿴 나무가 방아채의 끝을 누르면서 들어올렸다 떨어지게 되어 있다. 이때 그 끝에 있던 공이가 곡식을 찧게 된다. 방아채와 공이의 동작은 물이 계속 떨어지는 한 자동으로 움직이므로 사람 없이도 방아를 찧을 수 있다.

활동 6 세계지도와 나침반

관련 과학 내용	간단한 도구와 기계 활용하기	탐구 능력	관찰	분류	측정	의사소통	예측	실험
과학 개념	나침반은 방위를 알아보기 위해 만든 도구이다.		○					

활동 목표

- 방위에 관심을 가진다.
- 나침반의 용도를 안다.

준 비 물

코팅한 세계지도, 나침반, 나라 이름 팻말

활동 방법

1. 세계지도를 펼쳐 놓는다.
2. 지도 위에서 우리나라를 찾아보고 팻말을 세운다.
3. 찾고 싶은 나라를 찾아 팻말을 세운다.
4. 나침반을 제시하고 어떻게 쓰이는지 알아본다.
5. 지도 가운데에 나침반을 놓고 북쪽과 남쪽을 알아본다.
6. 나침반이 가리키는 쪽으로 지도를 돌려 놓는다.
7. 나침반을 우리나라로 옮겨 놓는다.
8. 우리나라를 중심으로 다른 나라의 방향을 알아본다.
   - 우리나라보다 북쪽에 있는 나라는?
   - 우리나라 남쪽에 있는 나라는?
   - 우리나라 동쪽에 있는 나라는?
   - 우리나라 서쪽에 있는 나라는?

유 의 점

사전 활동으로 나침반을 가지고 다니면서 여러 장소에서 방향을 알아보도록 한다.

활동 7 밀림과 사막

<table>
<tr><td>관련 과학 내용</td><td>생명체와 자연환경 알아보기</td><td rowspan="2">탐구 능력</td><td>관찰</td><td>분류</td><td>측정</td><td>의사소통</td><td>예측</td><td>실험</td></tr>
<tr><td>과학 개념</td><td>자연환경은 소중하다.</td><td>○</td><td></td><td></td><td>○</td><td></td><td></td></tr>
</table>

활동 목표

- 밀림과 사막에 관심을 가진다.
- 자연환경 보존에 관심을 가진다.

준 비 물

밀림 · 사막 · 울창한 숲 등의 사진, 지구본, 종이, 크레파스, 색연필, 가위, 풀 등

활동 방법

1. 자연에 관한 사진 자료를 보며 다양한 밀림과 사막에 대해 이야기 나눈다.
2. 밀림과 사막의 특징, 사람과의 관계 등을 알아본다.
3. 밀림과 사막 꾸미기 활동을 한다.
   - 모둠별로 어떻게 꾸밀지 의논하고 역할을 분담한다.
   - 다양한 자료를 이용하여 꾸민다.
   - 꾸미는 중에 사막과 밀림의 다양한 특징을 더 조사하거나 알아보도록 한다.
4. 완성된 꾸미기 작품 전시회를 한다.
5. 각 모둠에서 알아낸 다양한 정보를 발표하여 공유하도록 한다.

활동 8 세계의 자연유산 리플릿 만들기

관련 과학 내용	생명체와 자연환경 알아보기	탐구 능력	관찰	분류	측정	의사소통	예측	실험
과학 개념	나라마다 다양한 자연유산이 있다.			○		○		

활동 목표

- 세계의 자연유산에 대해 관심을 가진다.

준 비 물

세계유산 사진 자료, 각종 관광 안내 리플릿, 세계지도, 종이, 연필

활동 방법

1. 여러 나라의 다양한 자연유산 그림을 보고 이야기 나눈다.
2. 각 자연유산에 관련된 자료(도서, 인터넷 사이트 등)를 찾아보고, 내용과 사진 등을 다운받아 둔다.
3. 가보고 싶은 자연유산에 대해 궁금한 점을 적어 본다.
4. 가보고 싶은 자연유산의 위치를 세계지도에서 찾아본다.
5. 가보고 싶은 자연유산을 찾아갈 수 있는 방법을 알아본다.
6. 각종 관광 안내 리플릿의 내용을 살펴본다.
7. 각자 자신이 가보고 싶은 자연유산 중심으로 관광 리플릿을 만든다.
8. 모두의 리플릿을 모아 전시한다.

브라질 이과수 국립공원

탄자니아 킬리만자로 국립공원

제 12 장

환경과 생활

생활주제 선정 이유와 전개 방안

유아의 생활을 둘러싸고 있는 환경 요소는 물, 돌, 흙, 바람, 공기, 빛, 소리 등이 있다. 이러한 환경 요소와 우리 생활과의 관계를 다루기 위하여 '물과 우리 생활', '돌·흙과 우리 생활', '바람·공기와 우리 생활', '빛과 우리 생활', '소리와 우리 생활'이란 주제가 선정되었다. 주제에 따른 소주제의 내용 기준은 각 환경 요소의 특성과 변화, 각 환경 요소와 인간 생활과의 관계와 이용, 환경오염 문제 및 보호방법 등이다.

주제와 소주제

주 제	소 주 제
물과 우리 생활	• 물의 특성과 생명체와의 관계 이해하기 • 물의 이용과 물 부족 알아보기 • 물의 오염과 피해 알아보기 • 물 보호하기
돌·흙과 우리 생활	• 돌·흙 탐색하기 • 돌·흙 이용하기 • 돌·흙 보호하기
바람·공기와 우리 생활	• 바람과 놀기 • 생활 속에서 바람 이용하기 • 맑은 공기 만들기
빛과 우리 생활	• 빛과 그림자 탐색하기 • 생활 속의 빛 찾기 • 빛을 유용하게 사용하기
소리와 우리 생활	• 소리 탐색하기 • 소리 만들기 • 소리와 함께 생활하기

환경과 생활

활동 1 아름다운 지구의 보물
활동 2 물, 흙, 바람, 빛이 채소를 자라게 해요
활동 3 물에도 힘이 있어요
활동 4 산성비가 무서워요
활동 5 물을 깨끗하게 보호해요
활동 6 모래성을 쌓아 보아요
활동 7 여러 종류의 돌 관찰
활동 8 땅이 흔들려요
활동 9 화석 표본 만들기
활동 10 화산 폭발
활동 11 나무는 맑은 공기를 줘요
활동 12 그림자는 내 친구
활동 13 우주여행을 떠나자
활동 14 내가 만든 종이

활동 1 아름다운 지구의 보물

관련 과학 내용	• 생명체와 자연환경 알아보기 • 물체와 물질 알아보기	탐구 능력	관찰	분류	측정	의사소통	예측	실험
과학 개념	생명체가 살아가기 위해선 물, 흙, 바람, 소리, 빛 등이 필요하다.		○			○	○	

활동 목표

- 우리가 사는 지구의 보물에 대해 관심을 가진다.

준 비 물

사람을 비롯한 생명체의 살아가는 모습, 지구본, 사진 자료, 전지, 가위, 풀

활동 방법

1. 우리가 살고 있는 세상에는 많은 보물이 있음을 이야기한다.
2. 지구본을 제시하며, 지구에는 무엇이 있는지 이야기한다.
   - 많은 사람들이 있어요.
   - 땅과 바다, 하늘이 있어요.
   - 공기도 있어요.
3. 우주에서 본 지구의 모습이나 아름다운 세상의 환경과 관련된 그림 자료들을 제시해 준다. 어떤 느낌이 드는지 이야기 나눈다.

❹ 신문에서 환경이 오염되어 가는 이야기 및 그림을 찾아서 제시해 준다.
❺ 물, 흙, 빛, 바람, 소리와 같은 자연환경들이 어떤 모습으로 변하고 있는지 이야기한다.
❻ 자연환경이 점점 더 오염이 되면 어떤 일들이 생길지 토의해 본다.
❼ 지구 모양이 그려진 자료를 나눠 주고 신문을 활용하여 꾸며 본다.

활동 2 물, 흙, 바람, 빛이 채소를 자라게 해요

관련 과학 내용	• 생명체와 자연환경 알아보기 • 탐구기술 활용하기	탐구 능력	관찰	분류	측정	의사소통	예측	실험
과학 개념	채소의 종류는 다양하며, 채소가 자라기 위해서는 물, 햇빛, 공기, 흙이 필요하다.		○			○	○	○

활동 목표

- 채소를 길러 봄으로써 식물의 성장 과정에 대하여 안다.
- 생명체가 살아가는 데 필요한 자연 요소에 대하여 안다.

준 비 물

여러 종류의 채소 씨앗(상추, 고추, 토마토, 쑥갓 등), 모종삽, 물뿌리개

활동 방법

1. 채소 씨앗을 과학 영역에 두어 유아가 관찰하도록 한다.
   - 과학 영역에 있는 채소 씨앗을 보았어요?
   - 씨앗이 채소가 되는 과정을 알아보기 위해 직접 씨앗을 심으러 밭으로 나가 보도록 해요.

2. 채소 씨앗을 뿌릴 수 있도록 유아들과 함께 돌멩이 치우기, 흙 고르기를 한다.
3. 씨앗을 뿌린 후 흙을 살살 뿌려 덮는다.
4. 채소를 잘 키울 수 있는 방법에 대해 이야기를 나눈다.
5. 유아들과 토의하여 매일 한 번씩 채소밭을 돌아보며 채소를 가꾼다.
6. 채소들이 어떻게 성장하는지 관찰하여 관찰 일지에 기록한다.
7. 채소의 성장에 필요한 자연환경에 대해 알아본다.

확장 활동

- 물을 준 채소와 물을 주지 않은 채소를 관찰하여 그 차이점을 알아본다.
- 채소를 가꾸기 위한 방법 중 거름의 종류를 알아보고, 직접 사용해 보고 그 변화를 알아본다.
- 열매를 맺으면 어떻게 할지 토의하여 수확한 채소로 요리 활동을 해 본다.

여기서 잠깐

- 씨앗은 항상 햇볕이 잘 드는 위치에 뿌리도록 한다.
- 씨앗을 심을 때에는 씨앗이 흙 속에 묻히지 않도록 살살 뿌리듯이 심는다.
- 키가 큰 채소는 지지대를 세워서 쓰러지지 않도록 묶어 준다.

활동 3 물에도 힘이 있어요

관련 과학 내용	• 물체와 물질 알아보기 • 탐구기술 활용하기	탐구 능력	관찰	분류	측정	의사소통	예측	실험
과학 개념	물의 성질인 표면장력에 대해 안다.		○			○	○	○

활동 목표

- 소금쟁이가 물에 뜨는 현상에 대해 관심을 가진다.
- 물의 성질에 대해 관심을 가지고 관찰한다.

준 비 물

샬레(또는 접시), 물(색을 탄 물), 알코올, 스포이트, 알코올 · 주스 · 녹차 · 우유 등 음료, 물이 든 그릇, 세젯물, 가느다란 철사로 만든 소금쟁이.

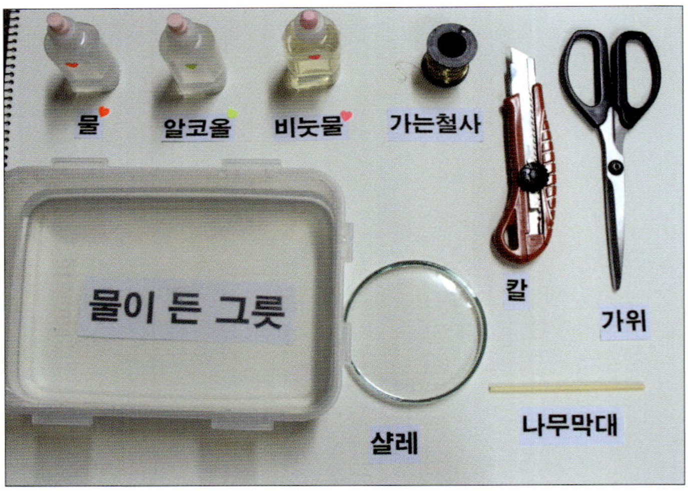

활동 방법

1. 물방울의 모양에 대해 예측해 본 다음 직접 실험하여 관찰해 본다.
   - 물은 어떤 모습을 가지고 있을까?
   - 아주 적은 물방울은 어떤 모양을 띨까?
   - 물방울들이 어떻게 하고 있는지 살펴보도록 하자.

❷ 물방울과 알코올, 주스, 녹차, 우유 모양을 비교해 본다.

- 물은 왜 이런 모양을 하고 있을까?
- 물처럼 비슷하게 생긴 알코올을 떨어뜨리면 어떤 모양일까요? 알코올의 모양은 어떤가요?
- 주스나 다른 액체도 떨어뜨려 보자.
- 물방울들의 모양이 어떠하니?
- 물방울들의 모양이 동그랗게 될수록 물방울들이 서로 잡아당기는 힘이 크대요.

❸ 소금쟁이 친구에 대해 알아본다.

- 소금쟁이를 물에 넣으면 어떻게 될까?
- 물 위에 뜰 수 있는 것은 물의 어떤 힘이 작용했을까?

❹ 소금쟁이를 물에 가라앉게 하는 방법에 대해 알아본다.

- 소금쟁이 위에 세젯물을 떨어뜨리면 어떻게 될까?
- 어떻게 하면 다시 소금쟁이를 물에 띄울 수 있을까?

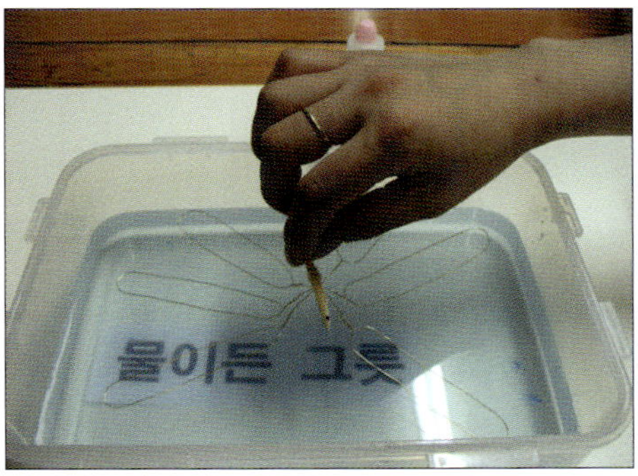

여기서 잠깐

- 물의 표면에는 서로 잡아당기는 힘이 있으며, 이 힘을 표면장력이라고 한다.
- 비눗물/알코올은 표면장력을 약하게 하는 힘이 있는데, 이 힘을 계면활성이라고 한다.
- 철사로 소금쟁이를 만드는 것이기 때문에 표면장력을 이용해 면을 만들어 준다.
- 세젯물을 사용할 때 쉽게 가라앉지 않으므로 세제력이 강한 것을 사용한다.

활동 4 산성비가 무서워요

관련 과학 내용	• 자연현상 알아보기 • 탐구기술 활용하기	탐구 능력	관찰	분류	측정	의사소통	예측	실험
과학 개념	산성비는 인간과 자연환경에 피해를 준다.		○			○	○	○

활동 목표

- 공기오염의 원인에 대해 관심을 가진다.
- 산성비의 피해와 그에 대한 대처 방법을 안다.
- 화학적 변화에 대해 호기심을 가지고 관찰하는 태도를 기른다.

준 비 물

나뭇잎 2장, 닭 다리뼈 2개, 삶은 달걀(껍데기를 벗기지 않은 것) 2개, 인쇄된 종이 2장, 물(1컵), 식초(1/3컵), 유리병 8개, 매연이 나오는 그림 자료

활동 방법

1. 비에 대한 경험을 이야기 나눈다.
2. 그림 자료를 보며 대기오염과 산성비에 대해 이야기를 나눈다.
   - 자동차와 공장의 굴뚝에서 나오는 것은 무엇일까?
   - 자동차, 공장의 매연은 어디로 갈까?
   - 매연이 하늘에서 구름과 섞이면 어떤 일이 생길까?
     - 매연이 수증기와 섞이고, 태양으로부터 열을 받아 산소가 높은 산성을 띤 물질로 변하게 된다. 이러한 산성 물질이 비와 눈과 섞여 내리는데, 이것이 산성비이다. 요즘의 우리나라 환경은 매연이 많아 산성비가 올 때가 많다.
   - 산성비를 맞으면 어떤 일이 생길까?
3. 실험을 통해 경험하기로 한다.

   ㉠ 유리병 8개에 물을 담고, 그중 4개의 유리병에는 식초를 넣어 산성비와 같은 식초물을 만들어 실험한다.

   ㉡ 물에 식초를 넣으면 어떻게 될까?

   ㉢ 닭 다리뼈, 나뭇잎 등의 실험 재료를 식초물과 물이 담긴 유리병에 각각 1개씩 넣는다.

㉣ 유리병에 실험 재료와 날짜를 기록하여 붙여 둔다.

❹ 병 안의 실험 재료가 서로 차이를 보일 때까지 과학 영역에 두고 며칠 동안 관찰한다.

❺ 실험 결과에 대해 이야기를 나눈다.

- 식초물에서는 왜 이렇게 변하게 되었을까?
- 식초물과 같은 산성비나 산성눈을 맞게 되면 어떤 일이 생길까?
- 나무는 어떻게 될까?
- 사람들과 동물은 어떻게 될까?
- 건물들은 어떻게 될까?

❻ 산성비나 산성눈에 대한 대처 방법에 대해 이야기를 나눈다.

- 산성비나 산성눈에 대한 피해를 줄이려면 어떻게 해야 할까?
- 산성비가 올 때는 어떻게 해야 할까?

❼ 자신의 생각과 느낌을 글로 표현해 본다.

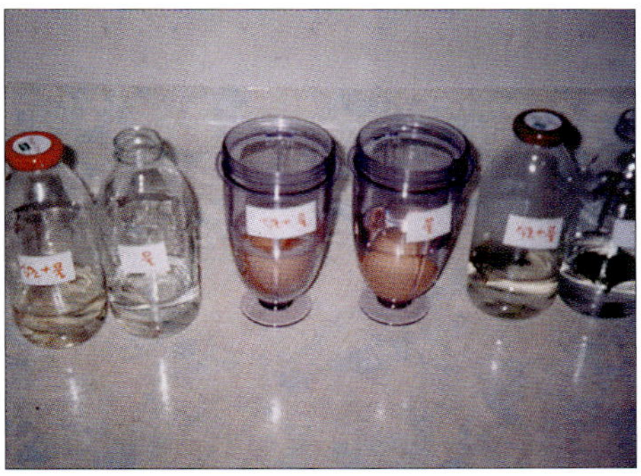

여기서 잠깐

- 물과 식초를 섞을 때 적절한 양으로 잘 섞는다.
- 산성비는 아주 독한 냄새를 가진 식초와도 비슷한 것이다. 산성비 실험을 한 후, 산성비가 내려 피해를 입은 그림이나 사진 등을 유아에게 보여주는 것도 좋다.
- 산성비란 pH 5.6 이하인 비를 의미한다. 일반적으로 빗물은 공기 중의 이산화탄소 영향으로 약산성을 띠지만 대기오염이 심한 지역에서는 강한 산성을 띤 산성비가 내리기도 한다. 산성이 된 물은 여러 경로를 통해 생물에게 나쁜 영향을 미치는데 특히 산성에 약한 물고기 종류에서 그 영향이 제일 먼저 나타나 점차 다른 생물로 확산된다. 또한 땅에 산성 물질이 쌓이면 토양이 산성화되어 식물이 잘 자라지 못한다. 이러한 산성비의 영향으로 세계 도처의 삼림이 황폐화되고 하천이나 호수의 물고기 떼죽음 현상이 나타나고 있다.

활동 5 물을 깨끗하게 보호해요

관련 과학 내용	• 물체와 물질 알아보기 • 탐구기술 활용하기	탐구 능력	관찰	분류	측정	의사소통	예측	실험
과학 개념	물이 인체에 미치는 영향을 안다.		○			○	○	○

활동 목표

- 물의 오염에 대해 알고 환경을 깨끗이 하는 마음을 갖는다.
- 깨끗한 물이 만들어지는 원리를 안다.

준 비 물

깨끗한 물, 더러운 물(흙탕물, 세제를 사용한 물), 투명한 용기 2개, 휴지

활동 방법

1. 주변(하천, 강, 바다, 수돗물, 생수, 보리차)에서 담아 온 여러 가지 물을 탐색해 본다.
2. 물들의 색깔과 상태가 어떤가를 관찰한다.
   - (더러운 물을 보여주며) 이 물은 어떻게 보이나요?
   - 왜 이렇게 더러워졌을까?
   - 목이 마를 때 이 물을 마실 수 있을까?

❸ 비교해 보면서, 이야기 나누어 본다.

- 왜 이렇게 더러워졌을까? (공장 폐수, 세제 사용한 물, 오물 등)

❹ 물을 오염시키는 것들에 대해 알아본다.

❺ 준비된 자료(호스가 부착되어 있는 몸의 자료)를 제시한 뒤, 깨끗한 물과 더러운 물을 호스를 통해 흐르게 해 본다.

- 깨끗한 물과 더러운 물이 흐르는 곳이 어떻게 변했니?

❻ 물의 오염을 막을 수 있는 방법과 실천 방법에 대해 토의한다.

- 어떻게 하면, 물이 더러워지는 것을 막을 수 있나 서로 이야기하며 마무리지어 본다.

여기서 잠깐

실생활 속에서 물을 깨끗하게 할 수 있는 방법을 찾아본다.

활동 6 모래성을 쌓아 보아요

관련 과학 내용	• 물체와 물질 알아보기 • 탐구과정 즐기기	탐구 능력	관찰	분류	측정	의사소통	예측	실험
과학 개념	모래는 알갱이로 구성되어 있다.		○			○	○	○

활동 목표

- 모래놀이를 통해 모래의 성질을 탐색한다.
- 모래나 흙을 이용하여 자신이 원하는 건축물을 만든다.

준 비 물

모래 및 놀이 교구

활동 방법

1. 모래밭에서 무엇을 할 수 있는지 이야기 나눈다.
2. 원하는 것(집, 성, 다리 등)을 만들기 위해 필요한 재료가 무엇인지 알아본다.
3. 모래성을 쌓아 본 경험에 대해 이야기한다.
4. 모래 영역으로 옮겨 간다.
5. 모래성이나 여러 건축물을 쌓아 본다.

6. 마른 모래로 모래성을 쌓아 보고 젖은 모래로 모래성을 쌓아 본다.
7. 젖은 모래와 마른 모래와의 차이에 대해 이야기한다.
8. 모래놀이를 한 후 모래(옷, 머리 등)를 잘 털고 손을 깨끗이 닦고 교실로 들어간다.

확장 활동

- 모래산을 만들어 아이들이 모래산에서의 다양한 활동을 경험하게 한다.
  - 모래산 올라가기
  - 모래산 옮기기
  - 모래산 깎기
  - 모래산 구멍 뚫기
- 젖은 모래와 마른 모래
  - 모래와 물을 섞어 젖은 모래를 만들어 유아들에게 모래의 감촉을 느껴 보게 하고 재미있는 모래의 변화를 보게 한다.
  - 물을 조금씩 섞어 가면서 물과 모래가 섞일 때 어떻게 되고, 젖은 모래의 느낌이 어떤지에 대해 이야기 나눈다.

여기서 잠깐

비 오는 날은 모래성 쌓기를 피하고 날씨가 맑은 날에 모래성을 쌓아 본다.

활동 7 여러 종류의 돌 관찰

관련 과학 내용	• 물체와 물질 알아보기 • 탐구기술 활용하기	탐구 능력	관찰	분류	측정	의사 소통	예측	실험
과학 개념	돌의 종류, 크기, 색깔이 다양하며, 그 용도가 다르다.		○	○		○	○	

활동 목표

- 주변의 여러 가지 돌에 관심을 가진다.
- 돌의 생김새를 관찰하고 그 성질을 안다.

준 비 물

주워 온 돌

활동 방법

1. 여러 종류의 돌을 집에서 모아 오거나 주변에 있는 돌을 함께 수집한다.
2. 여러 가지 돌의 종류와 모양을 보고 이야기를 나눈다.
   - 돌의 모양이나 색깔, 그리고 크기는 어떠니?
3. 모은 돌을 바구니나 상자에 담아 놓고 다양한 방법으로 관찰하고 분류해 본다.
   - 모양과 색깔은 어떠니? 비슷한 것이 있을까?
   - 손으로 만져 보면 느낌이 어떨까?
4. 여러 가지 돌을 관찰하는 동안 돌의 종류나 특징에 대해서 간단히 이야기한다.

여기서 잠깐

- 돌을 관찰할 땐 돌을 가지고 장난치지 않도록 주의를 준다.
  여러 가지 돌의 관찰 관점 – 크기, 모양, 색깔, 만져 본 느낌, 줄무늬, 돌의 구멍 등
- 모래와 돌을 만져 보며 비교해 보며, 돌을 갈거나 부숴서 비교해 본다.
- 돌은 자연환경에 의해 구성 성분(철, 칼슘, 마그네슘 등)이 달라진다.

활동 8 땅이 흔들려요

관련 과학 내용	자연현상 알아보기	탐구 능력	관찰	분류	측정	의사소통	예측	실험
과학 개념	지진계는 지진의 강도를 알려준다.		○			○	○	○

활동 목표

- 지진의 강도를 측정한 후 비교 · 예측한다.
- 지진에 대해 알아보고, 지구 환경에 관심을 갖는다.

준 비 물

나무판(60×25cm 2개, 25×20cm, 60×23cm), 봉 2개, 실, 펜, 통, 종이, 활동 기록지, 지진 관련 그림 자료

활동 방법

1. 지진이 일어나는 과정을 사진이나 그림을 통해 살펴보고 이야기 나눈다.
   - 지진이 일어나면 어떤 현상이 일어날까요?
2. 지진계로 지진을 측정해 본다.
   - 봉을 흔들어 보세요.
   - 세기를 달리해서 흔들어 보세요.
3. 지진이 일어났을 때 주의 사항을 이야기 하며 마무리한다.

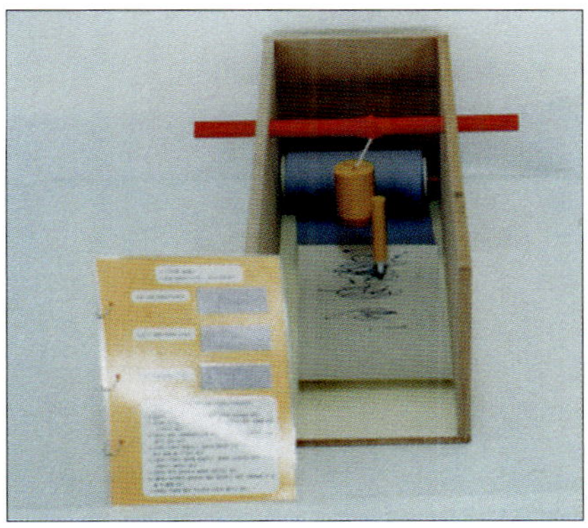

여기서 잠깐

- 봉이 움직이기 때문에 높이를 맞춰 주어야 합니다.
- 지진 강도에 따른 현상이 있습니다.
  0도 : 사람의 감각으로는 느낄 수 없고 지진계에만 기록되는 정도. 1도 : 지진에 주의 깊은 사람에게만 느껴지는 정도. 2도 : 창문이 약간 떨리는 정도. 3도 : 가옥이 흔들리고 그릇 안의 수면이 움직이는 정도. 4도(중진) : 꽃병이 넘어지며 걸어다니는 사람에게도 느껴지는 정도. 5도 : 벽이 갈라지고 굴뚝이 파손되는 정도. 6도 : 산사태가 일어나며 땅이 갈라지는 정도. 7도(격진) : 가옥이 많이 무너지며 단층이 생기는 정도.

활동 9 화석 표본 만들기

관련 과학 내용	• 물체와 물질 알아보기 • 자연현상 알아보기	탐구 능력	관찰	분류	측정	의사소통	예측	실험
과학 개념	화석을 통해 당시의 자연환경을 추정할 수 있다.		○				○	○

활동 목표

- 화석은 지층과 함께 화석이 살았던 당시의 자연환경을 알려주는 자료임을 인식한다.
- 화석의 쓰임새를 안다.
- 화석에 관심을 갖는다.

준 비 물

종이컵 또는 부드러운 플라스틱 그릇, 컬러믹스 또는 고무찰흙, 냄비, 버너, 석고가루, 물, 물감, 나뭇잎, 죽은 곤충, 조개껍데기, 마른 멸치 등

활동 방법

1. 화석의 표본이나 그림, 사진 등을 보여주고 그 특성을 관찰하고 탐색해 본다.
   - 공룡의 존재와 다양한 공룡들의 모습을 어떻게 알 수 있을까?
2. 화석의 과정을 설명하고 화석이 형성되는 과정을 경험해 본다.
3. 접시에 식용유를 붓으로 바른다.

④ 생선뼈, 동전, 열쇠, 나뭇잎에도 기름을 바른다.
⑤ 식용유를 바른 생선뼈나 나뭇잎을 접시에 놓는다.
⑥ 석고 가루에 물을 넣어 반죽한다.
⑦ 반죽한 석고를 ⑤의 접시에 붓는다.
⑧ 석고가 굳으면 거꾸로 떼어 내고 생선뼈나 나뭇잎을 제거한다.
⑨ 이렇게 완성된 화석 표본에 물감으로 색을 칠한다.
⑩ 옛날에는 살았는데 오늘날 볼 수 없는 것들에 어떤 것이 있는지 이야기 나누고, 책을 살펴본다.

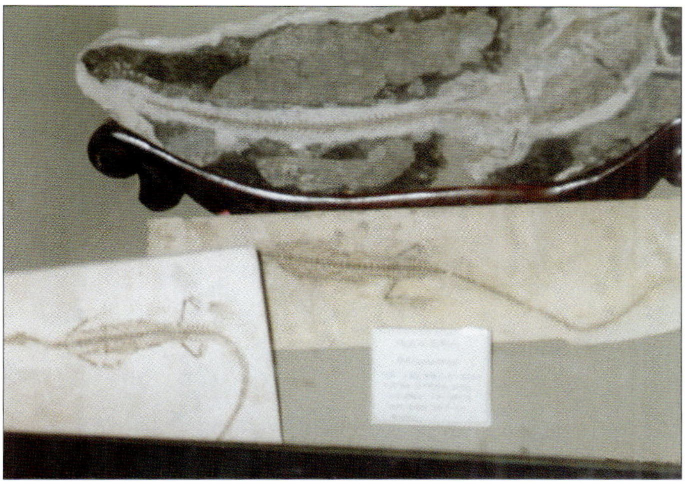

여기서 잠깐

- 생물이 화석으로 되기 위해서는 생물 자체에 굳고 단단한 부분이 있어야 하고 개체수가 많은 생물이어야 하며, 분해나 부패 작용을 받지 않도록 신속히 매몰되어야 한다.
- 석고가 굳기 전에 빨리 틀에 붓는다.
- 화석의 과정은 동물이나 식물이 죽고 흙, 모래, 암석 등으로 덮여서 오랜 세월 동안 압력을 받으면 동물이나 식물의 흔적이 있는 암석으로 변한다.

활동 10 화산 폭발

관련 과학 내용	• 자연현상 알아보기 • 탐구과정 즐기기	탐구 능력	관찰	분류	측정	의사소통	예측	실험
과학 개념	화산 폭발은 지각 내의 압력이 높아짐에 따라 가스와 마그마가 지각의 약한 부분을 뚫고 솟구치는 현상이다.		○			○	○	○

활동 목표

- 화산이 폭발할 때 빨간 마그마가 넘쳐 흘러내림을 이해한다.
- 우리가 살고 있는 지구와 자연현상의 변화에 관심을 가진다.

준 비 물

찰흙, 빨간 물감, 액상 세제, 탄산수소나트륨(소다, 베이킹파우더), 숟가락, 쟁반, 따뜻한 물, 삼각플라스크

활동 방법

❶ 화산 폭발에 관한 비디오나 사진을 보고 이야기를 나눈다.

• 산꼭대기에서 불이 뿜어 나오는 것이 무엇일까?

❷ 실험을 통해 경험하기로 한다.

㉠ 신문지를 깔고, 화분 받침을 놓은 다음, 음료수 또는 요구르트 병에 탄산수소나트륨(소다)을 세 숟가락 정도 넣는다.

㉡ 소다를 넣은 병에 붉은 물감을 섞은 물을 조금 넣는다.

㉢ 음료수 병이 보이지 않도록 모래나 흙을 덮고, 산 모양이 되도록 아랫부분까지 모래나 흙을 덮는다.

㉣ 식초를 병 속에 붓는다.

㉤ 식초를 병 속에 부으면 어떤 변화가 일어나는지 살펴본다.

㉥ 붉은 색깔의 용암처럼 거품이 생기면서 흘러내려오는 것을 볼 수 있다.

❸ 산의 땅 속에 있던 뜨거운 마그마가 산 위로 뚫고 나와 흘러내리는 것이 용암이며 용암이 굳으면 암석이 됨을 설명해 준다.

❹ 발견 내용을 토의를 통하여 정리한다.

〈1〉

〈2〉

〈3〉

〈4〉

여기서 잠깐

- 베이킹파우더를 구하지 못하면 소다를 넣으세요.
- 너무 많거나 적은 양이 아닌 적당한 양을 사용하도록 합니다.
- 베이킹파우더는 주원료인 탄산수소나트륨(중탄산나트륨이라고도 함)에 여러 가지 중화제를 섞어서 만든 것입니다. 탄산수소나트륨은 흔히 식소다, 즉 설탕과자 만들 때 넣는 것을 말합니다. 식초는 아세트산을 희석시킨 것이고요(약산). 탄산수소나트륨과 산이 만나면 이산화탄소가 발생하기에 거품이 생기는 것입니다. 빙초산을 넣는다면 반응이 너무 격렬하겠지요.

활동 11 나무는 맑은 공기를 줘요

관련 과학 내용	• 생명체와 자연환경 알아보기 • 자연현상 알아보기	탐구 능력	관찰	분류	측정	의사소통	예측	실험
과학 개념	나무가 되어 봄으로써 나무의 마음을 느껴 본다.		○			○		

활동 목표

- 자연의 소중함을 느낀다.
- 사물을 사랑하는 마음을 가진다.

준 비 물

없음

활동 방법

1. 유아들과 나무에 대해서 이야기를 나눈다.
   - 우리 주위에는 어떤 나무들이 있나요?
   - 우리 주위에서 볼 수 있는 나무들이 참 많아요. 그럼 나무는 어디에 살고, 어떻게 생겼는지 밖으로 나가서 관찰해 보기로 해요.
2. 실외에 나가서 나무를 찾아보고, 나무의 생김새에 대해 이야기를 나눈다.
   - 나무를 안아 보고 만져 본다.
   - 나무를 안으니 기분이 어떤가?
   - 나무를 쓰다듬어 주면 나무의 기분이 어떨까?
   - 나무에게 무슨 말을 해 줄까?
3. 나무를 보고 난 느낌을 그림으로 그려 보게 한다.

여기서 잠깐

- 실외 놀이 시 지속적으로 활동한다.
- 나무가 주는 이로운 점 : 나무는 우리가 사용하는 목재와 종이 등을 만드는 원료이기도 하지만 이산화탄소를 흡수하고 산소를 배출하여 맑은 공기를 만들어 주고 지구의 온실효과도 막아 주며 시끄러운 소리도 없애 주는 없어서는 안 될 소중한 것이다. 때문에 나무를 훼손하고 베어 버리는 일은 바로 우리의 생명을 단축시키는 것과 같다.

활동 12 그림자는 내 친구

<table>
<tr><td>관련 과학 내용</td><td>• 자연현상 알아보기
• 탐구과정 즐기기</td><td rowspan="2">탐구 능력</td><td>관찰</td><td>분류</td><td>측정</td><td>의사소통</td><td>예측</td><td>실험</td></tr>
<tr><td>과학 개념</td><td>• 빛의 위치에 따라 그림자의 모습과 크기가 달라진다.
• 그림자는 물체가 움직이는 대로 따라 움직인다.</td><td>○</td><td></td><td></td><td></td><td>○</td><td>○</td></tr>
</table>

활동 목표

- 햇빛을 가리면 그림자가 생긴다는 것을 안다.
- 그림자는 햇빛의 반대쪽에 생긴다는 것을 안다.

준 비 물

여러 가지 모양의 막대인형

활동 방법

1. 그림자를 어디에서 본 적이 있는지 이야기 나눈다.
   - 우리 뒤를 졸졸 따라오는 사람은 무엇일까?
   - 그림자는 왜 생기는 걸까?
   - 그림자는 진짜 사람일까?

2. 그림자를 잘 볼 수 있는 곳이 어디인지 알아보고, 그곳으로 가 본다.
   - 만약 빛이 없어지면 어떻게 될까?
   - 그림자를 어떻게 생기게 할 수 있을까?
3. 빛의 위치와 물체의 위치에 따른 그림자의 위치와 모양에 대해 알아본다.
   - 그림자의 길이가 왜 다르게 될까?
   - 어떻게 하면 그림자를 길게 할 수 있을까?
4. 빛(햇빛)의 느낌에 대해 이야기 나눈다.
5. 그림자를 보며 시간 변화에 따른 위치, 그림자의 크기에 대해 비교해 본다.

여기서 잠깐

유아들은 그림자에 대해 호기심을 가지고 있으며 자연스럽게 자신의 그림자나 친구의 그림자를 밟으려는 놀이를 즐긴다. 그림자놀이를 통해 그림자란 빛이 통과하지 못하여 생기는 현상이며, 빛과의 거리에 따라 그림자의 크기가 변화됨을 알 수 있다.

활동 13 우주여행을 떠나자

관련 과학 내용	자연현상 알아보기	탐구 능력	관찰	분류	측정	의사소통	예측	실험
과학 개념	우주는 은하(별들의 대집단)로 이루어져 있다.		○				○	○

활동 목표

- 우주에 관심을 갖는다.
- 우리나라의 우주 역사에 관심을 갖는다.

준 비 물

우주여행에 대한 그림 자료, 우주인, 우주선 이 · 착륙 장면 그림

활동 방법

1. 우주에 대해 이야기를 나눈다.
   - 우주선은 어떻게 지구 밖으로 나갈 수 있을까?
   - 우주인들은 우주에서 어떻게 살아갈까요?

2. 우주에 어떻게 갈 수 있는지에 대해 이야기한다.
3. 인공위성에 대해 이야기한다.
4. 인공위성 사진이나 그림을 보여주며 이야기를 나눈다.
   - 인공위성이 하는 일은 무엇일까요?
   - 우리나라 최초의 인공위성은?
5. 무궁화호 사진을 보여주며 우리나라 최초의 인공위성임을 알려준다.
6. 과학자가 된다면 하고 싶은 일에 대해 이야기 나눈다.

여기서 잠깐

- 로켓이 떨어지지 않도록 로켓 뒤에 점토 등을 끼워 이동 후 고정시켜야 한다.
- 전구의 크기에 따라 볼트가 다르므로 확실히 알아보아야 한다.
- 우리나라 최초 인공위성 : 무궁화 1, 2호
- 우리나라 최초 우주인 : 이소연(아래 사진)

사진 출처 : KAIST

활동 14 내가 만든 종이

관련 과학 내용	• 물체와 물질 알아보기 • 탐구과정 즐기기	탐구 능력	관찰	분류	측정	의사소통	예측	실험
과학 개념	종이의 재료는 나무이며, 다시 재활용할 수 있다.		○			○		○

활동 목표

- 종이의 성분을 알고 재활용하는 경험을 한다.
- 종이의 형태 변화에 호기심을 가진다.

준 비 물

양파망(스타킹), 쟁반(철사 옷걸이), 밀가루(물풀), 여러 가지 종이류(신문지 등), 믹서, 활동 기록지

활동 방법

1. 종이는 무엇으로 만들어졌는지 이야기를 나눈다.
   - 종이는 무엇으로 만들어졌을까?
   - 종이가 없을 땐 어디에 적었을까?
   - 헌 신문으로 종이를 만들 수 있을까?

2. 종이를 만드는 과정 중 유아가 직접 만져 보며 만드는 데 참여한다.
   - 만드는 느낌이 어떻니? 종이의 모양이 어떻게 변했니?
3. 신문지뿐만 아니라 우유팩 등 여러 가지 폐휴지를 가지고 만든 재생 휴지, 공책, 책 등을 보여준다.
4. 결과물을 보면서 재활용과 환경오염에 대해 이야기 나눈다.
   - 왜 종이를 재활용해야 할까?
   - 종이를 아껴 쓰지 않고 재활용을 하지 않으면 어떻게 될까?

여기서 잠깐

종이 재생 과정

- 폐품 종이를 잘라 종이를 큰 대야에 넣고 물을 부어 불려 놓는다(24시간).
- 불린 종이를 꼭 짜서 밀가루 풀과 섞는다.

*종이의 건조 시간이 오래 걸리므로 미리 결과물을 하나 준비해야 합니다.

제 13 장

겨울의 생활

생활주제 선정 이유와 전개 방안

겨울의 날씨를 겪으면서 다양한 특징을 알고 계절 변화에 따른 생활 적응을 이해하여 계절에 적합하게 생활하도록 한다. 또 1년 동안 경험한 사계절의 체험을 통해 우리나라의 계절 변화를 이해하도록 한다.

주제와 소주제

주 제	소 주 제
겨울 날씨 알기	• 겨울 날씨와 추위 • 눈과 얼음 • 사계절
추운 겨울 나기	• 추운 날씨와 옷차림 • 겨울철 놀이 즐기기 • 겨울의 음식 • 따뜻한 겨울 지내는 방법 • 겨울철 건강과 안전 • 겨울방학
겨울 동산 돌아보기	• 겨울의 자연 변화 • 사철나무 • 눈 내린 겨울 풍경

〉〉〉〉 겨울은 언제인가?

- 4계절 중 네 번째 계절이며, 가을과 봄 사이의 계절이다.
- 절기로는 입동(11월 7일경)부터 입춘(2월 4일경) 사이이다.
- 천문학적으로는 동지(12월 21일)부터 춘분(3월 21일) 사이이다.
- 기상학적으로는 12월, 1월, 2월이다.

〉〉〉〉 겨울 날씨의 특징

- 낮 시간이 가장 짧은 계절이다. 하지(6월 21일)에는 낮이 가장 길어 14시간 45분인 데 반해 동지(12월 21일)에는 9시간 34분밖에 되지 않는다.
- 그림자의 길이가 가장 긴 계절이다.

겨울의 생활

활동 1 성에 만들기

관련 과학 내용	물체와 물질 알아보기	탐구 능력	관찰	분류	측정	의사소통	예측	실험
과학 개념	성에는 날씨가 추운 겨울에 생긴다.		○				○	○

활동 목표

- 추운 날씨로 인한 변화에 관심을 가진다.
- 실험 과정에 참여하면서 변화 과정을 세밀하게 관찰한다.

준 비 물

투명한 유리컵, 작은 얼음 조각, 뜨거운 물, 바셀린, 숟가락, 면봉, 소금, 확대경

활동 방법

1. 창문이나 나뭇잎에 생긴 성에를 관찰한다.
2. 성에가 왜 생겼을까 토론한다.
3. 성에를 만들어 보기로 하고 준비물과 실험 절차를 알아본다.
4. 실험한다.
   - 면봉에 바셀린을 묻혀 유리컵 표면에 그림이나 글자를 새긴다.

- 유리컵에 얼음을 넣으면 어떻게 될까 예측해 본다.
- 유리컵에 얼음 조각들을 넣고 소금을 많이 넣은 후 휘저어 준다.

⑤ 관찰한다.

- 휘젓기를 중단하고 서서히 컵 바깥쪽에 성에가 생기는 것을 관찰한다.
- 바셀린을 바른 부분과 바르지 않은 부분이 어떻게 다른지 확대경으로 관찰한다.

⑥ 왜 이런 변화가 생겼는지 알아본다.

- 컵 주변에 있던 공기가 얼음이 든 차가운 컵과 만나면서 물이 되고 너무 차가워 순간적으로 얼어붙은 것이다.

활동 2 얼음 녹이기

<table>
<tr><td>관련 과학 내용</td><td>물체와 물질 알아보기</td><td rowspan="2">탐구 능력</td><td>관찰</td><td>분류</td><td>측정</td><td>의사 소통</td><td>예측</td><td>실험</td></tr>
<tr><td>과학 개념</td><td>얼음은 온도가 올라가면 녹아서 물로 변한다.</td><td>○</td><td></td><td></td><td></td><td>○</td><td>○</td></tr>
</table>

활동 목표

- 물의 상태와 온도의 관계에 관심을 가진다.

준 비 물

얼음, 냉동 가능한 다양한 용기, 플라스틱 접시, 물, 소금, 실, 클립, 종잇조각

활동 방법

1. 각 그릇에 클립, 실, 종잇조각 등을 담고 물을 부어 냉동실에 얼린다.
2. 얼려 두었던 얼음 조각을 접시에 담고 관찰한다(단단한 정도, 투명한 정도, 얼음 속의 물체의 변화 등).
3. 얼음 속의 물체를 꺼낼 수 있는 방법에 대해 궁리해 본다.
4. 궁리해 낸 방법들을 시행해 본다.
   - 얼음을 깬다.
   - 프라이팬에 놓고 열을 가한다.
   - 뜨거운 물에 넣는다.
   - 가스레인지에 올려놓고 불을 켠다.
5. 각 방법에서 일어난 일과 관찰한 것에 대해 비교, 토의한다.
6. 얼음 조각으로 남은 경우와 물로 변한 경우의 차이점을 추론한다.

유 의 점

- 유아들이 궁리해 낸 방법들을 수용해 주고 모두 실행해 본다.

확장 활동

물과 얼음의 온도

1. 큰 그릇을 준비하고 하나에는 뜨거운 물을, 다른 하나에는 찬물을 붓는다.
2. 물이 든 그릇의 바깥쪽을 손으로 만져서 온도를 느껴 본다.
3. 온도계를 사용해서 두 그릇의 온도를 측정하고 온도계에 스티커를 붙인 후 사인펜으로 활동지에 표시한다.
4. 각 그릇에 같은 양의 얼음 조각을 넣고 녹는 과정을 관찰한다.
5. 얼음이 녹은 후 물의 온도를 측정하고 활동지에 표시한다.
6. 얼음을 넣기 전과 넣고 난 후의 온도를 비교한다.

활동 3 온도가 올라갔어요

관련 과학 내용	• 자연현상 알아보기 • 간단한 도구와 기계 활용하기	탐구 능력	관찰	분류	측정	의사소통	예측	실험
과학 개념	온도계를 사용하여 추운 정도를 잴 수 있다.		○		○			

활동 목표

- 온도계의 용도를 안다.

준 비 물

물 담을 용기 2개, 온도계 2개, 뜨거운 물과 얼음물, 온도계 모형, 체온계

활동 방법

1. 이야기 나누기 시간에 온도계에 대해 알아본다.
   - 오늘의 날씨와 일기예보에서 들은 온도에 대해 이야기 나눈다.
   - 날씨의 추운 정도를 알 수 있는 방법을 알아본다.
   - 온도계 사용법을 알아본다.
     - 온도계를 흔들어 수은주를 내린다.
     - 수은주를 손으로 잡지 않도록 한다.
     - 눈금을 읽을 땐 눈높이에 맞춘다.
2. 바깥놀이에서 온도를 재어 보기로 한다.
   - 투명 그릇 2개에 수돗물을 같은 양으로 부어 손을 넣어 온도를 느껴 본다.
   - 물 그릇을 하나는 양지에, 다른 하나는 음지에 둔다.
   - 바깥놀이 시간이 끝날 무렵 양쪽 물의 온도를 손으로 느껴 보고 또 온도계로 측정, 비교한다.
3. 실내 과학 영역에서 얼음물과 뜨거운 물의 온도를 측정하고 관찰한다.
   - 그릇의 바깥쪽을 손으로 만져 보고 따뜻한 정도를 비교한다.
   - 온도계를 그릇 속에 넣고 수은주의 변화를 관찰한다.
   - 수은주가 멈춘 위치에 스티커를 부착하여 두 온도계를 비교한다.
4. 체온계를 사용하여 유아들의 체온을 재어 본다.
5. 실내의 온도계를 읽고 매일 기록하며 날씨의 변화를 알아본다.

유 의 점

- 물의 온도를 잴 수 있는 같은 온도계 2개를 준비한다.
- 뜨거운 물은 너무 뜨겁지 않도록 준비하여 보온병에 담아 제시하여 활동하기를 원하는 유아들이 언제든지 사용할 수 있도록 한다.

여기서 잠깐

온도계

온도계란 물질이나 환경의 온도를 측정하는 장치이다. 오늘날 가정에서 널리 이용되고 있는 온도계 또는 체온계의 원형은 17세기 중엽 갈릴레이의 제자들이 만든 알코올 온도계이다. 초기에는 알코올에 빨간 물감을 들여 사용했으나 요즈음은 수은이나 등유를 사용한다.

활동 4 정전기

관련 과학 내용	물체와 물질 알아보기	탐구 능력	관찰	분류	측정	의사소통	예측	실험
과학 개념	정전기는 공기가 건조한 겨울에 많이 생긴다.		○					○

활동 목표

- 정전기를 경험하고 신기함을 느낀다.

준 비 물

풍선, 털옷, 빗, 잘게 자른 종잇조각, 설탕, 소금, 플라스틱 컵, 튀밥, 랩, 고무밴드

활동 방법

1. 실외에서 실내로 들어오면서 외투나 모자를 벗을 때 정전기가 생기는 것을 관찰하고 의문을 가지도록 한다.
2. 정전기를 느꼈던 경험에 대해 이야기 나눈다.
   - 털옷이나 모자를 벗을 때
   - 자동차 문을 열려고 손잡이를 잡았을 때
   - 머리 빗을 때
3. 정전기를 만들 수 있는 방법에 대해 알아본다.
   - 랩을 네모난 종이에 붙인 후 머리나 스웨터에 문지른다.
   - 랩을 튀밥에 갖다 대면 어떻게 될까 예측해 보게 한다.
   - 문지른 랩과 문지르지 않은 랩을 튀밥에 대어 보고 관찰한다.
   - 고무풍선을 불어 머리나 스웨터에 문지른다.
   - 고무풍선을 소금(종잇조각, 설탕도 가능)에 갖다 대면 어떻게 될까 예측해 보게 한다.
   - 문지른 고무풍선과 문지르지 않은 고무풍선을 소금에 대어 보고 비교, 관찰한다.
4. 정전기를 이용한 튀밥 붙이기를 해 본다.
   - 플라스틱 컵에 튀밥(7~10개)을 넣고 랩을 씌운 후 고무밴드로 묶는다.
   - 튀밥을 랩에 붙게 할 수 있는지 궁리해 보도록 한다.

- 컵의 랩 쪽을 머리나 스웨터에 문지른 후 컵을 책상 위에 두고 랩에 붙은 튀밥의 수를 센다.
- 튀밥이 많이 붙은 순서대로 컵을 세워 본다.

⑤ 정전기를 이용하여 종이인형을 일으켜 본다.

- 종이인형을 여러 장 만들어 오려 둔다.
- 책상 위의 인형에 손을 대지 않고 일으킬 수 있는 방법을 궁리해 보도록 한다.
- 여러 가지 방법으로 정전기를 발생시켜 종이인형을 일으켜 본다.

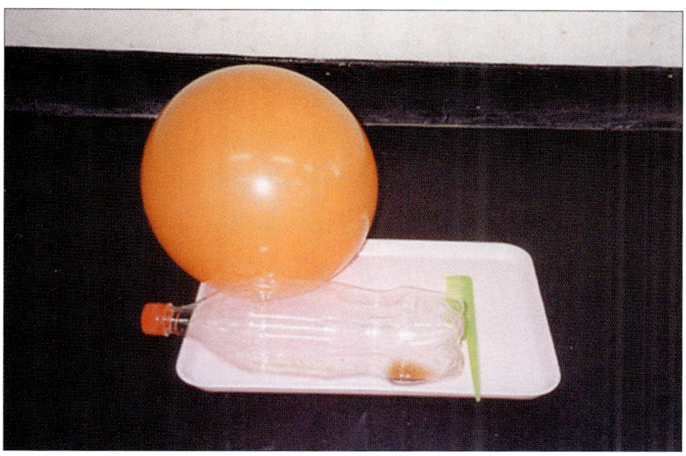

유 의 점

- 습도가 낮고 건조한 날씨일 때 활동을 진행해야 정전기가 잘 생긴다.
- 마찰 정전기를 얻기 위해서는 린스를 사용하지 않은 머리카락에 문질러야 한다. 또 옷에 문지를 경우에는 털옷에 문지르는 것이 좋다.

여기서 잠깐

정전기의 원리

모든 물질은 +극을 띠고 있는 원자핵과 −극을 띠고 원자핵 주위를 도는 전자로 이루어져 있다. 원자 내의 일부 전자가 외부 자극에 의해 쉽게 분리되어 다른 원자에 붙게 되면 전자가 빠져 나간 원자는 +극을 띠는 양이온이 되고 이 전자를 새로 흡수한 원자는 −극을 띠게 된다. 우리가 털옷을 벗을 때 생기는 정전기는 성질이 서로 다른 섬유의 옷(내의와 털옷)이 서로 마찰하면서 한 옷에서 다른 옷으로 전자들이 이동함으로써 생기는 것이다. 특히 전자가 많이 이동하게 되면 두 옷 사이에 전기적 격차가 커지게 되어 전자는 공기를 뚫고 −를 띤 물체에서 +를 띤 물체로 이동하게 되는데 이때 딱딱 소리가 나고 불꽃이 일게 된다.

랩과 정전기

우리가 많이 사용하는 포장용 랩은 정전기를 유용하게 활용하는 경우이다.
랩을 쫙 잡아당겼을 때 막이 감겨 있던 부분과 떨어지면서 마찰의 효과로 정전기를 띠게 되어 식품이나 물건에 잘 달라붙게 되는 것이다.

활동 5 과일즙 그림

관련 과학 내용	물체와 물질 알아보기	탐구 능력	관찰	분류	측정	의사소통	예측	실험
과학 개념	과일즙을 불에 말리면 갈색으로 변한다.		○					

활동 목표

- 물질의 변화를 경험한다.

준 비 물

귤, 오렌지, 사과, 배, 알코올램프 혹은 촛불, 그릇, 색지, 물그릇, 휴지, 접시

활동 방법

1. 귤 등의 과일을 이용할 수 있는 방법에 대해 이야기 나눈다.
   - 깎아 먹는다, 주스 만든다, 잼 만든다, 장식한다, 만들기에 이용한다 등
2. 과일즙을 만든다.
   - 귤과 오렌지는 손으로 짜고, 사과와 배는 강판에 갈아 거즈에 짠다.
3. 과일즙으로 그림을 그리면 어떻게 될지 예측한다.
4. 원하는 색지에 원하는 과일즙으로 그림을 그린다.
5. 과일즙 그림을 불에 말린다.
6. 그림을 관찰, 비교한다.

유 의 점

- 그림을 불에 말릴 때 적당한 거리를 두도록 하고, 교사의 감독 하에 수행하도록 한다.

활동 6 군밤 굽기

관련 과학 내용	물체와 물질 알아보기	탐구 능력	관찰	분류	측정	의사소통	예측	실험
과학 개념	열을 가하면 식품의 색, 맛, 단단하기 등이 변한다.		○					

활동 목표

- 생밤과 군밤의 색, 맛, 단단하기 등을 비교, 관찰한다.

준 비 물

그릇, 생밤, 칼

활동 방법

1. 생밤을 관찰한다.
   - 겉껍질, 속껍질, 색, 모양, 단단하기, 맛 등
2. 밤을 먹는 방법에 대해 이야기 나눈다.
   - 생밤, 군밤, 삶은 밤, 약식, 떡, 갈비찜, 김치 등
3. 날씨가 추울 때는 어떤 음식을 먹는 것이 좋을지 생각해 본다.
4. 군밤 만드는 순서를 알아본다.
5. 밤의 껍질을 일부 벗긴 후 철판에 넣고 약한 불에서 익힌다.
6. 밤이 익으면 먹는다.
7. 따뜻한 밤을 먹었을 때 몸에 어떤 느낌이 오는지 이야기 나눈다.

유 의 점

- 밤을 굽기 전 겉껍질의 일부를 벗겨내든지 아니면 칼집을 내주어야 굽는 중 튀는 일이 없다.
- 밤의 겉껍질은 유아들이 벗기기엔 어려우므로 교사가 칼로 손질해 주는 것이 좋다.

활동 7 김 장

관련 과학 내용	물체와 물질 알아보기	탐구 능력	관찰	분류	측정	의사소통	예측	실험
과학 개념	• 김치는 우리나라 고유의 음식이다. • 김치를 담기 위해서는 배추, 고춧가루, 마늘 등의 재료가 필요하다.		○	○				

활동 목표

- 우리나라 전통 음식에 관심을 가진다.
- 겨울을 위한 준비에 관심을 가진다.

준 비 물

배추, 소금, 큰 그릇, 물, 칼, 고무장갑, 고춧가루, 마늘, 젓갈, 무

활동 방법

제1일 : 배추 절이기

1. 김치를 먹어 본 경험과 김치 담그는 것을 관찰한 경험, 김치 종류에 대해 이야기 나눈다.
2. 김치 담그기에 필요한 재료를 알아본다.
3. 김치 담그는 순서를 알아본다.
4. 배추를 손질한다. 지저분한 겉껍질은 잘라 내고 배추를 4등분한다.
5. 배추를 소금물에 절인다.
   - 소금을 물에 녹인다.
   - 배추를 소금물에 적신 후 잎 사이사이에 소금을 뿌려 재어 둔다.
   - 남은 소금물을 모두 붓고 무거운 것으로 눌러 놓는다.
6. 배추가 절여지는 과정을 관찰한다.

제2일 : 김장하기

1. 절인 배추를 깨끗이 씻는다.
2. 배추의 물기를 모두 뺀다.
3. 양념을 만든다.

④ 배추를 양념에 버무린다.
⑤ 김치통에 차곡차곡 담는다.
⑥ 김치를 맛본다.

여기서 잠깐

김치의 영양

김치에는 많은 영양소가 들어 있다. 비타민 C가 풍부하고 소화를 도와주는 성분이 많다. 또 김치 속의 마늘은 암 예방에 도움이 되며, 젓갈을 참가함으로써 채소 요리의 단점인 단백질 보충에도 도움이 된다.

활동 8 클립 스케이트

관련 과학 내용	물체와 물질 알아보기	탐구 능력	관찰	분류	측정	의사소통	예측	실험
과학 개념	자석은 어떤 물체를 끌어당긴다.		○				○	

활동 목표

- 겨울 운동에 관심을 가진다.

준 비 물

그림판, 종이인형, 클립, 자석막대(나무 막대에 자석을 붙인다.)

활동 방법

1. 준비물을 탐색한다.
   - 그림, 자석막대
2. 종이인형에 클립을 끼워 그림판에 놓는다.
3. 인형이 선을 따라 움직이도록 자석막대를 움직여 본다.
4. 인형과 자석막대의 움직임을 다양하게 변화시켜 본다.
5. 자석과 클립의 관계를 추론한다.

여기서 잠깐

물체의 움직임에 관한 활동이므로 유아의 행위가 중요하다. 따라서 유아의 행위가 어떤 결과를 가져올지 예측하여 행동하고 그 행위의 결과를 관찰하도록 한다. 또 어떤 결과를 얻기 위해서 어떤 행위를 해야 할지를 예측하고 행동한 후 관찰하도록 한다.

저자 소개

김경미

경성대학교 문과대학 유아교육과
이화여자대학교 대학원 교육학과 유아교육 전공(석사)
경성대학교 대학원 교육학과 교육과정 전공(박사)
현 동부산대학 유아교육과 교수

김현주

연세대학교 생활과학대학 아동학과
연세대학교 대학원 아동학과(석사)
동아대학교 대학원 교육학과 교육방법 전공(박사)
현 동주대학 유아교육과 교수

송연숙

부산대학교 사범대학 유아교육과
부산대학교 대학원 교육학과 유아교육 전공(석사)
부산대학교 대학원 유아교육학과(박사)
동아대학교 대학원 교육학과 교육심리 전공(박사 수료)
현 울산과학대학 유아교육과 교수

개정증보
현장 중심 유아과학교육
-3차 표준보육과정과 3-5세 누리과정 연계-

초　　판 1쇄 발행　2002년　2월 28일
개 정 판 4쇄 발행　2012년　1월 20일
개정증보 7쇄 발행　2018년　7월 10일

지 은 이 | 김경미 · 김현주 · 송연숙
펴 낸 이 | 김기섭
책임편집 | 태선옥
펴 낸 곳 | 창지사 www.changjisa.com
153-802 서울시 금천구 가산디지털1로 83 파트너스타워1차 9층
전화 (02) 719-2211~3
팩스 (02) 701-9386
등　록 | 1977년 4월 28일 · 제1-421호

ISBN 978-89-426-0712-9 93370

값 23,000원